研究方法

——實徵性研究取向

（第二版）

周文欽 著

作者簡介

周文欽

國立台灣師範大學教育研究所博士

現任國立台灣師範大學教育系兼任副教授

主要著作：

1. **周文欽**、歐滄和、許擇基、金樹人、范德鑫（民84）　心理與教育測驗。台北：心理出版社。

2. 賴保禎、**周文欽**、林世華（民85）　心理與教育測驗。台北：空中大學。

3. **周文欽**、高熏芳、王俊明（民85）　研究方法概論。台北：空中大學。

4. 賴保禎、**周文欽**、張鐸嚴、張德聰（民88）　青少年心理學。台北：空中大學。

5. 賴保禎、張利中、**周文欽**、張德聰、劉嘉年（民88）　健康心理學。台北：空中大學。

6. **周文欽**、賴保禎、金樹人、張德聰（民89）　諮商理論。台北：空中大學。

7. 劉焜輝、**周文欽**、張德聰、林蔚芳（民90）　成人問題與諮商。台北：空中大學。

8. 何英奇、毛國楠、張景媛、**周文欽**（民90）　學習輔導。台北：心理出版社。

9. **周文欽**、賴保禎、歐滄和（民92）　心理與教育測驗。台北：空中大學。

10. **周文欽**、孫敏華、張德聰（民93）　壓力與生活。台北：空中大

學。

11.張德聰、**周文欽**、張景然、洪莉竹（民93） 輔導原理與實務。台
北：空中大學。

12.**周文欽**、歐滄和、王蓁蓁（民94） 學習輔導。台北：空中大學。

13.**周文欽**、劉嘉年、翁嘉英、陳秀蓉、洪福建（民95） 健康心理
學。台北：空中大學。

14.張德聰、**周文欽**、張鐸嚴、賴惠德（民95） 青少年心理與輔導。
台北：空中大學。

序

　　在現今處處強調「科學化」的時代裡，對任何事物的探索與開發，及對於任何政策的規劃與評鑑，都要依據科學化的精神以達成目的。科學化的最大特徵，是經由可觀察、可量化的系統化之嚴謹「研究」過程，以獲取萬事萬物的真象。職是之故，諸多的政府機關與企業機構大都設有「研究與發展」(research and development, R&D)的部門，專門從事研究的單位亦不乏見之，甚或知識殿堂的大學院校（特別是研究所階段）也都開設有「研究法」或「研究方法」的相關課程。本書即在為「研究法」或「研究方法」課程的教學而寫，亦盼能因本書而增進現代人的「研究」素養，以因應時代的需求。

　　依研究的科學取向來分，可將研究分成實徵性研究與非實徵性研究等二種，凡是以科學方法進行研究者可稱為實徵性研究，反之則屬於非實徵性研究。「科學化」既是當今探究萬事萬物真象的特徵與期許目標，再加上目前常見的「非實徵性研究」（或稱「質性研究」），常缺乏共通性的方法或步驟；準此，本書有關「研究」之方法與步驟的論述，概以「實徵性研究」為行文取向。再者，本書取材範疇皆以「社會及行為科學」之研究領域為主，因此適用於下列各學門研究方法的課程：心理學、教育學、輔導學、經濟學、政治學、社會學、護理學、管理學，及大眾傳播學等。

　　本書自初版出書以來，即屢獲方家指正與建言，深盼能增加或補充評估研究工具與統計分析的資料，期能更契合「實徵性研究取向」的內容。基此緣由，本書在初版三刷後，隨即進行再版的構思與撰述。

　　筆者在各大學院校講授「研究法」或「研究方法」相關課程十餘年，因授課之需參閱了多本此領域的中文專書，經研讀發現有諸多美

中不足之處，其中要者有：

1. 對「研究」及「研究方法」（或研究法，即英文的 research method）二個主要名詞常缺乏精確的定義，以致於影響到整本書架構的妥切性。例如，書名叫做《○○研究法》，書中又有稱為〈研究方法〉的篇名，而該篇的內容幾乎都是在論述觀察（研究）法、調查（研究）法與實驗（研究）法等等所謂的研究法。事實上，所謂的研究方法，是指蒐集資料與分析資料的方式或手段（見本書第 13 頁）；因此，將觀察法、調查法與實驗法置於「研究方法」的主題之下，是有所不妥的。再者，「研究法」之下再談「研究方法」，此種內容架構亦令人深感突兀。

2. 資料的引用（citation）與參考文獻（reference list）的寫法常是根據 APA 較舊的版本，而不是根據最新的版本（American Psychological Association, 2001）來撰述。再者，作者總是聲稱論文的寫作體例要依據 APA 的格式，然專書上卻常出現不符合 APA 體例格式的現象；其中最常見者有：圖表資料及翻譯著作的引用寫法不正確，引用與參考文獻的內容不一致（亦即引用到的資料未列入參考文獻，參考文獻的資料未在正文中被引用到）。

綜上所述，再版後本書共分成六篇十七章。第一篇為緒論，包括四章。第一章說明研究的基本概念，特別對研究、研究方法、研究架構和研究設計等專有名詞下了明確的定義，並詳述研究的基本歷程。第二章說明研究問題與假設在研究中所扮演的角色，並詳述其寫法或陳述的方式。第三章交待文獻探討的步驟，並介紹蒐集文獻的方法（特別是利用 Internet 的方法）。第四章則在討論研究效度，討論的內容包括內在效度、外在效度、建構效度和統計結論效度等四種研究效度。

　　第二篇的主題為蒐集資料的方法，因本書將研究方法界定為：「蒐集資料與分析資料的方式或手段。」所以本書就用「蒐集資料的方法」的篇名來取代常見但不甚妥當的「研究的方法」。又因本書是以實徵性研究取向來論述研究方法，所以本篇只探討觀察法、調查法和實驗法等三種實徵性研究最常用來蒐集資料的方法。本篇除了分別說明這三種方法的涵義、種類及步驟外，並各以實例佐證之。

　　第三篇蒐集資料的工具，共分三章。首先探討抽樣的方法，共介紹簡單隨機、系統隨機與分層隨機等三種主要的機率抽樣方法，也略述非機率抽樣的性質與種類。接者，再繼續探討在社會及行為科學研究領域中，最常用來蒐集研究資料的工具：問卷與測驗；本篇分別說明這二種工具的涵義、性質及設計或編製的方法。

　　第四篇的主題是研究工具的評估，本篇從信度與效度兩個層面來評估測驗這種研究工具的可靠性與正確性。第五篇探討資料處理的方法與過程，旨在介紹利用 SPSS 來處理量化資料的統計分析。全篇共分成四章，分別是資料的整理與建檔，資料的統計分析，資料的電腦統計處理，及統計結果的呈現。本書最後一篇（第六篇）研究結果的呈現，旨在說明研究報告的撰寫；在研究報告的體例格式（特別是引用與參考文獻的撰寫格式）方面，我們參考並運用了 APA 最新（二○○一年第五版）的出版手冊資料，並據之詳細舉例論述。

　　本書的出版，要特別感謝心理出版社總經理許麗玉女士的鼎力支持，總編輯林敬堯先生的費心催稿，及執行編輯涂志怡小姐的溝通協調與細心編校。本書以易讀、易學、易懂與實用自許，惟因才淺識短，當有疏漏和未盡周延之處，至盼讀者諸君與學界先進不吝指正，俾利再刷或再版時修訂與更新。

周文欽　謹識
中華民國九十三年七月十六日於汐止

目　　次

第一篇

緒論

第一章

研究的基本概念

學習目標

——研讀本章內容之後，學習者應能達成下列目標：

1. 說出了解事象的方法。

2. 了解科學與科學方法的涵義。

3. 說出研究與研究方法的定義。

4. 說出研究的目的。

5. 條列研究的種類，並舉例說明之。

6. 說出研究歷程中的各個步驟，並了解其涵義。

7. 了解研究架構與研究設計的涵義，並舉例說明之。

大　綱

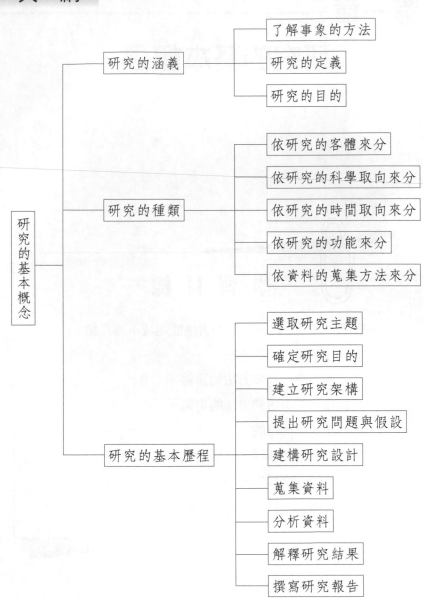

研究的涵義
- 了解事象的方法
- 研究的定義
- 研究的目的

研究的基本概念

研究的種類
- 依研究的客體來分
- 依研究的科學取向來分
- 依研究的時間取向來分
- 依研究的功能來分
- 依資料的蒐集方法來分

研究的基本歷程
- 選取研究主題
- 確定研究目的
- 建立研究架構
- 提出研究問題與假設
- 建構研究設計
- 蒐集資料
- 分析資料
- 解釋研究結果
- 撰寫研究報告

摘　要

　　了解事象的方法可分成二大類：1.非實徵性方法，包括權威與邏輯；2.實徵性方法，包括直覺與科學。前述四種方法中，只有科學這種方法，才能使知識臻於普遍性和代表性的要求；準此，本書從科學方法的觀點來界定研究。

　　「研究」這個詞彙係譯自於英文的research。所謂的研究，是指：運用科學方法，以解答問題或驗證假設的歷程。科學方法的涵義是指一套系統化的過程或步驟，研究方法則是指蒐集資料與分析資料的方式或手段。研究的目的有五項：探索、描述、預測、解釋及行動。研究有各種不同的分類：1.依研究的客體可分成自然科學研究和社會及行為科學研究，2.依研究的科學取向可分成實徵性研究和非實徵性研究，3.依研究的時間取向可分成橫斷研究、縱貫研究和橫斷持續研究，4.依研究的功能可分成基礎研究、應用研究和評鑑研究，5.依資料的蒐集方法可分成觀察研究、調查研究和實驗研究。

　　研究的基本歷程包括九個步驟：1.選取研究主題，2.確定研究目的，3.建立研究架構，4.提出研究問題與假設，5.建構研究設計，6.蒐集資料，7.分析資料，8.解釋研究結果，及9.撰寫研究報告。

　　在現今強調「研究與發展」的時代裡，處處都看得到研究報告，也時時在進行著各式各樣的研究。從研究所得的結果或報告，可讓我們了解社會百態，也可讓我們認清某些事件的真象或緣由，更可幫助我們去做決定或政策。準此，大企業機構擬推出某種新產品時，會先做市場調查研究，以了解消費者的需求與接受度；各種選舉的候選人或政黨在投票前，會做各種支持度的民調研究，以掌握選民的投票行為；政府機關在執行某項政策後，也會對該項政策的施行結果進行評鑑研究，以做為續行或修正該政策的依據。所以，假如我們知道什麼是研究，儘管不實際動手去做研究，至少能讓我們看得懂簡單的研究報告或結果，進而幫助我們能更正確與周延地去探索和理解某些問題的來龍去脈。本章的旨趣，即在介紹研究的基本概念，首先論述研究的涵義，接著探討研究的種類，最後以說明研究的歷程總結。

第一節　研究的涵義

　　「研究」這個中文詞彙，在日常生活裡有許多種涵義，可謂是言人人殊。例如，當會議主席遇到無法立即處理或答覆的要求或建議，而又無法當面拒絕時，很可能會脫口而出：「研究研究後，再議！」依據衛生署的調查研究顯示，大多數的民眾認同全民健保的政策；醫學的實驗研究發現，「威而鋼」會產生許多副作用；研究生必須做研究，提論文通過考試後才能取得博、碩士學位。顯而易見的，前述的第一個研究包含著「敷衍或塞責」的意思，後面三個研究才是本書所謂的研究。本節旨在從了解事象的方法、研究的定義與目的，闡釋研究的涵義。

一、了解事象的方法

人們了解事象的方法不只一種，我們每天都會使用許多種方法來了解萬事萬物的現象。歸納言之，我們可以將這些方法分成二大類：實徵性方法（empirical method）與非實徵性方法（nonempirical method）。所謂「實徵性」，是指依據實際經驗的；所謂「非實徵性」，則是指不依據實際經驗的。非實徵性方法有權威（authority）與邏輯（logic）等二種，實徵性方法則包括直覺（intuition）與科學（science）等二種（McBurncy, 1998）。

(一)非實徵性方法

所謂非實徵性方法，是指不依實際經驗以了解事象所採用的方法。

1.權威

權威有多種涵義：(1)是指依法律規定擁有某種權力的人（如部會首長、法官、警察，或父母等）或組織（如政府、工會或董事會等）；(2)擁有特殊專長、成就並為眾所尊崇的人（如藝術家、文學家、學者專家、電影導演，或宗教家等）；(3)具有廣泛影響力的公眾人物（如老師、電視主播，或電影明星等）或傳播媒體（如書、雜誌、電視，或廣播等）。

我們之所以會相信某些事情，常是因為權威告訴人們：它是真的！此種現象不勝枚舉，例如：

※宗教家宣稱，上帝是無所不在的，而且人都帶有原罪。

※政府告訴我們，在高速公路上開車，最低時速是六十公里，而且不可以在路肩上行車。

※佛洛依德說，攻擊和破壞的衝動是人的本能。

※爸媽說，晚上睡覺踢被會著涼。

※藥理學家說，任何藥物都會產生副作用。

※財經首長說，亞洲金融風暴對我國造成的影響，並沒有想像中
的嚴重。

類似上述的例子，有人深信不疑，有人卻不以為然。就因不是每
個人都同意權威的話，而且權威們的見解也常常有不一致的現象，職
是之故，我們就傾向於拒絕接受權威是了解事象的方法之一。譬如，
你如何知道阿姆斯壯（Neil Armstrong）於一九六九年七月二十日在月
球上漫步？那個時候你又不在那裡。你知道這件事，可能是因為你在
電視上看到這則訊息。然而，也有人不相信，曾有人在月球上漫步
過；他們認為，月球漫步是美國政府編造出來的惡作劇。假如你相
信，阿姆斯壯在月球上漫步過，那是因為你信任美國政府、新聞媒
體，及書報雜誌的可信度。惟，將權威當作是了解事象的一種方法，
是有其限制的。權威有時是錯誤的。例如，在十六世紀時，伽利略
（Galileo）受盡苦難折磨而勇敢地主張，地球是繞著太陽轉的；但當
時的宗教權威卻堅持認為，地球是天體的中心（換言之，太陽是繞著
地球轉）。從古至今，整部科學史有一大部分，是學術自由對抗權威
教條的奮鬥史。

2.邏輯

邏輯是幫助我們去了解事象的重要方法之一。看看下述二組敘
述：

所有動物的行為都受制於自然科學法則。

人是動物。

因此，人的行為都受制於自然科學法則。

```
A ＞ B
B ＞ C
所以，A ＞ C
```

　　上述二組敘述都合於邏輯。所謂邏輯，是指依照某些規則而作合理推論的歷程。因此，假如前二組敘述中的第一個和第二個敘述都是對的話，那麼第三個敘述就都合於邏輯。通常，邏輯是提出正確結論的重要思考模式之一。邏輯思考有其重要性，惟，將邏輯當作是了解事象的方法時，是有其限制的。假如，經由邏輯所下的結論是不適當的話，那麼從邏輯而來的敘述，就可以推論是錯誤的。然而，倘使賴以邏輯思考的前提本身不是正確的話，儘管某項敘述合乎邏輯，它仍是不正確的。事實上，所有動物的行為並不都受制於自然科學法則；因此，前述第一組的結論：「人的行為都受制於自然科學法則。」就是錯誤的。再如前述第二組敘述中，若 A ＝ 5、B ＝ 10 的話，那麼「A ＞ C」就不正確了。邏輯對於科學是極其重要的，但是，它卻不能取代科學而證明「所有動物的行為都受制於科學法則」或「A ＞ C」。一言以蔽之，邏輯並無法單獨告訴我們什麼是對的或錯的，所以用邏輯來了解事象並不周延或嚴謹。

(二)實徵性方法

　　所謂實徵性方法，是指依實際經驗以了解事象所採用的方法。

1.直覺

　　所謂直覺，是指不依邏輯或推理的心理步驟，而以自發性、本能性與立即性的方法來知覺或判斷事象的歷程。在日常生活中，我們常使用直覺來認識或解釋外在的世界。例如，人們常在初見面的幾秒鐘內，憑直覺就品頭論足起出現在眼前的陌生人。憑直覺而來的知識或結論常會發生錯誤，這主要是因直覺具有個人化和武斷化等二個特徵

所造成。因直覺的個人化，一旦時空環境、社會文化或經驗有所變化或推陳出新時，直覺的結果當然就會隨之更易；因直覺的武斷化，所以其思維過程就可不循理論或常理而來，致直覺的結果就難臻普遍性與合理性。準此，以直覺的方法來了解事象，就常會產生錯誤或偏差的結果，所以使用直覺來了解事象，並不是一種理想或妥適的方法。

2.科學

除了前述的權威、邏輯、與直覺外，第四種了解事象的主要方法是科學。科學的涵義眾說紛紜，不過總離不開兩種說法。第一種是將科學視為是經由某種方法所得的知識，如楊國樞（民67）將科學界定為：「以有系統的實徵性研究方法所獲得之有組織的知識（第 3頁）。」從此觀點言之，物理學、天文學、生物學、化學等學門固然是科學，社會學、經濟學、心理學、政治學也是科學；惟，從此定義來論，哲學與神學就不是科學，因這二學門並不使用實徵性的方法來進行研究。第二種是將科學視為是符合某種規範的歷程或方法，如魯賓及巴比（Rubin & Babbie, 1993）認為：「科學是演繹與歸納的歷程（p.54）。」馬克伯尼 （McBurney, 1998）則定義科學為：「經由客觀觀察之手段以獲取知識的方法（p.6）。」目前，學界大都對科學採取第二種涵義；運用此種方法或歷程以了解事象的手段，就稱之為科學方法（scientific method）。科學方法的主要步驟有下列四項：

(1)界定問題。

(2)建立假設。

(3)蒐集資料。

(4)提出結論。

從另一個角度來看，就因科學具有下述的特徵，所以才引申出前述科學方法的四項主要步驟（McBurney, 1998）。

(1)實徵性的（empirical）：了解事象必須透過實際的經驗。

(2)客觀的（objective）：在相同的時空環境與條件下，應得到相

類似或一致的結果。

⑶自我修正的（self-correcting）：因科學是實徵性的，所以科學
　知識常會不斷地推陳出新。

⑷進展的（progressive）：因科學是實徵性的與自我修正的，所
　以科學知識不論在質或量的方面，隨時都有顯著的進步與發展。

⑸暫時性的（tentative）：新的資訊與經驗常會使現在的知識立即
　變得過時，所以幾乎所有的科學知識都是暫時性的。因此從科
　學觀點論之，我們只能說某某知識「趨近」真理，而不能說其
　「達到」真理。

⑹簡約的（parsimonious）：盡可能使用最簡單的解釋來說明事
　象，而避免使用複雜的術語、概念或陳述。

綜合言之，了解事象是進行研究的緣由，了解事象的方法又可分
成權威、邏輯、直覺與科學等四種。而從了解事象所累積而成的結論
或知識，為了符合真實，其方法就應具有普遍性和代表性。歸納前文
所述，唯有「科學」這種了解事象的方法，才能使知識臻於普遍性和
代表性的要求。準此言之，本書將從科學方法的觀點來界定研究。

二、研究的定義

就字義來看，「研究」這個詞彙係譯自於英文的 research。它是
由 re 和 search 這二部分組合而成，re 是英文的字首語，含有「又、反
覆、屢次、及再一次」的意思，search 則有「探索、查究及搜尋」的
意思；因此，research 就有「反覆探索」、「屢次查究」或「再一次
搜尋」等多種意義。

學者們對研究的解釋也相當不一致。國內學者張春興（民 78）在
《張氏心理學辭典》裡指出：「研究是指採用科學方法，對尚未充分
了解的問題，進行系統性的探索，從而獲得解答並增添人類知識的歷

程（第 557 頁）。」在這個定義中所涉及的「研究是探索尚未充分了解的問題」，有必要作進一步的說明。事實上，並非所有的研究都是在探索「尚未充分了解的問題」，就研究的實務而言，有些研究者並不在探索「未知」，而是在驗證或複製「已知」。依此推之，凡是探究問題的過程，不論是探索「未知」或「已知」，都可稱之為研究。所以，國內的另一學者吳明清（民 80）即認為：「研究就是針對問題，有系統的蒐集資料，尋求答案的過程（第 16 頁）。」國外學者丹恩（Dane, 1990）在《研究方法》（*Research Methods*）一書中進一步指出，研究是問與企圖解答世界上相關問題的一種批判性歷程（a critical process）。這裡的批判性歷程，是指在研究中不只要指出某些事情或現象的負向品質，而且要去檢驗它所有的品質，不論是好的、壞的、已知的、未知的，或是不同的。此外，另有學者從不同的觀點來闡釋研究，例如，麥克米蘭和舒馬起（McMillan & Schumacher, 1989）即指出，研究是為了某些目的，而去蒐集並分析資訊（information）或資料（data）的系統化歷程；馬森和布瑞謀（Mason & Bramble, 1989）則認為，研究是有關於發現、建構與理解複雜知識的過程，而此種知識可用來建立理論、發展政策、支持決定，或僅是在發現某些事象。

　　從實務的觀點論之，政府之所以委託某學術單位進行專案研究，是因為要了解某些問題的真相；天文學家進行研究，是因為要了解宇宙的起源奧祕；心理學家進行憂鬱症患者的行為研究，是因為要了解該症患者的行為究竟有哪些問題？任何問題要解答之後，才能了解問題之所在。不過有時在問題真相解答之前，研究者對問題的答案已經有了預設的立場，這預設的立場就是所謂的假設（hypothesis）。這個時候，研究者進行研究並不在了解問題或解答問題，而是在驗證假設是否獲得支持？

　　綜上所述，我們可以將研究定義為：運用科學方法，以解答問題

或驗證假設的歷程。依前文有關科學、科學方法之步驟，及科學之特徵的論述，可將此定義中的科學方法，引申為一套系統化的過程或步驟，而每一個過程或步驟都要遵循約定俗成的共同規範。雖然也有學者認為，研究不一定是要很嚴謹地遵守科學方法或系統化的步驟。例如，著名的研究方法學者柯林傑（Kerlinger, 1973）就指出，研究並不一定要依循系統化的步驟，只是愈是系統化的研究，就愈是好的研究，不過不好的研究仍然是研究。由此論之，我們可以這麼說，正式、嚴謹的研究必須遵守科學方法或系統化的步驟，如博、碩士論文的研究，政府或學術單位所委託或從事的研究等；非正式或較不嚴謹的研究，就不必那麼講究其步驟一定要遵守特定的方法，如基層行政人員對某一實務問題的研究，及教師在教學情境中對於師生間互動狀況的研究等。本書是研究方法的教科書，因此，本書對研究是採取正式且嚴謹的觀點，所以書中所探討的各種研究步驟，都是依循著科學方法或系統化的原則。

在科學方法的前提下，解答問題或驗證假設必須有憑有據，而不能信口開河或空口說白話；必須有憑有據，憑的是蒐集來的客觀資料，據的是資料分析後的資訊。準此言之，所謂的研究方法（research method），就是指蒐集資料與分析資料的方式或手段（McMillan & Schumacher, 1989）。本書既名之為《研究方法——實徵性研究取向》，所以從研究的定義來看的話，本書旨在探討如何去解答問題或驗證假設；從研究方法來看的話，則本書旨在說明如何去蒐集資料和分析資料。

三、研究的目的

研究的目的包括探索（exploration）、描述（description）、預測（prediction）、解釋（explanation），及行動（action）（Dane, 1990）。

(一)探索

研究的探索目的，旨在確定某種現象是否存在。它所要解答的問題，其形式通常是「某事發生了嗎？」探索的主題可能是很單純的，例如：男人是否比女人容易動怒？假如研究顯示大部分的男人比女人容易動怒，這時我們就發現了一個社會現象，而這個現象將會引起其他的許多研究。

探索研究也可能是很複雜的，有些時候，探索研究的客體本身就是研究歷程。例如，在失業率的研究裡，有的研究顯示中老年人、勞動階層與女性比較容易失業；另有的研究又可能發現，每年的七月，石油上漲最多的月份，或股價指數最低的月份時失業率也最高。由此可見，雖然研究者最後都能依其探索達成理論架構，但卻沒有研究者可完整檢證任一個特殊的理論。職是，研究的探索目的，只是在知道問題是否發生？是否存在？而不去尋覓其成因，所以探索是研究最根本與最基礎的目的。

(二)描述

研究的描述目的，旨在充分地界定、說明，或區別兩種現象之間的差異。描述通常是接續探索而來，即在說明各種已存在或已發生之現象的各種狀況或事實。例如，人口普查的研究就是典型為描述人口特徵而進行的研究，它所要描述的包括人口結構、人口分布、人口總數，及人口品質等，與前述各變項之交叉性描述（如地區與人口數的狀況或性別與人口品質的狀況等）。相同的描述研究可分別在不同的時間實施，所以不同時間所蒐集到的描述資料可加以比較，以發現其間的差異與變化。

(三)預測

　　研究的預測目的，旨在驗證或解答數個事象之間的關係，這個關係可協助我們用其他事象來陳述一個事象。我們幾乎天天都在運用預測，例如，我們都知道利用氣象報告的數據，來決定外出時穿著的多寡。再如，財經單位也常會以股市漲跌、進出口貨物的數量，或物價水準來說明次年的經濟成長率。預測雖可讓我們去推估某些事象，但是此種推估未必完全正確，有時也會產生誤差。

(四)解釋

　　研究的解釋目的，旨在檢驗兩個或數個現象間的因果關係，它可用來決定一種解釋（某種因果關係）是否有效，或決定兩個或多個解釋是否會更有效。例如，我們常會探討股市榮枯與房地產推出量的關係，或壓力高低與工作效率之間的因果關係。只要能掌握數個現象間的因果關係，我們就可對某些現象加以控制。

(五)行動

　　研究常可讓我們針對特殊現象去處理某些事情。研究的行動目的，就是經由研究以便解決現實環境中的問題。研究的此種目的，以在教育情境中使用的最為普遍。

第二節　研究的種類

　　人類所要探討的知識或問題相當廣泛，不同的知識或問題各有不同的探討方法；因此，在研究的本質上，也就可以有各式各樣的研究。從下述各種不同類別之研究的介紹，可更深一層地了解研究的性質或涵義。

一、依研究的客體來分

依實徵性研究的客體來分,可將研究分成自然科學研究(natural sciences research)和社會及行為科學研究(social and behavioral sciences research)二類。

(一)自然科學研究

自然科學研究是指:探討宇宙間一切自然現象的研究。自然科學可分為二大類:一類是物質科學(physical sciences),另一類是生物科學(biological sciences);這兩類科學的主要差異是:所研究的自然現象之有無生命。物質科學所研究的客體是無生命的物體或物質的種種現象,而生物科學則是在研究有生命的物體或物質的種種現象。綜合言之,自然科學涵括下列各學門:物理學、化學、地球科學、土木工程學、動物學、生理學、生物學、遺傳學,及醫學等等。

(二)社會及行為科學研究

社會及行為科學研究是指:探討與人有關之一切現象(如行為、心理歷程、組織制度與風俗民情等)及問題的研究。就因社會及行為科學的研究客體都是涉及人,所以其研究方法的嚴謹性、客觀化與控制化的程度,都遠不如自然科學。社會及行為科學研究涵括下列各學門:經濟學、政治學、歷史學、社會學、人類學、心理學、教育學、精神醫學、大眾傳播學,及管理學等等(楊國樞,民 67)。

二、依研究的科學取向來分

依研究的科學取向來分,可將研究分成實徵性研究(empirical research）及非實徵性研究（nonempirical research）二類。

(一)實徵性研究

實徵性研究是指：採用科學方法以蒐集實際、客觀的資料，並經由資料分析以解答問題或驗證假設，以建立系統化理論的研究。現行大部分的研究，皆屬此類；本書亦採取此科學取向，來論述研究方法的過程與步驟。

(二)非實徵性研究

凡不依科學方法所進行的研究，就稱之為非實徵性研究；例如，文學、史學、哲學、藝術和宗教學領域的研究，大都屬於此類。

三、依研究的時間取向來分

依研究的時間取向，可將研究分成橫斷研究（cross-sectional research）、縱貫研究（longitudinal research），及橫斷持續研究（cross-sequential research）等三種。

(一)橫斷研究

所謂橫斷研究，是指可以在同一個時間裡，蒐集並分析不同年齡之受試者資料的一種研究。假如我們要研究十到十八歲之青少年的發展情形，則我們可以分別找來十歲、十一歲、十二歲、十三歲、十四歲、十五歲、十六歲、十七歲及十八歲等九組的受試者，這九組不同年齡的受試者之依變項為智商、自我觀念、學業成就、親子關係及同儕關係等。研究者可以在很短的時間內加以蒐集、分析和比較，甚至可以在一天之內去完成它。就算是大樣本（如數千或數萬人）的橫斷研究，通常也都可在數個月的時間裡，去完成資料的蒐集。

　　橫斷研究的最大優點是,研究者不必花時間去等待受試者達到某一個年齡,亦即此種研究可以節省許多的研究時間。雖然,橫斷法有研究時間上的效益,惟此種研究也有其缺點,亦即橫斷研究的結果,無法獲得個體改變或他們之特質穩定性的相關資訊。在橫斷研究的研究裡,將無法讓人了解個體成長和發展的增減與改變的情況(如哪種年齡是頂點或谷底);而且,也因為這些受試者是來自於不同的年齡和不同的群體,所以也經驗了各種不同型態的教養方式及受教育歷程。職是,經由橫斷研究來歸納個體的發展情況或特徵,將會產生些許的困難和偏差。

(二)縱貫研究

　　所謂縱貫研究,是指運用相同的一群受試者,經由長時期(通常延續數年或數十年)的蒐集資料,並據以分析和比較的研究。以前述橫斷研究所舉的研究主題為例,如採用縱貫研究,則研究者可編製一份包括前述各項特質的測驗,當研究受試者在十歲、十一歲、十二歲歲,一直到十八歲每年各施測一次,總計每一位受試者都各接受九次的測驗施測。在這一個例子裡,每位受試者都接受了長達八年的研究;在這段時間裡,他們所經歷的社會環境或受教育歷程,可說是大同小異的。因此,經由縱貫研究所得之結果,將可呈現個體的發展情況或特徵;所以可以說,縱貫研究的最主要價值之一,是可評鑑出人們隨著年齡增長所產生之變化的情形。

　　縱貫研究在研究實務的運用上要比橫斷研究少得多,主要是因為縱貫研究具有研究時程太長,研究對象易流失,及易產生研究工具的學習效果或心理效應(詳第四章)等缺點無法克服。

(三)橫斷持續研究

　　誠如前述,橫斷研究和縱貫研究各有其優、缺點,為了盡量保留

優點與排除缺點,因此就有了混合橫斷研究和縱貫研究所成的橫斷持續研究。所謂橫斷持續研究,是指同時對數組研究對象,從事時間長度適宜(比橫斷研究的時間長,比縱貫研究的時間短)以蒐集資料的一種研究。假設,要研究十歲至十八歲之青少年每一年齡層的智力發展情形,即可以抽取十歲、十三歲,及十六歲三組研究對象,每一年對各組研究對象施予智力測驗一次,持續三次,二年後(第一年、第二年、第三年各施測一次,共計二年)即可完成研究。如運用橫斷研究,雖僅需極短的時間(如一星期或一個月)即可完成研究,惟其研究誤差將會異常明顯;如運用縱貫研究,雖可減少研究的誤差程度,但所費時間相當不經濟;準此,橫斷持續研究就是一種可行的理想研究。

四、依研究的功能來分

麥克米蘭和舒馬起(McMillan & Schumacher, 1989)從研究功能的觀點,將研究分成基礎研究(basic research)、應用研究(applied research),與評鑑研究(evaluation research)等三類。

㈠基礎研究

基礎研究的功能旨在探求知識的原理與原則,如檢定理論、科學法則與基本原理,此種研究的領域有物理學、生理學,及心理學等。

㈡應用研究

應用研究的功能旨在將所探求的知識,應用在實際的情境中,此種研究的應用領域包括醫學、工程學,及教育學等。

(三)評鑑研究

評鑑研究旨在衡鑑某一特定事件、策略，或政策的價值或功過、得失。例如，台灣地區家庭教育中心委託國立空中大學生活科學學系所從事的「八八五諮詢輔導專線成效評估之研究」（周文欽，民88a），就是屬於評鑑研究。

五、依資料的蒐集方法來分

資料之蒐集是研究過程中相當重要的一環，蒐集資料的方法相當多，惟實徵性研究中最常用的有觀察研究（observational research）、調查研究（survey research），和實驗研究（experimental research）等三種。

(一)觀察研究

所謂觀察研究，是指由研究者直接去觀察與記錄研究對象的種種現象、行為、或反應，以分析各種有關變項之間關係的一種研究方法。觀察研究的結果，只能了解各變項間的相互關係，而無法了解其因果關係。此種研究的方法，稱之為觀察法（observational method），此法的具體研究步驟詳見第五章。

(二)調查研究

所謂調查研究，是指利用抽樣的原理，對部分的樣本進行資料的蒐集，並依此樣本所得的結果，去推論母群的一種研究方法（抽樣、樣本、母群的涵義詳見第八章）。調查研究所得的結果，只能解釋或說明是什麼，而無法闡釋為什麼或因果關係。此種研究的方法，稱之為調查法（survey method），此法的具體研究步驟詳見第六章。

(三)實驗研究

所謂實驗研究，是指在控制的情境中，利用某些工具或儀器來蒐集資料的一種研究方法。實驗研究中的控制有多種涵義，其中最主要的是，控制自變項（independent variable）以觀察依變項（dependent variable）的變化（自變項、依變項的涵義見第二章）。職是，實驗研究的結果可探討事象之間的因果關係。此種研究的方法，稱之為實驗法（experimental method），此法的具體研究步驟詳見第七章。

第三節　研究的基本歷程

誠如前文所述，研究是運用科學方法，以解答問題或驗證假設的歷程。研究既界定為運用科學方法的歷程，而科學方法又有其共通的步驟（詳本章第一節一之(二)）規範之；因此在研究的歷程中，就應涵括一系列有系統的步驟。就研究的實務而言，雖然不同的研究主題會有不同的研究方法，惟其研究歷程可說是相類似。一言以蔽之，研究的基本歷程之步驟如下述諸端：1.選取研究主題，2.確定研究目的，3.建立研究架構，4.提出研究問題與假設，5.建構研究設計，6.蒐集資料，7.分析資料，8.解釋研究結果，及9.撰寫研究報告。研究的基本歷程詳見圖 1-1 所示。圖 1-1 中的「↱」與「↰」，代表從「研究結果」可查核該研究之研究者所進行的研究歷程，是否解答了問題或驗證了假設，及是否達成了研究目的。設若研究結果解答了研究者所提出的所有問題或驗證了研究者所提出的所有假設，則可謂達成了研究目的。至於圖中的「↓」，則代表研究歷程中的行進步驟之次序或方向。

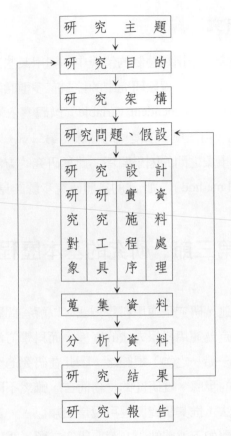

圖 1-1　研究的基本歷程

一、選取研究主題

選取研究主題就是選擇並決定研究題目，研究主題或題目是研究
歷程的主導者，一切的研究步驟都是依據題目的性質或範圍而來，不
同性質或範圍的研究題目，就會有不同的研究步驟、活動、或方法。
研究結果或品質的優劣或成敗，與研究題目的適切與否，具有相當密
切的關係。研究題目的適切與否，有下述諸個準則可供評估：

(一)研究題目須符合興趣

興趣是指：個人對某項事物的積極和正面的評價，或個人從事某種活動所經驗到的愉悅和興奮的感受（張春興，民78）。因此，對任何事物只要具有高度的興趣，做起來就會特別帶勁兒。以此推之，研究題目要符合自己的興趣，才可能持之以恆地進行各項研究活動；否則，對沒有興趣的研究題目，做起研究來就會痛苦不堪與難以持續。

(二)研究步驟須具體可行

研究題目儘管符合自己的興趣，惟研究步驟中涉及的各個研究活動如窒礙難行的話，亦不能算是一個適切的題目。研究步驟是否具體可行，約略可從二個層面來探討。第一個層面是主觀的能力，特別是對該研究題目應具備有關的知識與學術素養。第二個層面是客觀的環境，例如研究所需的文獻是否可尋查，蒐集資料的工具或設備是否可獲得，研究所需的經費是否充裕等等。前述主觀的能力與客觀的環境如果都是肯定的話，則研究步驟可以說是具體的；假如研究步驟中欠缺主觀的能力，客觀的環境亦難以配合的話，則該研究將無法進行，如此那個研究題目也就不是一個好的題目。

(三)研究結果須具有價值

研究結果的價值，包括理論上的價值與應用上的價值，二種價值具有一個，就可稱做是有價值；不過在研究上，常是先有理論價值，再擴展至應用價值。不具有價值的研究，不會有單位或機構去支持、贊助、和獎勵；不具有價值的研究結果，也不會有人去注意和閱讀。因此，該研究結果就難有被發表或出版的機會。試問無法獲得支持、贊助和獎勵，也沒有發表或出版機會的研究，會有人去做嗎？職是，一個研究結果不具有價值的研究題目，能稱為適切嗎？

(四)研究題目的敘述須依撰寫原則

研究題目除了須遵循前述三項準則外，尚須依撰寫原則來敘述研究題目，才能成為一個適切的研究題目。一般而言，撰寫研究題目的主要原則有：

1. 呈現研究對象。
2. 呈現主要變項（及其相關因素）。
3. 文字應價值中立。

現在有一個研究題目「國中學生的社會背景、心理特質與學業成就、升學意願的關係」，則其研究對象為「國中學生」，主要變項為「社會背景」、「心理特質」、「學業成就」、和「升學意願」；再者，在這個題目中之文字並不含有價值判斷，可以說都符合價值中立的原則（周文欽，民71）。

研究主題的選取源自於研究動機，產生研究動機的原因非常複雜，歸納言之，約略有下述諸端：

1. 欲了解現象。如，青少年對婚前性行為有什麼看法？股票市場為何天天天藍（下跌）？臭氧層為何會破洞？
2. 欲解答問題。如，教育學者應如何導正青少年的偏差行為？財經單位應如何擬訂振興投資意願的策略？山區居民應如何防止土石流的再度發生？
3. 欲驗證假設。如，經濟不景氣時的自殺率真的比經濟景氣時來得高嗎？女性真的比男性多愁善感與優柔寡斷？美國的月亮比台灣圓？電視的暴力節目會影響人的攻擊行為？
4. 欲檢驗或複製已知的知識或理論。如，「非理性觀念」（irrational belief）是否也是國人情緒和行為困擾的原因？「比馬龍效應」（Pygmalion effect）真的存在於教學情境中？台灣地區青少年的認知發展，是否已達到「形式運思期」（formal oper-

ational stage）？

5.僅為好奇。如，為何九月常會發生「墮胎潮」的現象？蘋果為何只會往下掉，而不會朝上飛？為什麼一朝被蛇咬，十年怕草繩？

就因研究動機影響到研究主題，因此，在研究報告裡，都會不厭其煩地清楚交待研究者的研究動機。研究動機並非憑空而降，大都是來自於個人的生活體驗與省思，對現有理論或定理的質疑，甚或是閱讀書刊雜誌的心得。從研究動機的觀點論之，還真是「世事洞明皆學問，人情練達亦文章」！

二、確定研究目的

研究主題（題目）只是研究的概括方向與範圍，或只是引領研究進行的綱領而已，僅憑此綱領，還是無法順利地進行研究，也無法令人詳盡地知悉你到底在研究什麼；為了能順利地進行研究，並且讓人知道你在研究什麼，此時，就須將研究目的明確地描述出來。研究目的是將研究主題（題目）細分成數項呈現出來，使人能更清楚地了解研究的主要內容及要進行的研究活動。惟，研究目的的項目不宜太多（以四至六項為原則），而且呈現的方式應是原則性或鉅觀性。在正式的研究報告中，總是由研究動機引申出研究目的，再由研究目的建立研究架構，之後隨之出現更具體而微的研究問題或假設。描述研究目的有三個原則：

1.使用敘述句。

2.以動詞為句首，例如使用了解、分析、探討和比較等詞當作句首語。

3.最後一個目的的寫法，常是：「依研究結果，提供……做參考，或建議（擬訂）……。」

　　例如，在周文欽（民 88a）所主持的「八八五諮詢輔導專線成效評估之研究」裡，如僅從題目觀之，實難了解研究者所要探討的「八八五諮詢輔導專線成效」所指為何？但如從該研究的研究目的去查之，就可初步得知該研究的概略內容。該研究的研究目的如下：

1. 了解「八八五專線」的人力資源現況。
2. 了解「八八五專線」的實施成果。
3. 了解實施「八八五專線」所面臨的問題。
4. 依據研究結果，對「八八五專線」之督導機關與執行單位提供具體建議事項，以做為改進和落實「八八五專線」業務之參考。

　　從上述的研究目的，讀者就能進一步地知道，研究者是從「八八五專線」的人力資源、實施成果，和所面臨的問題等多個層面，來探討、評估台灣地區家庭教育中心實施「八八五專線」的成效。再舉一個例子說明研究目的的寫法，下述是周文欽（民 80）在「台北市外來高中學生的就學成因、生活適應及其相關因素研究」之研究中，所要達成的研究目的：

1. 了解台北市外來高中學生的分布率，及外縣市國中畢業生至台北市就讀高中的移出率。
2. 分析台北市外來高中學生的就學成因，及其與個人變項和家庭背景的關係。
3. 分析台北市外來高中學生的個人變項和家庭背景的關係。
4. 分析台北市外來高中學生的生活適應及其與就學成因、個人變項和家庭背景的關係。
5. 探討高中學生生活適應各層面之間的關係，並建立高中學生的「生活適應模型」。
6. 根據研究結果，提出各項建議，以供越區升學高中學生輔導及教育主管機關施政之參考。

三、建立研究架構

所謂研究架構（research model），是指呈現各個研究變項之間關係的圖示。從研究架構的圖示，更能了解研究主題的內容，而且也能更清晰地了解各個研究變項間的相互關係或影響因素。若研究架構夠明確的話，則亦能從中導出研究問題，再從研究問題引出研究假設；職是，吾人可將研究架構視之為研究歷程中的樞紐與研究行動的指南。

研究架構中變項的影響方向，可分成單向式與雙向式二種。單向式的研究架構以「→」來代表變項間的影響方向，如圖 1-2 所示；雙向式的研究架構以「←→」來代表變項間的影響方向，如圖 1-3 所示。

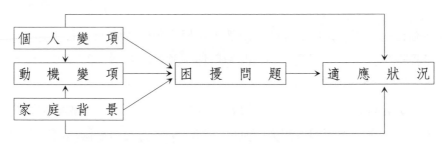

圖 1-2　單向式的研究架構

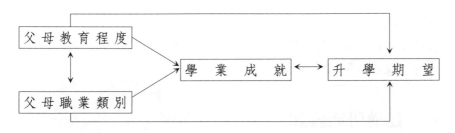

圖 1-3　雙向式的研究架構

四、提出研究問題與假設

本節之二「確定研究目的」中曾說明研究目的的性質,從文中所舉的例子,可知研究目的的內涵常是一般性的概念(general concepts),也就是前文所說的原則性或鉅觀式的;換言之,研究目的具有相當程度的普遍性與抽象性,雖有引導研究行動的作用,惟引導的作用仍不夠具體、明確。準此,研究者還須依據研究目的,進一步提出研究問題(research question),或稱之為待答問題(question to be answered),以表達更具體、更明確的研究內涵,俾以勾勒出達成研究目的的具體行動。研究假設(research hypothesis)是指,研究者預期獲得的研究結果,也是有待驗證(to be tested)的暫時性答案(吳明清,民80)。通常研究者都會依研究問題提出研究假設以供驗證,不過有些研究(尤以描述研究為然)常只呈現研究問題,而不提出研究假設。至於研究問題與假設的適用性,並無約定俗成的準則可供遵循。

研究目的、研究問題與假設在研究歷程中,扮演著承先啟後的關鍵地位,它一方面引導研究行動的進行,另一方面也是檢核研究行動有無達成目標的指標。如圖 1-1 所示,從研究所獲得的結果,可去查核有無解答研究問題?有無驗證或支持研究假設?有無達成研究目的?易言之,研究結果可回饋到研究目的、問題與假設,從回饋可得知研究行動的妥切性與適當性。有關研究問題與假設的詳細內容,詳見第二章。

五、建構研究設計

所謂研究設計(research design),是指蒐集資料與分析資料的方

法與過程之描述或計畫（Bailey, 1987）；易言之，在研究歷程中，研究者是經由研究設計這一步驟，以安排解答研究問題或驗證研究假設之途徑，最後並檢核是否達成研究目的。依此論之，可知研究設計是達成研究目的所使用的方法，所以在研究報告中，常將研究設計的具體內容，在「研究方法」這一標題下加以敘寫。研究設計既是在規範資料的蒐集與分析的方法，因此它就必須包括：研究對象、研究工具、實施程序，與資料處理等四個層面（參見圖 1-1）。研究設計是研究過程中相當重要的一環，因此就有專著專門探討這一主題（de Vaus, 2001）。

(一)研究對象

研究對象旨在說明研究樣本或受試者的來源，及研究樣本的大小與代表性等，這一部分將在第八章（抽樣）中詳述。今舉《台北市立空中大學之規劃研究》的「研究對象」為例，介紹研究報告中之研究對象的撰寫方式（周文欽，民 86a）。

本研究的主要目的之一是在了解大台北區民眾對台北市立空中大學的認知、需求、態度與意見。本研究乃以大台北區的民眾為母群進行調查，有關空中大學這種教育體制的研究對象，勢必要涵蓋正在空中大學就讀之學生。再者，也為調查對象的普遍性與代表性，本研究乃採用三種抽樣方式抽取研究對象。第一種方式，是從台北市十二個行政區以隨機抽樣的方法各抽取一所國民小學，再從各校以隨機叢集抽樣的方法，從五、六年級的班級中各抽取六十名的學生，請學生將問卷攜回家中，請其家長（或同戶內的成人）填妥後，再由學生帶回學校交給有關人員處理。此種抽樣方式所抽得的樣本為一般市民樣本，總計抽樣 720 份，回收 687 份，其中有效問卷 652 份；經整理，回收率為 95.42 %，有效問卷率為 90.56 %。

第二種方式是以隨機叢集抽樣的方法，抽取國立空中大學台北學

習指導中心（設在台北市）及台北第二學習指導中心（設在台北縣蘆洲市）的學生為研究對象。總計抽樣 1400 份，回收 1046 份，其中有效問卷 1008 份；經整理，回收率為 74.71 ％，有效問卷率為 72 ％。

　　第三種方式是抽取台北市政府所辦理的在職訓練單位的學員及府內員工做為研究對象。總計抽樣 500 份，回收 369 份，其中有效問卷 360 份；經整理，回收率為 73.80 ％，有效問卷率為 72 ％。

　　綜合上述可知，本研究之問卷調查的抽樣對象有三種，總共抽樣 2620 份，回收 2102 份，有效問卷 2020 份；經整理，回收率為 80.23 ％，有效問卷率為 77.10 ％。

(二)研究工具

　　研究工具是指蒐集資料的儀器或設備，在社會及行為科學研究中，最常使用的工具是測驗及問卷，有關其涵義與編製過程詳見第九章（問卷）及第十章（測驗）。一般研究報告中的研究工具之內容，必須清楚交待其來源，如是研究者自行製作或編製，則更應詳細說明製作或編製的整個過程。至於研究工具的撰寫實例，可參考下文（周文欽，民 86a）。

　　本研究之問卷調查部分，是以自編之〈台北市籌設市立空中大學意見調查問卷〉蒐集資料。本調查研究的目的，旨在了解大台北地區民眾對國內空中大學的認知情形和接觸經驗，及探討與分析對台北市立空中大學的期望、需求和意見。經由相關文獻之閱讀及分析，並諮詢與空中大學或隔空教育有關的學者專家之意見，本研究小組再根據研究目的，經多次研究小組會議共同討論後，擬訂〈台北市籌設市立空中大學意見調查問卷初稿〉。問卷初稿完成後，首先送請委託單位（即台北市政府教育局）審核，研究小組依審核意見修正及調整部分內容；之後，再送請國立空中大學學生（三十名）與至公家機關洽公

的市民（三十名）實施預試。最後，再依預試結果修改少部分字詞後定稿，並定名為〈台北市籌設市立空中大學意見調查問卷〉乙種，供受試樣本填答之用。

本問卷的題目形式，皆採類別反應問題（即常見的選擇題）（見第九章）的填答方式設計。問卷結構共分成三大部分；第一部分是致受試者的短函；第二部分是問卷背景的說明（因研究小組共同的看法認為，有些受試者可能根本不了解空中大學的性質，為了幫助其填答，特別加入問卷背景的說明）；第三部分是問卷的題目。本問卷的題目共有二十八題，概略分為二類，基本資料方面的問題與認知和意見方面的問題。基本資料方面的問題包括性別、學歷、居住地、年齡、婚姻、收入與是否曾為空大或空專的學生。認知和意見方面的問題又分為六種。

第一種是對國立空中大學和高雄市立空中大學的認知情形，及接觸國立空中大學之電視與廣播教學節目的經驗。

第二種是成立與就讀台北市立空中大學的意見，包括是否有意願就讀台北市立空大，就讀台北市立空大的動機及對是否需要成立台北市立空大的看法等。

第三種是對台北市立空大課程與學系之需要的意見。

第四種是對台北市立空大教學方式的意見，包括對媒體教學與面授教學的看法。

第五種是對台北市立空大輔導措施的意見，包括課業疑難的輔導方式與參加學生社團的看法。

第六種是對台北市立空大與國內其他空大交流的意見。

(三)實施程序

實施程序則是在說明整個資料蒐集的方法與過程，不同的研究方法（如調查法、實驗法或觀察法）就會有不同的實施程序，惟主要的

內容仍是小異中有大同。

㈣資料處理

研究歷程中的資料處理，則是在說明對於所蒐集資料的分析方法
與過程。資料處理的最重要部分是統計分析，惟在統計分析之前，仍
須對原始資料及缺失資料做初步的整理。

六、蒐集資料

研究歷程中在完成建構研究設計之步驟後，接著就要實際去進行
資料的蒐集。假如是用觀察法，則要進行觀察活動以蒐集有關的資
料；如用調查法，則要開始郵寄問卷、測驗或將其拿給受試者去施
測；如用實驗法，則要在控制的情境中或實驗室裡，去操弄變項以記
錄受試者的各種反應。蒐集資料的具體方法與步驟，詳見第五章（觀
察法）、第六章（調查法），及第七章（實驗法）。

七、分析資料

資料蒐集齊全後，就可展開分析資料的過程，實徵性研究的資料
分析大都是運用統計學的方法，賦予資料意義。分析資料的方法主要
有兩種：第一種是描述統計（decsriptive statistics）的分析，如呈現各
個研究變項的平均數、標準差、次數分配等；第二種是推論統計（in-
ferential statistics）的分析，如各個變項數值的估計、預測，或變項間
關係的考驗（test）等。任何一種統計方法的運用，都與變項本身的性
質（如自變項、依變項、連續變項、名義變項或次序變項等）有關；
易言之，研究者要依變項的性質，以決定最適宜的統計方法。至於有
哪些可用的統計方法與各種統計方法的適用時機，有興趣的讀者可參

考有關的統計書籍及本書第十四章。目前在研究的實務裡，大部分的資料分析都是利用現成的統計軟體在電子計算器（電腦）上進行，現行常用的統計軟體主要有 SPSS、SAS 與 BMDP 等三種，這些軟體都有伺服器（server）版與單機版二種版本，使用上相當簡便。分析資料的方法，請參閱本書第十三、十四、十五與十六章。

八、解釋研究的結果

資料分析完竣後，即表示已經有了研究結果，研究結果需要去解釋才有意義。解釋研究結果，除了要與研究目的、研究問題和研究假設相互關聯、對應外，並要對研究結果加以討論。

九、撰寫研究報告

研究歷程的最後一個步驟是，將整個研究歷程（從研究動機至研究結果）撰寫成書面報告。撰寫研究報告有一定的格式與方法，與一般的落筆行文有很大的不同，關於這一步驟，請參閱本書第十七章〈研究報告的撰寫〉。

關鍵詞彙

非實徵性方法	權威
邏輯	實徵性方法
直覺	科學
科學方法	研究
研究方法	探索
描述	預測
解釋	行動
自然科學研究	社會及行為科學研究
實徵性研究	非實徵性研究
橫斷研究	縱貫研究
橫斷持續研究	基礎研究
應用研究	評鑑研究
觀察研究	調查研究
實驗研究	研究架構
研究問題	研究假設
研究設計	

自我評量題目

1. 試述了解事象的方法，並各舉例說明之。
2. 邏輯是合理推論的歷程，為何經由邏輯而來的知識會發生錯誤，試申述之。
3. 試分別敘述研究及研究方法的涵義。
4. 從事研究的目的為何？試申述之。
5. 試比較自然科學研究和社會及行為科學研究的差異處。
6. 試說明橫斷研究和縱貫研究的優點與缺點。
7. 試述研究的種類，並舉例說明之。
8. 試述研究歷程中所應涵括的步驟。
9. 試以婚姻滿意度為研究主題，提出研究架構。
10. 試以「分析年齡、教育程度，和職業別與失業率的關係」這一研究目的為例，寫出其研究問題。

第二章

研究問題與假設

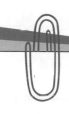

學 習 目 標

——研讀本章內容之後，學習者應能達成下列目標：

1. 說出變項的定義。

2. 了解變項的概念型定義和操作型定義，並能舉例說明之。

3. 說出變項的各種類別，並了解其意義。

4. 了解撰述研究問題的原則，並能運用之。

5. 說出研究問題的種類，並能舉例說明之。

6. 了解假設、研究假設、科學假設，及統計假設的意義。

7. 說出研究假設的種類及其寫法。

8. 了解驗證假設的方法。

大　綱

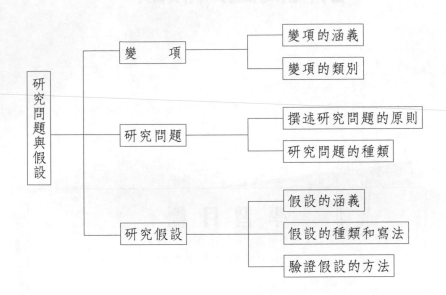

摘　要

　　變項是構成研究問題和假設的重要因素，所以研究也可說成是分析、探討，或解釋變項之間關係的歷程。變項是指可以依不同的數值或類別出現或改變的屬性，變項的定義可分成概念型定義和操作型定義二種。依變項的操弄情況，可將變項分成自變項、依變項和混淆變項；依統計學的觀點，可將變項分成名義變項、次序變項、等距變項和等比變項；依變項的變化性質，可將變項分成量變項和質變項。

　　撰述理想之研究問題有五項原則：1.依據研究目的而來，2.以疑問句的形式來呈現，3.內容要具體明確，4.變項須有操作型定義，5.可判斷出擬使用之統計分析方法。研究問題可分成敘述性問題、關聯性問題、預測性問題和因果性問題等四種。

　　假設是指對某個問題或某個現象的預設答案或構想。假設依撰寫方式的不同，可分成研究假設和統計假設。研究假設又稱為科學假設，是指運用一般文字所撰寫而成的假設；統計假設則是指運用統計符號或統計語言所撰寫而成的假設。研究假設共可分成文義型對立假設、文義型虛無假設、操作型對立假設和操作型虛無假設等四種。假設考驗通常包括四個步驟：1.依研究假設提出統計假設，2.選擇統計方法，3.決定顯著水準，4.進行統計分析與裁決。

在第一章，我們將研究界定為：運用科學方法，以解答問題或驗證假設的歷程。因此，整個的研究活動是依問題和假設而展開的，如無研究問題或研究假設，那麼就不存在著研究。所以在研究的歷程中，就要能提出合乎研究規範的研究問題與假設。良好的研究問題和假設，對研究活動的進行具有畫龍點睛的效果；反之，不佳的研究問題和假設，會有礙研究活動的進行。職是，了解研究問題和假設的性質，進而提出良好與可行的研究問題和假設，就成為進行研究的首要之事。研究問題和假設常包含著一個或多個的變項，換句話說，研究問題和假設是由變項組合而成。所以要能了解變項的涵義，才能進一步提出研究問題和假設。綜合上述，本章將先介紹變項，接著再分別論述研究問題和研究假設。

第一節　變項

變項在研究中是一個相當重要的概念，前文曾述及研究問題和假設是由變項組合而成，而研究是解答問題或驗證假設的歷程；由此推之，研究也可說是在分析或探討、解釋變項間之關係的歷程。不同的變項有不同的處理方式，甚或不同性質的變項，其統計分析的方法也將各異其趣。本節的旨趣即在說明變項的涵義及變項的類別。

一、變項的涵義

你能分別從下述的三個研究問題和三個研究假設中，指出有哪些變項嗎？並界定各個變項的定義嗎？

研究問題：1.不同性別的人，其智力是否有差異？

　　　　　2.女人是否比男人長壽？

　　　　　3.種族和血型有無關聯？

研究假設：1.不同職業的人，其收入有顯著差異。

　　　　　2.東方人血型為 O 型的比率高於西方人。

　　　　　3.國中生的體重和數學成績有顯著相關。

　　或許你現在無法說出前述的研究問題和假設中所包含的變項，不過沒有關係，只要仔細研讀本節內容並了解後，將可無誤地說出變項之所在。所謂變項（variable），是指：「可以依不同的數值或類別出現或改變的屬性（property）（林清山，民81，第6頁）。」易言之，凡是可以分成各種不同的量或種類的概念，就可稱為是變項。例如，性別可分成男與女二類，職業可分成士、農、工、商等多類，體重可以是 30、35、49、59 或 87 公斤，數學成績可以從 0 分到 100 分；就因性別、職業、體重，或數學成績都可以分成或擁有各種不同的類別或數值，所以它們都是變項。再如，男性、桌子、老虎、河水，或佛洛依德等概念，因不能再分成不同類別或賦予不同的數值，所以它們都不是變項。

　　前述的性別、職業、體重，或數學成績都是相當容易了解的變項，其意義也十分明確。惟，在研究裡所涉及的變項，並非每個都容易了解或意義明確；例如，前述所舉研究問題 1 的智力與研究假設 1 的收入，其涵義就可能會形成不同的人有不同的說法，用眾說紛紜來形容也不為過。然而，從事研究是要獲取普遍性與代表性的知識或結果，而且也要符合科學的客觀性。因此，變項的定義就要明確具體，至少研究者心中的涵義要和閱讀研究報告者所理解的一致。

　　通常研究裡的變項之定義，可以分成概念型定義（conceptual definition）和操作型定義（operational definition）二種。所謂概念型定義，是指使用抽象、主觀與籠統的概念來說明某種觀念之意義的文字敘述；操作型定義，則是指利用可觀察、操作或量化之程序來說明某觀念之意義的文字敘述。例如，智力這個變項的定義可分述如下：

智力的概念型定義：

　　1.智力是學習的能力。

　　2.智力是抽象思考的能力。

　　3.智力是適應生活的能力。

智力的操作型定義：

　　1.智力是智力測驗上的得分。

　　2.智力是學業成績的平均分數。

　　很明顯的，如僅從概念型定義來看智力的話，我們實在不易了解到底什麼是智力；此時研究者如要蒐集智力的有關資料，以比較是黑人智力高？還是白人智力高？研究者將很難去進行資料的蒐集。再看智力的操作型定義，其意義就明確多了，而且任何研究者都可輕易地獲得有關智力的資料（只要實施智力測驗，並計算其得分；或抄錄受試者的學業成績即可）。為何我們會說：「智力是智力測驗上的得分。」這個定義是操作型定義呢？因某受試者在做智力測驗時，是可以看得到的（可觀察），施測的環境或過程是可以安排的（可操作），最重要的是做完智力測驗後可以得到一個分數（可量化）。再如，英文能力也是一個變項，美國大學對外國學生英文能力的界定是：「托福測驗上的得分。」托福測驗分數高者，代表英文能力佳；托福測驗分數低者，則代表英文能力不佳。為了易於了解變項的明確意義，俾便於資料的蒐集，我們在研究中就必須對各個變項賦予操作

型定義。此外，在研究實務上，為了避免閱讀研究報告者的誤解，與進一步讓人了解研究的範圍和對象，研究者也常會對研究裡所涉及的重要名詞（非變項）賦予操作型定義。

大部分的研究報告都有「名詞詮釋」這一部分，以說明研究中所涉及之主要變項與重要名詞的意義（變項與名詞出現的位置並不限於研究問題和假設，研究題目或研究目的裡的變項或名詞亦要加以解釋）。「名詞詮釋」中，通常先陳述變項或名詞的概念型定義，再呈現操作型定義；不過一定要出現操作型定義，概念型定義則具備與否皆可。

現在以本書第一章第三節之一所提及的「社會背景」、「心理特質」、「學業成就」和「升學意願」等四個變項為例，說明變項之概念型定義及操作型定義的寫法（周文欽，民 71）。

(一)社會背景

本研究所謂的「社會背景」是指受試者的：1.父母教育水準，2.父母職業類別，及3.友伴關係。

1.父母教育水準

「父母教育水準」是指受試者的父母親所受教育的程度。在本研究中，以受試者在「父母教育程度調查表」上的得分，代表其父母的教育水準；得分愈高者表示父母教育水準愈高。

2.父母職業類別

「父母職業類別」是指受試者父母親的職業種類和等級；在本研究中，以受試者在「父母職業類別調查表」上的得分，代表其父母的職業類別；得分愈高者表示父母職業等級愈高。

3.友伴關係

「友伴關係」是指受試者與同儕友伴間交往的關係。在本研究中，以受試者在「友伴關係調查表」上的得分，並經直線轉化成 T 分

數,代表其友伴關係;分數愈高者表示友伴關係愈佳,亦即愈受友伴的歡迎與接納。

(二)心理特質

本研究所稱的「心理特質」是指受試者的:1.智力,2.學習態度,3.成就動機,4.內外控信念,與5.自我觀念。

1.智力

「智力」是指人適應環境和學習事物的基本能力。在本研究中,以受試者在程法泌和路君約(民68)所編訂的「國民中學智力測驗」上的原始分數,代表其智力。

2.學習態度

「學習態度」是指學習事物時所抱持的態度。本研究以受試者在賴保禎(民58)所編製的「學習態度測驗」上的得分,代表其學習態度;得分愈高者,表示學習態度愈佳愈好。

3.成就動機

「成就動機」是指一種社會化的動機(socialized motivation),它能促使人去做與成就有關或勝過他人的行為,並增進在這些行為上的表現。在本研究中,以受試者在郭生玉(民61)所編製的「成就動機問卷」上之得分,代表其成就動機;得分愈高者,表示成就動機愈強。

4.內外控信念

「內外控信念」是指個人對其生活中的事件責任歸屬的信念,又可分為內控與外控兩種。前者是指有「成事在己」的觀念,行事無論是成敗得失,皆認為是由己而起的;後者則將事之成敗的責任歸之於外力,諸如命運、機會等無法操弄的外在因素。在本研究中,以吳武典(民64)所修訂的「智能成就責任問卷」上的得分,代表受試者的內外控信念。計分時,只取總分而捨正內控分數與負內控分數;總分

愈高者，表示愈傾向內控信念。

5.自我觀念

所謂「自我觀念」是指個人對自己以及對自己與外界之間關係的看法。本研究將自我觀念分成兩類：⑴整體自我觀念（global self-concept），⑵能力自我觀念（self-concept of ability）；前者是指對一般事物的看法，後者則專指對自己能力的看法。在本研究中，以林邦傑（民 69）所修訂的「田納西自我概念量表」上的得分，代表受試者的整體自我觀念；而以受試者在簡茂發與朱經明（民 71）所編製的「自我態度（能力自我）形容詞量表」上的得分，代表其能力自我觀念。

(三)學業成就

「學業成就」是指在學校學科學習的成果。本研究以受試者在黃昆輝（民 66）所編製的「國民中學智育成就測驗」上的得分，代表其學業成就；並以得分在平均數以上者為學業成就高者，在平均數以下者為學業成就低者。

(四)升學意願

「升學意願」是指學生在國中畢業以後，想繼續升學到何種階段的願望。在本研究中，以受試者在「升學意願調查表」上的得分，代表其升學意願；並以得分在平均數以上者為升學意願高者，在平均數以下者為升學意願低者。

前述「升學意願」之定義裡，「是指學生在國中畢業以後，想繼續升學到何種階段的願望」的敘述是「概念型定義」，「在本研究中，以受試者在『升學意願調查表』上的得分，代表其升學意願；並以得分在平均數以上者為升學意願高者，在平均數以下者為升學意願低者」的敘述，是「操作型定義」。

二、變項的類別

　　本節一開始即指出，研究也可說是在分析或探討、解釋變項的歷程；吳明清（民 80）也指出：「變項是研究的基本單位，也是資料蒐集與分析的依據（第 109 頁）。」因此，不同的變項就會衍生出相異的研究活動（如蒐集資料與分析資料）。職是之故，研究者就要能確實分辨出變項的各種類別，並理解其精義。變項有各種不同的分類，概略言之，依變項的操弄情況，可分成自變項、依變項及混淆變項等三種；依統計學的觀點，可分成名義變項、次序變項、等距變項，及等比變項等四種；依變項的變化性質，可分成量變項和質變項二種。

(一)依變項的操弄情況來分

1.自變項

　　所謂自變項（independent variable），是指研究者能加以系統化操弄（manipulate）或安排的變項，此種變項常是研究者懷疑造成某種事件或現象的「因」（cause）。例如，實際的衛生統計資料顯示，男人的平均壽命比女人短；這時就可以說，性別會影響人的壽命，亦即性別是造成壽命長短的可能原因之一。在這個例子裡，「性別」就是自變項，因為我們可以隨時操弄或蒐集男人或女人的壽命資料。再者，不同的教學方法（如啟發式、討論式、與演講式）會令學生產生不同的學業成就，那麼「教學方法」就是自變項。

　　自變項常是屬於類別變項（見下文質變項），所以自變項本身可再加以分類，所能分出的類別稱之為「水準」（level）；如，前例的性別有二個水準，教學方法有三個水準。自變項可加以操弄，主要是指操弄其「水準」。至於變項的水準個數並不一定，實際的個數要視變項的特性或研究者的「操作型定義」而定。例如，由於變項本身的

特性使然，所以絕大部分研究的性別變項都是二個水準，血型變項都是四個水準（A、B、O、與 AB 型，少數特殊研究將其分成 Rh 陰性與 Rh 陽性二個水準）。另外，有些變項常因研究者有不同需求或看法，而有不同的操作型定義，也因此，相同的變項會因研究者的不同，而產生不一樣的水準個數，水準的分類名稱亦相異其趣。例如，同樣是「國小學校類別」這個自變項，有人將其分為智類、仁類與勇類三個水準，有人將其分為都會區學校、鄉鎮區學校與偏遠區學校三個水準，也有人將其分為公立與私立二個水準，更有人將其分為超大型、大型、中型，和小型等四個水準。再如，「職業」這種變項，不同的研究者也常會有界定不同水準個數的現象。在社會及行為科學的研究裡，自變項常是區別受試者（subject）各項特徵（如性別、年齡、教育程度、或職業別）或選擇受試者的依據，所以自變項又常稱為受試者變項（subject variable）。

2.依變項

所謂依變項（dependent variable），是指隨著自變項之改變發生改變而無法加以操弄的變項，也是研究者所要觀察或蒐集之受試者的行為數據。若從心理學的術語來看，則依變項就是所謂的反應（response），而自變項則常是所謂的刺激（stimulus）。若以前述自變項的例子來看，則壽命（自變項是性別）和學業成就（自變項是教學方法）都是依變項。

研究的目的常是在討論二個（或二個以上）變項間的關係，具有影響作用的變項稱為自變項，受影響的變項則稱為依變項。例如，生活習慣會影響身體健康，身體健康受到生活習慣的影響；再如，服飾的品牌常是其售價的決定因素。所以，前例的生活習慣和品牌都是自變項，身體健康和售價則都是依變項。若自變項的影響作用是相當明確與肯定的話，或說二者間的因果關係是存在的話，則自變項是「因」（cause），依變項是「果」（effect）。

3. 混淆變項

所謂混淆變項（confounding variable），是指自變項以外，一切會影響到依變項的因素而言。在許多較簡單的科學研究裡，大都僅是在探討自變項與依變項的關係。例如，教學方法與學生學業成就之研究，研究所得之結果是教學方法會影響到學生的學業成就；在這個研究裡，「教學方法」是自變項，「學業成就」是依變項。然而，事實上影響「學業成就」的因素，並不只是「教學方法」而已，其他諸如學生的性別、智力、學習動機，甚或父母的社經水準，都會影響到學生的學業成就；像這些會影響到依變項，而不屬於自變項的因素，就是所謂的混淆變項。混淆變項又可分為二種：外擾變項和中介變項。

(1)外擾變項

所謂外擾變項（extraneous variable），是指自變項之外一切可能影響到依變項的客觀因素而言，例如研究的物理環境以及受試者的性別、身體機能、年齡、教育程度，及職業類別和社經水準等可以辨認的因素均屬之。外擾變項有時會被研究者加以操弄或控制，有時則不加以理會（亦即不去操弄或控制它）；當外擾變項被視做是影響依變項的因素或原因，而加以操弄或安排時，則這時的混淆變項又可稱為控制變項。

(2)中介變項

所謂中介變項（intervening variable），是指介於自變項和依變項之間一切對依變項會產生作用的內在心理歷程而言，例如受訪者的意願、態度、動機、智力，與興趣等均屬之。

前述僅有「教學方法」和「學業成就」二個變項的研究，如某研究者也考慮或認為「性別」、「父母教育程度」和「學習動機」等三個變項也可能影響到學業成就的話，則可以圖 2-1 來說明各類變項的關係。

假如該研究者將性別與父母教育程度都當作控制變項，則該二個

變項也可稱為自變項。

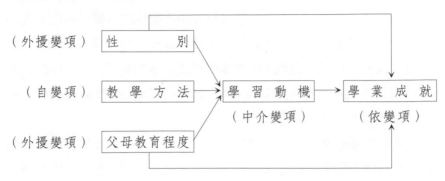

（外擾變項）　性　　　　別

（自變項）　教　學　方　法　→　學　習　動　機　→　學　業　成　就

（中介變項）　　　　（依變項）

（外擾變項）　父母教育程度

圖 2-1　變項關係圖示

㈡依統計學的觀點來分

美國心理學者史第文斯（Stevens, 1951）從統計學處理資料的觀點，將變項分成下述四種。

1.名義變項

所謂名義變項（nominal variable），是指利用名稱或數值來分辨人、事、物之類別的變項。例如，宗教、血型、教學方法、學生學號，及國家發展程度等都是名義變項；因為宗教可以分成佛教、回教、基督教、天主教、和道教等，血型可分成 O 型、A 型、B 型、和 AB 型，教學方法可分成演講法、啟發法、或討論法等，學生學號可分成 88001、87537、89111、83416、或 86777 等，國家發展程度可分成已開發國家、開發中國家、和未開發國家。有時我們可同時使用名稱與數值來為變項命名，例如，操行成績可用甲、乙、丙、丁來分等，有時則可用第一、第二、第三，和第四來分等。在研究實務中，自變項常是屬於名義變項。

2.次序變項

所謂次序變項（ordinal variable），是指可利用數值或名稱來加以排序或賦予等第的變項。例如，前述的操行成績就是一種次序變項，

因為甲（第一）比乙（第二）好，乙比丙（第三）好，丙又比丁（第四）好，亦即：甲＞乙＞丙＞丁。再如中小學生的畢業獎項也是次序變項，因為畢業獎項的市（縣）長獎優於局長（教育局局長）獎，局長獎又優於校長獎（當然，還有其他可以排序的獎項）。次序變項因為可透過不同的排序或等第來加以分類，所以次序變項也是名義變項，但名義變項不一定是次序變項。

次序變項雖具有多少或優劣的次序方向性，但並不能說明多少或優劣之間差異的大小量（magnitude）。例如，小明的操行成績是優，中強是甲，大華是丙；我們只能說，小明的操行成績比中強好，大華比小明差，而無法計算出小明比中強好多少，或大華比小明差幾分。次序變項在研究上用得較多的是，在有關態度或意見方面的測量；例如，在態度或意見等心理特質的測量，常要受試者在類如「非常同意、同意、沒意見、不同意、非常不同意」等選項中擇一做反應，這些選項在程度上是具有次序方向性的。

3. 等距變項

所謂等距變項（interval variable），是指可以賦予名稱（類別）並加以排序，而且還可計算出其間差異之大小量的變項。例如，前天的溫度是 30℃，昨天是 35℃，今天是 33℃。我們不只可知道昨天的溫度高於今天，今天的溫度又高於前天；而且還可算出昨天比今天高兩度，前天低於今天三度。綜上所述，可知溫度就是一個等距變項。以此類推，像燈光的照明度或喇叭的音量，也都是屬於等距變項。

等距變項須具有「相等單位」（equal unit）這一特性；所謂相等單位，是指在差異大小量的系列上各段之基本單位的間隔應完全相等（林清山，民 81）。假如，甲路口中午十二點的音量為 80 分貝，乙路口為 100 分貝，丙路口為 120 分貝，我們不只可看出甲路口的音量小於乙路口，乙路口的音量又小於丙路口；而且，還可計算出 100 分貝－ 80 分貝＝ 120 分貝－ 100 分貝。再者，每一分貝所代表的意義都

一樣，不論是 80 分貝以下的一分貝，或是 120 分貝以上的一分貝。準此，音量這一個變項就符合「相等單位」這一特性。同理，我們也可算出各個教室的照明度為多少勒克斯（lux，照明度的國際單位），而且也可找出 A ＞ B ＞ C，及 A － B ＝ B － C（A、B、C 分別代表甲、乙、丙三個教室之勒克斯數值），則照明度這個等距變項也符合「相等單位」的特性。

4. 等比變項

所謂等比變項（ratio variable），是指可以賦予名稱、排序，並計算出差異大小量，還可找出某比率（倍數）等於某比率的變項。等比變項和等距變項的最主要不同處，在於等比變項必須具備有「絕對零點」，等距變項則找不到絕對零點，絕對零點也是等比變項的最重要特徵；換言之，不具備絕對零點的變項，就不能稱為等比變項。所謂絕對零點（absolute zero），是指沒有數量存在的點；用通俗的話來講，絕對零點就是 0。像身高、體重、或薪資都是從零公分、零公斤、或零元開始起算，所以這些變項都是屬於等比變項。

就因等比變項具有絕對零點，所以這些變項之大小量所計算出的相同比率或倍數，才具有相同的意義。比方說，劉先生的每月薪資為九萬元，張先生為四萬五千元，則可以說劉先生的每月薪資是張先生的兩倍，張先生是劉先生的 50 ％。身高或體重也都具有此特性。至於溫度這個變項就不是等比變項，因為溫度並不是從 0 度開始起算（物理學上的說法，溫度的絕對零點是攝氏零下 273 度或華氏零下 459 度），所以溫度的倍數之意義就很難界定了。職是之故，我們就不能說，攝氏 32 度的天氣是 16 度的兩倍熱。

綜上所述可知，凡是等比變項必定是等距變項，等距變項必定是次序變項，次序變項也必定是名義變項。

(三)依變項的變化性質來分

依變項的變化性質，可將變項分成量變項和質變項兩種。

1.量變項

所謂量變項（quantitative variable），是指可出現各種不同數量（數值）的變項。例如，身高、體重、溫度、智商，和GRE的成績等都是屬於量變項。前述等距變項和等比變項，都是量變項。量變項又可分成連續變項和間斷變項，凡是在某一範圍內可得到任一數值的變項，就稱為連續變項（continuous variable）；凡不能得到任何數值，而只能出現特定數值的變項，就稱為間斷變項（discrete variable）（也稱為非連續變項，discontinuous variable）。像溫度可以是38℃，可以是27℃，可以是32℃，也可以是38.5℃、30.7℃、或17.77℃，所以溫度是屬於連續變項；此外，諸如身高、體重、或學業平均成績等，也都是屬於連續變項。然而，我們卻不能說：我家有2.1部BMW汽車，他有2.7張的台積電股票，這次選舉每人可投3.5張票；所以汽車數、股票數，或投票數都是屬於間斷變項。雖然，我們會看到類似的數據：我國平均每戶有1.7部機車，台積電股票每筆的平均賣出張數是5.73張，或每天平均有11.1對夫妻離婚；不過那只是理論上的概念而已，事實上是不可能發生或出現那樣的數值。再如，人口數或房屋數也都是間斷變項。惟，從統計分析的方法來看，則連續變項與間斷變項並沒有太大的分野或差異。

2.質變項

所謂質變項（qualitative variable），是指可出現不同種類的變項，所以有時也稱為類別變項（categorical variable），前述的名義變項和次序變項都是質變項。例如，教育程度、學位、大哥大品牌、籍貫，和車型等都是屬於質變項或類別變項。在一般的研究裡，自變項通常是質變項，依變項通常是量變項。不過，有時為了研究的需要，

也可將量變項轉化成質變項；例如，可將月收入在十萬元以上者界定為「高所得者」，五萬至十萬元者為「中所得者」，五萬元以下者為「低所得者」。

　　辨別量變項與質變項的最簡單方法為，視其可否進行加、減、乘、除四則運算而定；凡可進行四則運算者為量變項，無法進行四則運算者則為質變項。

第二節　研究問題

　　簡單的講，研究的過程就是在解答研究問題，研究問題又是研究方向或研究行動的指引；因此，提出研究問題可說是研究的第一要素，良好的研究問題可使研究達到事半功倍的效果。職是，研究者在研究歷程中，就應掌握撰述研究問題的原則，並能了解研究問題的種類及其涵義。

一、撰述研究問題的原則

　　研究問題在研究歷程中所扮演的角色（詳見圖 1-1）及其重要性已如前述，所以研究方法學者對於研究問題常多所著墨。例如，郭生玉（民 87）就指出，陳述研究問題必須具有四項特徵：

1.問題的敘述應該說明兩個變項或兩個以上變項之間的關係。
2.問題的變項間關係應該清楚而正確地敘述。
3.問題的敘述應該提示實徵性考驗的可能性。
4.問題的敘述應該不涉及道德與倫理的觀點。（第 39 頁）

　　國內另一學者吳明清（民80）則認為，提出待答問題（詳見第一章第三節之四）有六項要領：

1.以簡潔的疑問句提出。
2.降低概念的抽象程度。
3.以研究變項及其關係之提示為主。
4.善用問題的層次。
5.待答問題的範圍要與研究目的相符。
6.要提出可回答的問題。（第190～193頁）

　　綜合前述，可歸納出撰述理想之研究問題有下述諸原則：1.依據研究目的而來，2.以疑問句的形式來呈現，3.內容要具體明確，4.變項須有操作型定義，5.可判斷出擬使用之統計分析方法。

(一)依據研究目的而來

　　研究問題不能無中生有或信手拈來，研究問題必須依據研究目的而來，而研究目的則是源自於研究主題（題目）。為了確保研究的結果能達成研究目的，在撰述研究問題時，最好依照研究目的之先後順序，每個研究目的提出若干個研究問題，俾免有所缺漏。此項撰述研究問題之原則，詳見圖2-2所示。

　　接著，我們以周文欽（民80）對台北市外來高中學生的研究之研究目的（詳見第一章第三節之二）為例，說明如何從研究目的導出研究問題。依據該研究之研究目的所撰述的研究問題，詳如下述：

1.台北市外來高中學生在各縣市的分布率為何？
2.台北市外來高中學生在台北市各公立高中的分布率為何？
3.台北市各公立高中的外來高中學生占有率為何？

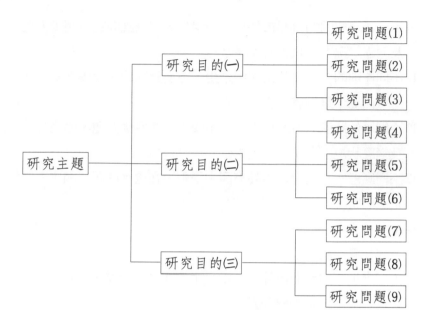

圖 2-2 研究問題的依據

改自：**教育研究——基本觀念與方法之分析**（第 194 頁），

　　　吳明清著，民 80，台北：五南圖書出版公司。

4.各縣市國中畢業學生在台北市就讀公立高中的移出率為何？

5.台北市外來高中學生的主要就學成因為何？

6.台北市外來高中學生的就學成因是否會因性別、出生序、考試
　次數、畢業國中地區，及目前就讀學校的不同而有差異？

7.不同就學成因的台北市外來高中學生，在父母教育程度、父母
　職業類別及社經水準上，是否有差異？

8.不同性別、出生序、畢業國中地區、就讀學校及應考次數的台
　北市外來高中學生，在父母教育程度、父母職業類別及社經水
　準上，是否有差異？

9.不同類別的台北市高中學生，在父母教育程度、父母職業類別
　及社經水準上，是否有差異？

10. 不同就學成因的台北市外來高中學生，在適應問題、因應方式及適應狀況上，是否有差異？

11. 不同性別的台北市外來高中學生，在適應問題、因應方式及適應狀況上，是否有差異？

12. 不同居住狀況的台北市外來高中學生，在適應問題、因應方式及適應狀況上，是否有差異？

13. 不同應考次數的台北市外來高中學生，在適應問題、因應方式及適應狀況上，是否有差異？

14. 不同畢業國中地區的台北市外來高中學生，在適應問題、因應方式及適應狀況上，是否有差異？

15. 不同出生序的台北市外來高中學生，在適應問題、因應方式及適應狀況上，是否有差異？

16. 不同類別的台北市高中學生，在適應問題、因應方式及適應狀況上，是否有差異？

17. 台北市外來高中學生的父母教育程度、父母職業類別和社經水準與適應問題、因應方式和適應狀況，是否有相關存在？

18. 台北市高中學生的適應問題與因應方式對於適應狀況的預測力及解釋力為何？

19. 以適應問題為先決變項，因應方式為中介變項，適應狀況為後果變項的台北市高中學生之生活適應模型，是否存在？

從前述的研究問題可以發現，這些研究問題都是依據第一章第三節之二的研究目的而來。具體言之，研究問題一、二、三，和四是依據研究目的一而來，研究問題五、六，和七是依據研究目的二而來，研究問題八和九是依據研究目的三而來，研究問題十、十一、十二、十三、十四、十五、十六，和十七是依據研究目的四而來，研究問題十八和十九是依據研究目的五而來。至於研究目的六，是要根據全部

研究問題解答後所得之結果來達成，所以該項研究目的（根據研究結果，提出各項建議，以供越區升學高中學生輔導及教育主管機關施政之參考）就不再導出研究問題。

(二)以疑問句的形式來呈現

所謂疑問句（interrogative sentence），是泛指使用「？」來做結尾的句子。疑問句可分成二類：第一類是含有疑問詞的疑問句，英文的 what、when、where、which、who、why、how 等字就是疑問詞；第二類是沒有疑問詞的疑問句，凡此類疑問句大都可以用 yes 或 no 來作答。依此推之，研究問題也可分成二類：有疑問詞的研究問題和沒有疑問詞的研究問題。

1.有疑問詞的研究問題

像前述(一)的研究問題一、二、三、四、五，和十八都屬於此類問題。再如下述的例子，也是有疑問詞的研究問題：

(1)哪一種廣告媒體最能增進消費者的購買慾？

(2)何種年齡的夫妻離婚率最高？

(3)什麼樣的城市之市民具有最高的生活滿意度？

(4)壓力是透過何種因素影響人們的身心健康？

(5)學生的心理特質、學業成就，和家庭背景如何影響其升學意願？

2.沒有疑問詞的研究問題

像前述(一)的研究問題六、七、八、九、十、十一、十二、十三、十四、十五、十六、十七，和十九都屬於此類問題。

(三)內容要具體明確

前述(一)的研究問題都相當具體明確，由其內容視之，即可看出研究的方向或其所導引的研究行動為何。例如，研究問題一至四如描述

成：台北市外來高中學生的分布率、占有率及移出率各為何，則我們將無從知悉所要探究的問題到底為何？如今以問題一至四的形式呈現，就可以很清楚地了解到，問題所要探討的具體內容是什麼。又如下述二個研究問題：

　　1.男生是否比女生好？

　　2.男生在體能上，是否比女生好？

　　很明顯的，第二個問題要比第一個問題的內容具體明確多了；假如我們要研究的是第一個問題，還真不知道如何去展開研究行動或蒐集資料，因為「好」究竟所指為何，我們並不知道，上述第二個問題中的「體能」，就是研究的具體範圍。然而，若僅有具體範圍，研究行動還是難以展開；例如，「體能」的涵義非常廣泛，不同的研究者會有不同的說法，我們又怎麼知道研究者的界定為何。準此言之，為使研究問題達到具體明確的目標，首先必須在研究問題裡寫出研究的具體範圍，接著尚須對該範圍（通常是一個變項）賦予操作型定義。

㈣變項須有操作型定義

　　變項與操作型定義的涵義已詳述如本章第一節，在此不贅述。直接以實例再度說明前述㈠周文欽（民80）所提之研究問題裡變項之操作型定義的寫法：

　　1.各縣市（含金馬地區）外來高中學生的分布率，是指各縣市至台北市就讀公立高中的人數除以台北市外來高中學生的總人數，所得商數乘以 100 %的數值。移出率則是指，該縣市國中畢業生中，每千人中至台北市就讀公立高中的人數比率；其計算方法是七十八學年度中各縣市的高二外來學生人數除以各該縣市七十七學年度的國中畢業生總人數，所得商數乘以千分之一千所得的數值。

　　2.外來高中學生是指，畢業自台北縣市以外的國中，戶籍地不在

台北市而且無法通勤上學，須寄宿於台北市的台北市公立高級中學二年級的學生。

3.就學成因是指，外來學生捨戶籍地之高中而前往台北市就讀公立高級中學的原因或動機，本研究僅採三種主要成因：升學主義、社會流動及高中教育機會不均等，以受試者在「高中學生升學態度量表」上之三個量尺的得分來評量其就學成因。亦即將受試者在三個量尺的原始分數轉成 Z 分數，再比較三個 Z 分數的大小，Z 分數最大量尺的名稱，即為該受試者的主要就學成因。

※升學主義：指外來學生至台北市就讀高中的主要動機，係基於台北市公立（含師大附中）高中有較高的升學率，其教材教法較有利於將來升學。

※社會流動：指外來學生至台北市就讀公立高中的主要動機，係基於要追求更高的社會地位、成就及發展機會，俾使這一代的社會階層高過父母那一代。

※高中教育機會不均等：指外來學生至台北市就讀公立高中的主要動機，係基於台北市公立高中的師資、設備及教育經費等教育設施較戶籍所在地的高中好。

4.生活適應：是指高中學生在日常生活中，遇到困擾問題產生壓力時，為了解決問題或去除、克服壓力，而採取適宜的處事方法，以達到心理健康的歷程。本研究之生活適應涵蓋適應問題、因應方式，及適應狀況三個層面。

※適應狀況：是指高中學生在日常生活中所遇到或感受到的困擾問題，共分為課業、就業前途、心理、人際交往、用錢、時間支配，及食住等七類適應問題。本研究以受試者在「高中學生生活經驗量表」上的得分代表之，得分愈高者表示該適應問題的困擾程度愈大。

※因應方式：是指高中學生在遇到困難或困擾問題，進而產生壓
　力時，為了去除或克服以達心理平衡，所採取的處事態度或方
　法，共分為接納與成長、發洩情感、計畫行事、否認事實、尋
　求具體支持、積極因應、消極因應、逃避問題、尋求情感支
　持、壓抑行動、抑制因應，及心理解脫等十二種因應方式。本
　研究以受試者在「高中學生處事態度量表」上的得分代表之，
　得分愈高表示受試者愈趨向那種因應方式。

※適應狀況：是指高中學生的身心平衡狀態，亦即學生的心理健
　康情形，共分為心理症狀、生理症狀，及自我肯定等三種適應
　狀況。本研究以受試者在「曾氏心理健康量表」上的得分代表
　之，得分愈高者表示受試者心理愈不健康，適應狀況愈差。

(五)可判斷出擬使用之統計分析方法

　　研究問題可判斷出擬使用之統計分析方法的前提，是研究問題要
含有界定明確的變項，且變項與變項之間的相互關係亦要敘述清楚。
其次，因為變項的屬性會影響到統計分析的方法，所以在決定統計方
法之前，亦要能指出變項的屬性。例如，該變項是自變項或依變項？
量變項（連續變項）或質變項（類別變項）？如是自變項，則有幾個
自變項？各個自變項又各含有幾個水準？如是依變項，那又有幾個依
變項？

　　至於何種研究問題要用何種統計方法，或什麼樣的變項要用什麼
樣的統計方法，涉及到統計學的專業知能，本章無法詳述。惟，變項
屬性和統計方法之間的關係，在本書第十四章會有概要性與原則性的
介紹，請讀者自行參閱。

二、研究問題的種類

　　研究問題依所要探討問題的性質與變項之間的關係，可將其分成敘述性問題、關聯性問題、預測性問題，與因果性問題等四種。

(一)敘述性問題

　　所謂敘述性問題（descriptive question），是指探討某些個別變項之現象、特徵、狀況，或事實的研究問題。例如前文所舉屬於敘述性問題者，有下述諸端（問題編號與原列編號一致，俾便讀者查詢）：

　　1.台北市外來高中學生在各縣市的分布率為何？

　　2.台北市外來高中學生在台北市各公立高中的分布率為何？

　　3.台北市各公立高中的外來高中學生占有率為何？

　　4.各縣市國中畢業學生至台北市就讀公立高中的移出率為何？

　　5.台北市外來高中學生的主要就學成因為何？

　　再如，下述的例子也屬於此類問題：

　　1.國立空中大學學生的主要就學動機有哪些？

　　2.各種主要疾病的好發率各為何？

　　3.影響產品購買慾的廣告因素有哪些？

(二)關聯性問題

　　所謂關聯性問題（correlational question），是指在探討兩個（或以上）變項間之相關程度的研究問題。例如前文所舉屬於關聯性問題者，有下述一例：

　　17.台北市外來高中學生的父母教育程度、父母職業類別和社經水準與適應問題、因應方式和適應狀況，是否有相關存在？

　　再如，下述的例子也屬於此類問題：

1. 選民的意識型態與投票行為存有相關嗎？
2. 頭髮根數與就讀科系存有相關嗎？
3. 收入和樂善好施之間有必然關係嗎？
4. 物理成績與數學成績存有正相關嗎？
5. 政黨屬性和公共政策之間的關係為何？

(三)預測性問題

所謂預測性問題（predictive question），是在探討多（一）個變項對一個變項之預測能力，或多個變項對多個變項之解釋能力的研究問題。例如前文所舉屬於預測性問題者，如下例所述：

18. 台北市高中學生的適應問題與因應方式對於適應狀況的預測力及解釋力為何？

再如，下述的例子也屬於此類問題：

1. 數學、英文、國文、地理、歷史、物理、化學和生物各科目的成績，解釋大學學科能力測驗得分的程度如何？
2. 哪些心理因素最能預測人們的生理健康？

(四)因果性問題

所謂因果性問題（cause-effect question），是指在探討兩個或多個變項間的因果關係的研究問題。例如前文所舉屬於因果性問題者有：

7. 不同就學成因的台北市外來高中學生，在父母教育程度、父母職業類別及社經水準上，是否有差異？

12. 不同居住狀況的台北市外來高中學生，在適應問題、因應方式及適應狀況上，是否有差異？

19. 以適應問題為先決變項，因應方式為中介變質，適應狀況為後果變項的台北市高中學生之生活適應模型，是否存在？

再如，下述的例子也屬於此類問題：

1.藥品的劑量和種類如何對人們產生藥效？

2.一分耕耘真的會產生一分收穫嗎？

第三節　研究假設

在第一章第一節曾對研究下過這樣的定義：「運用科學方法，以解答問題或驗證假設的歷程。」在研究的歷程中，也要在提出研究問題或假設之後，才能開始建構研究設計，進而展開蒐集資料和分析資料等研究行動（見圖 1-1）。由此可見，「問題」與「假設」在研究歷程中所扮演的角色是等量齊觀的；所以在了解了「問題」之後，就必須進一步去探討「假設」的性質和涵義。本節的旨趣，即在論述假設的涵義與種類和寫法，並說明驗證假設的方法。

一、假設的涵義

所謂假設（hypothesis），是指對某個問題或某個現象的預設答案或構想；換言之，假設是對某些事情所持的暫時性（tentative）解釋，而假設通常是用來解答有關「如何」（how）和「為什麼」（why）的問題（Shaughnessy & Zechmeister, 1997）。假設依撰寫方式的不同，可分成研究假設（research hypothesis）和統計假設（statistical hypothesis）（周文欽，民 87a；Kirk, 1968；McNemar, 1969）。研究假設又稱為科學假設（scientical hypothesis），它是指運用一般文字所撰寫而成的假設；所謂的統計假設，則是指運用統計符號或統計語言所撰寫而成的假設。

假設雖分成前述二種，惟在研究報告或論文裡所呈現出來的假設，幾乎都是使用研究假設（科學假設）；統計假設通常只用在統計

考驗（test）裡，而且只是概念性的存在，並不呈現在研究報告的文字中。準此言之，在研究報告出現之假設，都是用研究假設的方式來加以呈現，而不出現統計假設。職是，本節之二的「假設的種類和寫法」將以研究假設的論述為主，至於統計假設的寫法則在本節之三的「驗證假設的方法」中來說明。一個理想的研究假設都必須具備下述五項特徵（Neuman, 1991）：

1. 至少須含有二個以上的變項。
2. 須陳述變項之間的關係。
3. 能呈現未來的預期研究結果。
4. 須依研究問題與理論推演而來。
5. 可用實徵性的證據加以考驗，並顯示該假設是真實或不真實。
　（p.89）

二、假設的種類和寫法

通常任何一個研究假設都必須涵蓋二個要點：一個是假設中的重要變項（或概念）是否知悉如何測量而來；另一個是，假設中的重要變項間的關係又是如何。依此論之，研究假設可依是否知悉變項如何測量，分成文義型假設與操作型假設；依變項間的關係，可分成對立假設與虛無假設。不論是前述何種假設，都要以敘述句的形式提出。

(一)依是否知悉變項如何測量來分

1.文義型假設

所謂文義型假設（literacy hypothesis），是指不知道重要變項或概念是如何測量或計算出來的假設；換言之，凡是以抽象或籠統之文字敘述，而無法確實了解其意義的假設，就是文義型假設。下述二個

假設都屬於文義型假設：

(1)男生的數學能力比女生來得好。

(2)高的人之短跑速度比矮的人來得快。

上述二個假設都各有二個變項，第一個假設的變項是「性別」和「數學能力」，第二個假設的變項則為「身高」和「短跑速度」。其中的「數學能力」、「身高」及「短跑速度」等變項，從字面來看根本無從知道其確實的涵義，亦即不知道它們是怎麼被測量出來，所以前二例皆是文義型假設。

2.操作型假設

所謂操作型假設（operational hypothesis），是指可以知道重要變項或概念是如何測量或計算出來的假設；亦即凡能以具體和明確之文字敘述，使人一看便知其意義的假設，就是操作型假設。操作型假設的呈現方式見下述二例（事實上是前述二個文義型假設的改寫）：

(1)男生在數學成就測驗上的得分高於女生。

(2)身高 180 公分以上的人跑百米的時間，少於身高在 160 公分以下的人。

從前二例可發現，操作型假設的敘述比較冗長與繁瑣，因此，只要在研究報告之「名詞詮釋」中，對每個變項都能下操作型定義的話，還是以提出文義型假設為宜。像絕大部分之研究報告裡，所提出之假設大都是文義型假設。

(二)依變項間的關係來分

在研究假設中，一定要述明重要變項間的關係。所謂關係，是指相關或差異而言；相關可分成正相關、負相關，及完全相關等三種，差異則可分成大於、小於、高於、低於、多於、少於及不等於等多種。

1.對立假設

所謂對立假設（alternative hypothesis），是指變項間有關係的假設；亦即變項間存有正相關、負相關、大於、小於，不等於或有差異等關係者，即屬於對立假設。此種假設的寫法如下例：

⑴數學成績與物理成績有正相關。

⑵不同性別的國中生，在自我概念上有差異。

2.虛無假設

所謂虛無假設（null hypothesis），是指變項間沒有關係的假設；亦即凡變項間無相關、相等或無差異者，就是虛無假設。此種假設的寫法如下例：

⑴數學成績與物理成績沒有相關。

⑵不同性別的國中生，在自我概念上沒有差異。

在研究報告裡，通常都以對立假設的形式來呈現研究假設。

綜合前述，每一個研究假設都須涵蓋二個要點，從假設「是否知悉變項如何測量」的要點論之，假設可分成文義型假設和操作型假設等二類；從假設中「變項間的關係」的要點論之，假設可分成對立假設和虛無假設等二類。基此觀點，研究假設可歸納成四種：

1.文義型對立假設

如，男生的數學能力比女生來得好。

2.文義型虛無假設

如，不同性別的國中生，在自我概念上沒有差異。

3.操作型對立假設

如，男國中生在自我概念測驗上的得分，高於女國中生。

4.操作型虛無假設

如，不同性別的國中生，在自我概念測驗上的得分沒有差異。

研究假設的種類可以表 2-1 示之，從表中的交互關係，能令人更清楚地了解到研究假設之種類與涵蓋要點間的關係。

表 2-1　研究假設的種類

		是否知悉變項的測量	
		否	是
變項間的關係	有	文義型對立假設	操作型對立假設
	無	文義型虛無假設	操作型虛無假設

三、驗證假設的方法

在研究的歷程中，大部分都是運用統計學（特別是推論統計）的方法來驗證假設之真實性的程度，此種驗證假設的統計過程，特別稱之為假設考驗（hypothesis tcsting）。假設考驗通常包括四個步驟：1.依研究假設提出統計假設，2.選擇統計方法，3.決定顯著水準，4.進行統計分析與裁決（林清山，民81）。

(一)依研究假設提出統計假設

統計假設也可分成對立假設與虛無假設二種，其涵義和研究假設中的對立假設與虛無假設相類似。統計假設總是先提出對立假設，此對立假設不含有等號（＝）。對立假設通常是研究者所要支持的假設，然而在統計的假設考驗裡，並不直接去考驗這個對立假設，而是依統計學家費雪爾（S. R. Fisher）的方法，總是先提出一個與對立假設完全相反的假設，再來否定它的真實性。這個與對立假設完全相反的假設，稱之為虛無假設，這個假設含有等號（＝）。誠如前文所述，統計假設是使用統計符號或語言來呈現；對立假設用 H_1 來代表，虛無假設則用 H_0 來代表。由此可見，在描述統計假設時，都是先提

H_1，再提 H_0；換言之，統計的假設考驗，並不是用正面證據來證明研究者所提的假設為真，而是用反面證據來否證（refute）它（林清山，民 81，第 211 頁）。至於統計假設的內容，總是使用希臘字母來表達；其中最常用的兩個字母是 μ 與 ρ，μ 代表母群的平均數，ρ 則代表母群的相關係數。統計假設的寫法，今舉二例說明如下：

研究假設：

　　1. 男生的數學能力比女生來得好。

　　2. 數學成績與物理成績有相關。

統計假設：

　　1. H_0：$\mu_1 \leq \mu_2$

　　　H_1：$\mu_1 > \mu_2$

　　2. H_0：$\rho = 0$

　　　H_1：$\rho \neq 0$

前述 μ_1 代表男生的數學能力，μ_2 代表女生的數學能力；ρ 則代表數學成績與物理成績的相關係數，所謂有相關是指相關係數不等於零。

(二)選擇統計方法

統計方法的種類相當多，至於如何選擇適宜的統計方法，這涉及到統計學的專業素養，本書的旨趣不在探討統計學，所以不做深入的討論，有興趣的讀者可參閱統計學專書。惟，選擇適宜的統計方法有三個主要判斷方向必須去思考，這三個方向分別是：1.母群的量數是否已知，2.是單側考驗或雙側考驗，3.數據資料是來自獨立樣本或相依樣本。

〈三〉決定顯著水準

在統計的假設考驗裡，要拒絕（reject）虛無假設（H_0），才能支持研究者所提的對立假設（H_1）；如果接受（accept）了 H_0 時，研究者所提的 H_1 就沒有獲得支持。然而，無論接受或拒絕 H_0，均不能肯定地「證實」它是對或錯。易言之，當接受 H_0 為真時，H_0 有可能是假的；當拒絕 H_0 為真時，H_0 有可能是真的。換句話說，不管如何裁決結果，都可能發生錯誤。

統計學上說，拒絕 H_0 所犯的錯誤，稱為第一類型錯誤（type I error）；接受 H_0 時所犯的錯誤，稱為第二類型錯誤（type II error）。通常第一類型錯誤的機率以 α 代表之，第二類型錯誤的機率則以 β 代表之；而在統計實務上，α 又稱為「顯著水準」（level of significance）。統計考驗之顯著水準主要可分成三種：.05、.01 和.001。顯著水準的大小會影響到考驗結果，所以在決定顯著水準時，不得不謹慎矣！

α在各種統計分配（如 t 分配、F 分配或 χ^2 分配等）所占有的區域，特稱之為拒絕區（region of rejection）；因為在假設考驗，經由統計分析所計算出來的值，要落入這個區域，才能聲稱是拒絕虛無假設達到顯著水準，所以才叫這個區域為拒絕區。拒絕區在分配圖中的位置，常會因單側考驗或雙側考驗的不同而有差異。例如，在α=.05 下，單側考驗與雙側考驗的拒絕區分布位置如圖 2-3 和圖 2-4 所示。

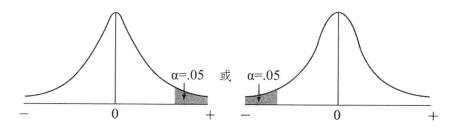

圖 2-3　單側考驗的拒絕區

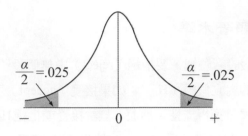

圖 2-4　雙側考驗的拒絕區

㈣進行統計分析與裁決

前述三個步驟都完成後,就可將蒐集而來的資料數據進行統計分析,然後再根據統計結果所得的統計值與拒絕區查表(如常態分配表、t分配表、F分配表)所得的值進行比對,再裁決(即對假設考驗下結論)之。假如,計算所得的值落入拒絕區(即計算值大於或小於查表值),則拒絕虛無假設,也就是研究者所提的對立假設獲得支持;若計算所得的值沒有落入拒絕區(即計算值沒有大於或沒有小於查表值),則接受虛無假設,也就是研究者所提的對立假設沒有獲得支持。

關鍵詞彙

變項	概念型定義
操作型定義	自變項
水準	受試者變項
依變項	混淆變項
控制變項	外擾變項
中介變項	名義變項
次序變項	等距變項
等比變項	絕對零點
量變項	連續變項
間斷變項	質變項
類別變項	研究問題
敘述性問題	關聯性問題
預測性問題	因果性問題
假設	研究假設
科學假設	統計假設
文義型假設	操作型假設
對立假設	虛無假設
文義型對立假設	文義型虛無假設
操作型對立假設	操作型虛無假設
假設考驗	第一類型錯誤
第二類型錯誤	顯著水準

自我評量題目 ✍️

1. 試為下述各變項分別寫出概念型定義及操作型定義：

   失業率

   焦慮

   婚姻滿意度

   成就動機

2. 試擬出一個含有自變項和依變項的研究問題，並說出問題中的自變項、依變項，及可能的混淆變項各為何。

3. 試建立一個包含有自變項、中介變項和依變項的研究架構。

4. 何謂名義變項、次序變項、等距變項和等比變項，並各舉例說明之。

5. 試述撰寫一個理想研究問題的原則為何。

6. 試以「投票行為」為主題，寫出敘述性問題、關聯性問題、預測性問題和因果性問題等四種研究問題。

7. 試以「性別」、「教育程度」和「人生觀」等三個變項為例，分別寫出「文義型虛無假設」及「操作型對立假設」。

8. 試述假設考驗的步驟為何。

9. 試擬出一個研究問題，並據此寫出文義型對立假設與操作型虛無假設。

第三章

文獻探討

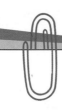

學 習 目 標

——研讀本章內容之後，學習者應能達成下列目標：

1. 了解文獻探討的意義。
2. 了解文獻探討的目的。
3. 說出文獻的種類與提供的資訊。
4. 說出文獻資料的來源。
5. 說出工具書的種類，並能運用於文獻查索。
6. 了解文獻探討的步驟，並能運用之。
7. 了解蒐集文獻的方法，並能運用之。
8. 利用電腦蒐集文獻。

大　綱

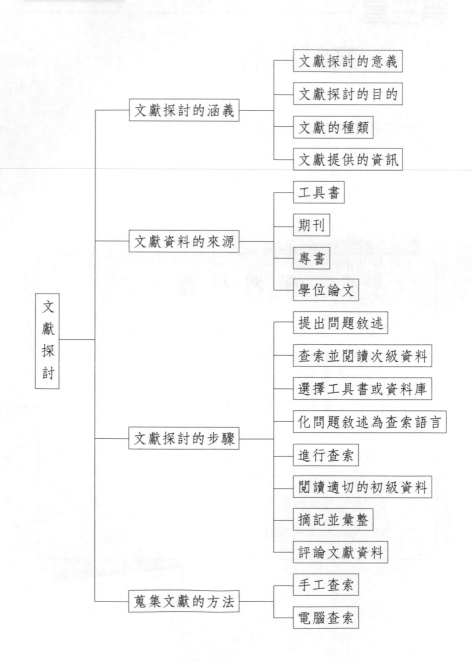

摘　要

　　文獻是指具有歷史價值的圖書文物資料；文獻探討則是指針對某一特定主題，持續蒐集與其有關的重要圖書文物資料，並加以整理、分析、歸納、評鑑與彙整的歷程。文獻探討的目的有：1.決定研究題目與問題，2.避免重複他人的研究，3.選取理想的方法，和4.與先前的研究結果相互比較。依據文獻之資料性質，可將其分成初級資料和次級資料；文獻所能提供之資訊包括關於理論、方法和資料分析等二種資訊。

　　文獻資料的主要來源有工具書、期刊、專書及學位論文。工具書又稱為參考書，是指依據特殊編排方法，以供檢索知識、資料或資訊的書籍；文獻探討中最常使用的工具書有索引和摘要。期刊包括報紙和雜誌，研究方法中所稱的期刊，大都是指學術性的雜誌。專書是指彙整各專門學術領域之知識的書籍，專書在文獻探討裡，最具參考價值的部分為附錄、參考書目、專用辭彙及索引。

　　進行文獻探討有八個步驟可供依循：1.提出問題敘述，2.查索並閱讀次級資料，3.選擇工具書或資料庫，4.化問題敘述為查索語言，5.進行查索，6.閱讀適切的初級資料，7.摘記並彙整，和8.評論文獻資料。蒐集文獻的方法，主要可分成手工查索與電腦查索兩種，其中電腦查索又可分成光碟資料庫查索及網際網路查索等二種。

　　在第一章中曾提及，閱讀書刊雜誌的心得是研究動機的來源之一，再由此研究動機確定研究目的，進而提出研究問題或假設。此外，在研究的歷程中，也常須參考他人的研究報告，以解決研究所面臨的疑難或增進研究的視野。再者，在評鑑研究報告或論文時，「有無理論基礎」是一個重要的指標，然理論基礎並非憑空而降，它應是來自於現存的知識或研究成果，這些知識或研究成果則大都登載或發表於專業刊物，或集結成書。前述為研究而閱讀某些書面印刷資料（也包括電子資料），並加以分析或比較的過程，可稱之為文獻探討。本章之旨趣，即在說明文獻探討的涵義，介紹文獻資料的來源，陳述文獻探討的步驟，及指出蒐集文獻的方法。

第一節　文獻探討的涵義

　　誠如前述，文獻探討是研究歷程中的一個重要活動，而且在研究報告中，也都會或簡（在期刊中併入緒論或引言中）或繁（在學位論文中列有專章）地呈現文獻探討的結果；從文獻探討的內容，常可論斷一位研究者的功力。職是，研究者就有必要了解文獻探討的涵義，本節將從文獻探討的意義與目的、文獻的種類，及文獻提供的資訊來說明這個主題。

一、文獻探討的意義

　　「文獻探討」一詞，英文稱之為 literature review。文獻一詞出自《論語》〈八佾〉篇：「夏禮吾能言之，杞不足徵也，殷禮吾能言之，宋不足徵也，文獻不足故也，足則吾能徵之矣。」朱熹注之曰：「文者典籍也，獻者賢也。」據此可知，文獻的原意是指典籍和賢

人；惟目前文獻已有新意，多指具有歷史價值的圖書文物資料（王振鵠、鄭恆雄、賴美玲、蔡佩玲，民81）。review 由 re 和 view 兩個部分組成，re 有一再、反覆與再一次的意思，view 有看、視察、考慮與仔細觀察的意思，因此，review 有一再看、反覆觀察與評論的意思。準此，所謂文獻探討，是指針對某一特定主題持續蒐集與其有關的重要圖書文物資料，並加以整理、分析、歸納、評鑑與彙整的歷程。

　　文獻探討在整個研究歷程都須進行之，而非僅限於研究歷程中的某一個階段或步驟。例如，在尋覓研究主題時，可經由文獻探討以決定研究題目、問題或假設；在建立研究架構和建構研究設計時，常會因詳實的文獻探討，而使它們更具周延性和可行性；甚至，在撰寫研究報告的「討論」和「建議」部分時，也會因充分的文獻探討，而令其更具有價值、說服力和可讀性。

二、文獻探討的目的

　　文獻探討在研究中，可讓研究者達成下述多項目的。

(一)決定研究題目與問題

　　這個目的通常是在尋找研究題目時產生，或者說，進行文獻探討的最早時機是在尋找研究題目。在決定研究題目之前，先要有研究主題（主題的範圍比題目來得大）；所以當還沒有研究題目時，就可經由文獻探討來了解有興趣的研究主題，接著再將其縮小為研究題目。例如，從文獻探討中尋覓到「婚姻問題」這個主題，之後再集中閱覽有關婚姻問題這個主題的相關文獻，以歸納出有哪些婚姻問題被研究過，並分析有哪些值得研究的婚姻問題還沒被研究或探討過。經此過程，研究題目就可獲取之，再由先前的相關文獻，進一步確定研究問題。

(二)避免重複他人的研究

詳盡地閱覽文獻,能使研究者避免無心地重複他人的研究,並選取不同的研究問題。惟,為了進一步驗證某個研究問題之結果的真偽時,研究者可更精緻地重複去做某個研究。假如運用相似的方法探究某一研究主題,而無法產生有意義的結果,此時就有需要去修正該問題或研究設計。再者,評鑑研究(詳第一章第二節)也允許研究者去重複先前的研究。職是,研究並非不可複製,只是不要去重複沒有必要的研究,也不可抄襲他人的研究。

(三)選取理想的方法

當閱覽並分析某一研究主題的相關文獻,研究者會去評估用來解決問題與驗證假設的研究方法,所以,這些研究將會對我們的研究設計提供理論和思考的方向。誠如第一章所界定的研究設計,文獻探討可幫助研究者選取理想之研究樣本、研究工具、實施程序與資料處理的方法。

(四)與先前的研究結果相互比較

當研究者完成研究結果後,他就必須加以解釋與分析,其重點是和先前的研究結果相互比較:研究結果和哪些類似先前的研究相一致?研究結果又和哪些類似先前的研究不一致?不一致的可能原因又為何?這一比較的過程,會陳述在研究報告中的「討論」部分;而且,研究者也常會依這一比較的結果,提出後續研究的建議。

三、文獻的種類

依據文獻之資料性質,可將其分成初級資料和次級資料(周天賜,民 80;McMillan & Schumacher, 1989)。

㈠初級資料

所謂初級資料（primary sources）又稱為第一手資訊（first hand in-formation），是指由理論家或研究者所提出之原始和獨創的研究成果或論著。初級資料包含研究報告或某一理論的全文，因此它會顯得較專業、專門與複雜繁瑣；職是，初級資料大都發表於期刊（journal）和學報上，或者單獨印行成冊（如，各種專題研究之研究報告和學位論文）。

㈡次級資料

所謂次級資料（secondary sources）又稱為第二手資訊（second hand information），是指對初級資料加以分析、比較和彙整後所提出的綜合性資料。次級資料常出現於百科全書、評論性的專業刊物、各式各樣論文和研究報告的「文獻探討」部分，及各學門的教科書或專書。

　　一般而言，在進行文獻探討時，最好是直接參考初級資料的文獻（即原典）。不過，次級資料的文獻仍具有相當的實用性，因為透過次級資料，將可快速地瀏覽到某一研究主題的相關文獻。準此，在文獻探討的實務上，常是經由次級資料著手，再找出初級資料來參考。

四、文獻提供的資訊

　　就因在研究歷程中，文獻可提供研究者各種具參考價值的資訊，所以他們才須進行文獻探討的活動。依據研究方法學者丹恩（Dane, 1990）的見解，文獻所能提供之資訊有下述三大類：

(一)關於理論的資訊

任何研究都須有理論依據，才能使研究的進行活動合於邏輯，其研究結果才具說服力。文獻所能提供最顯著的資訊就是理論基礎。研究者常是依據已有的相關理論，再提出自己的理論架構，或建構其研究設計。例如，有研究者欲探討心理異常的成因，若其信服佛洛依德（S. Freud）的人格發展理論，該研究者將會從人們幼年時期之親子關係，來探討心理異常的原因；又若其依據的理論是艾利斯（A. Ellis）的 ABC 人格理論，則他會從人們所擁有的「非理性觀念」（irrational belief）來分析心理異常的形成背景；再若其從「行為論」的觀點切入的話，則該研究者會從環境因素去發展心理異常的產生模式。

(二)關於方法的資訊

廣義的研究方法，是指蒐集資料的方法，如本書第二篇所探討的觀察法、調查法和實驗法等；狹義的研究方法，則是指抽樣、研究工具的製作和發展、研究步驟和過程，及資料處理的方法等。前述的各種方法，在相關的文獻中都可找得到。文獻中有關方法的資訊，未必都是完美無缺，或都適合你的研究主題與研究興趣；此時，研究者就須進行周延的文獻探討，以決定最適合研究需求的既有方法，或綜合各種既有的方法，再創造出新的方法。

(三)關於資料分析的資訊

事實上，資料分析是資料處理方法的一環，惟在實徵性研究裡，資料分析扮演著非常重要的角色，所以特別將其從方法的資訊中凸顯出來。

假如，你修過統計學的課程，或深諳統計學的知識，將會發現有許多不同的統計方法，可以用來分析研究者所蒐集而得的資料。倘若

所使用的統計分析方法是十分普遍和尋常，那麼就不必刻意進行文獻探討以獲取這方面的資訊。不過對於特殊資料的分析，就須藉助於提供此種資訊的相關文獻。例如，周文欽（民 80）就依克利夫（Cliff, 1987）的觀點，以典型相關分析（canonical correlation analysis）來處理及分析「適應問題→因應方式」這個自變項與依變項均超過一個的變項群之間的關係。再如，在第九章第三節中將會提及，設計問卷的基本原則之一是「盡量少用複選題」；現在，因研究需要一定要設計複選題的問卷時，就可參考杜宜展（民 85）所曾使用之考克蘭 Q 考驗（Cochran Q test）來處理資料分析的問題。在使用此種資訊時，務必要了解其中的統計技術或方法後，才能加以運用。

第二節　文獻資料的來源

　　進行文獻探討前，最常被提及的問題是：「何處可蒐集到我所要的文獻資料？」要回答這個問題，就須知道文獻資料的來源有哪些。文獻雖可分成初級資料與次級資料，又可提供有關於理論、方法和資料分析等不同的資訊，惟其資料或資訊的主要來源，大都是工具書、期刊、專書和學位論文等四種。

一、工具書

　　所謂工具書又稱為參考書（reference book），是指依據特殊編排方法，以供檢索知識、資料或資訊的書籍；這種書和一般的書刊有所不同，具有：1.解答疑難，2.蒐集資料，3.體例特殊，4.部分閱讀，5.內容廣泛，與6.持續編纂等六個特質（王振鵠等，民 81）。工具書又可分成指引性工具書和資料性工具書兩種，主要的指引性工具書有

索引、摘要和書目等三種，主要的資料性工具書則有字典、辭典、年鑑和百科全書等多種。但在文獻探討過程中，最常使用的工具書則首推索引和摘要等二種。

(一)索引

索引（index）是檢索文獻資料之出處的主要工具，它將各種文獻資料的出處分門別類彙整成冊。中文常見的索引有綜合性的《中華民國期刊論文索引》和《中文報紙論文分類索引》，及專題性的《教育論文索引》、《農業論文索引》和《中文法律論文索引》等多種。英文的索引種類相當多，舉例來說，在社會及行為科學領域中，常見者就有下列諸種：

※ Social Sciences Index（社會科學索引）。

※ Social Sciences Citation Index（社會科學引用索引）。

※ Current Index to Journals in Education（CIJE；當代教育期刊索引，本刊物雖稱索引，不過，其中的文獻大都附有摘要）。

接著，就以《教育論文索引》和《Social Sciences Index》這二種索引工具書為例，介紹索引的內容與編排方式。

1.教育論文索引

《教育論文索引》由國立台灣師範大學圖書館所編印，每年出刊一輯，其編排是依領域性質加以分類，在各類之下有的再加以分層（最多分成二層），有的則不再分層。以該索引第21輯為例，其目次如表3-1。

該索引的查索方式是先從目次中查出我們所要之領域的頁次，再翻閱至該頁次，就可查到該領域有關論文的出處。比方說，我們要探討的領域是「空中教學」，則從表3-1的目次，可查到「空中教學」是在「拾、社會教育」的第二項，它的頁碼為191（543）（括號內的頁碼是指總頁碼，此頁碼已自第24輯起省略之），此項查索結果如表

3-2 所示。從表 3-2，研究者就可看到有關「空中教學」之文獻的出處。假如，你對某篇論文有興趣的話，這時就可以根據論文的出處，去找尋該篇論文的全文。比方說，我們想看的是〈邁向二十一世紀的空中大學〉這一篇論文，就必須去找《成人教育》這一份刊物的第一期，在該期的第 35 至 36 頁就可發現該篇論文的原文。

表 3-1　《教育論文索引》目次舉隅

教育論文索引第二十一輯

目次

續表 3-1

表 3-2　《教育論文索引》內容舉隅

二、空中教學

編號	篇名	著（譯）者	刊名	卷名	期	頁次	出版年月日
三○三二	兩岸隔空教育情形比較	編輯室	台灣新生報			七版	八一、一、一三
三○三三	美國隔空教育評鑑的啟示（上）	石文昭	台灣新生報			七版	八○、五、二四
三○三四	美國隔空教育評鑑的啟示（中）	石文昭	台灣新生報			七版	八○、五、二七
三○三五	美國隔空教育評鑑的啟示（下）	石文昭	台灣新生報			七版	八○、五、三一
三○三六	邁向二十一世紀的空中大學	劉佩雲	成人教育	一		五五～五九	八○、五
三○三七	空中教學，教育部洽租「亞衛」	陳碧華	聯合報			五版	八○、五、三一
三○三八	如何落實空教一元化政策	林月琴	台灣新生報			七版	八○、六、三
三○三九	二十一世紀成人隔空教育的新境界	楊國賜	成人教育	四		十一～十三	八○、二、三○

2. Social Sciences Index

《*Social Sciences Index*》由美國的 The H. W. Wilson Company 所出版，每季出刊一期，每年並出版合訂本。本索引有主題及作者兩種查索方式，其所蒐集的文獻領域涵蓋：(1)人類學，(2)社會健康與醫學，(3)經濟學，(4)地理學，(5)國際關係，(6)法律、犯罪學與犯罪審判，(7)政治科學，(8)心理學與精神醫學，(9)公共行政，(10)社會學與社會工作，(11)其他相關主題。本索引內容的編排，是依主題的字母加以排序，並且使用相當多的縮寫（特別是「出處」的期刊名稱），不過該索引備有縮寫與原字（文）的對照表，使用起來並不會產生太大的困難。今以 1999 年之《*Social Sciences Index*》第 25 卷第 4 期第 753 頁的部分內容如表 3-3 為例，說明本索引的編排方式。

表 3-3　《*Social Sciences Index*》內容舉隅

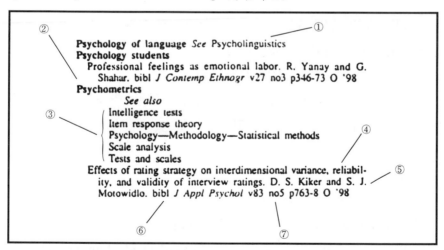

表 3-3 中之各個代號說明如下：

①見：Psychology of language 在本索引要查 Psycholinguistics 這個主題。

② Psychometrics 是一個主題。

③也參見：與 Psychometrics 有關或更詳細的主題有：

Intelligence tests、Item response theory、Psychology-Methodo-logy-Statistical methods、Scale analysis 和 Tests and scales，可一併參考。

④論文篇名。這篇論文與 Psychometrics 有關。

⑤作者：論文的作者是 D. S. Kiker 和 S. J. Motowidlo。

⑥ bibl 為 bibliography 之縮寫，意指本論文含有參考書目。

⑦本論文的出處：這篇論文刊登於一九九八年 10 月出版之《*Journal of Applied Psychology*》第 83 卷第 5 期第 763 至 768 頁。

(二)摘要

摘要（abstract）是一種編排方式與內容均和索引相似或一樣的工具書，只是「摘要」比「索引」在每篇論文（文獻）之出處下，多了一段對該論文的扼要敘述。就因從「摘要」所查得的論文，可以知悉其內容的梗概，所以「摘要」在查尋資料方面，要比「索引」更具方便性與實用性。中文常見的摘要有《教育論文摘要》、《中華民國博士論文摘要暨碩士論文目錄》、《國科會研究獎助費論文摘要》等多種。英文的摘要常見的有下述諸種：

※ Resource in Education（RIE，教育資料）。

※ Dissertations Abstracts International（DAI，博士論文摘要）。

※ Sociological Abstracts（社會學摘要）。

※ Psychological Abstracts（心理學摘要）。

接著，以《教育論文摘要》和《*Psychological Abstracts*》這二種摘要工具書為例，說明摘要的內容與編排方式。

1. 教育論文摘要

《教育論文摘要》和《教育論文索引》一樣，都是由國立台灣師範大學圖書館所編印，每年亦出刊一輯，其目次編排方式也大都相

同，只是在每篇論文的出處下多了一段扼要介紹該論文的短文。現以民國 85 年出版之《教育論文摘要》第 19 輯之「貳、教育心理學」第六項「輔導與諮商」的相關論文為例（第 224 頁），呈現本摘要的編排方式與內容，這一例子詳見表 3-4。

表 3-4　《教育論文摘要》內容舉隅

1111　生涯規劃與輔導
　　　林志成　竹市文教　10 期　12 ～ 15 頁　83 年 6 月
　　　▲依次探討：生涯規劃的意義與重要性、生涯規劃輔導的做法，而生涯規劃輔導的做法分別從觀念上、做法上予以闡明。期望藉由生涯規劃使生命免於異化、物化，使人能活化生命，超越物質人的層次而成為天地人、文化人，了解生涯規劃的素養。(840468)

1112　老人團體諮商與心理治療
　　　吳櫻菁　諮商與輔導　111 期　28 ～ 32 頁　84 年 3 月
　　　▲就諮商與心理治療專業的角度來探討針對老年期個案提供團體服務所需的考慮及裝備。主要題綱如下：一老年人常見的心理現象及發展任務；二老人諮商與心理治療中的一些主題；三老人團體諮商與心理治療的發展及實質面貌；四作為一個老人團體諮商工作者所需的裝備。(840568)

1113　死亡教育的認識及其在輔導上的應用
　　　徐大偉　測驗與輔導　114 期　16 ～ 18 頁　84 年 6 月
　　　▲死亡教育不僅是要藉著教學歷程來增進學習者對死亡的認知與了解，減低對死亡的恐懼，更重要的是要將這些知識應用於生活中，解決因死亡而產生的種種問題，亦幫助學習者建立積極的人生觀。本文分述如下：㈠死亡教育的認識；㈡死亡教育在輔導上的應用；㈢諮商師本身的課題。(841364)

1114　多元化教育中的輔導工作方向
　　　余聰明　師說　84 期　27 ～ 29 頁　84 年 8 月
　　　▲社會的多元化必然會導致教育的多元化，而輔導工作如何因應變遷，調整工作方向，已是當務之急。本文除略述常見的輔導策略外，並對較易引起議論的三方面提出探討：㈠教育體制方面；㈡校園「群己倫理」方面；㈢社區意識與社會責任方面。(842008)

1115　行為改變技術在輔導工作中之應用
　　　田秀蘭　國教天地　110 期　10 ～ 13 頁　84 年 6 月
　　　▲行為改變術係輔導學中重要概念之一，它在教育方面的應用主要針對國小或國中生之問題行為。本文首先說明行為改變術的意義、理論背景及基本原理與策略，之後再探討其於教育應用中的使用步驟及方案設計的類型。文末指出行為改變術的方案主要針對外顯之問題行為，然而在策略的設計時，應當注意當事人的需求及特殊情況為優先考量因素，方能達成其應有的效果。(841303)

---

2. Psychological Abstracts

《*Psychological Abstracts*》由美國心理學學會（American Psycho-
logical Association, APA）所發行，主要是蒐集心理學及其相關學科之
期刊上的論文與專書，並將所蒐集之文獻的摘要或主要內容呈現出
來。《*Psychological Abstracts*》每月出刊一期，每月所蒐集的期刊及
專書共超過三千二百種。本摘要所蒐集的文獻包括二十二個領域：⑴
普通心理學，⑵心理計量、統計學和方法學，⑶人類實驗心理學，⑷
動物實驗和比較心理學，⑸生理心理學和神經科學，⑹心理學和人
文，⑺溝通系統，⑻發展心理學，⑼專業心理和個人健康的議題，⑽
教育心理學，⑾工業和組織心理學，⑿運動心理學和休閒，⒀軍事心
理學，⒁消費心理學，⒂工程和環境心理學，⒃社會歷程和社會議
題，⒄社會心理學，⒅人格心理學，⒆心理和生理異常，⒇健康、心
理健康和預防，(21)智力系統，(22)法律心理學和法律議題。

　　具體言之，《*Psychological Abstracts*》提供：⑴期刊論文，⑵專
書和⑶專書中之篇章等三種文獻的出處、摘要或主要內容，其實際呈
現方式詳見 1999 年《*Psychological Abstracts*》第 86 卷第 7 期之「Key
to the Text」（如表 3-5）。

表 3-5　《*Psychological Abstracts*》內容舉偶

```
┌─────────────────────────────────────────────────────────────────────────┐
│                                                                           │
│        Journal Article Abstract                    Book Records           │
│                                                                           │
│                ②                        147. Dowling, Scott (Ed.). (Cleveland Psychoanalytic │
│                                         Inst Faculty, OH). Child and adolescent analysis: Its │
│  ①— 7896. Callahan, Ann M.; Ketter, Terrence A.; Crum-   significance for clinical work with adults. International │
│     fish, Jennifer; Parekh, Priti et al. (NIMH, Biological —③  Universities Press Inc: Madison, CT, USA, 1990. xi, 232—⑪ │
│  ④  Research Branch, Bethesda, MD) Reply to letter from   pp. ISBN 0-8236-0750-X (hardcover). │
│     Swartz on "Mania and lower serum cholesterol levels".   TABLE OF CONTENTS │
│  ⑤-Journal of Clinical Psychopharmacology, 1996(Feb), Vol  Contributors • Introduction [by] Scott Dowling │
│     16(1), 95–97. —Comments on the article by C. M.   Section I. Historical Review │
│  ⑥  Swartz (see record 83-35189) concerning mania and   From past to present: major contributions from child and │
│     lower serum cholesterol levels. Review of the literature   adolescent analysis —Melvin Scharf  [PA Vol 79:220]—⑫ │
│     suggests that inconsistencies do exist regarding choles-  [from the jacket] Clinical psychoanalysis exists in two  ⑬ │
│     terol levels in patients with bipolar disorder. Findings   forms, psychoanalysis of adults and psychoanalysis of  ⑭ │
│  ⑦-suggest that male bipolar patients may have increased          Chapter Records │
│     serum cholesterol levels independent of illness phase.   149. Abrams, Samuel. (New York U Medical Ctr, │
│     The relationship between peripheral cholesterol levels   Psychoanalytic Inst, New York, NY) Discontinuity in child │
│     and mood disorders is complex, and careful attention to   analysis. [In: (PA Vol 79:147) Child and adolescent analy-  ⑮ │
│     bipolar vs unipolar differences, mood state, medication   sis. Dowling, Scott (Ed.). International Universities Press, ⑯ │
│     status, and gender related differences is needed. (0 ref.)  Inc: Madison, CT, USA, 1990. xi, 232 pp. ISBN 0-8236- │
│  ⑨-(German abstract) —C. Tabone-Corey.                0750-X (hardcover).] pp. 23–35. │
│                                          [from the chapter]                       ⑰ │
│                ⑩              ⑧         — Offers a conceptual model of the development of the  ⑱ │
│                                            mind derived from work with children ◊ can prove │
│                                            useful . . treating adults and young people   ⑲ │
│                                          [Discusses the chapter by R. Mazuka et al (see PA 79:315).] │
└─────────────────────────────────────────────────────────────────────────┘
```

表 3-5 中之各個代號說明如下：

①資料編號。

②作者。

③第一個作者或編者的服務學校或機構。

④期刊論文篇名、專書書名、或專書中篇章名。

⑤出處。

⑥參閱《*Psychological Abstracts*》該資料編號之資料。

⑦期刊摘要。

⑧不含參考書目。

⑨原論文附有德文摘要。

⑩原論文摘要撰述者。

⑪出版者和該書目之資料。

⑫這一篇章的介紹刊於《*Psychological Abstracts*》第 79 卷第 220
　　筆資料。

⑬所引資料在原書的出處。

⑭所引資料的主要內容。

⑮原專書的資料編號。

⑯原專書的書名。

⑰「—」代表所引資料之部分內容。

⑱「◇」代表區隔所引資料之內容。

⑲「…」代表省略一些文字。

二、期刊

所謂期刊（periodical），是指具備下列四項條件的印刷品（王振鵠等，民 81；顧敏，民 72）：

1.有特定的刊名。

2.有一定的編號順序。

3.連續性出刊，出版間隔在一年以內。

4.內容及編排上具有一定的標準和形式。

依前述定義，期刊包括報紙和雜誌這二種印刷品。惟在研究方法上所提及的期刊，大部分是指雜誌而言。然學術方面的雜誌，在英語大都稱為「journal」，中文則稱為「學報」或直接就命名為「期刊」。不過，仍有多種學術性雜誌的名稱並不加上「journal」、「學報」或「期刊」，例如《Nature》、《Science》或政治大學出版的《教育與心理研究》等。準此，研究方法所稱的期刊大都是採取狹義的觀點，即是指學術性的雜誌；前文所提及之「初級資料」文獻，絕大多數都發表於此種期刊上。目前各國在衡量學者（尤其是大學教授和專職研究人員）之研究成果時，幾乎都是以他們在期刊上發表的論文數目，或其論文被引用之次數或篇數來論斷之。要查英文發表之論文被引用的情況，可查索前文所提到的《SSCI》（適用社會科學領

域）及《SCI》（Science Citation Index，適用自然科學領域）；國內在這方面的資訊，就較難查索，因有關引用索引的中文工具書幾乎難得一見。

各個學門的專業期刊有如汗牛充棟，欲做完整的介紹並不容易，今僅舉數種有關心理學與行為科學之研究方法（特別是實徵性研究）的專業期刊供參：

　※ Applied Psychological Measurement
　※ Behavior Research Methods and Instrumentation
　※ Psychometrika

三、專書

專書是指彙整各專門學術領域之知識的書籍，因此專書大都是屬於「次級資料」的文獻（詳本章第一節）；例如，本書就是論述研究方法的專書，張春興（民 80）所著的《現代心理學》是心理學領域的專書，林清山（民 69）所著的《多變項分析統計法》則是統計學方面的專書。

專書在文獻探討上，最具參考價值或查索資料之捷徑的內容，首推專書正文（本文）之後的部分，主要包括附錄、參考書目、專用詞彙及索引（王振鵠等，民 81）。

(一)附錄

對於不方便置入專書正文裡面，而又具有參閱價值的資料，大都放在附錄（appendix）裡；附錄的主要內容，有複雜冗長的圖表、相關法令規章和文件影本等。例如，Rosenthal 和 Rosnow（1991）在所著《Essentials of Behavioral Research: Methods and Data Analysis》一書中的附錄裡呈現下述資料：

1.文獻探討與研究報告的撰寫方法。

2.統計表（包括常態分配機率值表、亂數表，及 t 分配、F 分配、χ^2 分配的自由度與百分點等）。（pp.vii-viii）

(二)參考書目

參考書目（bibliography）又稱為參考文獻（reference list），是該書撰寫時所參考或引用之文獻資料的一覽表。參考書目主要的內容包括作者、年代、書名（論文名稱或資料名稱），及出版地點和書局或機構等，參考書目（文獻）的撰寫方法與具體要素請參閱第十七章第三節「參考文獻的寫法」。

(三)專用詞彙

專用詞彙（glossary）是指書中特定專有名詞的定義、解釋或說明，中文的專書裡常缺乏這一部分，英文的專書中大都具有這一部分。雖然有許多專業的辭典和百科全書，如張春興（民 78）的《張氏心理學辭典》和麥格羅・希爾（McGraw-Hill）國際出版公司所出版的《*Encyclopedia of Science and Technology*》，也扮演著相類似的角色與功能；不過專書中的專用詞彙，更能凸顯某特定專有名詞在該領域或該書的意義。英文專書的專用詞彙都是依字母序加以排列，並逐一賦予定義；例如，Dane（1990）的《*Research Methods*》一書中之「Glossary」，對 quota sampling 所下的定義為：「selecting sampling elements on the basis of categories assumed to exist within the population.」

(四)索引

專書中的索引（index）與工具書之一的索引具有不同的涵義，專書中的索引是指：依照某一種次序條列出書中的主要作者、重要詞彙或專有名詞，並註明它們在書中之頁次的資料。幾乎每一本英文專書

都編有索引，其中最常見的是作者索引（author index）及主題索引（subject index）。作者索引的作者，是指該書所引用之資料或文獻的作者，及書中所提及之重要人物的名字，所以作者索引有些書稱之為「名字索引」（name index）；主題索引的主題，則是指該書中的重要概念或專有名詞。大多數的英文專書都將作者索引和主題索引分開編列，然也有專書將這二者依字母序混合排列在一起，此時這一部分資料就稱之為索引（index）。

　　往昔中文專書裡編有索引者並不多見，有編索引者則以專書中之專有名詞的「漢英對照」或「英漢對照」之索引居多，兼具作者索引和主題索引者就更少了，惟此現象近些年來已有了很大的改善。

四、學位論文

　　學位論文是大學或獨立學院研究所之研究生，對某一學門內之主題進行研究後，所提出之專論性的書面研究報告。學位論文常是獲取高級學位的條件之一，特別是博士學位；學位論文主要有碩士論文和博士論文等二種，在英文的用法上，碩士論文稱為 thesis，博士論文稱為 dissertation。學位論文有指導教授的指導，及須經專家學者（口試委員）的審核通過，所以都具有一定的水準，也甚具參考價值。

　　通常，大多數的學位論文都未公開出版與發行，致在參考或使用上並不太方便。職是，在查索學位論文時，就常須藉助於相關的工具書，如前文曾提及的《中華民國博士論文摘要暨碩士論文目錄》、《Dissertations Abstracts International》，及國家圖書館所開發且應用在電腦網路上的「全國博碩士論文摘要檢索系統」。再者，目前國內許多大學都編有關於該校學位論文資訊的工具書，如《國立台灣師範大學教育研究所碩士論文摘要》與《國立台灣大學研究生論文提要集》等。目前國內典藏學位論文最齊全的單位是國立政治大學的社會

科學資料中心，其次是國家圖書館（即原中央圖書館），有需要參閱者可前往該二處查索；至於，外國的學位論文（特別是博士論文）則常須透過書局或出版社代為訂購，或直接在網站上下單訂購。

第三節　文獻探討的步驟

進行文獻探討有其連續性的步驟可資依循，在研究實務上，文獻探討可歸納成八個步驟，只要能確實照著做，在文獻探討方面必能克盡全功，進而對研究活動有莫大的收穫（McMillan & Schumacher, 1989）。

一、提出問題敘述

提出問題，是文獻探討的第一個步驟。提出的問題一定要具體，亦即要將其形成問題敘述（statement），也就是要用文字寫下問題的內容。從文獻探討的觀點，問題可分成兩種：1.實質的問題（substantive question），有關該問題的概念、理論和研究的實質內容；2.方法的問題（methodological question），有關該問題涉及之抽樣、工具設計、實施程序和資料處理的方法（吳明清，民80）。例如，欲進行有關「我國青少年認知發展概況及其相關因素」的研究，則可提出下列諸項問題敘述：

(一)實質的問題

1.何謂青少年？
2.何謂認知？何謂認知發展？
3.影響青少年認知發展的因素為何？

4.有哪些青少年認知發展的理論？

(二)方法的問題

1.如何測量青少年的認知發展？又有哪些測量的工具？

2.如何分析青少年認知發展與相關因素的關係？

前述各項問題敘述包含有若干個概念或變項，這些概念或變項（如青少年、認知、認知發展和測量）就是引導文獻探討的關鍵詞，而文獻探討就在解答上述的各個問題。

二、查索並閱讀次級資料

解答前述問題的次級資料，可從相關領域的專書著手，如賴保禎、周文欽、張鐸嚴、張德聰（民 88）的《青少年心理學》，李惠加（民 86）的《青少年發展》，陳李綢（民 81）的《認知發展與輔導》，Santrock（1996）的《*Adolescence*》或賴保禎、周文欽、林世華（民 86）的《心理與教育測驗》（回答認知測量或其工具方面的問題）。另外，有關此領域之學位論文的「文獻探討」部分，也是很有參考價值的次級資料。閱讀次級資料的文獻，可獲得問題的初步答案，概覽該研究主題的主要文獻，並幫助研究者以比較精確的專有名詞（term）來界定問題。

綜上所述，可知文獻探討所參閱的第一類文獻，大都是屬於次級資料，其目的為對研究問題獲得初步的印象，其次是使研究問題能更具體明確。

三、選擇工具書或資料庫

誠如前述，文獻探討的工具書主要有「索引」和「摘要」，其所

包含的種類相當多，如用手工查索（manual search）費時費力相當不經濟。所以近些年拜科技之賜，將許多工具書或參考資料組合起來建立資料庫（database），進而利用電腦查索（computer search）來查索文獻。

使用工具書或資料庫的主要目的，是在查索比較重要的初級資料之文獻。對大部分的研究問題或主題，只要選擇兩、三種工具書就足夠了，如是使用資料庫進行電腦查索那就更便捷了。有關文獻的查索和蒐集（含人工查索與電腦查索）的方法與技術，下一節會有詳細的介紹。以「青少年認知發展概況及其相關因素」這個研究主題為例，具有參考價值的工具書約有下列諸種：

1. 教育論文索引
2. 教育論文摘要
3. 中華民國期刊論文索引
4. 中華民國博士論文摘要暨碩士論文目錄
5. Social Sciences Index
6. Psychological Abstracts

四、化問題敘述爲查索語言

通常研究裡的問題敘述都比較冗長繁瑣，其文字敘述也較通俗且不專業，而工具書與資料庫查索時所用的字詞有其特殊的規範和限制。這些字詞就是所謂的關鍵詞（key word），在查索時特別稱之為描述語（descriptor）或專有名詞（term）。工具書和資料庫都是以描述語來編排它們所蒐集的文獻，並依此加以歸類。

準此，找到了適宜的工具書或資料庫後，還要將使用一般用語的「問題陳述」轉化為「查索語言」（search language）。所謂的查索語言，是指在查索資料時，可被工具書或資料庫所接受的關鍵詞與語

法。經此轉化，就可進行資料的查索。

五、進行查索

當工具書或資料庫的種類選擇妥當，而且也確定了查索語言之後，就可以開始進行文獻的查索。至於查索的方法與技術，留待下一節詳述。

六、閱讀適切的初級資料

經過文獻查索，可得到許多與研究問題有關的初級資料之文獻，此時研究者並不是將每篇文獻都列為參考文獻，而是篩選出與研究問題最有關聯的初級資料，仔細詳讀之。

七、摘記並彙整

閱讀最有關聯的初級資料之文獻後，為了從事真正的文獻探討做準備，研究者首先要做的是摘記每一篇所閱讀的文獻。摘記的內容包括文獻的名稱（即題目）、作者和出處，更重要的內容是該篇文獻的主要研究方法與結果及發現。每一篇摘記最好寫在一張卡片上，目前市面上的文具店都有出售此種文獻探討專用的卡片。

相關的摘記卡片製作如累積了一定數目之後，就要分門別類地加以彙整。例如，可以依定義、理論、研究工具、資料分析和主要發現等層面分類與編目；彙整摘記的目的，旨在為日後撰寫文獻探討或研究報告之「討論」部分時查索之用。

八、評論文獻資料

完成文獻資料的彙整之後，尚須加以評論（review），簡言之，評論就是在解釋所蒐集來的文獻資料。依吳明清（民 80）的見解，解釋文獻資料須注意三方面的事項：

1. 要辨識先前研究的焦點，說明文獻中較少探討的部分，藉以提示未來研究的題材與重點。
2. 要分析各個研究的優劣所在，做為未來研究的借鏡。
3. 要發現各個研究結果不一致之所在，並推論研究結果不一致的可能原因，藉以提示未來研究的問題與假設。（第 183 頁）

第四節　蒐集文獻的方法

蒐集文獻的最主要原則，是先查索文獻的出處（來源），再找出該文獻的原文。因此，蒐集文獻的成敗關鍵，就在於查索文獻出處的工夫。查索文獻的方法，可分成手工查索與電腦查索兩種。

一、手工查索

顧名思義，手工查索（manual search）是一種不使用任何機器設備，只靠雙手進行文獻查索，惟仍須藉助於相關書籍。手工查索最常使用的書籍為「工具書」和「專書」，工具書包括索引和摘要。手工查索大都在圖書館裡進行，特別是使用工具書查索時，因為一般研究者很少會備有索引和摘要這二種工具書，工具書大部分都放置於圖書

館裡的「參考室」。然如使用專書來進行文獻查索，是可以在家裡進行查索，不一定非至圖書館不可，因為每個研究者或多或少都會有若干本關於自己研究領域的專書。

(一)工具書查索

首先至圖書館找出一本（套）適用的工具書，再依研究主題或問題（須轉化為查索語言）展開查索。當然，查索結果可能會出現許多篇文獻的出處，此時就須有所取捨，挑選出最適宜的文獻，並將這些文獻的出處登錄下來。接著，再至圖書館的有關處室（如期刊室），分別將各文獻找齊並閱覽之（可影印備用，大部分的圖書館都備有影印機）。例如，從《教育論文索引》第21輯查到兩篇有關教育政策的文獻，分別是毛高文的〈我國當前教育政策〉，刊登於民國八十年一月出版的《教育家》第41期第5至9頁；及林文達的〈我國公共教育支出策略取向之研究〉，刊登於民國八十年三月出版的《國立政治大學學報》第62期第29至44頁。接著，到圖書館期刊室找《教育家》與《國立政治大學學報》這兩份期刊所放置的專櫃，再按期別和頁碼分別找出該兩篇文獻。

索引和摘要這二種工具書都是期刊性質，亦即是逐期依某特定時間出刊。所以當使用工具書進行手工查索時，只能查到特定時間內發表的文獻；除非是查盡各期的索引或摘要，否則相關的文獻很難一次蒐羅齊全，這是工具書之手工查索的最大缺點。再者，研究者也常會發現，查到了文獻出處，但在圖書館裡卻找不到該文獻所發表的期刊，或不知該期刊何處有典藏，這時可透過圖書館的館際合作系統，請圖書館的專業諮詢人員為你找出該篇文獻（甚至可影印該文獻寄送給你，不過要收取費用），目前國家圖書館及大部分大學的圖書館都提供此項服務。

(二)專書查索

本章第二節曾述及，專書在文獻探討上最具參考價值的部分，為該書的附錄、參考書目、專用詞彙及索引。當使用專書進行手工查索時，又以「參考書目」與「索引」（注意！此處的索引和工具書所稱的索引不同）的使用率最高。當閱讀專書，發現作者所引的文獻，你特別感興趣，也希望進一步去探究它；此時，你可依據作者在正文中的引用資料，進而在「參考書目」中查到該文獻的出處。或者，你對專書中的某個主題特別感興趣，但你卻忘了該主題是在書裡什麼地方出現；這時，可利用「索引」查出該主題在書中的出處頁數，並翻閱之。

譬如，當閱讀張春興（民 83）所著之《教育心理學：三化取向的理論與實踐》一書，對第 369 頁的「曾有心理學家實驗研究教師期望對兒童智力發展的影響（Rosenthal & Jacobson, 1966），……」這一段話所提的研究甚感興趣，想看看教師期望對兒童智力到底有何影響？其實驗設計又為何？此時，你就可照作者所引用之「Rosenthal & Jacobson, 1966」（有關文獻資料引用的寫法詳見第十七章），在書後的「參考書目」（或參考文獻）中找到該研究的出處為：

Rosenthal, R., & Jacobson, L. (1966). *Pygmalion in the classroom.* New York: Holt, Rinehart & Winston.

再如，你對「畢馬龍效應」（Pygmalion effect）這個主題想做深入的了解，那麼可從該書的索引，查出該主題出現在第 370 頁；或者可透過《*Educational Psychology* (6th ed.)》（Woolfolk, 1995）這本專書的「subject index」查到「Pygmalion effect」這一主題是出現在該書的第 383-384 頁。此外，你也可在該書之「name index」查到「Ro-

senthal, R.」這一位創用「Pygmalion effect」的學者，是出現在該書的
第 383、384、387、389 及 593 頁。

二、電腦查索

電腦查索（computer search）是透過電腦設備來進行文獻查索與
蒐集，共包括光碟資料庫查索及網際網路查索等二種。

㈠光碟資料庫查索

光碟資料庫是指將許許多多文獻編成索引與（或）摘要存入光碟
裡，並使用電腦來查索。因光碟的容量非常的大，一片光碟就可存入
好多本（期）的《索引》或《摘要》等工具書；所以使用光碟資料庫
查索文獻，可以避免使用工具書進行手工查索的缺點（相關的文獻很
難一次蒐羅齊全）。再者，此種查索的最大優點為快速，只要輸入關
鍵字詞執行之，瞬間就會出現查索的結果。目前使用較廣的《索引》
或《摘要》大都編有光碟資料庫，俾便眾人查索。

光碟資料庫大都使用關鍵字詞來查索，包括主題查索（subject sear-
ch）和作者查索（author search）兩種。堪稱國內使用率最普遍的光碟
資料庫，當推由國家圖書館所開發的《中華民國期刊論文光碟索引系
統》。

英文的光碟資料庫較為人所熟知的是 ERIC Database（由美國的
Educational Resources Information Center 所發展，故簡稱為 ERIC），
該資料庫涵括《Current Index to Journal in Education, CIJE》與《Re-
sources in Education, RIE》兩種工具書的資料。CIJE 所蒐集的是與教
育有關之期刊上的論文；RIE 則是蒐集期刊以外有關教育領域的各類
論文或研究報告，有些是在學術性研討會所發表的論文，有些則是學
者接受委託或各種補助所進行的研究報告（吳明清，民 80，第 178

頁）。因此，ERIC 資料庫的查索結果會出現兩類文獻；第一類是期刊上的論文，文件編號以 EJ 代表之；第二類是期刊以外的論文或研究報告，文件編號以 ED 代表之。查索結果的代號如為 EJ，則可根據期刊出處去找出原文，至於 ED 所涵蓋的論文或研究報告並不刊登或發表在期刊上，因此欲找出其原文非常困難；不過，ERIC 將編號為 ED 的原文製成微縮片公開發行，國內許多大學圖書館都購置有此套資料，供需要者閱讀或影印。職是之故，若 ERIC 資料庫的查索結果代號為 ED 時，則可根據該 ED 代號到蒐藏有 ED 原文微縮片之圖書館去查閱原文。ERIC 資料庫也是透過關鍵字詞（如主題或作者）加以查索。

最近，在 ERIC 的授權下，由漢珍資訊系統股份有限公司將 ERIC Database 改編成中文版的《ERIC 教育研究資料庫》，並建置「ERIC 教育資源網」，以使研究者可透過電腦網路查索該資料庫，這個資源網的主機設於國立政治大學。ERIC 資料庫共包括十六個教育專題的文獻：1.成人與職業教育，2.教育評量，3.社區大學，4.諮商及個別輔導，5.特殊教育，6.教育管理，7.小學和學前教育，8.高等教育，9.資訊與科技，10.語言學教育，11.溝通技術，12.農村教育和小型學校，13.科學、數學及環境教育，14.社會教育，15.師資教育，16.都市教育。

(二)網際網路查索

網際網路查索是指透過網際網路（Internet）這個媒介來查索文獻資料的歷程。拜電腦與通訊科技之賜，網際網路查索已成為現今蒐集文獻最便捷的方法，此種查索方法有下述諸項優點：

1. 只要有個人電腦、數據機與上網帳號（或透過寬頻的 ADSL 或 CABLE MODEM）等相關設備，即可在家裡或研究室隨時進行文獻查索。

2. 一個資料庫常可提供數百種期刊或數萬篇論文供查索，而且一

個網站也常同時提供多套資料庫，所以使用網際網路查索，一次可查得數量極為龐大的文獻資料。

3. 查得文獻出處後，有些資料庫可立即下傳（download）該篇文獻的全文，有些則可在線上（online）即時訂購之，不必再至圖書館查閱該文獻之全文。

4. 大部分的網站資料庫都可免費進行文獻查索，而且大都是二十四小時開放。

5. 大部分網站上資料庫的資料都是定時更新（update），所以大都可以取得最新的文獻資料。

誠如前述，提供文獻查索之網站的機構（或學校），常會將多套資料庫（有些是自製的，有些則是訂購現成的）上網。例如，國家圖書館（原中央圖書館）就提供下列諸種資料庫供使用者進行網際網路查索（國家圖書館，民 90）：

1. 圖書館目錄查詢
2. 全國圖書資訊網路
3. 遠距圖書服務系統
4. 期刊文獻資訊網
5. 政府文獻資訊網
6. 文學藝術資訊網
7. 博碩士論文資訊網
8. 終身學習資訊網
9. 古籍文獻資訊網
10. 漢學研究資訊網
11. 全國新書資訊網

行政院國家科學委員會科學技術資料中心（民 90）則提供下列各種資料庫：

1. 全國科技資訊網路 STICNET

2. 政府研究計畫基本資料檔 GRB

3. 全球重要中英文資料庫目錄

4. 博碩士論文微片目錄

5. CONCERT 聯盟資料庫系統

6. 全國期刊聯合目錄

7. 科資中心電子期刊系統 STIC-EJS

8. 電子辭典

9. 學術研究機構名錄

10. 學術研討活動訊息

11. STIC 科學普及化資料庫

提供網際網路資料庫較豐富的機構，則非各大學莫屬，各大學所提供的網上資料庫，少則一、二十種，多則近百種。例如國立空中大學（民 90）就提供下列資料庫：

◎ 中文資料庫

1. 國立空中大學自建資料庫聯合檢索系統

2. 國立空中大學學報全文影像資料庫

3. 國立空中大學研究報告文獻資料庫

4. 國立空中大學隔空教育資訊檢索系統

5. 中華博碩士論文摘要

6. 國家考試題庫（文法商）

7. 中文報紙論文索引

8. 中華民國企管文獻摘要資料庫（MARS）

9. 中華民國期刊論文索引

10. 國家圖書館遠距圖書服務系統

11. 近代中國

◎西文資料庫

1. EBSCOhost Academic Search Elite （ASE）

2. Encyclopedia Americana Online-EAOL

3. Grolier Multimedia Encyclopedia Online

4. JSTOR （Journal Storage）

5. LINK （德國網址）

6. LINK （美國網址）

7. LISA （Library & Information Science Abstracts）

8. OCLC First Search

9. OVID：人文科學文獻

10. OVID：國際事務文獻

11. OVID：社會學文獻索引

12. OVID: Browker's Books in Print with Book Reviews

13. ProQuest ABI/INFORM Global edition

14. ProQuest Digital Dissertation-PQDD

15. SDOS 電子期刊

16. Swetsnet Navigator 電子期刊（美國網址）

17. Swetsnet Navigator 電子期刊（荷蘭網址）

國立台灣科技大學（民 88）提供了二十九種網路版的西文資料庫，至於網路版的中文資料庫則有下述諸種：

1. 中文博碩士論文索引

2. 中文報紙論文索引資料庫

3. 中文現期期刊資料庫

4. 中文期刊聯合目錄查詢

5. 中文圖書資訊學文獻摘要

6. 中華民國企管文獻摘要

7. 中華民國留學資料站

8. 中華民國期刊論文索引光碟系統

9. 考選部國家考試題庫

10.全國西文書刊及大陸期刊聯合目錄

11.全國大陸期刊聯合目錄

12.全國圖書書目資訊網

13.卓越商情資料庫

14.政府文獻資訊網

15.教育文獻摘要資料庫（師大）

16.國家標準資料庫

17.國立東華大學博碩士論文全文系統

18.當代文學史料影像全文系統

19.當代藝術家系統

20.漢籍電子文獻系統

21.遠距圖書服務系統

22.聯合知識庫

　　國立台灣師範大學（民 90）則提供了十九種的中文資料庫與七十種的西文資料庫，該校所提供的中文資料庫種類詳列如後：

1.文淵閣四庫全書電子版

2.中文期刊目次（鼎盛版／漢珍版）

3.中文博碩士論文目錄

4.中文圖書資訊學文獻摘要

5.中央研究院漢籍電子文獻

6.中華民國期刊論文索引（WWW 版）

7.中華民國期刊論文索引影像系統

8.中華博碩士論文摘要

9.全國西文科技圖書與西文期刊聯合目錄

10.全國科技資訊網路

11.即時報紙標題索引

12.國家考試題庫

13.國家標準（CNS）檢索系統

14.教育論文線上資料庫

15.參考書選介

16.國立台灣師範大學博碩士論文系統

17.博碩士論文資訊網

18.博碩士論文資料庫

19.台灣文獻史料叢刊

　　從以上各機構與學校所提供的資料，可以發現有些較普及或重要的資料庫幾乎各單位都會提供，如此大大增進了使用者在網際網路上查索文獻資料的便利性。雖然，前述各網站上的資料庫大都可以免費且自由地上網查索，惟仍有少數種類的資料庫是需要帳號與密碼或是有使用上的限制。因此，在使用網際網路查索資料庫時，須先詳讀各網站資料庫的使用指南、須知或規定，俾便在使用時更能得心應手。

　　綜上所述亦可得知，各機構所提供之網際網路資料庫裡的各種資料庫並非完全是自編自製，有些是購置或租置而來，有些則是免費轉接自其他資料庫，所以同一個資料庫常供多個網站使用，亦即查索者可經由不同的網站去查索同一個資料庫。例如，前文所提及之中文版《ERIC 教育研究資料庫》，大部分的大學（特別是師範院校）網站資料庫大都有租置並供人查索，使用者可依所屬機構的不同，選擇適當的網站資料庫查索之；假使無適當的網站資料可供使用，那麼可直接進入 ERIC 的原始官方網站去查索，其網址為 http://www.eric.ed.gov（進入該網站首頁後，直接輸入關鍵詞就可查索）。

　　大多數的單一資料庫所供查索的文獻或資料，大都侷限於某一個學術領域，例如教育、商學、法律、電腦資訊與社會科學等等（如ERIC 就是教育領域中非常龐大且有名的資料庫）。然也有單一資料庫提供各種學術領域的文獻或資料，任何領域的使用者進入此種資料庫大多能滿足需求並滿載而歸，像 Ingenta 資料庫就是此中的翹楚。

Ingenta 資料庫是一全球性的免費線上（online）資料庫，每月上網者超過三百萬人次。這個資料庫至民國九十三年五月底，共提供六千多種全文的線上出版品與總數超過二萬七千種出版品的文獻（Ingenta, 2004a），此資料庫所提供文獻的學術領域涵蓋人文學、自然科學與社會科學，其具體的領域如下述（Ingenta, 2004b）：

1. 農業／食物科學
2. 藝術與人文
3. 生物學／生命科學
4. 化學
5. 電腦與資訊科學
6. 地球／環境科學
7. 經濟與商業
8. 工程／科技
9. 數學與統計
10. 醫學
11. 護理
12. 哲學／語言學
13. 物理／天文學
14. 心理學／精神醫學
15. 社會科學

Ingenta 資料庫的網址為 http://www.ingentaconnect.com，其最方便的使用方法是進入該網站首頁後，再點選「Advanced Search」，就可開始運用關鍵字或作者名字的查索。

網際網路查索除了透過前述的全球資訊網（World Wide Web, WWW）來查索資料外，尚可經由 Internet 的 Archie 或 Gopher 等媒介來查索文獻。

關鍵詞彙

文獻	文獻探討
初級資料	次級資料
工具書	索引
摘要	期刊
專書	附錄
參考書目	專用詞彙
作者索引	主題索引
學位論文	手工查索
電腦查索	資料庫
查索語言	

自我評量題目

1. 試述文獻探討的意義及目的。

2. 試舉例說明初級資料與次級資料之文獻的性質。

3. 文獻所能提供之資訊為何？試申述之。

4. 文獻資料的來源為何？各種不同來源的用途又為何？

5. 試述文獻探討中，常用工具書的種類及其涵義與使用的方法。

6. 試至圖書館選擇任一工具書為例，說明其主要內容與利用該工具書查索資料的方法。

7. 試述文獻探討的步驟為何？

8. 試利用網際網路查索有關「壓力管理」（stress management）的文獻，並寫出至少五篇文獻的出處與各該文獻的查索途徑（如運用何網站？何資料庫？）

9. 試查出有關「研究方法」的中文專書三本，並分別說明各專書之主要內容與各專書和本書的差異處。

第四章

研究效度

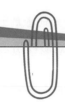

學 習 目 標

——研讀本章內容之後，學習者應能達成下列目標：

1. 了解研究效度的涵義。

2. 說出研究效度的種類。

3. 了解內在效度的涵義及其影響因素。

4. 了解外在效度的涵義及其影響因素。

5. 了解建構效度的涵義及其影響因素。

6. 了解統計結論效度的涵義及其影響因素。

7. 比較各種研究效度的差異。

大　綱

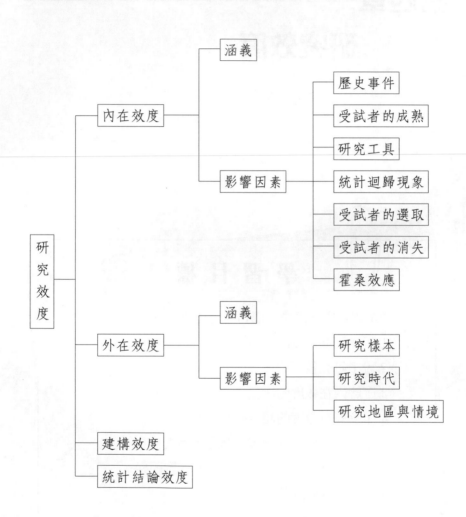

摘　要

　　所謂研究效度，是指研究結果符合真實的程度，或是研究結果之正確性的程度。研究效度共分成內在效度、外在效度、建構效度和統計結論效度等四種。

　　所謂內在效度，是指一個研究之研究設計能正確說明研究結果，或呈現自變項與依變項之因果關係的程度。影響內在效度的主要因素有：1.歷史事件，2.受試者的成熟，3.研究工具，4.統計迴歸現象，5.受試者的選取，6.受試者的消失，7.霍桑效應。

　　所謂外在效度，是指一個研究之研究結果能普遍推論到母群或其他相類似情境的程度。影響外在效度的主要因素有：1.研究樣本，2.研究時代，3.研究地區與情境。

　　所謂建構，是指一種理論上的構想或概念，在研究方法上則是指解釋某個事象的變項。因此，所謂的建構效度，是指在研究歷程中所涉及之變項能成功操作化的程度，或是指妥切賦予變項操作型定義的程度。影響建構效度最主要的因素，是操作、界定或測量變項的方法或工具。

　　所謂統計結論效度，是指能正確運用統計方法解釋研究結果的程度。影響統計結論效度的主要因素有：1.不當的統計考驗方法，2.顯著水準的高低。

當我們在評鑑一個研究的良窳時，常是從兩個層面思索之：第一個是研究者所使用的研究設計（方法）能否妥適地解釋其研究結果，其次為研究結果是否具有推論性。這兩個層面互有關聯，事實上，這二者都是屬於研究效度的範疇。所謂研究效度（validity of research），是指研究結果符合真實的程度，或是指研究結果之正確性的程度；既言效度是程度，所以只能說高研究效度或低研究效度，而不能說研究有效度或沒效度。效度（validity）在測驗中有另外的涵義，此種涵義請參閱第十章第二節或第十二章。庫克和坎貝爾（Cook & Campbell, 1976）將實驗法的效度分成四種：內在效度、外在效度、建構效度和統計結論效度。事實上，這四種效度也適用於一般的研究法中；例如，馬克伯尼（McBurney, 1998）就採取這一觀點，直接稱前四種效度為研究效度。惟，建構效度和統計結論效度與內在效度和外在效度之間有很密切的關係，所以大部分的研究方法學者論及研究效度時，常只分成內在效度和外在效度兩種。甚至有學者認為，要區分內在效度和統計結論效度，或外在效度和建構效度有其困難之處（許擇基，民 69）。本書是討論研究方法的專書，所以都將前述四種研究效度加以介紹和說明。

第一節　內在效度

一、涵義

所謂內在效度（internal validity），是指一個研究之研究設計（research design）能正確說明研究結果，或呈現自變項與依變項之因果關係的程度（Judd, Smith, & Kidder, 1991）。就因研究設計包括研究對

象、研究工具、實施程序和資料處理等四個層面（詳第一章第三
節），所以從研究對象的選取（即抽樣），研究工具（如測驗或問
卷）的編製和使用，各種變項的安排和所蒐集資料的統計分析，都可
評估該研究之內在效度的高低。

　　例如，有個研究者想了解，各國民中、小學擁有電腦教室的情形
如何；於是，該研究者在台北市展開問卷調查，研究結果顯示百分之
百的國民中、小學都擁有電腦教室。試問此研究結果，能正確說明各
國民中、小學都擁有電腦教室的實際情形嗎？當然不能，主要是因該
研究的研究對象涵蓋面不夠，致使其內在效度太低，所以研究結果就
很難說明事物的真象。再如，你用實驗法來探討人們對藍色和綠色兩
種燈光的反應時間，是否有差異？現在你用成人測量藍色燈光的反應
時間，用小孩來測量綠色燈光的反應時間，實驗結果顯示兩種燈光的
反應時間有顯著差異。在這個實驗裡，燈光顏色是自變項，反應時間
是依變項，則我們很難說這二者存有很密切的因果關係。這主要是因
依變項（反應時間）除了受到自變項（燈光顏色）的影響外，尚且受
到受試者年齡的干擾。就因年齡會影響實驗結果，而你未加以控制，
所以這也是一個低內在效度的實驗研究。

二、影響因素

　　一言以蔽之，凡是屬於研究設計的層面或範疇都是影響內在效度
的因素。具體而言，影響內在效度的因素有歷史事件、受試者的成
熟、研究工具、統計迴歸現象、受試者的選取、受試者的消失、霍桑
效應等多種。

(一)歷史事件

　　所謂歷史事件，是指在研究的歷程中，會影響到研究結果之一切

與研究設計無關的經驗、活動或事件。例如，某研究者想了解某新式
教學法對國中學生數學成績的影響，他找了一個班級的學生實施該種
教學法一學期，然後分析教學後的成績是否高於教學前的成績。但在
實施新式教學法的期間內，該班級的學生大部分都去參加校外的數學
補習。此時，研究結果發現，參加新式教學法的學生之數學成績確實
是進步了。然而，我們卻不能下結論說，該教學法真的有效；原因很
明確，學生參加補習這一歷史事件，降低了該研究的內在效度。再比
方說，某醫藥研究者聲稱，只要連續服用新藥一個月，高血壓者的血
壓都會恢復正常，然在實驗期間，所有受試者正巧都在民國八十八年
的「九二一大地震」中受到重創。一個月後，受試者的血壓平均值全
部都上升而沒下降，這時我們能說，該新藥物不具降血壓的療效嗎？
很明顯的，「九二一大地震」這一歷史事件已經干擾了研究結果的正
確性。

(二)受試者的成熟

　　有時候研究結果並非研究設計或實驗處理所造成，而是肇因於受
試者自然成長或發展所產生的效應。例如，某藥廠聲稱吃了該廠的藥
可幫助人長高，某國小學生集體吃了該藥三年，真的發現身高突飛猛
進。我們能說該藥有助長身高的功效嗎？當然不能，對小學生而言，
就算不吃該藥，在成熟的因素下，身高也會自然增高。成熟因素不只
會影響生理功能，也會對心理功能產生效應。例如，在某個年齡之
下，年齡愈大者，其智力會愈高，使用語言會愈複雜，情緒也會愈趨
穩定。準此，在挑選正發育或成長中之受試者參與研究時，就須特別
去控制有關成熟的變項，以提高內在效度。

(三)研究工具

　　研究工具本身會使研究結果產生偏差的情況有二種。第一種是工

具的使用對受試者造成了學習效果或心理效應，致影響了研究結果，心理效應的層面包括了學習成效與情緒變化等。例如，在對受試者實施數學成就測驗前、後測的研究裡，由於已有施測過一次的學習經驗，所以受試者的後測成績就常會高於前測。再如，筆者就讀大學時，曾參加一項有關壓力下之生理反應的實驗，該實驗是用心電圖（electrocardiogram, EKG）和皮膚電反應（galvanic skin response, GSR）來測量生理反應這個依變項。當研究者（筆者的心理學老師）將測量儀器安置在筆者身上時，情緒即刻受到影響（有點莫名的恐懼）；以致於在還沒操弄壓力情境（自變項）前，生理反應就產生極大的變化。此種生理反應能歸因於壓力嗎？

　　第二種是因工具的特質、工具發生變化或研究者使用工具不當，以致造成了研究結果的偏差。現今有許多人常不太相信民意調查的結果，其所持理由常是懷疑問卷的題目有問題，或題目是被委託調查機構「設計」過的。再如，前述測量 EKG 和 GSR 的儀器本身就會產生很大的誤差，或研究者操作不熟或不當，在在都會影響實驗結果，進而很難令人相信壓力與生理反應之間的因果關係。

　　研究工具的種類相當廣泛且複雜，舉凡可以拿來測量研究變項的都屬之，它可以是各種精密的科學儀器，甚至於隨手可得的紙、筆、電腦鍵盤或積木也都可當作研究工具。惟，在社會及行為科學的研究領域裡，最常使用的研究工具當推問卷與測驗。就因研究工具會影響研究的內在效度，所以研究者在選擇、設計、製作或使用它時，豈能不慎乎！

㈣統計迴歸現象

　　在討論統計迴歸現象之前，容先說明迴歸效應。所謂迴歸效應（regression effect），是指：「兩極端的分數會有退回到平均數，或往平均數方向迴歸的現象（林清山，民 81，第 148 頁）。」依據張春

興（民 78）的說法，統計迴歸（statistical regression）則是指：

　　　　在根據 X 變項預測 Y 變項時，若其相關係數不夠高，而且 X
　　變項的分散情形較大，極端分數較多，則 Y 變項的預測值有偏向
　　Y 變項平均值，使分散情形變小的現象。（第 625 頁）

　　依上文推知，極端好的人不可能再一直好下去，他的各種特質只
會往下走，很難再往上突破；極端差的人不可能再一直差下去，他的
各種特質只會往上升，很難再往下探底（因已無底可探了）。這就是
所謂的統計迴歸現象。此種現象常會出現在教育的情境中，例如，第
一次月考數學考 99 或 100 分的學生，第二次月考的成績大都只會退步
了；同理，第一次月考英文考一、二分的學生，第二次月考大都會進
步。所謂的否極泰來或物極必反，就有類似的涵義。

　　職是之故，在抽取研究對象時，一定不能找特別好或特別差兩個
極端的受試者，否則其內在效度必定低。例如，我們找來資賦優異學
生參加某教學實驗計畫，結果發現學生的學業成就沒有進步，這時，
可以說該教學實驗計畫沒有效嗎？現在如找來智能不足學生當受試
者，結果發現他們的學業成就進步了，此時能說該計畫成功了嗎？上
述二個答案當然都是否定的，因為在統計迴歸現象下，資賦優異者很
難再進步，智能不足者則很難再退步；這二個研究都是低內在效度，
所以研究結果就不具代表性。為避免統計迴歸現象的干擾，當研究對
象少時可用簡單隨機抽樣，研究對象多時則可用分層隨機抽樣或系統
隨機抽樣來抽樣（抽樣方法參閱第八章）。

(五)受試者的選取

　　進行研究所選取的各組受試者，本來就存在著差異，如研究結果
顯示，在某個依變項上確實有顯著差異，我們可以說這是研究處理或

實驗操弄造成的嗎？例如，以資賦優異者為實驗組並以智能不足者為控制組（實驗組和控制組的涵義參閱第七章），進行提升 IQ 的實驗計畫，實驗結果顯示，實驗組的平均 IQ 顯著的高於控制組；研究者可宣稱，他發現了提升 IQ 的方法嗎？為免受試者之選取會降低研究的內在效度，應採取隨機抽樣（random sampling）和隨機分派（random assignment）的方法安排受試者，使各組受試者的各項特質都一樣或趨近於一樣。從抽樣的觀點來看，統計迴歸現象事實上是選取不當受試者造成的。

㈥受試者的消失

　　就算受試者的選取沒有偏差，而且你也能安排各組受試者在各方面的特質都是相同的；但假如不是全部受試者都完成每一個研究活動，那麼你的研究結果仍然是不可靠的。因為中途離開研究活動的受試者，很可能與全程參與者不同，所以受試者的消失（mortality）就會影響到研究效度。假如比較特殊之受試者正好中途離開，那麼研究誤差的產生就無可避免了。

　　假設你現在研究二組行為改變技術對體重控制的成效影響。第一組是遵照規定的食譜來進食，而且要記錄每次所吃的東西，秤全部食物的重量，並估計它們的所有卡路里（calory）；第二組則只是照著規定的食譜來進食即可。我們可以想像得到，要求比較多的那一組受試者，他們中途離開研究活動者也會比較多。研究結束後，我們會發現，擁有高度動機受試者比率較高的那一組，比較可能會產生減肥的效果。於是，我們就可能會下一個錯誤的結論，聲稱第一組的方法比第二組有效。事實上，產生此種結果的原因，很可能是「無效的受試者」都離開了，剩下的則都是「有效的受試者」所造成。因為受試者的消失而影響研究之內在效度者，最容易發生在縱貫研究（參閱第一章第二節）裡。

(七)霍桑效應

霍桑（Hawthorne）是位於美國伊利諾州芝加哥附近的一個地名，為美國西方電器公司（Western Electric Company）的所在地。一九二七年該公司的一項研究發現，影響生產績效的主因是同仁間的人際關係，而非工作情境裡的物質條件。後來，管理學者和心理學者就將心理因素影響工作效率的現象，稱之為霍桑效應（Hawthorne effect）（張春興，民 78）。在研究方法裡的霍桑效應，則是泛指受試者之心理因素干擾或影響研究結果的現象。例如，對中小企業體管理階層的評鑑研究，只要是中央主管機關評鑑日，那些受評的管理幹部就會表現出特別的積極與敬業，其他時日則常會原形畢露，稍嫌懶散，甚至溜班觀看「大盤」走勢及「個股」漲跌或簽注「樂透彩」。再者，有些受試者只要知道自己是「小白鼠」的話，則參與實驗或研究就常會漫不經心，甚至會抱持抗拒的心態。因此，為了降低霍桑效應，有些實驗法的研究者（特別是醫藥方面的實驗）就會隱瞞研究的真象，有些觀察法的研究者則會採行非參與者觀察的方法進行觀察（參閱第五章第二節）。

第二節　外在效度

一、涵義

所謂外在效度（external validity），是指一個研究之研究結果能普遍推論到母群或其他相類似情境的程度。研究的終極目的常是在應用層面上，所以愈能根據研究結果來加以應用的研究，愈是有價值的

研究，其外在效度也就愈高。以已開發國家為研究對象所提出之經濟發展模式，常只適用於已開發國家，而不能推論到未開發（或開發中）國家；利用大學生為樣本所做的研究結果，常只適用於大學生，而不能推論到中、小學生；三十年前所做有關民間信仰的研究結果，也常很難中肯地說明當下的民間信仰概況；日本在一九九五年針對阪神大地震所提出之各種復建計畫和措施，也無法完全移植到民國八十八年台灣的九二一大地震上。像前述的各種研究（或計畫），其外在效度常是偏低的，亦即前述的研究結果（或措施）不太容易應用到其他的地區、人們和年代上。當然，我們不能說，以特定樣本、地區或時代所做的研究結果，就不具任何應用價值，事實上，或多或少還是有其使用功能；這也是本章緒言所提及的：只能說高研究效度或低研究效度，而不能說研究有效度或沒效度。

就因有外在效度的問題，所以有些研究報告或專書裡，就常會見到類似下文的陳述：

> 綜合艾利斯早期的相關著作與論述，他共提出十一項非理性的、迷信的，及無意義的觀念。因為這些非理性觀念都是來自於西方社會，有其獨特的文化環境背景，是否普遍適用於中國人的社會，並未經相關的研究去評估，所以諮商員及當事人或讀者在使用或解釋時，應特別謹慎與小心。（周文欽、賴保禎、金樹人、張德聰，民89，第205頁）

二、影響因素

誠如前文所述，會影響到研究結果之推論或研究之外在效度的主要因素有研究樣本、研究時代及研究地區與情境。

(一)研究樣本

各種不同的物種或樣本都有其特性與差異性,所以用動物所做的研究結果,並不能完全推論到人類身上(因此醫藥的動物實驗有了成果後,還是要再繼續進行人體實驗);用大學生做研究所得之有關行為現象的結果,也難一體適用於其他不同群體的學生身上。簡言之,研究樣本會影響到外在效度,主要是因研究樣本代表性的問題。雖然,利用抽樣原理來選取研究樣本,能增進樣本的代表性,可是推論到其他母群時仍有其盲點存在。例如,完全用隨機抽樣抽取台北市的成人進行研究,其結果能完全推論到南投縣成人身上嗎?當然不能,因為台北市成人與南投縣成人這二個母群是截然不同的。

準此,周文欽(民80)以台北市高中學生為研究對象進行越區就讀學生之研究,所得越區就讀的原因之結論,就不能用來說明台北市國中學生越區就讀的現象,更無法去解釋大學生為何要捨近求遠選擇離鄉七百里(甚至飄洋過海出國唸大學)的大學去就讀。由此觀點論之,任何研究要維持高外在效度是一個不太容易達成的目標;所以研究者在下結論時,就要特別謹慎小心,不宜做過度的推論。

(二)研究時代

不同的時代有不同的特色和背景,再者,隨著時間的流動,許多的產物、思維、發明和發現也會不斷地問世或出現,以致於不同時代的研究結果或結論,就很難「歷久彌新」或「一路走來,始終如一」。其中的顯例是考古學方面的研究,常會因新文物、新證據的出土與發現,而推翻了先前的結論;例如,人類的起源年代就不斷地被更新與修正,許多歷史事件的真相也常被改寫。同理,三十年前的經濟發展理論、國富調查或流行性病學研究報告,大都不適用於當今的時代。自然科學也有相同的情況,大者如「古典物理」(以牛頓的理

論為基礎）與「近代物理」（以量子物理為中心概念）之分，小者如收音機的最佳元件隨著時代的不同，由真空管到電晶體，再由電晶體至現在的積體電路，其進步與精緻何止以千里計。

就因研究時代深深地影響到研究的外在效度，所以在研讀研究報告或應用研究成果時，務必要考量到研究報告所提出的時間問題，也就是要在時間的架構下來思考研究結果。

(三)研究地區與情境

不同的地區或地方常有其特殊的文化背景、意識型態、生活方式和物質條件，所以在某地區所得的研究發現，就不太容易推論或應用到其他地區。例如，西方社會的性觀念和性態度相異於國內，假如現在西方國家有一研究顯示，有婚前性行為的比率高於 50 ％，有婚外性伴侶者也超過三分之一；我們能推論說，國內有婚前性行為者高達 50 ％？或國內有婚外性伴侶者也愈三分之一嗎？再如，在台北市的問卷調查顯示，國中學生每日平均的零用錢是 120 元；同理，我們也不能概括地說，台灣地區國中學生每日平均的零用錢是 120 元。

再者，研究的情境常是人工化或控制化，所以在實驗室或臨床上所得的研究結果，如拿來解釋日常生活中的各種行為和現象，也會產生極大的誤差。因此，為提高外在效度，進行研究的情境要盡量與自然情境趨於一致，不要有太大的落差。

第三節　建構效度

所謂建構（construct），是指一種理論上的構想或概念，它是看不見也摸不著，甚且可說是存不存在都有待求證，但為了研究或實務上的需要，我們假設它是存在，而且是可以加以探究的。所有的建構

都包含兩種特質：第一個是，在本質上，它們是某些規則的抽象摘述
（abstract summaries of some regularity）；第二個是，它們與具體的、
可觀察的實體或事件有關或相關聯。地心引力是建構的一個很好例
子。當蘋果落到地上時，可以用地心引力這個建構來解釋和預測蘋果
落地這個現象。地心引力是無法看到的，看到的只是落地的蘋果；然
而，我們卻可用它來說明地心引力的存在，並運用地心引力這個建構
來發展相關的理論（周文欽，民 85；Murphy & Davidshofer, 1994）。
依此推之，社會及行為科學常提及的名詞，諸如經濟成長、失業率、
態度、焦慮、意識型態和社經水準等等都是建構。簡言之，我們可將
建構界定為：解釋某個事象的變項。

　　基此論之，所謂建構效度（construct validity），是指在研究歷程
中所涉及之變項能成功操作化（operationalized）的程度；換言之，妥
切賦予變項操作型定義（請見第二章第一節）的程度就是建構效度
（Judd, Smith, & Kidder, 1991）。為了能成功地操作變項或妥切地定
義變項，其所用之方法都須有理論基礎；具體而言，所用之方法主要
是指變項的測量。假如要探討焦慮與學習成果的關係，現在研究者以
受試者咬指甲的次數代表焦慮，並以用腳趾頭來夾筆寫字的速度代表
學習成果，研究顯示這二者之間沒有顯著的相關，我們能下結論說，
焦慮和學習成果之間是沒有關係的嗎？當然不能，其主要原因是焦慮
與學習成果的操作或測量，很明顯的並不符合焦慮與學習的理論。建
構效度和內在效度很類似，二者都是在探討研究中的變項，惟其區別
是：內在效度是指正確解釋變項間關係的程度，建構效度則是指正確
界定變項的程度。因此，要有高的內在效度，就須先有高的建構效
度。

　　職是之故，影響建構效度最主要的因素，是操作、界定或測量變
項的方法或工具（如問卷或測驗）。所以，凡在研究歷程中，能以符
合理論的方法或工具來界定變項，則該研究就會有理想的建構效度。

第四節 統計結論效度

所謂統計結論效度（statistical conclusion validity），是指能正確運用統計方法解釋研究結果的程度。至於如何運用統計方法來分析資料，俾據以解釋研究結果，因涉及到統計學的專業知能，所以此節不擬具體地說明運用統計的方法（惟在第十四章「資料的統計分析」仍會有概略的說明），僅扼要地說明影響統計結論效度的主要因素：不當的統計考驗方法和顯著水準的高低。

不當的統計考驗方法有：1.將相依樣本的資料，誤用獨立樣本的統計方法；2.分析前、後測資料之差異考驗應使用共變數分析，卻使用 t 考驗或變異數分析；3.統計結果須加以校正，卻沒校正，如，使用卡方考驗時，當 df ＝ 1 且理論次數小於 5 時，就必須進行耶茲氏校正（Yate's correction for continuity）（林清山，民 81，第 301 頁）；4.應使用無母數統計考驗（nonparametric statistical test），卻使用母數統計考驗（parametric statistical test）。再者，顯著水準（level of significance）（詳第二章第三節）的不同，其統計結果亦會產生極大的變化，如，有差異變成無差異，有相關變成無相關。因此，研究者在進行統計分析之前，就須依研究性質，決定最適當的顯著水準。

關鍵詞彙

研究效度	內在效度
迴歸效應	統計迴歸
霍桑效應	外在效度
建構效度	統計結論效度

自我評量題目

1. 何謂研究效度？研究為何須具備理想的研究效度？試一併申述之。

2. 試述研究效度的種類及其涵義。

3. 影響研究效度之主要因素為何？試申述之。

4. 試從統計迴歸現象及霍桑效應，申論提高研究之內在效度的方法。

5. 影響外在效度之主要因素為何？試申述之。

6. 試從影響建構效度的主要因素，申述提高研究之建構效度的方法。

7. 何種研究效度最重要？為什麼？試申己見。

第二篇
蒐集資料的方法

第五章

觀察法

學 習 目 標

——研讀本章內容之後，學習者應能達成下列目標：

1. 說出觀察法的定義、優點與缺點。

2. 說出觀察法的種類。

3. 了解各種觀察法的涵義。

4. 比較各種觀察法的差異。

5. 舉例說明參與者觀察之四種不同研究者的涵義。

6. 分析參與者觀察和非參與者觀察的優點及缺點。

7. 了解觀察法的一般步驟。

8. 說出觀察法之記錄工具的種類。

大　綱

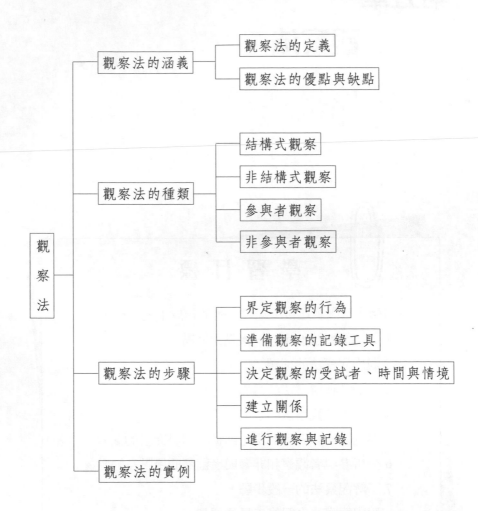

觀察法
- 觀察法的涵義
  - 觀察法的定義
  - 觀察法的優點與缺點
- 觀察法的種類
  - 結構式觀察
  - 非結構式觀察
  - 參與者觀察
  - 非參與者觀察
- 觀察法的步驟
  - 界定觀察的行為
  - 準備觀察的記錄工具
  - 決定觀察的受試者、時間與情境
  - 建立關係
  - 進行觀察與記錄
- 觀察法的實例

摘　要

　　觀察法可說是人類最早用來蒐集研究資料的方法，它是指在自然的情境中，透過感覺器官及有關的工具以蒐集研究資料的歷程。觀察法的優點有：1.可以蒐集現時現地的資料，2.可以蒐集自然情境中的資料，3.可以蒐集無法直接取得的資料；其缺點則有：1.難以控制各有關的變項，2.常無法觀察到所欲觀察的行為，3.不易量化觀察資料。

　　觀察法可依觀察程序，將其分為結構式觀察與非結構式觀察，也可以依觀察者的角色，將其分為參與者觀察與非參與者觀察。結構式觀察是指有一定觀察程序的觀察，非結構式觀察則是指程序較不嚴謹的觀察。參與者觀察是指研究者進入研究情境裡，透過觀察以蒐集資料的歷程；非參與者觀察則是指研究者在研究情境外，而且其角色不為觀察對象所知悉，進而透過觀察以蒐集資料的歷程。參與者觀察之研究者的角色有四種：1.完全觀察者，2.觀察者就是參與者，3.參與者就是觀察者，4.完全參與者。在研究實務中，觀察法可以分成四種：1.結構式參與者觀察，2.非結構式參與者觀察，3.結構式非參與者觀察，4.非結構式非參與者觀察。

　　觀察法的一般步驟有：1.界定觀察的行為，2.準備觀察的記錄工具，3.決定觀察的受試者、時間與情境，4.建立關係，5.進行觀察與記錄。本章備有一實例，藉以介紹觀察法的實際進行之程序或步驟。

　　觀察法可說是人類最早用來蒐集資料的方法。經由「觀察」大千世界裡的林林總總，及宇宙中的各種自然現象，人們得到了眾多的資料（data）與資訊（information），透過資料和資訊的累積，我們可以了解事物的真相，進而可歸納或演繹成理論。本章的旨趣即在論述這種研究方法，首先說明觀察法的涵義，接著介紹觀察法的種類，並論及觀察法的步驟，最後舉一個觀察法的實例以供參考。

第一節　觀察法的涵義

本節將從觀察法的定義、優點與缺點，說明觀察法的涵義。

一、觀察法的定義

　　所謂觀察法（observational method），是指在自然的情境中，透過感覺器官及有關的工具以蒐集研究資料的歷程。這個定義中的自然情境，點出了觀察法的進行場合，為研究資料或觀察標的所發生的時空環境，這個時空環境是不經人為的安排或設計。所以，觀察法與集合受試者做問卷或用電話訪談受試者的調查法（survey method），和在控制的情境下探討自變項與依變項之間關係的實驗法（experimental method），是有很大的不同。例如，著名的瑞士心理學家皮亞傑（J. Piaget, 1896-1980）就在兒童自然的遊戲情境中，經由觀察所蒐集的資料，建構了涵蓋感覺運動期、前運思期、具體運思期和形式運思期等四個階段的「皮氏認知發展理論」（Piaget's theory of cognitive development）。

　　觀察法蒐集資料的主要媒介有感覺器官和各種有關的工具。感覺器官主要有眼睛和耳朵，換言之，觀察法主要是透過「看」及「聽」

來蒐集資料。惟人類之視覺或聽覺有其限制，及為了不干擾觀察研究的進行，就須藉助各種工具來記錄或保存所欲蒐集之資料，這些工具有照相機、攝影機和錄音機等各種儀器，及問卷、量表等書面表格。例如，曾有心理學家將錄影器材架設在建築物的七樓，以觀察記錄二位行人為免碰撞的相關行為。經分析錄影帶發現，男性傾向以凝視對方讓對方轉向以避免碰撞，女性則傾向自己閃開以避免碰撞對方；男性以凝視對方來處理者占 75 ％，女性則只有 17 ％採取此種策略以因應之（Collett & Marsh, 1974）。

人類有許多的知識、原理、原則或理論，最初常是源自於對自然環境、人文環境和社會環境的觀察，例如：看到船桅漸漸消失在海平面下，歸納出地球是圓的；觀看天體的運行，讓人們知道某些彗星的來訪週期；甚或是土著的生活方式、婚禮儀式及青少年的流行時尚等，也都可透過觀察法以了解之。職是，英國社會學家莫雪就說過：「觀察可稱為是科學研究的最佳方法（Moser, 1965）。」

二、觀察法的優點與缺點

觀察法因是在自然情境中蒐集研究資料，所以就具有調查法和實驗法所無的優點；然而也因是在自然情境中蒐集研究資料，以致於有些缺點是難以避免的。

(一)優點

1. 可以蒐集現時現地的資料

隨時隨地或當場當時的觀察事件或情境，不但可以全盤了解事象的整個演變過程，也可注意到偶發的狀況或特殊的氣氛。有些現象或行為，都不是在事件或情境發生過後，使用調查法或實驗法可以達成目的的。比方說，現在要探討二十年前的電視主播之穿著特色與播報

新聞之用語習慣。假如不用當時所留下的觀察記錄（如書面研究報告或錄影帶、錄音帶等）來蒐集資料，而逕自去訪問二十年前的電視主播；試想，僅憑他們久遠的記憶，能得到正確的研究結果嗎？

2.可以蒐集自然情境中的資料

我們要了解的各種現象，若經過事先的安排和設計再去蒐集資料，那麼由這些資料所獲致的結論，常會產生偏頗與失真。比方，使用問卷調查一般人有關震災捐獻或抗拒誘惑的行為，或在實驗室裡運用實驗法蒐集規模 7.6 強震下的身心反應，能夠得到放諸四海皆準或令人信服的結果嗎？這個時候，只有在實際的捐獻場合裡，透過目視與耳聞，才能知道一般人的真正捐獻行為；或在實際的規模 7.6 地震後到現場觀察，並訪問當地居民後，才能確實理解當事人的身心反應。準此，前述的行為或反應，常無法在人為的情境中獲取結論，必須賴觀察法來蒐集資料，才能克盡全功。俗話不也說過：「親眼看到才是真的。」正好對觀察法的優點，做了最佳的註解。

3.可以蒐集無法直接取得的資料

在從事研究或蒐集資料的過程中，我們常會遇到一些特殊的研究對象，因為他們無法言語（如嬰兒、聾者或啞者）、不識字（如幼兒或文盲）、不能寫字（如嚴重手傷或截上肢者），或身心有嚴重殘疾者（如重症患者或心理異常者），致使研究者不便或無法直接去蒐集他們的意見、態度或行為等資料。這時，就可運用觀察法來取得有關的資料。譬如，可經由觀察母親的哺乳行為，以分析嬰兒在吸吮母親乳房時的行為反應。此優點最有名的例子，要算是法國學者在十九世紀對於野孩童（狼人）的研究。該孩童由於長期離開人類文明並和狼群共同生活，因此喪失了一切人類的表達能力（聽、說、讀、寫）；以致於無法以調查法或實驗法進行有關的行為研究，因此當時只有透過長期的觀察以獲取眾多深具價值的學術理論。再者，佛洛依德（S. Freud, 1856-1939）也是藉由對精神病患的臨床觀察，才建構出精神分

析論（psychoanalysis）這一偉大的心理學理論（佛氏的《夢的解析》甚至被推崇為改變歷史的書之一）。

(二)缺點

1.難以控制各有關的變項

在自然情境中充滿著許多研究者無法控制的變項，而這些變項都會影響到所蒐集之資料的正確性，也因此就無法分析出各個變項（如自變項與依變項）之間的真實關係。再者，自然情境中的事物、活動或現象都相當複雜多變，且其間各有獨特性和互動性，所以研究者也就難以掌握研究的信度（所蒐集資料的一致性和可靠性）與效度（研究結果的正確性與推論性）。

2.常無法觀察到所欲觀察的行為

前文曾提及觀察法的前二個優點，是可以蒐集到現時現地的資料，及可以蒐集到自然情境中的資料，不過這二個優點同時也可能是缺點，因為我們所要蒐集的資料或擬觀察的事件常是可遇不可求，或者根本是無法求的。例如，一個要研究原始部落青少年成年禮儀式的人類學家，他可能在部落中待上好幾個月都不見舉行成年禮；一個研究青少年攻擊行為的心理學家，可能觀察了三天三夜也看不到青少年的攻擊行為；一個研究群眾運動下之從眾行為的社會學家，就是等不到群眾運動以進行觀察。再者，我們要探討新婚夫妻在床邊共賞鎖碼台之節目的情形，試問，研究者能至他倆床邊展開觀察嗎？像這些可能無法用觀察法得到研究資料的研究問題，就要考慮使用其他的研究方法來蒐集資料。實際上，很多研究者感到興趣的行為或話題是不能預先測知，所以也就不易觀察，因而只好採用他法來得到資料了（李亦園，民67）。

觀察法之所以常無法觀察到所欲觀察的行為，可歸因於隱私或禁忌，例如手淫、口交、墮胎和避孕等與性有關的行為，是很難用觀察

法取得相關的數據或行為資料。不過在日益開放的社會裡，研究者仍可透過匿名的方法（如調查法）以蒐集研究資料（Bailey, 1987）。

3.不易量化觀察資料

觀察法常是在蒐集人、事、時、地、物交互影響下的整個現象，並用看及聽來記錄所觀察的現象，因此就不易將所蒐集的觀察資料加以量化處理。就算用量化處理，也僅可得到次數或百分比等簡易的數據。雖然，量化研究（quantitative research）和質化研究（qualitative research）孰優孰劣尚無定論，不過基於下述二個理由，量化處理資料仍有其長處。第一個是數字會說話，用具體客觀的量化數據比較能說服人；第二個理由是用量化處理，可經由統計學的方法加以驗證或說明複雜的理論模式。再者，不用量化處理資料而用質化整理資料，同樣會產生很大的困難；例如，當你在台北火車站的某一出口，觀察來往的路人三十分鐘後，你是否可以將所觀察之現象完整地記錄下來？並解釋該種現象的意涵？若你實際去做，將會發現前述二個問題還真不容易解答呢！

第二節　觀察法的種類

在自然情境下所進行的觀察法，可依觀察程序的嚴謹與否分為結構式觀察與非結構式觀察，也可依觀察者的角色分為參與者觀察與非參與者觀察。

一、結構式觀察

所謂結構式觀察（structural observation），是指有一定觀察程序的觀察。此種觀察法對於所欲觀察的標的物與欲探討的研究問題，進

行觀察的步驟，及使用何種工具來記錄觀察結果等，都有嚴謹、明確的界定與規範。亦即運用結構式觀察時，必須在觀察之前就要預先計畫好：觀察什麼？怎麼觀察？如何觀察？使用何種記錄觀察資料的工具？通常科學化的觀察法，指的都是結構式觀察。

二、非結構式觀察

所謂非結構式觀察（unstructural observation），並不是指完全沒有一定觀察程序以資遵循或完全沒有結構的觀察，而是指對觀察的標的物、研究問題、觀察步驟與記錄觀察資料的工具，都採取較為彈性的態度，並不去做嚴格的界定與規範。通常，在正式進行觀察之前，都會運用非結構式觀察，以初步了解欲觀察之行為的性質，進行觀察可能遇到的困難，和可能的記錄觀察資料的工具。

三、參與者觀察

在進行觀察法研究時，觀察者可以進入欲觀察的情境裡或蒐集資料的場合中進行觀察；例如，某觀察者要了解青少年在 Disco 舞廳中的行為時，他就必須進入 Disco 舞廳中去實地觀察，才能獲取研究結果。又如，要分析醫（生）病（人）之間的關係，最好是至醫院或診所觀察醫生診治病人的情形。前述的例子，都是參與者觀察的研究。所謂參與者觀察（participant observaiton），是指研究者進入研究情境裡，透過觀察以蒐集資料的歷程。參與者觀察最大的優點，是觀察者可以在較自然的情境下，獲得較直接與較真實的資料（郭生玉，民87）。

當研究者進入研究情境中，他的研究者角色可被觀察對象知道，也可以不被觀察對象知道；他可以實際融入被觀察的活動裡，也可以

不積極的態度融入活動裡。依此論之，參與者觀察之研究者可以分成
完全觀察者、觀察者就是參與者、參與者就是觀察者，和完全參與者
等四種（周文欽、高熏芳、王俊明，民 85；Dane, 1990）。接著以前
述 Disco 舞廳為例，分別說明這四種研究者的涵義。

(一)完全觀察者

所謂完全觀察者（complete observer），是指既不參與觀察對象
的活動，而且研究者的角色也不被觀察對象所知悉的研究者。例如，
研究者進入舞廳裡，他並不參加跳舞，只是在旁默默觀看；而且，舞
客們也不知道，他是來進行研究的研究者。

(二)觀察者就是參與者

所謂觀察者就是參與者（observer-as-participant），是指並不積極
參與觀察對象的活動，但其研究者的角色是觀察對象所知悉的。例
如，研究者進入舞廳後，並不主動地參與跳舞活動，不過如有人邀
約，他也會在被動的情況下參與跳舞，但是舞客們都知道他的研究者
身分。

(三)參與者就是觀察者

所謂參與者就是觀察者（participant-as-observer），是指不但積極
參與觀察對象的活動，而且研究者角色亦為觀察對象所知悉的研究
者。例如，研究者會主動融入舞客中，和他們一道跳舞玩樂，舞客們
也知道他是來此研究的研究者。

(四)完全參與者

所謂完全參與者（complete participant），是指積極參與觀察對象
的活動，但研究者角色不為觀察對象所知悉的研究者。例如，研究者

會主動、熱烈地加入舞客們的跳舞行為,惟舞客們並不知道他的研究者身分。

　　這四種參與者觀察之研究者的角色分野,參見圖 5-1 及圖 5-2。

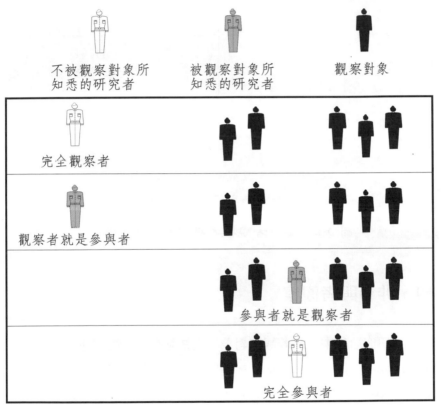

圖 5-1　參與者觀察之研究者角色示意一
改自:*Research methods* (p. 159), by F. C. Dane, 1990, Pacific Grove, CA: Brooks/Cole.

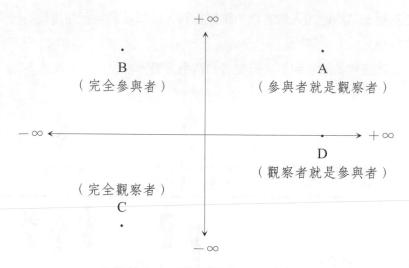

◎橫軸代表被觀察對象知悉的程度

◎縱軸代表參與觀察活動的程度

圖 5-2　參與者觀察之研究者角色示意二

四、非參與者觀察

　　在研究活動中，倘若觀察對象一旦知悉有人在觀察他們，或有陌生人出現在觀察情境裡，那麼被預期的觀察行為可能就不會出現。譬如，Disco 舞廳裡的青少年知道今夜有管區的員警要來此觀察他們的活動，試問一些脫軌的行為（如鋼管秀、脫衣秀、講粗話，甚或吸食安非他命、大麻、笑氣與搖頭丸等）會出現嗎？在此種情況下，研究者能觀察到青少年真正的舞廳行為之次文化嗎？

　　就因參與者觀察之研究方法會產生前述的缺點，所以在觀察研究裡，有時就要採取非參與者觀察，才能獲致真實的觀察對象之行為。所謂非參與者觀察（nonparticipant observation），是指研究者在觀察情境外，而且其角色不為觀察對象所知悉，進而透過觀察以蒐集資料

的歷程。

　　有一個很好的例子，頗能說明此一觀察法的特色，那就是有關兒童抗拒誘惑的研究。這個研究安排許多兒童在一間擺設有許多他們喜歡的玩具和食物的房間裡；這個研究所要觀察的行為，是看看兒童們在未經許可的情況下，是否會隨意拿取在他們面前的東西？拿取東西的行為又如何？此時，假如有一陌生的研究者突然出現在房間裡，研究者可能就觀察不到兒童的抗拒誘惑的行為。為避免這種缺點，研究者將自己移至隔鄰的特設房間，並在該房間透過單面鏡（透過此鏡，研究者可看到兒童所處房間內的一舉一動，觀察對象則無法看到研究者；在此種設計下，欲觀察的房間之燈光是明亮的，研究者這一端則有如暗房般的安排）觀察兒童的行為。當然，在此種觀察情境下，觀察對象是無法知悉研究者（觀察者）的存在；經由這一種非參與者觀察，就能真正地觀察到兒童的抗拒誘惑行為。

　　儘管，我們為了詮釋與闡述觀察法的涵義，將其分成結構式觀察、非結構式觀察、參與者觀察和非參與者觀察等四種。惟，在研究實務裡，實際上所運用的觀察法大都是這四種觀察法的組合，其組合情形參見表 5-1。

表 5-1　觀察法的種類

觀察條件		觀察程序	
		結構式觀察	非結構式觀察
觀察者角色	觀察參與者	結構式參與者觀察	非結構式參與者觀察
	觀察非參與者	結構式非參與者觀察	非結構式非參與者觀察

由表 5-1 觀之,在實際的研究行動中,可將觀察法分成下述四種:

1. 結構式參與者觀察(structural-participant observation)。
2. 非結構式參與者觀察(unstructural-participant observation)。
3. 結構式非參與者觀察(structural-nonparticipant observation)。
4. 非結構式非參與者觀察(unstructural-nonparticipant observation)。

第三節　觀察法的步驟

不論使用何種方法(觀察法、調查法或實驗法)來進行研究,其步驟都須遵循研究的基本歷程(詳第一章第三節)。例如,研究肇始於選取研究主題、確定研究目的及提出研究問題與假設等步驟。觀察法的步驟亦不例外,同樣須具備前述的步驟,這些各種研究方法都必備的步驟,請參閱第一章相關內容,在此不再贅述。前文曾述及,在研究實務裡,實際上所使用的觀察法可分成四種,其中最常用的是結構式參與者觀察。接著,就以結構式參與者觀察為例,說明觀察法的一般步驟,這些步驟也大都適用於其他觀察法。

一、界定觀察的行為

運用觀察法的第一個步驟,是要清楚明確地了解所要觀察的標的物是什麼,也就是先要知道到底要看什麼。觀察的標的物,可以是個體的行為,可以是人們的活動,也可以是特定時空環境下的事件;行為的性質是單一與獨特的,一連串的行為構成活動,許多活動組合在一起則稱為事件。因此,在進行觀察之前,就要先界定觀察的行為,再由行為的定義說明所要觀察的活動,由活動的涵義進而分析所要觀

察之事件的要素或條件。

　　不論是行為、活動或事件，倘若不給與明確的定義，那麼觀察者將不知要看些什麼或怎麼看，更無從去記錄或詮釋觀察的結果。例如，現在要請你去觀察午夜公園內的車床族之親密行為，假設不對親密行為給與明確的界定，你將無法去進行親密行為的觀察。

　　界定觀察標的物的最便捷之道，是對所要觀察的行為、活動或事件賦予操作型定義（見第二章第一節）。今有一研究者要觀察青少年飆車者的攻擊行為，此時，該研究者就必須對攻擊行為給與明確的定義，同時也要對青少年飆車者的涵義說明清楚。該研究者下的定義如下：

　　攻擊行為：在行車途中，未經口語與他人溝通下，用車衝撞、碰觸他人或拿器械毆打他人的行為。

　　青少年飆車者：年齡在十八歲以下，於夜間十二時至三時同時夥同多人騎乘五部以上機車，時速在八十公里以上，且行經交通要道（如省道）的騎士及車上之人。

　　當然，上述的定義未必周延，你或許也會有不同的定義；不過，這都無關緊要，定義只要能符合研究者的需求，並且可加以觀察與記錄者即可。

二、準備觀察的記錄工具

　　當研究者界定了觀察的行為之後，接著就要準備觀察的記錄工具，俾以蒐集經由觀察所得的資料。觀察的記錄工具可分為二類：第一類是科學儀器，主要包括記錄影像及聲音的儀器，如：照相機、錄音機、錄影機或攝影機等；及記錄生理反應的儀器，如：評估是否說

謊的測謊器（lie detector，測量心跳次數、呼吸速度和皮膚電流），測量腦波電位變化以觀察睡眠狀態的腦波儀（electroencephalography），及測量血壓的血壓計（可藉由血壓的高低來觀察受試者的憤怒情形）等。第二類是書面表格，此類記錄工具也可分成兩種：第一種是封閉式的表格，此種表格只記錄客觀的數字、符號或從表格中的選項擇一反應，常見的有評定量表和檢核表。所謂評定量表（rating scale），是指對行為、活動或事件之特徵或性質賦予等級的量表，其題目屬性為李克特氏題型（Likert-type format）（見第十章第三節），此種量表如表 5-2。

表 5-2 試教教師教學觀察紀錄表

A.試教教師的教材熟練度：
　1.非常熟練
　2.不太熟練
　3.很不熟練
B.試教教師的口語表達：
　1.很理想
　2.不太理想
　3.很不理想
C.試教教師的整體表現：
　1.極佳
　2.尚佳
　3.不佳

檢核表（checklist）則是指對特定行為、活動或事件出現之次數、頻率，或有無出現之情況，加以計算登錄的表格，類如表 5-3 所示。

表 5-3 國小師生互動語言行為類型紀錄表

| 時間\類型 | 教師說話 | | | | | | | 學生說話 | | 沈默或混亂 |
| | 間接影響 | | | | 直接影響 | | | | | |
	接納感受	誇獎或鼓勵	接受或利用學生想法	提問題	講解	指示	批判或辯解權威	反應性說話	自發性說話	
6								✓		
7									✓	
8									✓	
9									✓	
10		✓								
11									✓	
12							✓			
13										✓
14									✓	
15									✓	
16									✓	
17	✓									
18			✓							
19			✓							
20				✓						
21						✓				
22					✓					
23				✓						
24					✓					
25	✓									
26				✓						
27										✓
28										✓
29			✓							
30										✓
31									✓	
32						✓				
33								✓		
34						✓				
35						✓				

記錄說明：1.時間代表上課的第幾分鐘。

2.每分鐘均記錄教師或學生的行為，並在適當位置「✓」。

資料來源：台北縣國小開放教育師生互動語言行為之觀察研究（第 41 頁），周文欽著，民 86b，台北縣政府教育局專案研究報告。

　　書面表格的第二種是開放式的表格，此種表格並沒有一定的記錄格式，而是就觀察者之所聽與所視加以記錄，通常都以文字呈現觀察結果，有時也可輔以圖畫或符號來表達。例如，周文欽（民 86c）就以表 5-4 這種開放式的表格記錄有關鄉土教學活動之觀察結果。

表 5-4　國小鄉土教學活動試教觀察紀錄表

觀察日期：　　　　　　　　觀察學校：　　　　　　　　觀察單元：

時間	教師活動	學生活動	師生互動	建議事項

觀察者：

三、決定觀察的受試者、時間與情境

　　當研究者已清楚地了解所欲觀察之行為、活動或事件的涵義和範圍，也備妥了記錄的工具後，就要決定觀察誰？何時去觀察？及在何種情境下去觀察？事實上，這三個問題是屬於受試者抽樣（subject sampling）、時間抽樣（time sampling）和情境抽樣（situation sampling）的範疇。

　　許多欲觀察的行為、活動或事件，常會因受試者的不同而呈現出不同的風貌，也並非是隨時隨地都可能發生；而且，不同時間、情境

所發生的行為、活動或事件，也常會有不同的意涵。因此，在進行觀察研究時，就須特別注意觀察之對象、時間和情境的選擇。假設，研究者選擇總統府前的凱達格蘭大道來觀察流動攤販的叫賣行為，又如，另一研究者都利用上課時間觀察小學生的攻擊行為，或你以傳統市場的買菜婦女為研究對象觀察穿著 Chanel 或 Versace 品牌服裝的比率。試問，前述的三種觀察研究，可以獲取真實的研究結果嗎？

受試者抽樣的方法可參閱本書第八章「抽樣」，惟，觀察法中的受試者抽樣，大都是採取目的抽樣（purposive sampling）。時間抽樣與情境抽樣的要領，則是選擇所欲觀察之行為確實可能發生的時間與情境去抽樣。再者，時間抽樣又可分成下述三種（Dane, 1990）：

1. 持續時間抽樣（continuous time sampling），是指研究者在行為發生的整個時段都進行觀察。
2. 定時抽樣（time-point sampling），是指研究者在行為發生時瞬間或特定時間進行觀察。
3. 時間間距抽樣（time-interval sampling），是指研究者在行為發生的持續時間中，每間隔一段特定的時間進行觀察。

在觀察研究中，不管用什麼方法以決定觀察的受試者、時間與情境，為了提高研究效度，最好是以隨機的方法來進行抽樣。

四、建立關係

建立關係很可能是觀察研究中最艱巨與最費時間的工作，但為了觀察活動的順利進行，研究者又不得不去建立與整個觀察活動有關的人際關係。建立此種人際關係的對象有被觀察之情境的負責人，以取得觀察研究的許可；及被觀察者，以免他們的排斥，進而取得信任。再者，透過關係的建立，可讓觀察者了解觀察對象的語言、風俗和習慣，以及讓觀察對象知道觀察研究的目的或進行方式；如此，不僅可

令觀察活動順利的進行,也可減少霍桑效應(Hawthorne effect)對觀察結果的干擾。

五、進行觀察與記錄

當前述四個步驟都完成後,即可進行實地的觀察,並對觀察結果加以記錄。前文曾提及觀察法的缺點之一,是難以控制各有關的變項,所以研究者就難以完全掌握研究的信度與效度。簡言之,觀察法中的信度(reliability),是指相同或不同的人,其所觀察的記錄結果一致性的程度;觀察法的效度(validity),則是指觀察者觀察並記錄到所想要觀察的行為、活動或事件的程度。職是之故,觀察者的素養將會影響到觀察的信度與效度之高低。因此,為提高觀察的信度與效度,就有必要於進行觀察與記錄之前,實施觀察者的訓練,其訓練的重點有三:

1. 了解觀察行為、活動或事件的定義,以期能在觀察與記錄時當機立斷。
2. 熟悉觀察的記錄工具之使用方法,以期能在觀察與記錄時正確快速地運用之。
3. 事先實際演練(即預先觀察),俾發現困難或不了解之處,並即刻改善之,以期在正式觀察前具備有足夠的能力。

在記錄觀察之資料的過程中,有下述諸事項值得觀察者參考(Lofland, 1971):

1. 因所觀察之資料在短暫的時間內就易發生遺忘,而且時間愈長忘得愈多;因此,在觀察之後要盡快加以記錄。
2. 儘管所觀察到的資料非常怪異、奇特與少見,也要毫不遲疑且快速地記錄下實際觀察的結果。
3. 記錄時,不要只顧著「寫」,有時是必須「聽寫」,亦即是有

聞必錄。

4.因打字較快且較易讀，所以記錄時，盡量使用打字，少用手寫
（特別是針對使用英文的記錄）。

5.最好將觀察紀錄複印二份，一份留供參考與備忘，另一份當作
初稿以備修正或改寫。

　　觀察資料之紀錄尚須加以整理與分析才有意義，呈現整理與分析
後之結果（亦即發表在研究報告上）的方式主要有二種：一種是純文
字的註釋（如運用表 5-4 來記錄時），另一種是量化數據的說明（如
運用表 5-2 或 5-3 來記錄時）。此外，還可以透過圖畫，以減少文字
的陳述，並幫助讀者了解，也可收畫龍點睛的效果。例如，在有關
男、女大學生用手攜帶書本的觀察研究，其研究報告就用圖 5-3 呈現
大學生用手攜帶書本的二種主要型式（Jenni & Jenni, 1976）。

型式一　　　　　　　　型式二

圖 5-3　大學生用手攜帶書本的主要型式

改自：　"Carrying behavior in humans: Analysis of sex differences,"
by D. A. Jenni & M. A. Jenni, 1976, *Science, 194,* p.859.

　　圖 5-3 的型式一顯示，女生大都將書抱在胸前，且露出書的下緣；
型式二則呈現，男生大都將書置於身體的側邊，且用手或手和手臂夾
住書。

第四節 觀察法的實例

本實例摘錄自台北縣政府教育局委託周文欽（民 86b）所進行之研究的研究報告。

（經台北縣政府 91.3.29 北府教學字 0910152343 號函同意使用）

一、研究主題

台北縣國小開放教育師生互動語言行為之觀察研究

（研究主持人：周文欽）

（研究員：張素貞、吳清男、張益仁、李淑慧）

二、研究目的

分析開放教育教學之教室情境中的師生互動行為。

三、研究問題

1.經由觀察法，探究在教室教學情境中，教師的語言行為為何？

2.經由觀察法，探究在教室教學情境中，學生的語言行為為何？

3.經由觀察法，探究在教室教學情境中，師生交互的語言行為為何？

四、研究方法

本研究以結構式參與者觀察進行觀察研究。

(一)研究對象

本研究之研究對象分成實驗組和控制組二組受試者，實驗組的受試者均抽樣自已連續實施三年開放教育教學的教師、學生及班級，控制組的受試者則抽樣自完全未曾實施開放教育教學的教師、學生及班級。本研究經目的抽樣，以台北縣板橋地區實踐國小三年級五個班級為實驗組的觀察對象，並以同縣同地區新埔國小三年級五個班級為控制組的觀察對象。

(二)研究工具

本研究之研究工具，是指在觀察情境中記錄觀察結果的記錄工具，表 5-3 之〈國小師生互動語言行為類型紀錄表〉即為本研究之記錄工具。本研究的語言行為，是依據法蘭德斯（Flanders, 1970）的「社會交互分析法」來加以記錄及分析。為使觀察者能精確地記錄各種師生的語言行為，並加以正確地歸類，研究者與觀察者先行觀察若干個班級的教學，並與任課教師訪談後，依表 5-3 的語言行為分類，以實例說明如後，俾使觀察者在記錄時有所依循。

1. 教師說話

(1)接納感受

※錄影機壞了，不能欣賞影片，一定讓你感到失望，沒關係，下
　次我們再找時間來看。

※老師了解你們的感受，你們不是很想……。

※老師覺得你們的心都長翅膀飛了喔！

(2)誇獎或獎勵

※對！就是這樣！哇！小朋友好乖喔！

※來！第一組好棒！動作最快，秩序也最好喔！

※嗯！很好！你說得很好！再說下去。

(3)接受或利用學生想法

※老師知道你的想法，如果能再增加……的話，應該會更好的！

※我想，你的意思是……，對不對？

※我的意思是這樣嗎？我覺得可以再……？

(4)提問題

※小朋友，小寶寶喜歡吃什麼呀？

※台北縣的……有些什麼樣的特產？

※酒精燈使用後，應該怎樣熄滅呢？

(5)講解

※……就是……的意思。

※先做……，再做……，就完成了。

(6)指示

※王小強，你說說看。

※跟著老師做。

※你應該……。

(7)批判或辯解權威

※叫你不要這樣做，你就是不聽。

※你到底有沒有專心聽？

※不可以，你要……。

2.學生說話

(1)反應性說話

※這個問題的答案是……。

※老師，作業能不能少一點。

※我以後不會再說粗話或遲到。

(2)自發性說話

※老師，我！我！

※老師，我想去……可不可以？

※老師，○○○打我。

3.沈默或混亂

※教師或學生都沒發言講話，教室保持安靜。

※教師與學生之間的語言行為雜亂無章，而且令外人不知他們在
　說些什麼。

(三)實施程序

本研究在實際進行觀察之前，由研究主持人召開觀察者訓練講習
會，講習重點如下：

1.〈國小師生互動語言行為類型紀錄表〉運用步驟

第一個步驟是觀察者判斷觀察當時的時間為何；第二個步驟是判
斷當時教師或學生所出現的語言行為是屬於何種類型。這二個步驟完
成後，觀察者即可將結果用「✓」記錄在該表上。此外，並特別說明
注意事項，即在每一分鐘單位內，有可能出現教師、學生或教師與學
生皆出現的語言行為。這個時候，觀察者要決定行為誰屬可能會有遲
疑，本研究統一規定，每一時間單位只能打一個「✓」，在單位時間
內，以主要發言者的語言行為，歸屬為該人的語言行為類型。

2.說明紀錄表內語言行為類型的涵義

首先介紹法蘭德斯對該等語言行為類型的定義，並輔以實例的補
充說明（實例請見前文(二)研究工具）。

3.實際練習觀察與記錄

每個觀察者均實際至教室的教學情境中進行演練。

(四)資料處理

　　本研究主要以各種語言行為的次數，處理所觀察到的語言行為。為量化語言行為，本研究將表5-3的資料轉換成表5-5的矩陣分析表。

表 5-5　國小師生互動語言行為矩陣分析表

類　　　　型	類別		代號	1	2	3	4	5	6	7	8	9	10	合計
接　納　感　受	教師說話	間接影響	1					—				—		2
誇　獎　或　鼓　勵			2									—		1
接　受　或　利　用　學　生			3	—		—							—	3
提　　　問　　　題			4	—										3
講　　　　　　　解		直接影響	5			—		—						2
指　　　　　　　示			6									—	—	4
批　判　或　辯　解　權　威			7									—		1
反　應　性　說　話	學生說話		8			—			—					3
自　發　性　說　話			9		—						—	—	—	8
沈　默　或　混　亂			10			—				—				3

　　表5-5合計欄之數字即代表各類型語言行為的次數，例如，代號1「接納感受」的次數為2，代號9「自發性說話」的次數為8，代號10「沈默或混亂」的次數為3。表5-3的資料轉換成表5-5中的數據之方法，是依據法蘭德斯（Flanders, 1970）的處理方法而來，其具體步驟如下述：

1. 將表5-3的十種類型語言行為，由左至右從1到10各給與一個代號（如表5-5所示）。
2. 依表5-3的時間序，將所觀察到的語言行為依照前項規則，轉換成一連續的數列，每一數列共含三十個獨立的數（代號10仍視為一個數）。

3.將前述數列的每兩個相鄰的數當作是一組數，這一組數形成一個座標。每一組數的構成方法為：數列的第一個與第二個數為第一組數，第二個數與第三個數為第二組數，第三個數與第四個數為第三組數，以此類推，第二十九個數與第三十個數為第二十九組數，最後一個數與第一個數為第三十組數。職是，每次的觀察都可得到三十個座標。每一組數的前一個數為橫座標，後一個數為縱座標。如此，依序將表 5-3 的資料，全部置入表 5-5 裡面。

五、研究結果

(一)開放教育教師之語言行為

開放教育教師之語言行為統計分析，詳見表 5-6，若與控制組教師比較，經 t 考驗發現，在「接納感受」、「誇獎或鼓勵」及「提問題」等三項上有顯著差異。

表 5-6　開放教育教師之語言行為統計分析

類型	次數	所占比率％	排序
接納感受	.4333	1.44	7
誇獎或鼓勵	.7167	2.39	6
接受或利用學生想法	1.9333	6.44	4
提問題	3.6833	12.28	2
講解	5.6673	18.89	1
指示	2.5333	8.44	3
批判或辯解權威	.9833	3.28	5

(二)開放教育學生之語言行為

開放教育學生之語言行為統計分析，詳見表 5-7，若與控制組學生比較，經 t 考驗發現，在二項語言行為類型上皆有顯著差異。

表 5-7　開放教育學生之語言行為統計分析

類型	次數	所占比率%	排序
反應性說話	8.1167	27.06	2
自發性說話	2.3000	7.67	1

(三)開放教育師生交互之語言行為

本部分的語言行為共分為下述諸種：1.教師間接影響下的學生反應說話（簡稱「間接反應性說話」），它是指表 5-5 第一、二、三及四縱列與第八橫行交點所得的和；2.教師間接影響下的學生自發性說話（簡稱「間接自發性說話」），它是指表 5-5 第一、二、三及四縱列與第九橫行交點所得的和；3.教師間接影響下的學生說話（簡稱「間接學生說話」）；它是指表 5-5 第一、二、三及四縱列與第八及九橫行交點所得的和；4.教師直接影響下的學生反應性說話（簡稱「直接反應性說話」），它是指表 5-5 第五、六及七縱列與第八橫行交點所得的和；5.教師直接影響下的學生自發性說話（簡稱「直接自發性說話」），它是指表 5-5 第五、六及七縱列與第九橫行交點所得的和；6.教師直接影響下的學生說話（簡稱「直接學生說話」），它是指表 5-5 第五、六及七縱列與第八及第九橫行交點所得的和；7.教師間接影響下的學生反應性說話（簡稱「教師下反應性說話」），它是指表 5-5 第一、二、三、四、五、六及七縱列與第八橫行交點所得的和；8.教師影響下的學生自發性說話（簡稱「教師下自發性說

話」），它是指表 5-5 第一、二、三、四、五、六及七縱列與第九橫
行交點所得的和；9.教師影響下的學生說話（簡稱「教師下學生說
話」），它是指表 5-5 第一、二、三、四、五、六及七縱列與第八及
第九橫行交點所得的和；10.沈默或混亂的語言行為（簡稱「沈默或混
亂」，定義詳見本節四之㈡），它是指表 5-5 第十橫行的和。

　　開放教育師生交互之語言行為分析，詳見表 5-8，若與控制組師
生比較，經 t 考驗發現，在「間接自發性說話」、「直接反應性說
話」、「直接學生說話」、「教師下自發性說話」及「教師下學生說
話」等五項語言行為類型上有顯著差異。

表 5-8　開放教育師生交互之語言行為統計分析

類型	次數	所占比率（％）
間接反應性說話	2.7667	9.22
間接自發性說話	.7667	2.56
間接學生說話	3.5333	11.78
直接反應性說話	2.4333	8.11
直接自發性說話	.7167	2.39
直接學生說話	3.1500	10.50
教師下反應性說話	5.2000	17.33
教師下自發性說話	1.4833	4.94
教師下學生說話	6.6833	22.27
沈默或混亂	3.6333	12.11

關鍵詞彙

觀察法	結構式觀察
非結構式觀察	參與者觀察
完全觀察者	觀察者就是參與者
參與者就是觀察者	完全參與者
非參與者觀察	結構式參與者觀察
非結構式參與者觀察	結構式非參與者觀察
非結構式非參與者觀察	評定量表
李克特氏題型	檢核表
受試者抽樣	時間抽樣
情境抽樣	持續時間抽樣
定時抽樣	時間間距抽樣
霍桑效應	信度
效度	

自我評量題目

1. 試述觀察法的優點與缺點各為何？
2. 試述結構式觀察、非結構式觀察、參與者觀察和非參與者觀察的涵義。
3. 試舉例說明完全觀察者、觀察者就是參與者、參與者就是觀察者和完全參與者的涵義。
4. 解釋下列名詞：

   結構式參與者觀察　　　　　　非結構式參與者觀察

   結構式非參與者觀察　　　　　　非結構式非參與者觀察
5. 試以一篇實際的觀察法論文為例，說明其所運用之整個觀察法的步驟（含研究主題、目的及問題）。
6. 試舉例說明觀察法中時間抽樣的種類為何。

第六章

調查法

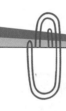

學　習　目　標

——研讀本章內容之後，學習者應能達成下列目標：

1. 說出調查法的定義。
2. 了解調查法蒐集資料的型態。
3. 了解調查法的優點與缺點。
4. 說出調查法的種類，並了解各類調查法的涵義。
5. 了解各類調查法的優點與缺點。
6. 了解調查法的步驟，並能運用之。
7. 了解回收率在調查法中的意義。

大　綱

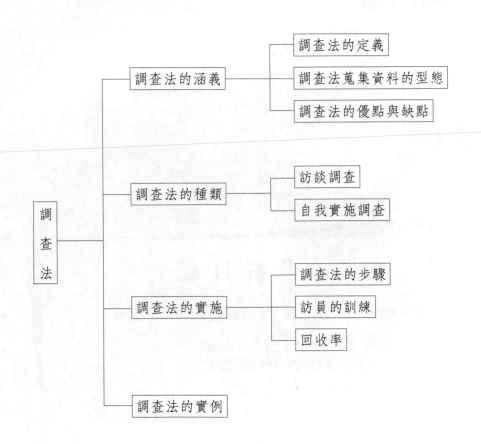

摘　要

　　調查法是社會及行為科學領域中，最常用來蒐集資料的一種研究方法。調查法是指透過測驗或問卷等工具，經由系統化的程序蒐集樣本之資料，以推論母群之現象的歷程。經由調查法，可蒐集事實性、心理性與行為性等三種資料。調查法的優點有：1.可以蒐集大樣本的資料，2.可以同時探究許多變項間的關係，3.實施過程富有彈性；其缺點則有：1.研究結果易受預設立場所影響，2.常會誤解變項間的關係，3.無法掌握受試者的真實反應，4.很難了解整個事象的來龍去脈。

　　依資料的實施方式，可將調查法分成訪談調查與自我實施調查兩種。訪談調查是指透過有目的的對話以蒐集資料的歷程，又可以分為面對面訪談調查與電話訪談調查二種。面對面訪談調查可以分成結構性訪談和低結構性訪談兩種，其中低結構性訪談又包含半結構性訪談、臨床訪談與非結構性訪談等三種；電話訪談調查的實施方法有人工撥號、隨機數據撥號與電腦輔助電話訪談等三種。自我實施調查是指將問卷直接交給受試者，並且由其自行填寫問卷，以蒐集資料的調查法；自我實施調查可依實施方式，將其分為團體現場調查與郵寄調查。

　　調查法最關鍵的步驟有：1.決定調查的實施方法，2.編製問卷，3.選擇樣本，4.進行資料蒐集。回收率是調查法成敗的主要考量，提高回收率的最佳方法，是對受試者進行追蹤。

　　在社會及行為科學領域中，調查法是最常用來蒐集資料的一種研究方法，也是大家最耳熟能詳的研究方法；直言之，在日常生活裡常見的民意調查、市場調查、電視收視率調查、學校的測驗施測，甚或是各種街頭上的訪問等，都是屬於調查法的運用。本章之旨趣，即在探討調查法之涵義、種類與實施，並以實例說明之。

第一節　調查法的涵義

　　在運用調查法來蒐集資料之前，首先要了解調查法的定義，知道調查法所蒐集資料之型態，更要認清調查法的優點與缺點。

一、調查法的定義

　　所謂調查法（survey method），是指透過測驗（test）或問卷（questionnaire）等工具，經由系統化的程序蒐集樣本（sample）之資料，以推論母群（population）之現象的歷程。從研究方法的觀點來看，蒐集母群資料的過程稱為普查（census），蒐集樣本資料的過程則稱為調查（survey）。至於有關樣本、母群、普查的精義，請參見第八章第一節「抽樣的涵義」。就因調查是從母群中抽取部分樣本來蒐集資料，所以調查法有時也稱為抽樣調查（sampling survey）法，或可說調查法是抽樣調查法的簡稱。

　　從前述的定義，可了解到利用調查法蒐集資料的主要工具有測驗和問卷，而測驗或問卷的實施則須透過系統化的程序。調查法的系統化程序可經由語言的敘述（包括電話訪談和面對面訪談）或文字的表達（包括現場施測和郵寄施測）；不過，無論是經由哪一種途徑來實施，都要遵循一定的程序或步驟，所以調查法的程序特稱之為系統化

的程序。再者，也不論受試者是經由語言敘述或文字表達，其資料的反應總是呈現在測驗或問卷上。再從定義來看，也可知悉調查法之蒐集資料的「真正」對象是母群中的樣本，而從母群中找尋適宜樣本的過程，研究方法上叫做抽樣（sampling），所以前述系統化的程序也涵括抽樣的方法和過程；至於抽樣的涵義和方法，也請一併參閱第八章「抽樣」。就因調查法的受試者是來自於樣本而非母群，研究者真正要了解的是母群的現象而非樣本的資料。準此，調查法的目的為：以樣本之資料推論母群之現象；推論要有代表性，就有賴於正確的抽樣方法。

二、調查法蒐集資料的型態

經由調查法，可以蒐集三種不同型態的資料：事實性資料、心理性資料與行為性資料等三種。

㈠事實性資料

所謂事實性資料（factual data），是指可經由觀察而獲得確認的現象、特徵或物件，主要可分為受試者之基本資料及受試者所擁有之各種物件等二類。基本資料是指受試者的年齡、性別、種族、籍貫（出生地）、職業別、教育程度、宗教和婚姻狀況等，這些資料又稱為人口變項（demographic variable），大部分的調查法都會蒐集這類資料；所擁有之物件是指受試者之具體、有形與客觀存在的東西，例如，電視機、冰箱、電腦、汽車、機車、冷氣機、音響及房子等等。行政院主計處所辦理的「國富調查」，常會調查諸如：「你家有沒有汽車（或幾輛車）？」「你家有哪些電氣設備？」「你家有幾部電腦？」「你有幾棟房子（或你住的房子是自有或租賃的）？」「你家訂了幾份報紙？」等問題，就是在蒐集這類的資料。

(二)心理性資料

所謂心理性資料（psychological data），是指受試者內在的心理歷程（mental process），心理歷程是指各種會影響個人行為的內在動力或特質。據此，心理性資料共涵蓋態度與意見、知識，及期望與抱負等多種資料。態度與意見資料是有關受試者對某些事件、狀況或行為的看法資料；知識資料，是指受試者所具備的認知資料或常識資料；期望與抱負資料，則是指受試者對未來發展之看法的資料。

(三)行為性資料

所謂行為（behavior），是指受試者的外顯活動，共可分成過去已發生過的活動，現在正在進行的活動，及未來想做的活動等三種。假如，行為性資料是指未來想做的活動，那麼此種活動也可視為是期望與抱負資料。

因為調查法可蒐集前述各種不同型態的資料，又因調查法蒐集資料的最主要工具是問卷（questionnaire）；職是，在第九章將詳細介紹蒐集前述資料的五種問題：1.基本資料問題，2.行為問題，3.態度與意見問題，4.知識問題，及5.期望與抱負問題。讀者可同時參閱該章的內容，俾進一步了解調查法所蒐集之資料的性質。

人力資源調查是我國最大規模的調查，它是由行政院主計處所主辦，從此項調查的涵蓋內容，我們可以更加了解調查法所蒐集之資料的型態。人力資源調查係以家庭為對象，透過抽樣調查，蒐集民間十五歲以上人口之品質、數量、勞動力結構、就業、失業、非勞動力構成等有關資料。此外，也利用同一樣本輪流附帶舉辦十五種專案調查，這十五種調查所蒐集的資料包括：1.工作經驗，2.住宅狀況，3.人力運用，4.時間運用，5.婦女婚育與就業，6.國內遷徙，7.青少年狀況，8.老人狀況，9.國民休閒生活，10.國民文化活動需要，11.國民

生活型態與倫理，12.工作期望，13.治安狀況，14.職業訓練，15.傷病醫療與就業（行政院主計處，民 88）。

三、調查法的優點與缺點

調查法因有其特殊的優點，所以在社會及行為科學領域中，就成為一種最常用來蒐集資料的方法。惟，調查法雖有其優點，但也有其缺點，這是使用調查法之研究者所不能不知。

(一)優點

調查法常見的優點有下列諸項：

1.可以蒐集大樣本的資料

調查法一次可蒐集數千人，甚至是數萬人的受試者資料，尤其是像政府所舉辦的各種研究或跨國性及泛文化的大規模研究，其蒐集資料的方法絕大多數都是運用調查法。而觀察法與實驗法由於受到研究情境及研究工具的限制，所以這兩種研究法無法以大樣本為研究受試者。因此，若要蒐集大樣本的資料，只有採用調查法才能克盡全功。

2.可以同時探究許多變項間的關係

因為一個研究者（或觀察者）很難在同一時間一次觀察與記錄多個行為，致觀察法所探究的研究變項都相當少，頂多一、二個變項，超過三、五個的就不多見了。再者，實驗法因是在控制的情境下進行資料的蒐集（詳見下一章），特別強調變項（自變項或混淆變項）的控制，所以實驗法所探究的變項也都是少數幾個。惟，調查法主要的研究工具是問卷，問卷可涵蓋許許多多的問題（即題目），每一個問題常可視為是一個變項；因此，調查法可以在一次的調查裡，同時探究許多變項的性質及變項間的關係。例如，我們可以同時調查受試者的心理性資料與基本資料，而這二種資料都包含了多個變項，所以可

同時探究許多變項的性質；另外，也可交叉分析心理性資料與基本資料，因此也可同時探究許多變項間的關係。

3. 實施過程富有彈性

實施過程主要包括研究變項的安排與蒐集資料的方法，就這二者而言，觀察法和實驗法都有較嚴謹的規範，調查法則富有較大的彈性空間。在研究變項的安排方面，只要調查法的研究者認為有需要，都可將研究變項納入問卷的「問題」裡，且問題的次序或內容均可調整。在蒐集資料的方法方面，可針對不同的需要或條件採取不同的方法。例如，為確保較高的回收率及讓受試者確實了解實施的過程，可採現場調查；為進一步分析受試者的即時反應或受試者無法自行填寫問卷時，可採用面對面訪談調查；此外，還可採用郵寄調查或電話調查（包括電腦輔助電話訪談）。

(二)缺點

調查法常見的缺點有下述諸項：

1. 研究結果易受預設立場所影響

誠如前述，調查法的主要研究工具為問卷（測驗），這類工具的編製或內容都要在實施調查之前就定案；再者，問卷的問題或題目常會受制於委託研究機關的「期望」或研究者本身的意識型態，而產生「未審先判」的偏誤。職是之故，調查法的研究結果較易受到研究者的預設立場所影響。

2. 常會誤解變項間的關係

調查法因不是在控制的情境中蒐集資料，所以研究結果所獲得之變項間的關係，僅存有間接關係而乏直接關係，也不能論斷變項間的因果關係。然在調查法的實務上，常會有研究者將調查所得的資料，歸納成某種因果關係。就如，常有調查研究結果顯示，大部分的青少年犯罪者來自於破碎的單親家庭；但我們並不能下結論，說破碎的單

親家庭是產生青少年犯罪者的原因，只能說這兩者間存有很密切的關係。但在有些調查報告裡，卻常將破碎的單親家庭視為因，青少年犯罪者視為果。準此，在調查報告裡應特別謹慎於推論，俾免變項間的關係產生謬誤。

3. 無法掌握受試者的真實反應

堪稱調查法最大的缺點，是無法完全掌握受試者的真實反應。例如，當受試者在填寫問卷時，常有亂寫或不依實況來填答；接受電話調查時，不接受訪談而立即掛掉電話，或隨便胡謅。就因研究者無法分辨受試者反應的真實與否，致據調查資料所得的結果，常會產生極大的誤差，甚或是與真實的情況恰好相反。

4. 很難了解整個事象的來龍去脈

調查法的受試者大都是依問卷的問題來反應，問卷以外的問題就無法去進行分析，所以調查法所得的資訊就偏向於零碎和片段的資料。在此情況下，使用調查法將很難去了解整個事象的來龍去脈（context），這也是使用此法無法得到變項間之因果關係的原因。

第二節　調查法的種類

在有關調查法的分類上，早期的研究法專書常會出現問卷調查（questionnaire survey）這個類別。因任何一種調查法，都一定會運用問卷來進行資料的蒐集，或記錄受試者的反應；所以「問卷調查」當作調查法的種類之一，並不是很恰當，但若將調查法稱為「問卷調查」則較適宜，也較符合調查法的意義。職是，新近出版的研究法書籍（如，McBurney, 1998; Rubin & Babbie, 1993; Shaughnessy & Zechmeister, 1997）已經不再出現「問卷調查」這個分類名稱。本書採取相同的觀點，在調查法的分類上也不使用「問卷調查」這個類別。一般

而言，依據資料蒐集的實施方式，可將調查法分成訪談調查與自我實施調查兩種：訪談調查包括面對面訪談調查和電話訪談調查，自我實施調查則包括團體現場調查和郵寄調查。調查法的種類如圖 6-1 所示。訪談調查與自我實施調查的最大差異是：訪談調查大部分由訪員記錄受試者的反應，自我實施調查則完全由受試者自己填寫反應。

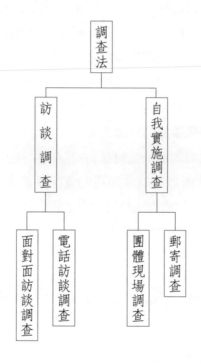

圖 6-1　調查法的種類

一、訪談調查

所謂訪談調查（interview survey），是指透過有目的的對話以蒐集資料的歷程；亦即研究者就預先擬妥的問題或大綱，訪問受試者，並依其語言反應（有時亦含行為反應）以蒐集資料的歷程。在研究實

務上，訪談調查又可以分為面對面訪談調查與電話訪談調查二種。使用訪談調查，須先取得受訪對象的合作，並且隨時激勵受訪對象，俾令受訪者願意受訪且知無不言、言無不盡。為使訪談調查維持一定的品質（即有高的信度和高的效度），訪員須接受訪談前的訓練，以讓訪員都擁有問、聽、記錄，及處理突發事件的應變能力。有關訪員的訓練，請參閱本章第三節之二。

(一)面對面訪談調查

所謂面對面訪談調查（face to face interview survey），是指直接採取一對一、現場的方式口頭訪問受試者，並記錄其反應的調查法。運用面對面訪談調查的時機有：

1. 受試者不識字，難以閱讀問卷，或無法填寫問卷（如眼盲、手殘或重病者）時。
2. 須進一步了解受試者對問題的各種觀點、來龍去脈或前因後果時。
3. 同時也須蒐集受試者之行為或身體反應時。如，接受訪談時，面部表情為何？手如何放？穿著又如何？
4. 受試者擁有特殊之身分或地位，以致不方便或不好意思請其填寫問卷時。如，受試者為行政院各部會首長、半導體上市公司老板，甚或是研究者的指導教授時；讓他們填寫資料，不只不太禮貌，而且回收率也很難加以掌控（就算有回應，也很可能是其屬下捉刀代答）。

此種調查法的訪談，可以分成結構性訪談和低結構性訪談兩種（Bailey, 1987）；不論是採取何種訪談，面對面訪談調查有其優點，也有其缺點。

1. 面對面訪談調查的種類

(1)結構性訪談

所謂結構性訪談（structured interview），是指在訪談之前就已將欲訪談之問題及其步驟設計成問卷，並完全依問卷內容實施之訪談。就因結構性訪談對每位受訪者都是依照相同的問卷，提出問題訪談之，問題的內容與呈現次序完全一樣，所以此種訪談又稱為標準化訪談（standardized interview）。結構性訪談的問題大部分都是封閉式問題，有時也提出少數的開放式問題（這二種問題的性質參閱第九章）。

(2)低結構性訪談

所謂低結構性訪談（less structured interview），是指不使用預先設計之問卷，不依照事先所擬定之問題，僅繞著某一主題提出問題的訪談。研究實務中若採用此種訪談，則常常會根據受訪者的回答或反應，再繼續視現場狀況提出問題。低結構性訪談又分成下述三種：

①半結構性訪談

半結構性訪談（semistructured interview）又稱為焦點訪談（focused interview），此種訪談是依「事先構想」的主題與假設提出問題，惟事先並不詳細陳述「真實問題」的具體內容。半結構性訪談的最大特點是，受訪對象曾身處特殊情境中或經驗過特殊事件，其目的則是在蒐集受訪者對那些特殊情境或事件的主觀想法或看法。例如，要探討經歷過種族暴動、和平示威與集中營苦難，或看過活春宮表演的人之經驗與感受時，就可運用半結構性訪談來蒐集資料。

②臨床訪談

臨床訪談（clinical interview）也稱為個人歷史訪談（personal-history interview）（Selltiz, Wrightsman, & Cook, 1976），臨床訪談通常都由社會個案工作師、諮商員、監獄訓誨師或精神科大夫等專業人員來運用。此種訪談大都是針對特定的個案進行深度的訪談，以了解其成長經驗、發展過程與特有的社會背景，俾分析或歸納涉及當事人之問題或事件的前因後果與來龍去脈。

③非結構性訪談

非結構性訪談（unstructured interview）亦稱為非指導性訪談
（nondirective interview），比半結構性訪談和臨床訪談更不具「結
構」。此種訪談源之於羅傑斯（C. R. Rogers, 1902-1987）所創「非指
導性」的心理治療，它的訪談用語都十分簡潔且中性，例如：「為
何？」「嗯！」或「那很有趣」等。非結構性訪談旨在探究受訪者最
深層與最主觀的情感，甚且可引發他們不願意表露或隱藏於潛意識的
內心世界。

2.面對面訪談調查的優點與缺點

⑴優點

①具有彈性

面對面訪談調查的主要優點是它具有彈性（flexibility）。利用此
種調查法，訪員可以試探比較特殊的問題；當受訪者不了解問題時，
訪員可以重複提出該問題；訪談的情境可讓訪員判定哪個問題或答案
是合適的。

②較高的回收率

此法的回收率（response rate）要高於郵寄調查。無法閱讀與書寫
的受試者，利用此法仍可回答問題；再者，沒意願寫出答案者，也可
能樂於口述回答問題；有許多人對說的能力，要比寫的能力有信心。

③控制情境

訪員可以安排甚或控制調查的情境，這在郵寄調查或電話訪談調
查中是沒辦法達成的。例如，噪音、時間、是否漏答，甚或是隱私等
諸多層面都可加以控制。

④可蒐集非語言行為反應

訪員可透過即時對受訪者的非語文行為觀察，以確保受試者回答
的效度，並可進一步蒐集他們的另一種反應。

⑤可得到自發性的反應

利用此種調查，訪員能立即記錄受訪者的答案，此種答案常是最接近真實的反應，不似書寫的答案，常是想一套寫一套。

⑥可設計較複雜的問題或問卷

在面對面訪談調查的研究中，問卷可設計得較複雜與深入。一個有經驗與受過良好訓練的訪員，可運用各種含有抽象圖表和符號，及較詳細指導語的問卷以蒐集資料。

(2)缺點

①人力、物力和時間均較不經濟

面對面訪談調查的受試者要經事先的安排和協調，訪員要經冗長與專業的訓練，訪談時間難以掌握（如至訪談地點或答問的時間都很難預估）；職是，這一種調查法在人力、物力和時間方面，是相當不經濟的，若無相關的補助或支持是很難獨立完成研究的。

②易產生訪談偏差

此種調查的訪談偏差（interview bias）有：訪員不了解受試者的回答，記錄回答時發生文書誤差，僅記錄錯誤反應（即忽略正確反應），受試者的回答易受訪員的性別、種族、社會地位、年齡與穿著打扮所影響，訪員的記錄易產生月暈效應（halo effect）（亦即以偏概全之意）的誤失。

③較難匿名

由於是親自訪談受試者，所以訪員通常都知道受試者的姓名、地址、電話，甚或是家中的成員與物質環境；因為此種調查法很難匿名（anonymity），所以對受試者會造成莫大的壓力，以致拒訪或不實的回答就不令人意外。一言以蔽之，難以匿名的缺點，使得受試者的隱私（privacy）難獲保障，進而影響到受試者的真實反應。

④缺乏修改反應的機會

在此種調查法裡，受試者即時回答，訪員也隨即記錄，以致於在訪談的過程中，受試者沒有機會去修改或更正已受訪過的回答或反

應。

　　⑤問題用語較乏標準化

　　前曾述及，面對面訪談調查的優點之一為具有彈性，惟此優點同時也是缺點。提問題因具彈性，所以就會失去標準化；缺乏標準化的問題與訪談，在進行問題的比較與訪談結果的整理時，就會產生極大的不便。

(二)電話訪談調查

　　所謂電話訪談調查（telephone interview survey）簡稱電話調查（telephone survey），是指透過電話訪問受試者，並記錄其反應的調查法。電話調查是近些年來調查法的「顯學」，尤其是民意調查與電視收視率調查幾乎都是採行電話調查以蒐集資料。

1.電話訪談調查的實施方法

　　電話調查的實施方法，常見的有人工撥號、隨機數據撥號與電腦輔助電話訪談等三種。

　　(1)人工撥號

　　顧名思義，人工撥號是用電話簿（抽樣架構）來抽樣，並依所抽得的號碼，由訪員逐一親自撥電話給受試者，照著問卷上的問題逐題訪問他們，並將受試者的回答立即記錄下來。人工撥號法，是電話調查最早的實施方法。

　　(2)隨機數據撥號

　　人工撥號法的最大缺點，是此法抽樣所依據的電話簿，常無法涵蓋全部的電話號碼（如，有些人基於隱私或保密的理由，拒絕將電話號碼登錄於電話簿上，這些人常是高社經水準者），或有些電話號碼在同一本電話簿裡會重複登錄。準此，若使用人工撥號法，則每個電話被抽中的機率，就無法符合抽樣理論的均等原則，甚至於有些電話被抽中的機率是零（未登錄電話號碼者）。為改善此一缺點，就可採

用隨機數據撥號（random digit dialing, RDD），以進行電話調查。RDD法是將所有可能的電話號碼寫成程式輸入電腦，再由電腦依隨機原則（預先輸入隨機抽樣程式）抽取電話號碼，並自動撥號之。當電話撥通後，隨即由訪員照著問卷上的問題逐題訪問之。職是之故，利用 RDD 法，理論上所有的電話都有被抽中的機會，而且其被抽中的機率是均等的；另外，因預先設定抽樣程式，所以 RDD 法可抽取特定區域的電話進行調查，例如區域碼為 2282 或 2765 者，或只抽取台北市或金門地區的電話。

(3)電腦輔助電話訪談

隨著電腦科技的突飛猛進，電腦輔助電話訪談（computer-assisted telephone interviewing, CATI）的使用有日益普遍之勢；CATI系統首先創用於一九七〇年代，在美國的吉爾頓研究社（Chilton Research Services）及洛杉磯加州大學（UCLA）開始發展。CATI除了由電腦進行電話的抽樣外，並將整份問卷輸入電腦後轉化成語音系統；使用電腦輔助電話訪談時，電話撥號、發問及受試者之反應的記錄，皆由電腦所操控及執行（Bailey, 1987; Fink, 1983; Frey, 1983）。

2.電話訪談調查的優點與缺點

(1)優點

①可以快速蒐集資料與分析資料（若使用 CATI，則效果更明顯）。

②不需要進行受試者的訪談安排或請託。

③與面對面訪談比較起來，費用較經濟。

④較顧及隱私和匿名，也因不須直接面對訪員，所以受試者回答問題時較無壓力。

⑤抽樣過程與方法較符合抽樣理論。

⑥可使用科技設備進行調查，致能節省人力、物力與時間。

(2)缺點

①受試者接受訪談的動機較低，以致常有拒答、亂答或掛斷電話的現象。

②無法運用諸如圖表或檢核表等視覺資料。

③較難詢問開放式問題或較複雜的問題。

④較難說服受試者答畢整份問卷的問題。

⑤不易取得受試者的信任，也難以與其建立關係。

⑥無法蒐集到非語言行為方面的資料。

二、自我實施調查

所謂自我實施調查（self-administered survey），是指將問卷直接交給受試者，並且由其自行填寫問卷，以蒐集資料的調查法。自我實施調查與訪談調查有其異同的地方，最大的相異處是前者透過「寫」的方式來回答問題，後者則透過「說」的方式來回答問題；其最主要的相同處是都須將要蒐集之資料的問題，編製成問卷，俾令受試者來填寫或讓訪員據以訪問受試者。自我實施調查所用的問卷，在研究實務上包括了測驗，至於二者之間的差異，詳見第九章第一節。

自我實施調查也可依實施方式的不同將其分為二種：第一種是集合受試者面對面當場實施問卷施測的「團體現場調查」；另一種則是透過郵寄將問卷送達受試者手上，由其自行找時間填寫問卷的「郵寄調查」（mail survey）。這二種實施方式各有其適用時機與優缺點，如果有辦法集合許多受試者於同一時間集中於同一地點，那麼使用團體現場調查在時間與人力上將較為經濟，因為此種調查的最大優點是施測一次即可蒐集許多受試者的資料。否則，可以採用郵寄調查來實施，郵寄調查最大的缺點是回收率偏低的問題，問卷回收率如偏低，勢必會影響到調查結果的代表性與準確性。

自我實施調查是由受試者自行閱讀與填寫問卷，所以問卷的用語

不能艱深難懂，俾免受試者誤解題意或填答不完整。職是，使用這種調查法時，問卷的用語須簡單、明確和通俗，且問卷上也要有具體而微的「指導語」（填答說明），俾讓受試者填答時有所依循。另者，此法是自我實施，所以受試者比較不受主試或訪員的干擾，也因此他們回答問題時有較高的自主性。

第三節　調查法的實施

實施調查法蒐集資料時，首先須了解其步驟；若是使用訪談調查，那麼訪員的專業知能與素養就成為調查法成敗的關鍵因素。再者，問卷回收率也是調查法裡一個重要的課題，低回收率將會降低調查法的信度與效度。因此，本節的旨趣，就在論述調查法的步驟、訪員的訓練及回收率。

一、調查法的步驟

除了選取研究主題、確定研究目的，及提出研究問題與假設等研究必備的共通步驟外，調查法最關鍵的步驟有下述四個階段。

㈠決定調查的實施方法

所謂調查的實施方法，是指前一節所述的訪談調查（含面對面訪談調查與電話訪談調查）及自我實施調查（含團體現場調查與郵寄調查）。各種實施方法各有其適用時機和優缺點，研究者必須依據其需求和各種主、客觀條件，決定一種最適宜的實施方法。再者，不同的實施方法也會影響調查法的整個研究過程。例如，年齡大的受試者不宜使用自我實施調查；電話訪談調查所使用的問卷，其題目不宜太

多，也不宜太複雜，更不宜使用開放性的問題；若使用訪談調查，則其訪員必須先行訓練；若蒐集資料的時間緊迫，則宜使用電話訪談調查或團體現場調查。決定實施的方法，須考量下述諸項因素：

1. 研究問題

研究問題若比較複雜、問題較多、開放性問題較多或屬較深入與探索的問題，宜使用面對面訪談調查；若研究問題較簡單明確且問題也少（如十題以下），則可使用電話訪談調查。

2. 研究樣本

受試者年齡較大或較小者，宜使用面對面訪談調查；受試者較多（即樣本大者），也易集中者，宜使用團體現場調查；受試者分布地區廣泛，宜使用電話訪談調查或郵寄調查。

3. 研究經費

經費充裕者，可使用面對面訪談調查；經費較少者，則可使用電話訪談調查或團體現場調查。

4. 蒐集資料的時間

蒐集資料的時間較多較長者，可使用面對面訪談調查；時間較少較短者，則可使用電話訪談調查或團體現場調查。

5. 研究工具

研究工具即問卷（亦含測驗），問卷的題目簡明易懂、題目亦少且容易作答者，可使用電話訪談調查或郵寄調查；題目較多、題目內容及答題方式均簡易者，可使用團體現場調查；問卷的題目如較複雜與較難回答者，則不宜使用電話訪談調查或郵寄調查。

(二)編製問卷

問卷之內容（即題目或問題）主要是依據研究目的與研究問題而來，不過前述之調查的實施方法，亦深深影響著問卷之內容與編排。有關編製問卷的知能與技巧，詳見第九章第三節「問卷的設計」。

(三)選擇樣本

選擇樣本即抽樣,抽樣的有關概念及方法,詳見第八章「抽樣」。

(四)進行資料蒐集

當決定了調查的實施方法,問卷編製妥竣,樣本也已確定了後,就可以開始進行資料的蒐集,亦即開始展開對受試者的問卷實施。如,使用面對面訪談調查,就要由訪員帶著問卷面對面親自訪談受試者;使用電話訪談調查,則開始打電話(也可由電腦撥號)訪問受試者;使用團體現場調查,就由施測者帶著問卷對團體受試者施測;使用郵寄調查,則開始郵寄問卷給受試者。

二、訪員的訓練

當使用訪談調查時,問卷的問題內容呈現及受試者反應的記錄,都是由訪員(interviewer)來執行;亦即訪談調查中,是由訪員向受試者發問,並由訪員來記錄受試者的回答內容。因此,訪員在訪談調查裡,扮演了成敗的關鍵角色;所以訪員就必須經過專業訓練,以具備「問」、「聽」和「記錄」的能力,並擁有下述技巧(高熏芳,民85,第36-37頁):

1. 多聽少說,勿輕易打斷受訪者的回答。
2. 就受訪者的回答再予追蹤。
3. 如果聽不懂受訪者的回答,一定要問清楚。
4. 對於特定的主題,請求受訪者多講一些。
5. 發掘具體的資訊,別瞎猜。
6. 避免引導受訪者回答。

7. 訪談過程應避免牽涉個人感情的流露。

8. 禮貌、尊重是為上策。

訪員訓練包括下述諸個步驟（Bailey, 1987）：

1. 由研究者簡述調查的目的，並說明訪談的對象、問題、時間及期限。

2. 訪員詳讀問卷，包括指導語、題目、訪談方式及跳答（假如有的話）的處理等。

3. 練習訪談，即由訪員實際去做訪談練習，在練習過程中所遇到的問題，均要完整地摘記下來。

4. 召開訪員研討會，訪員將研讀問卷及實際練習訪談所發現或不了解的問題，拿到研討會上由研究者解答並說明。

三、回收率

使用調查法來蒐集資料之成敗的主要考量，是回收率的問題。所謂回收率（response rate），是指對受試者發出問卷（如使用訪談調查，則屬間接地發出，因為它是由訪員透過訪談提供問卷）後，成功收回問卷的比率。例如，電話調查 1000 人，只訪談到 780 人（有的人拒訪或電話沒人接聽），其回收率為 0.78（或 78 ％）；郵寄問卷 500份給受試者，只回收 25 份，其回收率為 0.05（或 5 ％）；某空中大學教授在面授日對學生發出 2500 份問卷，填妥交回的份數有 2300 份，則其回收率為 0.92（或 92 ％）。回收率的高低，與調查實施的方法有很大的關聯。在美國的研究顯示：問卷印在雜誌上的調查，可能只有1 ％或 2 ％的回收率；郵寄調查的回收率，通常介於 10 ％與 50 ％之間；電話調查為 80 ％，面對面訪談調查則有 90 ％（Neuman, 1991）。惟，近些年來，由於各種調查（特別是民意調查與電視收視率調查）過於氾濫，致使整體的回收率有普遍下降的趨勢。

　　回收率是呈現受試者代表性的指標之一，通常是愈高愈具代表性。那麼我們應如何去評鑑回收率的高低？美國研究方法學者魯賓與巴比（Rubin & Babbie, 1993）指出：回收率最低要達 50％才適合分析與報告，最低要達 60％才算是好的回收率，70％以上則屬非常好的回收率。不過他們二人也提醒大家，統計基礎的良窳與反應偏見的程度，比高回收率要來得重要（p.340）。

　　影響回收率高低的因素，整體而言約有下述諸端（Bailey, 1987; Selltiz, Jahoda, Deutsch, & Cook, 1959）：

1. 問卷調查的主持人或贊助單位。
2. 問卷格式吸引人的程度。
3. 問卷的長度。
4. 請求合作之信函或說明的性質。
5. 填答問卷及寄回問卷的方便性。
6. 填答問卷或接受訪談的誘因。
7. 受試者或受訪者的特性。
8. 郵寄的方式（如平信、限時信及有無免郵資寄回等）。
9. 問卷郵寄的時間（如星期幾、月份或年份）。
10. 追蹤（follow up）的情況。

　　誠如前述，回收率最低的調查法是郵寄調查，而提高郵寄調查之回收率的最佳方法，是對郵寄問卷的受試者進行追蹤。郵寄調查為達理想的回收率，通常須進行三次追蹤，第一次為對未寄回問卷者發出催告信函；第二次為對發出催告信函卻又未寄回問卷的受試者，再寄催告信函並附寄問卷；第三次則對追蹤兩次仍未寄回問卷的受試者，打電話請其協助盡快寄回問卷。經過三次追蹤，如還有未寄回者，就只好放棄了。惟，依研究顯示（Lansing & Morgan, 1971），經過三次的追蹤，郵寄調查的回收率將可提高約20％；追蹤情況與回收率的關係，參見表 6-1。

表6-1　追蹤情況與回收率

回收類別	樣本比率（％）
第一次郵寄問卷	46.2
發出催告函	12.2
再寄催告函與問卷	8.8
電話追蹤	10.1
總回應	77.3
未回應	22.7
合計	100.0

資料來源：*Methods of social research* (p.162), by K. D. Bailey, 1987, New York: The Free Press.

第四節　調查法的實例

本實例摘錄自王蓁蓁（民 89）的碩士論文。

（經作者同意使用）

一、研究主題

台北縣國中生之壓力源、因應方式與生活適應之相關研究

二、研究目的

1.了解目前國中生之壓力源。

2.了解目前國中生對於壓力之因應方式。

3.探討國中生背景變項與壓力源之關係。

4.探討國中生背景變項與因應方式之關係。

5.探討國中生背景變項與生活適應之關係。

6.分析國中生之壓力源、因應方式與生活適應之關係。

7.提出研究結論與建議，做為日後有關國中生因應壓力及生活適應輔導之參考。

三、研究問題

1.目前國中生之主要壓力源為何？

2.目前國中生之主要因應方式為何？

3.不同性別國中生之壓力源是否有差異？

4.不同年級國中生之壓力源是否有差異？

5.不同升學意願國中生之壓力源是否有差異？

6.父母不同教育程度國中生之壓力源是否有差異？

7.不同性別國中生之因應方式是否有差異？

8.不同年級國中生之因應方式是否有差異？

9.不同升學意願國中生之因應方式是否有差異？

10.父母不同教育程度國中生之因應方式是否有差異？

11.不同性別國中生之生活適應是否有差異？

12.不同年級國中生之生活適應是否有差異？

13.不同升學意願國中生之生活適應是否有差異？

14.父母不同教育程度國中生之生活適應是否有差異？

15.國中生之壓力源是否能解釋其因應方式？

16.國中生之壓力源是否能預測其生活適應？

17.國中生之因應方式是否能預測其生活適應？

18.國中生之「壓力源→因應方式→生活適應」的徑路模式是否存在？

四、研究方法

本研究以調查法來蒐集資料。

(一)研究對象

本研究以台北縣國中學生為研究對象，其具體之研究樣本如表6-2。

(二)研究工具

本研究蒐集資料的工具包括：1.「國中生生活經驗量表」，旨在測量受試者的壓力源；2.「國中生因應方式量表」，旨在測量受試者的因應方式；3.「曾氏心理健康量表」，旨在測量受試者的生活適應。前述三種工具除「曾氏心理健康量表」是由俞筱鈞與黃志成所修訂，並由中國行為科學社所發行外；其餘二個量表均為研究者所自編，研究者將此二個量表加上學生基本資料，合併成「國中生生活經驗調查表」，其具體內容詳如表6-3。

表 6-2　研究樣本人數分配表

校　　名	年級	樣　本　人　數		
		男生	女生	合計
徐匯中學國中部	一	35		35
	二	42		42
	三	38		38
聖心女中國中部	一		35	35
	二		42	42
	三		40	40
雙　溪　國　中	一	16	12	28
	二	20	15	35
	三	19	15	34
海　山　國　中	一	16	13	29
	二	17	16	33
	三	16	16	32
二　重　國　中	一			0
	二	33	36	69
	三	21	20	41
新　莊　國　中	一	19	15	34
	二	20	16	36
	三	20	21	41
義　學　國　中	一	14	8	22
	二	16	14	30
	三	11	15	26
福　和　國　中	一	15	10	25
	二	26	14	40
	三	13	20	33
合　　計		427	393	820

註：徐匯中學為男校，聖心女中為女校。

表 6-3　國中生生活經驗調查表

親愛的同學：您好！

　　這份問卷主要是想了解您的日常生活狀況，所得資料純供學術研究之用，僅做團體分析，而不做個別處理，故不須填寫姓名，請安心作答。問卷題目之答案無所謂對錯，只是個人經驗的反映，請您仔細閱讀各部分作答說明，並依據個人實際狀況逐題填答，不要有所遺漏。您的每一項作答資料，對於本研究具有非常重要的價值，研究者衷心地感謝您的協助與合作。

　　祝

　　學業進步

　　　　　　　　　國立台灣師範大學教育研究所　敬啟

　　　　　　　　　　　　　中華民國八十九年三月

〔第一部分〕　學生基本資料

說明：第 1 至第 5 題，請在＿＿＿內填入適當的選項。

＿＿＿1.你的性別　(1)男　(2)女

＿＿＿2.你的年級　(1)國一　(2)國二　(3)國三

＿＿＿3.父親之教育程度　(1)大專（含以上）　(2)高中　(3)國中
　　　　(4)國小（含以下）

＿＿＿4.母親之教育程度　(1)大專（含以上）　(2)高中　(3)國中
　　　　(4)國小（含以下）

＿＿＿5.你希望達到的學歷　(1)國中畢業　(2)高中職　(3)專科　(4)
　　　　大學（含以上）

〔第二部分〕國中生生活經驗量表

說明：下列各項敘述是國中生生活中可能經驗到的一些事件，請

續表 6-3

> 您逐題閱讀,並回想一下,最近六個月內,有沒有發生這件事。
>
> (三)如果「發生過」這件事,請在作答部分「發生過」這一欄作答。請您就那件事發生在您身上時的困擾程度擇一作答,並在相關性質欄中的□內打「∨」。其性質界定如下:
>
> (A)不感困擾:指該件事是令人愉快而願其發生的。
>
> (B)有些困擾:指該件事是有些不愉快而不願其發生的。
>
> (C)非常困擾:指該件事是令人非常不愉快而非常不願其發生的。
>
> (四)如果「未發生過」這件事,請在作答部分「未發生過」這一欄中的□內打「∨」。
>
> 本量表無所謂對錯,只是個人經驗的反映,每一題都要作答,研究者衷心感謝您的合作。

	發生過			未發生
	非常困擾	有些困擾	不感困擾	
1.月考或期考	□	□	□	□
2.與異性交往	□	□	□	□
3.父親或母親去世	□	□	□	□
4.疾病或意外傷害	□	□	□	□
5.父母之間起嚴重衝突(如:打架、嚴重口角、持續冷戰等)	□	□	□	□
6.碰到喜歡的異性	□	□	□	□

續表 6-3

7. 與父母起嚴重衝突（如：打架、持續冷戰等）	☐	☐	☐	☐
8. 容貌或身材的變化	☐	☐	☐	☐
9. 與兄弟姊妹起嚴重衝突（如：打架、嚴重口角、持續冷戰等）	☐	☐	☐	☐
10. 容貌或身材受到貶損	☐	☐	☐	☐
11. 與老師、朋友或同學起衝突	☐	☐	☐	☐
12. 喜歡某異性，但遭對方拒絕	☐	☐	☐	☐
13. 在公開場合，被老師、朋友或同學指責、批評或諷刺	☐	☐	☐	☐
14. 與自己喜歡的異性交往	☐	☐	☐	☐
15. 沒有同學或朋友來找我參加活動（如：生日聚會、班級活動、社團活動）	☐	☐	☐	☐
16. 有了異性朋友，但與其他友人的關係變得較疏遠	☐	☐	☐	☐
17. 住的地方不佳（如：太吵、太雜亂、擁擠、交通不便等）	☐	☐	☐	☐
18. 上課時被指名發言	☐	☐	☐	☐
19. 一星期有三天或更多天補習	☐	☐	☐	☐
20. 好友去世	☐	☐	☐	☐
21. 很親近的親戚去世（如：（外）祖父母、叔伯姨舅等）	☐	☐	☐	☐
22. 家人反對我交往的異性朋友	☐	☐	☐	☐
23. 違反校規，受學校處分	☐	☐	☐	☐
24. 家中人口增加（如：結婚、生小孩或親友到家中常住一個月以上）	☐	☐	☐	☐

續表 6-3

	經常發生	常常發生	偶而發生	很少發生
25.好友發生意外（如：車禍、病痛等）	□	□	□	□
26.家中人口減少（如：結婚、至外地求學、當兵等）	□	□	□	□
27.與好友疏遠或別離	□	□	□	□
28.被老師當眾讚美	□	□	□	□
29.家中經濟發生困挫或負債	□	□	□	□
30.有困難，但沒有同學或朋友可以傾吐或求助	□	□	□	□
31.搬家	□	□	□	□
32.與異性朋友起衝突	□	□	□	□

〔第三部分〕國中生因應方式量表

說明：面臨壓力情境時，處理事情或解決方法各有不同，下列各項敘述即在探討人們面對壓力時的處理態度，請你在每題敘述後之□內打「∨」，以代表你日常生活的處事原則。

	經常發生	常常發生	偶而發生	很少發生
1.嘗試採取各種行動以去除疑難問題	□	□	□	□
2.對於要做的事，會嘗試做計畫	□	□	□	□
3.擱下手邊的事，以專心去做另一件事	□	□	□	□
4.強迫自己等待好的時機來了，才去做某些事	□	□	□	□
5.問有經驗的人怎樣去處理事情	□	□	□	□
6.告訴他人有關我的感受	□	□	□	□
7.學習去適應現實的生活	□	□	□	□
8.感覺心裡混亂時，即會將情緒表達出來	□	□	□	□

續表 6-3

9. 儘快使情緒穩定下來	☐	☐	☐	☐
10. 接受已發生事實的真相	☐	☐	☐	☐
11. 希望能獲得他人的同情與了解	☐	☐	☐	☐
12. 集中精力去做事情	☐	☐	☐	☐
13. 需要的話我會專心處理這個問題，其他的事情則聽其自然發展	☐	☐	☐	☐
14. 尋求親友的感情支持	☐	☐	☐	☐
15. 以不同的角度看待事情，以使那件事情看起來更富積極性	☐	☐	☐	☐
16. 按部就班去做必須做的事情	☐	☐	☐	☐
17. 認真思考事情處理的步驟	☐	☐	☐	☐
18. 讓自己不被其他的思慮和活動所分心	☐	☐	☐	☐
19. 與他人討論，以了解更多周遭環境事物	☐	☐	☐	☐
20. 和他人討論我的情緒、情感與感受	☐	☐	☐	☐
21. 從日常經驗中得到一些啟示	☐	☐	☐	☐
22. 感受多少痛苦，就會表達多少感受	☐	☐	☐	☐
23. 會出外找朋友以降低焦慮	☐	☐	☐	☐

(三)實施程序

（略）

(四)資料處理

（略）

五、研究結果

(一)國中生壓力源及因應方式的現況

1. 國中生的主要壓力源為學業方面，其次為異性交往和個人方面。
2. 國中生最常採取的因應方式為「聽天由命」，其次為「逃避現實」、「尋求社會支持」、「解決問題與正向闡釋」，而最少使用「邏輯思考與自我控制」。

(二)不同背景變項在壓力源上的差異

1. 國中男生與女生之壓力源，並未有顯著的差異。
2. 不同年級的國中生，其壓力源會有顯著不同，而其差異主要來自「個人因素方面」。國三學生在個人因素方面的壓力源顯著的高於國二及國一學生。
3. 升學意願為國中畢業的國中生，在「家庭方面」、「一般人際方面」及「個人因素方面」的壓力源顯著的高於升學意願為高中職、專科或大學以上的國中生。
4. 中父母教育程度的國中生，所感受到學業方面的壓力源，為三組（高、中、低）中最高；高父母教育程度的國中生，所感受到學業方面的壓力源，為三組中最低。

(三)不同背景變項在因應方式上的差異

1. 國中男女生之因應方式有顯著的差異。
2. 國一學生在「邏輯思考與自我控制」及「尋求社會支持」兩項因應方式上顯著的高於國二及國三學生。而國三學生在「逃避

現實」上，則顯著的高於國一及國二學生。

3.升學意願為大學（含以上）的國中生，在「邏輯思考與自我控制」、「尋求社會支持」、「逃避現實」及「解決問題與正向闡釋」四項因應方式上，顯著的高於其他三組（國中、高中職、專科）的國中生。升學意願為國中畢業的國中生，在「聽天由命」上，顯著的高於其他三組。

4.高父母教育程度的國中生較常使用「尋求社會支持」的因應方式，中父母教育程度的國中生則較常使用「聽天由命」。

(四)不同背景變項在生活適應上的差異

1.國中男生的生活適應顯著的優於女生。

2.不同年級之國中生的生活適應並無顯著差異。

3.升學意願愈高的國中生，生活適應愈差。

4.不同父母教育程度之國中生的生活適應並無顯著差異。

(五)壓力源與因應方式的關係

1.國中生之學業方面、異性交往及一般人際方面的壓力源會影響到「尋求社會支持」、「逃避現實」及「聽天由命」等三種因應方式。

2.國中生之異性交往的壓力源會影響到「尋求社會支持」的因應方式。

3.國中生之家庭方面的壓力源會影響到「逃避現實」的因應方式。

(六)壓力源與生活適應的關係

1.以壓力源的五個變項來預測生活適應，其預測力可達到統計上的顯著意義。

2. 逐步迴歸分析的結果顯示，影響生活適應的主要壓力源變項，依序為異性交往、一般人際方面及個人方面；這三個主要壓力源變項，其預測生活適應的程度，占全部五個預測變項之預測力的 99 %。其中，異性交往占全部五個預測變項之預測力的 76 %，一般人際方面占 21 %，個人因素方面占 2 %。

(七)因應方式與生活適應的關係

1. 以因應方式的五個變項來預測生活適應，其預測力可達到統計上的顯著意義。

2. 逐步迴歸分析的結果顯示，影響生活適應的因應方式變項，依序為「邏輯思考與自我控制」及「尋求社會支持」；這二個主要因應方式變項，其預測生活適應的程度，占全部五個預測變項之預測力的92 %。其中，「邏輯思考與自我控制」占全部五個預測變項之預測力的 76 %，「尋求社會支持」占 16 %。

(八)國中生的「壓力源→因應方式→生活適應」徑路模式是成立的

關鍵詞彙

調查法	普查
調查	抽樣調查
事實性資料	人口變項
心理性資料	心理歷程
行為	行為性資料
訪談調查	面對面訪談調查
結構性訪談	標準化訪談
低結構性訪談	半結構性訪談
焦點訪談	臨床訪談
個人歷史訪談	非結構性訪談
非指導性訪談	訪談偏差
月暈效應	電話訪談調查
電話調查	人工撥號
隨機數據撥號	電腦輔助電話訪談
自我實施調查	團體現場調查
郵寄調查	回收率

自我評量題目

1.試述調查法蒐集資料的型態,並舉例說明之。

2.調查法的優點與缺點為何?試申述之。

3.試從資料蒐集的實施方式,說明調查法的種類。

4.試述面對面訪談調查的涵義及其優點與缺點。

5.試述下列三種訪談的意義:

　　半結構性訪談　臨床訪談　非結構性訪談

6.何謂 RDD?何謂 CATI?試詳述之。

7.試從現行的電視收視率調查的觀點,申述電話調查的優點與缺點。

8.試述影響調查之實施方法的因素。

9.提高郵寄調查之回收率的方法為何?試申述之。

第七章

實驗法

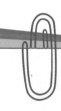

學 習 目 標

——研讀本章內容之後，學習者應能達成下列目標：

1. 說出實驗法的定義。

2. 說出實驗法的各個種類，並了解各種類實驗的涵義。

3. 說出實驗法的步驟，並了解各步驟的涵義。

4. 了解實驗控制的方法及其涵義。

5. 了解實驗設計的方法及其涵義。

6. 運用實驗控制與實驗設計。

大　綱

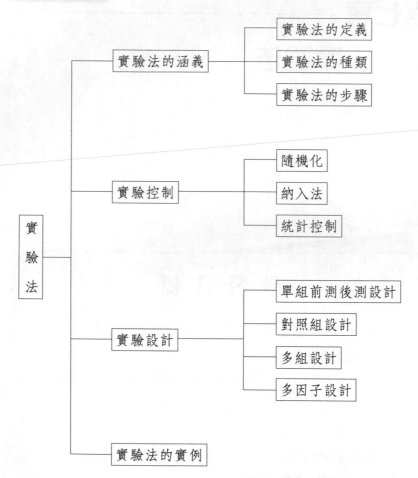

摘　要

　　實驗法是一種能解釋事件之因果關係的研究方法。實驗法是指：在控制混淆變項下，操弄自變項，以觀察依變項隨自變項變化之情況的歷程。依實驗情境的特徵，可將實驗法分成實驗室實驗與實地實驗；依實驗受試者的處理方式，可將實驗法分成受試者間實驗與受試者內實驗；依實驗的控制程度，可將實驗法分成真實驗與準實驗；依實驗自變項的個數，可將實驗法分成單因子實驗與多因子實驗。實驗法的步驟有：1.提出實驗假設，2.賦予各變項操作型定義，3.準備實驗工具與測量工具，4.擬定控制混淆變項的方法，5.決定實驗設計，6.隨機分派受試者，7.安排實驗處理的程序，及8.進行實驗。實驗控制有廣義與狹義等二種涵義，實驗法中較常使用的實驗控制方法有隨機化、納入法與統計控制等三種，就中隨機化包括隨機抽樣和隨機分派。

　　實驗設計是指：對於自變項的安排，與對依變項之測量所構成的實驗處理模式。最常用的實驗設計有：1.單組前測後測設計，2.對照組設計，3.多組設計，及4.多因子設計。對照組設計是涵括實驗組與控制組的實驗設計，單因子設計是指只操弄一個自變項的實驗設計，多因子設計則是指操弄二個或二個以上自變項的實驗設計。

　　觀察法與調查法二種研究法所得的結果，只能說明「是什麼」，而無法解釋「為什麼」。換言之，觀察法與調查法僅在呈現某個事件的現象，實驗法不只在說明事件的現象，更能解釋事件的因果關係。研究活動有時不只是在了解事件的現象（是什麼），有時更要分析事件的前因後果（為什麼），此時就須運用實驗法來蒐集資料。實驗法的成敗常取決於實驗控制的方法與實驗設計的良窳，因此本章以闡釋實驗法的涵義起首，接著論述實驗控制的方法與實驗設計的種類，章末並以實例說明實驗法的過程。

第一節　實驗法的涵義

一、實驗法的定義

　　所謂實驗法（experimental method），是指在控制混淆變項（confounding variable）下，操弄自變項（independent variable），以觀察依變項（dependent variable）隨自變項變化之情況的歷程。就因在實驗法中，依變項是隨自變項的變化而變化，所以我們可以說，若實驗假設得到支持（即達到統計上的顯著水準）的話，則可構成自變項是「因」，依變項是「果」的一種因果關係。

　　從前述的定義裡可以發現，實驗法中所涵括的主要變項有混淆變項、自變項與依變項等三種，這三種變項的意義請參閱第二章第一節「變項」，在此不再贅述。定義裡的操弄（manipulate），則是指自變項的安排或處理而言。至於實驗者應如何去控制混淆變項，詳見本章第二節。

二、實驗法的種類

在研究實務上，實驗法可有各種不同的分類。依實驗情境的特徵，可將實驗法分成實驗室實驗與實地實驗；依實驗受試者的處理方式，可將實驗法分成受試者間實驗與受試者內實驗；依實驗的控制程度，可將實驗法分成真實驗與準實驗；依實驗自變項的個數，可將實驗法分成單因子實驗與多因子實驗。

(一)依實驗情境的特徵來分

1.實驗室實驗

所謂實驗室實驗（laboratory experiment），是指在人為安排的實驗室中所進行的實驗。實驗室實驗的優點，是在實驗的過程中，較易控制各類實驗變項，所以有較理想的內在效度（詳見第四章第一節）；其缺點則是，因在人為的情境中進行實驗，致會降低實驗結果的外在效度（詳見第四章第二節）。

2.實地實驗

所謂實地實驗（field experiment），是指在自然情境中所進行的實驗。例如，在教室裡所進行的教學實驗，在醫院裡所進行的醫藥實驗，甚至在航空站塔台裡所進行的管制員壓力之實驗，都是屬於實地實驗的範疇。與實驗室實驗正好相反，實地實驗的優點是其結果較易推論到其他現實的情境，因此有較佳的外在效度；其缺點則是，較難控制實驗中的各種變項，所以它的內在效度較低。

(二)依實驗受試者的處理方式來分

1.受試者間實驗

所謂受試者間實驗（between-subjects experiment），是指每組受

試者各自接受各種不同實驗處理的實驗。例如，實驗者想了解青少年對不同燈光的反應時間，是否有差異？於是他將青少年受試者分成三組，每一組只被安排觀看某一種燈光（紅光、黃光或綠光），每一位受試者座位前桌上設置有一個與燈光連線的計時器開關，當燈光亮時，計時器即開始計時。每位受試者一旦看到燈光亮時，就將計時器開關按下（即切斷計時器之電源），這時計時器也停止計時，這一段從燈亮到按下開關的時間，稱之為反應時間。實驗結束後，比較紅光、黃光與綠光三組受試者的反應時間是否有差異。

2.受試者內實驗

假如前述的實驗，我們不將受試者分組，而是安排每一位受試者都接受三種燈光之反應時間的處理，即每位受試者前面都會隨機出現三種燈光，當燈光一亮就去按計時器的開關。實驗結束後，同樣去比較三種燈光的反應時間是否有差異。像此種實驗，就稱之為受試者內實驗。所謂受試者內實驗（within-subjects experiment），是指每一位受試者都接受各種實驗處理的實驗。在受試者內實驗中，因為相同的受試者都重複接受各種不同的實驗處理，所以此種實驗所蒐集到的數據，稱之為「重複量數」（repeated measures）。因此，受試者內實驗的結果要運用相依樣本（dependent sample）的統計方法來分析，受試者間實驗則要運用獨立樣本（independent sample）的統計方法來分析。

(三)依實驗的控制程度來分

1.真實驗

所謂真實驗（true experiment），是指在實驗過程中，實驗變項大都能在實驗者的控制之下，特別是對受試者都能加以隨機分派（random assignment）處理的實驗。例如，我們要探討食物量對小白鼠走迷津的影響，這時可安排三種不同的食物量（如 3g、6g 和 9g），並

將小白鼠隨機分派到不同食物量的組別去接受實驗處理。

2.準實驗

倘若實驗對象是人的話，我們就常無法隨機去分派受試者。例如，要探究不同性別之人對藥物反應是否有差異時，僅管可控制藥物量或藥物種類；但因人在實驗前就存在男、女二種性別，所以就無法達到將受試者隨機分派的程度。類似此種實驗就是準實驗，「準」（quasi）者有好像（as if）與事後回溯（ex post facto）的意思。準此，所謂的準實驗（quasi experiment），是指在實驗過程中，實驗者必須從已存在的組別中去選取受試者，並加以分派的實驗（McBurney, 1998）。易言之，在實驗過程中大都能控制實驗變項，卻無法或不能隨機分派受試者的實驗，就屬於準實驗。在社會及行為科學的實驗研究裡，因其研究對象大都是人，所以大部分都是屬於準實驗的性質。

㈣依實驗自變項的個數來分

1.單因子實驗

實驗法中的因子（factor）是指自變項的個數而言，因此所謂的單因子實驗（single-factor experiment），是指實驗過程中，只操弄一個自變項的實驗。像前述燈光之反應時間的實驗，因在實驗中只操弄或處理燈光一個變項，所以這個實驗就屬於單因子實驗。單因子實驗只能分析實驗的主要效果（main effect）。

2.多因子實驗

所謂多因子實驗（factorial experiment），是指實驗過程中，同時操弄二個或二個以上自變項的實驗。例如，某研究者想了解不同刺激型態（如影像及聲音）與刺激時間（如10分鐘、20分鐘與30分鐘），對人們學習成效的影響；此時他若用實驗法來尋求解答，則所從事的實驗就是多因子實驗。多因子實驗的主要目的，旨在分析多個自變項之間對依變項所產生的交互作用效果（interaction effect）。此外，這

一種實驗還可進一步分析主要效果，又若其交互作用效果達到顯著水準的話，則應再分析單純主要效果（simple main effect）。至於主要效果、交互作用效果與單純主要效果的涵義，詳見附錄。

三、實驗法的步驟

在研究實務裡，使用實驗法來蒐集資料，通常包括下述幾個步驟：

(一)提出實驗假設

亦即提出研究假設，當然實驗假設要依據研究（實驗）目的而來。實驗假設是研究者對某一問題之看法的暫時性答案，實驗法的目的就是在利用實驗來蒐集資料，以驗證該假設（即暫時性答案）是否獲得支持。進一步言，實驗法就是在考驗自變項與依變項之間，是否存在著因果關係；因此，在呈現假設的敘述句中，就要提出自變項與依變項，及這二者之間的關係。實驗假設的寫法，詳參第二章第三節「研究假設」。

(二)賦予各變項操作型定義

對實驗假設中的自變項與依變項，必須賦予操作型定義，俾便能操弄之（自變項）及測量之（依變項）。

(三)準備實驗工具與測量工具

實驗工具是指操弄自變項的器材，測量工具則是指觀察或記錄依變項的工具（如測驗或問卷），這些工具在實驗進行前就須準備妥當。

㈣擬定控制混淆變項的方法

為使實驗能順利進行，並提高實驗的內在和外在效度，對原本不屬自變項卻又會影響依變項的各種可能的混淆變項（含外擾變項與中介變項），計畫好控制的方法，俾能真正探究自變項與依變項之間的因果關係。

㈤決定實驗設計

依實驗之目的及假設，決定最佳的實驗設計。實驗設計的種類與方法，詳見本章第三節。

㈥隨機分派受試者

隨機分派受試者至各種實驗處理組，如同其他研究法（如觀察法與調查法等），這些隨機分派的受試者最好是隨機抽樣而來。抽樣的方法詳見第八章。

㈦安排實驗處理的程序

實驗處理的程序，包括如何去操弄自變項，如何去觀察、測量與記錄依變項，及如何即時去處理實驗過程中之突發干擾事件的方法與步驟。

㈧進行實驗

當前述七個步驟都準備妥當後，就可展開實驗的活動。實驗完成後，就要對蒐集到的資料進行統計分析。

第二節　實驗控制

實驗控制（experimental control）有廣義與狹義二種涵義。廣義的實驗控制，是指在實驗過程中，排除會降低研究效度之因素的任何手段；狹義的實驗控制，則是指在實驗過程中，控制會干擾依變項（即實驗結果）之混淆變項的手段。基此，實驗控制有二種用途：第一種用途是提供比較自變項所產生之效應的依據，例如對照組的實驗設計（詳下節），就是實驗控制的一種；第二種用途則是在抑制或處理實驗過程中的變異（variability）來源，例如隨機分派的目的就是此種用途（McBurney,1998）。實驗法中較常使用的實驗控制方法有隨機化、納入法與統計控制等三種。

一、隨機化

在社會及行為科學的研究裡，其受試者絕大部分都是人，而每個人的各種特質各有不同，誠如俗諺所云：「人之不同，各如其面。」而在實驗法裡，為了說明實驗結果，完全是實驗處理所導致，研究者就應安排具有相同條件或特質的受試者參與實驗，亦即應控制人的「變異」。事實上要控制人的變異，使之均具有相同的特質，幾乎是不可能的事。惟，從理論觀點言之，若使用「隨機化」（randomization）的原則來選擇並安排受試者，那麼受試者的特質將趨於一致，也就是說，受試者的「變異」這一項因素會一樣或相等。所謂隨機化，是指受試者被選中的機率是均等的。在實驗法裡，隨機化有兩個程序：隨機抽樣與隨機分派。

(一)隨機抽樣

在實驗法裡，選擇受試者的第一個程序是隨機抽樣（random sampling）；隨機抽樣即第八章所稱的機率抽樣（probability sampling），具體的隨機抽樣法，亦詳見第八章。舉例而言，若某研究者要以至三軍總醫院看門診的人為研究對象，進行醫學實驗研究，此時就要從該母群（即在特定時間內所有至三軍總醫院看門診的人）以隨機抽樣的方法，抽取若干的樣本當受試者。

(二)隨機分派

實驗法裡通常有多個實驗處理（如第一節所舉燈光反應時間的實驗中，就有紅光、黃光與綠光三種實驗處理），所以就常須有多組的受試者。而這多組的受試者之「變異」也要一樣或相等，亦即各實驗組的受試者要具備相同的條件或特質，這個概念就是實驗法中所謂的「等組法」（equivalent-groups procedure）。準此言之，實驗法中選擇受試者的第二個程序是隨機分派，也唯有經由隨機分派的程序，才能使各實驗組達到「等組」（equivalent-groups）的目標。所謂隨機分派（random assignment），是指用隨機的方法將第一個程序所抽得的受試者，安排至每一個實驗組的過程。例如，前述的醫學實驗研究共分成三個實驗組，在前一個程序裡抽了六十個受試者，此時該研究者就要使用抽籤法或亂數表（random-number table）法（即簡單隨機抽樣法），將六十個受試者平均安排至三個實驗組。

二、納入法

前述隨機化的方法，為針對受試者所進行的實驗控制，納入法則是針對混淆變項所進行的實驗控制。簡言之，混淆變項（confounding variable）是指原非自變項，但會影響依變項的變項。例如，某研究者原要進行不同劑量（如 50mg、100mg 與 150mg）威而鋼（Viagra）的療效是否有差異的實驗；此時該實驗的自變項是劑量，依變項是療效。然而，該研究者的臨床經驗顯示，年齡可能也會影響威而鋼的療效，這時年齡就是混淆變項。為了使年齡這一個變項的影響力凸顯出來，或排除其對療效的干擾，就可以使用納入法來控制之。所謂納入法（building-it-into method）（張春興，民 67a），是指將混淆變項納入自變項而加以實驗操弄的過程。如，我們可將前例的年齡當成自變項來處理，此時單因子（劑量）實驗就變成多因子（劑量與年齡二個因子）實驗。

三、統計控制

當干擾或影響依變項之各種變異，無法或很難利用隨機化與納入法來控制時，就可利用統計控制來處理之。所謂統計控制（statistical manipulation）是指利用統計學的方法，以排除混淆變項對依變項干擾的歷程。最常用的統計控制方法，是將可能的混淆變項當作共變數（covariate）進行共變數分析（analysis of covariance）。例如，在有關教學方法對學習成就之效果的實驗，受試者的智力或學業成績就是很明顯的混淆變項；這時，就可將智力或（與）學業成績當作共變數進行共變數分析，以去除這二個變項對實驗處理（依變項）的影響。

第三節 實驗設計

實驗法有各種不同的實驗設計，所謂實驗設計（experimental design），是指對於自變項的安排，與對依變項之測量所構成的實驗處

理模式。在實驗研究裡，可以僅操弄一個自變項，也可以同時操弄多個自變項。實驗法中的自變項稱之為因子，每一個自變項又常分為若干個類別，這些類別特稱之為水準（level）；而且，對依變項的測量有前測與後測之分。因此，實驗法裡就有多種不同的實驗設計。各種實驗設計各有其優點和缺點與干擾因素，惟最常用與較佳的實驗設計有下述四種；這四種實驗設計都要用隨機抽樣的方法選取受試者，並且除了單組前測後測設計外，其餘三種實驗設計都需要用隨機分派的方法，安排受試者至各實驗組。

一、單組前測後測設計

單組前測後測設計（one-group pretest-posttest design）的實驗，是指只用一組受試者進行實驗的設計模式。就因此種設計只有一組受試者，所以要了解實驗處理的效果，就須比較該組受試者在實驗處理前後的各項數據。此種實驗設計模式可以表 7-1 示之。

表 7-1　單組前測後測設計模式

組別	前測	實驗處理	後測
1	Y_1	X	Y_2

表 7-1 裡的 X 代表實驗處理，Y_1 代表在實驗處理前對受試者所做的測量數據，Y_2 則代表實驗處理後對受試者所做的測量數據。例如，研究者安排一組五十人的受試者，進行速讀訓練（X），在訓練前先測量受試者每分鐘的平均閱讀字數（Y_1），訓練後再測量一次（Y_2）。實驗畢後，經由 Y_2 與 Y_1 的比較，以了解實驗處理的效果；若 Y_2 顯著的大於 Y_1，則代表實驗處理（即速讀訓練）對於每分鐘的閱讀字數有顯著的效果。

二、對照組設計

　　對照組設計（counter-group design）的實驗設計有兩組受試者，一組稱為控制組（control group），另一組稱為實驗組（experimental group）；易言之，對照組設計的實驗處理可稱之為自變項，該自變項分為實驗組與控制組二個水準。控制組是指不接受實驗處理的受試者，實驗組則是指接受實驗處理的受試者。實驗法中最常用，也是最佳的對照組設計稱為對照組後測設計（counter-group posttest design），也稱為實驗組控制組後測設計（experimental/control group posttest design），此種設計模式詳見表 7-2 所示。

表 7-2　對照組後測設計模式

組別	前測	實驗處理	後測
1	無	X	Y_1
2	無	無	Y_2

　　表 7-2 顯示，此種實驗設計的受試者分成二組，第一組為實驗組，第二組為控制組；表 7-2 裡的 Y_1 代表實驗組在實驗處理後的測量數據，Y_2 代表控制組的測量數據。例如，研究者可將依隨機抽樣所得的 120 人受試者，用隨機分派的方法分成實驗組和控制組，實驗組接受速讀訓練（X）後得 Y_1，控制組沒接受任何訓練而得 Y_2，然後經由比較 Y_1 與 Y_2 來獲取實驗處理的效果資料。此外，對照組設計也可採前測後測設計（對照組前測後測設計，counter-group pretest-posttest design）（詳見表 7-3）。

表 7-3　對照組前測後測設計模式

組　別	前　測	實驗處理	後　測
1	Y_1	X	Y_2
2	Y_3	無	Y_4

　　當採用對照組前測後測設計時，要分析實驗組與控制組是否有差異，正確的統計方法是以 Y_1 為 Y_2 的共變數，並以 Y_3 為 Y_4 的共變數進行共變數分析，而不是一般人常用的「$Y_2 - Y_1$」與「$Y_4 - Y_3$」的差異考驗。

三、多組設計

　　多組設計（multiple-groups design）是將隨機抽樣而來的受試者隨機分派成二組或二組以上的組別，在大部分的實驗研究裡，這些組都接受實驗處理。不過，在少數的實驗研究裡，多組設計模式中會有一組是不接受實驗處理（即會有一組是控制組）；因此，我們可以說，對照組設計是多組設計的特例。多組設計大多採用後測的方法來測量依變項（若採前測後測，則如對照組設計的例子，也是要用共變數分析統計法處理資料），不含控制組的多組後測設計模式詳見表 7-4，含控制組的多組後測設計模式詳見表 7-5。

　　若表 7-4 中的 n = 3，並以本章第一節二、㈡之 1 的燈光反應之實驗為例說明。X_1、X_2（表中的 X_{n-1}）和 X_3（表中的 X_n）可代表紅光、黃光和綠光三種實驗處理的組別，Y_1、Y_2 和 Y_3 的比較（可用單因子變異數分析統計法），可以分析受試者對不同燈光的反應時間是否有差異。職是之故，多組設計的自變項和對照組設計的一樣，各僅有一個，惟後者的自變項可逕自稱為實驗處理。但在多組設計中，通常會依其實驗處理的內容來給自變項命名，像在這個例子裡的自變

表 7-4　多組（不含控制組）後測設計模式

組別	前測	實驗處理	後測
1	無	X_1	Y_1
2	無	X_2	Y_2
⋮	⋮	⋮	⋮
⋮	⋮	⋮	⋮
$n-1$	無	X_{n-1}	Y_{n-1}
n	無	X_n	Y_n

表 7-5　多組（含控制組）後測設計模式

組別	前測	實驗處理	後測
1	無	X_1	Y_1
2	無	X_2	Y_2
⋮	⋮	⋮	⋮
⋮	⋮	⋮	⋮
$n-1$	無	X_{n-1}	Y_{n-1}
n	無	X_n	Y_n
c	無	無	Y_c

項就可稱之為燈光，在燈光這個自變項裡，包含（或分成）紅光、綠光和黃光等三種水準。

　　表 7-5 中的 c 代表控制組，Y_c 則代表測量控制組之依變項後所得的量數，其餘各代號的涵義同表 7-4。實驗研究若採行表 7-5 的設計模式，那麼不僅可以分析各實驗處理組（即 Y_1、Y_2……Y_{n-1} 與 Y_n 等各組量數）之間的差異，也可分析各實驗處理組與控制組之間（即 Y_1 與 Y_c、Y_2 與 Y_c……Y_{n-1} 與 Y_c 及 Y_n 與 Y_c）的差異。

四、多因子設計

　　前述各種實驗設計都是只操弄一個自變項的單因子設計（single-factor design），但有許多的實驗設計是操弄二個或二個以上自變項的多因子設計（factorial design）。多因子設計的基本模式如表 7-6 示之。

表 7-6 多（二）因子設計的基本模式

組別	前測	實驗處理	後測
1	無	$X_{a1}X_{b1}$	Y_1
2	無	$X_{a1}X_{b2}$	Y_2
⋮	⋮	⋮	Y_3
⋮	無	$X_{a1}X_{bq}$	⋮
⋮	無	$X_{a2}X_{b1}$	⋮
⋮	⋮	⋮	⋮
pq − 1	無	$X_{ap-1}X_{bq-1}$	Y_{pq-1}
pq	無	$X_{ap}X_{bq}$	Y_{pq}

表 7-6 之 a 及 b 分別代表二個自變項，所以這種多因子設計稱為二因子實驗設計；此外，又因 a 因子有 p 個水準，b 因子有 q 個水準，所以此種二因子實驗設計也稱為 p × q 實驗設計。X 是指實驗處理，$X_{a1}X_{b1}$ 是指 a 因子第一個水準和 b 因子第一個水準這一組實驗處理，所以多因子設計總共可分成 p × q 組的實驗處理；Y 是指隨著實驗處理變化的實驗結果（亦即實驗法中的依變項），Y_1 是指第一組實驗處理的實驗結果，Y_{pq} 是指第 p × q 組實驗處理的實驗結果。例如，有一個 3 × 3 實驗設計，則其實驗處理的組別有：$X_{a1}X_{b1}$、$X_{a1}X_{b2}$、$X_{a1}X_{b3}$、$X_{a2}X_{b1}$、$X_{a2}X_{b2}$、$X_{a2}X_{b3}$、$X_{a3}X_{b1}$、$X_{a3}X_{b2}$ 與 $X_{a3}X_{b3}$ 等九組。再如，我們要探討不同性別的青少年對不同顏色的燈光，是否會產生不同的反應時間？這時就可安排多因子（二因子）的實驗設計。二個因子（自變項）分別是性別和燈光；性別有男和女二個水準，燈光有紅光、綠光和黃光三個水準。所以這個實驗，我們可稱其為 2 × 3 實

驗設計,其實驗處理的組別如表 7-7 所示。

表 7-7 2 × 3 實驗設計組別舉隅

性別＼燈光	紅光	綠光	黃光
男	Y_1	Y_2	Y_3
女	Y_4	Y_5	Y_6

　　表 7-7 之 Y_1 是指男生看紅光這一組實驗處理的平均反應時間,Y_3 是指男生看黃光這一組實驗處理的平均反應時間,Y_6 則是指女生看黃光這一組實驗處理的平均反應時間,以此類推;準此,在 2 × 3 實驗設計裡,總共可觀察到六組實驗反應。依多因子設計的原理,如有一個 2 × 2 × 3 實驗設計的實驗,我們將可了解,該個實驗須操弄十二組的實驗處理。

第四節　實驗法的實例

　　本實例摘錄自陳定邦(民 84)的碩士論文。
　　(經作者同意使用)

一、研究主題

　　電視字卡呈現形式對學生學習成效之研究
　　——以空大教學課程為例——

二、研究目的

1.了解字卡數量（少、中、多）之多寡對學生學習成效之影響。

2.了解字卡之訊息量（全文式、綱要式）對學習成效之影響。

3.分析字卡數量與字卡訊息量之間，對學習成效是否存在著交互作用。

4.依研究結果，建構理想電視教學節目字卡的數量與訊息量，俾供節目設計與製作人員之參考。

三、研究假設

假設一：電視字卡數量對學習成效有顯著差異。

1.在字卡數量方面，有字卡的學習成效優於無字卡的學習成效。

2.電視字卡數量增加，學習成效提高；但當字卡數量增加到一定程度時，對學習成效的提高具有負面影響。

3.字卡數量的多寡在知識目標學習成效上有顯著差異。

4.字卡數量的多寡在理解目標學習成效上有顯著差異。

5.字卡數量的多寡在應用目標學習成效上有顯著差異。

假設二：電視字卡訊息量對學習成效有顯著的差異。

1.在字卡訊息量方面，有字卡的學習成效優於無字卡的學習成效。亦即，無論實驗組是全文式還是綱要式字卡，學生的實驗分數均高於控制組。

2.「綱要式」字卡的學習成效普遍優於「全文式」字卡的學習成

效。

3.字卡訊息量的多寡在知識目標學習成效上有顯著差異。

4.字卡訊息量的多寡在理解目標學習成效上有顯著差異。

5.字卡訊息量的多寡在應用目標學習成效上有顯著差異。

假設三：字卡的數量與訊息量之間的交互作用。

1.字卡的數量與訊息量在學習成效上有交互作用存在。

2.字卡的數量與訊息量在知識目標學習成效上有交互作用存在。

3.字卡的數量與訊息量在理解目標學習成效上有交互作用存在。

4.字卡的數量與訊息量在應用目標學習成效上有交互作用存在。

四、研究方法

本研究採準實驗的方法來蒐集資料。

(一)實驗設計

本研究採 3 × 2 二因子實驗設計（即本章第三節所稱的多因子設計，惟亦含控制組），所以有兩個自變項：字卡數量（有少、中、多三個水準）與字卡訊息量（有綱要式、全文式二個水準）。本研究的依變項為學習成效，包含學習總成效、知識目標的學習成效、理解目標的學習成效與應用目標的學習成效等四個層面。

(二)研究對象

本研究採便利抽樣與叢集抽樣的方式，抽取國立空中大學八十三學年度下學期台北與台北二學習指導中心選修「電子計算機概論(二)」的學生，共計十七班，受試者為二百五十人（因未採隨機抽樣和隨機分派的方式來安排受試者，所以本研究的實驗法為準實驗）。

(三)研究工具

1.錄影帶實驗教材

本研究之錄影帶實驗教材，係研究者以國立空中大學開設之「行政論理」第二十六講次「工作的異化與解決」為藍本製作之，共計製作七種形式錄影帶教材，其製作方式詳表 7-8。

表 7-8　七種形式錄影帶教材

編號	製作方式	組別
0	純人頭式教學（無任何形式字卡）	控制組
1A	字卡　　五張、綱要式	實驗組
1B	字卡　　五張、全文式	實驗組
2A	字卡　十五張、綱要式	實驗組
2B	字卡　十五張、全文式	實驗組
3A	字卡二十五張、綱要式	實驗組
3B	字卡二十五張、全文式	實驗組

2.工作異化成就測驗

本測驗旨在測量受試者，在看完錄影帶後實施後測的學習成效。本測驗為研究者所編製，經嚴謹的項目分析選取試題。

(四)實施程序

（略）。

(五)資料處理

（略）。

五、研究結果

1. 有字卡的教學節目較沒有字卡的節目學習成效較佳。
2. 就字卡數量而言,愈多字卡,學習成效不一定愈高;愈少字卡,學習成效不一定愈低。
3. 就字卡的訊息量而言,綱要式字卡優於全文式字卡。
4. 字卡的數量與訊息量之間,並沒有交互作用存在。
5. 字卡數量「多」時,「訊息量」的多寡呈兩極化反應。
6. 行為目標的學習成效中,理解目標的學習成效優於應用目標的學習成效。

關鍵詞彙

實驗法	混淆變項
自變項	依變項
實驗室實驗	實地實驗
受試者間實驗	受試者內實驗
真實驗	準實驗
單因子實驗	多因子實驗
實驗控制	隨機化
隨機抽樣	隨機分派
等組法	等組
納入法	統計控制
實驗設計	單組前測後測設計
對照組設計	控制組
實驗組	對照組後測設計
實驗組控制組後測設計	多組設計
多因子設計	單因子設計

自我評量題目

1. 試述實驗法的定義，並說明實驗法所涵括之變項的意義。

2. 試述下列各種類之實驗的涵義，並舉例說明之：

　實驗室實驗 VS.實地實驗

　受試者間實驗 VS.受試者內實驗

　真實驗 VS.準實驗

　單因子實驗 VS.多因子實驗

3. 實驗法的步驟為何？試申述之。

4. 何謂實驗控制？常用的實驗控制方法又為何？

5. 若經隨機抽樣得受試者 45 名，試述應如何用抽籤法將其隨機分派到三個實驗組？

6. 何謂單組前測後測設計？並舉例說明之。

7. 何謂對照組後測設計？並舉例說明之。

8. 何謂不含控制組的多組設計？並舉例說明之。

9. 何謂二因子實驗設計？並舉例說明之。

10. 試從第四章所述內在效度與外在效度的觀點，申述含有前測與後測之實驗設計的缺點。

11. 試查出一篇使用實驗法的研究論文，並說明該研究之自變項、依變項與實驗設計各為何？

第三篇
蒐集資料的工具

第三章

東京資料的工具

第八章 —◆━━◆━━◆━━◆━━◆━━◆━━◆━
抽樣

學 習 目 標

——研讀本章內容之後，學習者應能達成下列目標：

1. 了解樣本與母群的意義和關係，並舉例說明之。
2. 了解調查與普查的意義，並比較其差異。
3. 說出抽樣的定義與目的。
4. 了解樣本大小與誤差之間的關係。
5. 了解抽樣誤差率的意義，並運用之。
6. 比較機率抽樣與非機率抽樣之差異。
7. 了解簡單隨機抽樣的意義及步驟，並運用之。
8. 了解系統隨機抽樣的意義及步驟，並運用之。
9. 了解分層隨機抽樣的意義及步驟，並運用之。
10. 了解非機率抽樣的各種型態。

大　綱

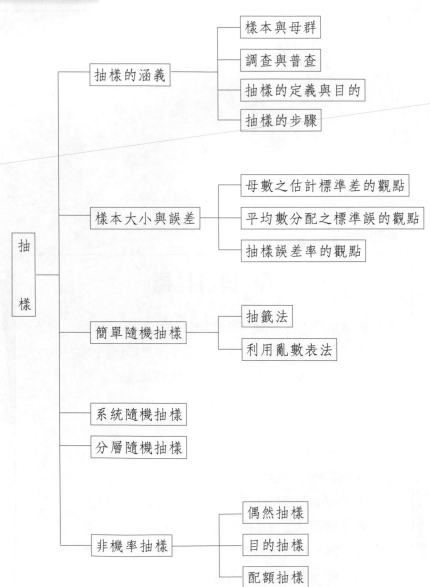

抽樣

- 抽樣的涵義
  - 樣本與母群
  - 調查與普查
  - 抽樣的定義與目的
  - 抽樣的步驟
- 樣本大小與誤差
  - 母數之估計標準差的觀點
  - 平均數分配之標準誤的觀點
  - 抽樣誤差率的觀點
- 簡單隨機抽樣
  - 抽籤法
  - 利用亂數表法
- 系統隨機抽樣
- 分層隨機抽樣
- 非機率抽樣
  - 偶然抽樣
  - 目的抽樣
  - 配額抽樣

摘 要

　　在研究的過程中，常須透過抽樣以選取或決定研究對象。要了解抽樣，就須先認識母群、樣本、普查與調查的意義。母群是指所有研究對象的組合體，樣本則是指母群中的部分集合；普查是指蒐集資料的對象是來自於母群的每一個單位或所有單位的過程，調查則是指從母群中抽取一部分的樣本以蒐集資料的過程。所謂抽樣，是指從母群抽取適切樣本，以蒐集資料的歷程；其目的是，經由樣本資料以推論母群資料。理論上，樣本大小愈大時，則抽樣所得之數據結果的誤差會愈小；此二者之關係，可從母數之估計標準差、平均數分配之標準誤及抽樣誤差率等三個觀點來分析。

　　抽樣可分成機率抽樣與非機率抽樣等二類。機率抽樣主要有三種：1.簡單隨機抽樣，包括抽籤法和利用亂數表法；2.系統隨機抽樣，是指依據某種次序標準，從隨機的抽樣架構內抽取樣本元素的歷程；3.分層隨機抽樣，是指先將抽樣架構內的元素或抽樣單位分成若干層，再計算出各層所占的比率與樣本大小，接著使用隨機抽樣法來抽取樣本的歷程。

　　非不得已不使用非機率抽樣來抽取樣本。常見的非機率抽樣主要有偶然抽樣、目的抽樣及配額抽樣等三種不同的型態。

研究可說是蒐集資料的過程，資料的蒐集則是來自於受試者（sub-ject），受試者即是研究對象，研究對象是否具代表性，會直接影響到研究的效度或成敗。職是，研究設計的第一個層面，就在選取或決定研究對象。就理論上而言，研究對象並沒有一定範圍，可以是所有可能研究對象的組合體，也可以是任何組合體的部分集合，甚至可能只有一個受試者。在研究實務裡，參與研究的受試者不必且也不太可能涵括所有可能的組合體；所以，通常都只選取部分適宜的研究對象來研究，此種選取部分適宜研究對象的過程，就是本章所要探討的抽樣。本章首先論述抽樣的涵義，其次分析樣本大小與誤差的關係，接著再分別說明各種抽樣方法的意義與步驟。

第一節　抽樣的涵義

本節旨在闡釋抽樣的涵義，首先介紹與抽樣有關之主要專有名詞的意義，如樣本、母群、調查與普查，接著再說明抽樣的定義、目的和步驟。

一、樣本與母群

假如，我們現在要研究空中大學學生對於電視教學節目的意見，那麼所有曾在空中大學註過冊或選過課而尚未畢業者，在理論上都是我們的研究對象；但在實際從事研究時，我們並不把所有可能的研究對象都拿來做研究，而只是抽取其中一部分來做研究。前述所有的空中大學學生就是該研究的母群（population），實際被研究的部分空中大學學生就是樣本（sample），而每一個空中大學學生都是抽樣單位。

　　詳細言之，所謂母群，是指所有研究對象的組合體（aggregate），這組合體是由許許多多的獨立單位（unit）或元素（element）所組合而成，這些單位或元素可以是人、小白鼠，也可以是物品或事件。假如，我們研究的對象是空中大學學生或在台灣工作的外勞，那麼其單位就是人；又如，當研究某新藥的藥理作用之機轉時，則一隻隻的小白鼠或狗就是其單位；再如，研究的對象是出口到美國的電視機，其單位就是電視機；或研究的對象是解嚴後的勞資糾紛，其單位就是每一個勞資糾紛的事件。像前述構成母群的單位或元素，就稱之為抽樣單位（sampling unit）。

　　至於樣本，則是指母群中的部分集合，這部分集合是由母群中的部分單位組合而成。例如，所有的空中大學學生是母群的話，則該校金門學習指導中心的學生是樣本，年齡超過六十歲的學生是樣本，所修得之學分數超過一百的學生也是樣本；又如，母群是所有目前在台灣工作的外勞，則在三重、蘆洲地區工作的外勞是樣本，菲律賓籍的女傭是樣本，在台灣工作未滿一年的外勞也是樣本，綜合前述可發現，任何母群的部分集合都是樣本，任何樣本也可同時歸屬於多個母群。如，在台灣工作之外勞這個母群的樣本有菲律賓女傭、印尼男外勞，或三十歲以上的外勞；又如，菲律賓女傭可同時歸屬於台灣外勞、菲律賓外勞或台灣外籍人士這些母群。母群與樣本的關聯可參考圖 8-1。

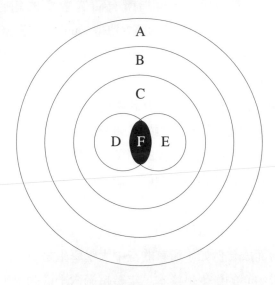

圖 8-1　母群與樣本的關聯

圖 8-1 裡，A 這個母群的樣本有 B、C、D、E 和 F，F 這個樣本則可以分別屬於 E、D、C、B 和 A 這些母群；同理，也可看出 C 是 D、E 和 F 的母群，也是 B 和 A 的樣本。

二、調查與普查

假如，蒐集資料的對象是來自於母群的每一個單位或所有單位，則此種蒐集資料的過程，就稱為普查（census）。倘若，中正機場海關檢查每一個進口貨櫃，則此種檢查就是普查；又假如，海關檢疫單位對每一位入境的外勞進行健康檢查，則此種檢查也是普查。事實上，基於人力、物力及時間的考量，普查是不太可能做到，而且也無此需要。就像中正機場海關並不普查每一個進口貨櫃，而是抽查一部分的貨櫃，此種抽查就稱為調查。所謂調查（survey），即是指從母群中抽取一部分的樣本以蒐集資料的過程；就因調查是抽取部分樣本

來調查，所以調查有時也稱為抽樣調查（sampling survey），或可說調查是抽樣調查的簡稱。例如，中正機場海關無法做到對每一個進口貨櫃進行檢查，而採行十個貨櫃抽檢一個，或只檢查來自東南亞的貨櫃，這些過程都是調查。

三、抽樣的定義與目的

從前文的敘述中，已經導出了抽樣（sampling）的概念。所謂抽樣，是指從母群抽取適切樣本，以進行資料蒐集的歷程；簡言之，凡在研究中選取受試者的歷程，就是抽樣。在中文的譯詞中，sampling也可譯成取樣。在研究中，因無法或不需要用普查的方法來蒐集資料，所以就透過抽樣這種媒介，針對樣本進行調查以蒐集資料。雖說，調查或研究的對象是樣本而非母群，惟研究者所關心的或想了解的仍是母群的量化數據，而不是樣本的量化數據。準此言之，抽樣的目的是：經由樣本資料以推論母群資料。研究者之所以不直接去蒐集母群資料，卻間接地去蒐集樣本資料，其主要原因有二：

1.母群資料無法蒐羅齊全或無從知悉母群的具體範圍或對象。

2.省錢、省力並縮短研究過程。

就因抽樣的目的是在推論母群，所以抽樣所得的樣本就要能代表或解釋母群，這也是前文所說的，抽樣是要抽取「適切」的樣本。所謂「適切」，是指樣本的特性和內涵要與母群所具有者一致或盡量相類似；樣本如有偏差或難以代表母群，那麼所得的資料就會發生錯誤。為了抽取具代表性的樣本，抽樣的過程就要符合抽樣理論（sampling theory）。所謂抽樣理論，是指從母群抽取最具代表性之樣本的一切方法、步驟或考慮，本章所談的就是抽樣理論。

四、抽樣的步驟

抽樣可分成機率抽樣（probability sampling）與非機率抽樣（non-probability sampling）二種。所謂機率抽樣，是指依機率原則所進行的抽樣，其最主要的特徵是每個抽樣單位，被抽到的機會是均等的與獨立的；換言之，機率抽樣是指任何能確保抽得隨機樣本（random sample）的抽樣技術，此種抽樣技術能使抽樣架構內的每個元素或抽樣單位，都有相等的機會被抽到，而且被抽到的元素不會影響到其他元素被抽中的機會。機率抽樣又可分成簡單隨機抽樣（simple random sampling）、系統隨機抽樣（systematic random sampling）、分層隨機抽樣（stratified random sampling）及叢集抽樣（cluster sampling）等多種（Dane, 1990）。

非機率抽樣則不依機率原則來抽樣，完全視研究需要與母群特性來抽樣。除非不得已，否則研究者應盡量使用機率抽樣來選取研究對象，而避免使用非機率抽樣。機率抽樣雖可分成多種方法，惟仍有可供共同遵循的步驟如下述：

(一)確定母群的範圍

諸如：母群的元素在哪裡？整個母群的特性為何？其特性是否明確？是否可再加以分類？

(二)備妥抽樣架構

所謂抽樣架構（sampling frame），是指母群中之元素的最具體與最大的組合名單；易言之，它是指所有樣本單位最具可能性的全部名單。依此論之，抽樣架構是最大的樣本。比方說，要對中原大學學生進行抽樣調查，則中原大學學生的學籍名冊是就是抽樣架構；再如，

研究母群是本屆立法委員，則立法院所建立的本屆立法委員名錄也是抽樣架構。目前所見的各種民意和電視收視率調查研究，其抽樣架構大都是電話簿。雖然，電話簿並不包含所有的樣本單位，也非每個樣本單位都有電話，甚至有的人是不將電話號碼登錄在電話簿上；不過，理論上所有的人都是可以用電話聯絡到，而且電話已是日常生活的必需品之一。職是，電話簿仍是一種相當理想且具代表性的抽樣架構。例如，當要研究台北市民的消費行為時，則台北市區的電話簿就是最常被使用的抽樣架構。

(三)決定樣本大小

所謂樣本大小（sample size），是指樣本內之樣本單位的個數。理論上，樣本愈大，愈能代表母群。但是，決定樣本大小除了要顧及下節所要討論之誤差外，一般決定樣本大小的因素有下列諸端（劉清榕，民67，第85頁）：

1.研究者的時間、人力及財力。

2.預定（統計）分析的程度。

3.群體（即母群）內個體之相似度。

(四)選擇適切的抽樣方法

當前述三個步驟都完成後，就要選擇適切的抽樣方法，並隨即進行抽樣的工作。依前文推之，可發現抽樣方法會受到母群範圍、抽樣架構，及樣本大小的影響。

第二節　樣本大小與誤差

代表母群的量化數據稱之為母數（parameter）。因為我們常不知

道母群的範圍為何（即不知母群涵括哪些所有單位），所以就無法去測量或計算母群的數據，如平均數或標準差；因此，母數就常僅僅是一個概念性存在的數值，真實的數值為何，通常是無法知道的。職是，研究者就捨棄去計算母數，而用統計數（statistic）來推估母數；所謂統計數，是指描述樣本的數值。因為樣本是具體且客觀的存在，所以能實際去計算其統計數。當我們利用統計數以推估母數時，這時的統計數特稱之為推論統計數（inferential statistic）；就因它們是估計數（estimate），所以推論統計數總是包含了誤差量（amount of error），而誤差通常是源自於抽樣過程，特別是與樣本大小有相當密切的關係。本節將從母數之估計標準差、平均數分配之標準誤，及抽樣誤差率三個觀點，來申論樣本大小與誤差之間的關係。

一、 母數之估計標準差的觀點

假如，你要估計政治大學女畢業生的平均年收入及其變異量（amount of variation，描述群體參差不齊之程度的一種量數），可以想見的是，你不可能去問每個人的收入；這時你就需要去抽取一個政治大學女畢業生的代表性樣本，並去蒐集她們的收入資料。在你的樣本裡，將會很容易地計算出收入的平均數及標準差（standard deviation, SD，是代表變異量最穩定的量數）；比方說，計算結果分別是五十五萬元及八萬元，這二個數據就是樣本的統計數。自然地，你並不是只想知道你所抽取樣本裡的平均數與標準差，你要的是去估計母群的平均數與標準差；為達此目的，就須將樣本的平均數與標準差，當作是母群的平均數與標準差之估計數。五十五萬與八萬這二個「實際」的統計數，就可導引出母數。依統計學的理論，你計算所得的平均數可當作是母群平均數的估計數，然而母群標準差的估計數就非樣本之標準差。標準差的公式是：

$$標準差 = \sqrt{\dfrac{\Sigma X^2 - \dfrac{(\Sigma X)^2}{N}}{N}}$$　　　　　　（公式 8-1）

然而，母群標準差的估計數卻是依下述公式而來：

$$估計標準差 = \sqrt{\dfrac{\Sigma X^2 - \dfrac{(\Sigma X)^2}{N}}{N-1}}$$　　　　　　（公式 8-2）

上式中的 X 是樣本中的每一個觀察值（收入），N 則是樣本大小（所抽取的人數）。從公式 8-2 的 N － 1 可以發現，當樣本愈大（即 N 愈大），則樣本標準差會愈接近母群標準差的估計數，這個估計數特別稱之為標準誤（standard error, SE）。從公式 8-2 亦可得知，當樣本大小增大時，估計母數的標準誤會變得愈小。

二、　平均數分配之標準誤的觀點

平均數分配的標準誤是抽樣分配（sampling distribution）中一個很重要的概念，利用這個概念可以對平均數進行區間估計。所謂抽樣分配，是指無數個樣本之平均數所構成的分配；依據中央極限定理（central limit theorem），這無數個樣本平均數的平均數趨近於母群的平均數，這些平均數的標準差稱之為平均數分配的標準誤（$SE_{\bar{x}}$），其計算公式如下：

$$SE_{\bar{x}} = \dfrac{\sigma}{\sqrt{N}}$$　　　　　　（公式 8-3）

公式 8-3 的 N 是樣本大小，σ是母群的標準差，因我們並不知道

母群的σ，所以就用 SE（代表母數的估計標準差，見公式 8-2）來取代σ。因事實上，研究者並不會抽取無限個樣本，再分別去計算其平均數與標準差，而是僅僅抽取一個樣本並計算其平均數與標準誤（SE），再利用這二個量數進行母數的推估。例如，抽取 25 位男性，計算其體重平均數為 65 公斤、標準誤為 15 公斤，則其平均數分配的標準誤為 3 公斤，其計算式如下：

$$\frac{15}{\sqrt{25}} = 3$$

依常態分配（normal distribution）的理論，真實分數會有 95 ％的機會落在樣本平均數上下 1.96 個標準誤之間。以上述的例子來看，男性的真實平均體重（母群之平均數）有.95 的機率會在 70.88 與 59.12 公斤之間，其計算方法如下：

$$65 - (3 \times 1.96) \leqq \mu \leqq 65 + (3 \times 1.96)$$
$$59.12 \leqq \mu \leqq 70.88$$

從公式 8-3 亦可發現，當樣本大小增大時，平均數分配的標準誤會隨之減小。例如，上例的樣本數如增至 100 人時，則其平均數的標準誤會降至：

$$\frac{15}{\sqrt{100}} = 1.5$$

同樣在.95 的機率下，母群平均數會落在 62.06 與 67.94 公斤之間。很明顯的，後者的推估間距（67.94 － 62.06 ＝ 5.88）要比前者（70.88 － 59.12 ＝ 11.76）小得多。

三、抽樣誤差率的觀點

　　前文曾提及，抽樣的目的是：經由樣本資料以推論母群資料。假設，某電視收視率調查公司從大台北區的電話簿中，隨機抽取 1650 人調查他們：「你目前正在收看哪一台的電視新聞？」調查結果顯示，A 電視台的新聞最受歡迎，其收視率為 17.5 ％；又假設，大台北區有五百萬人，那麼調查報告常會這樣寫：「大台北區民眾最常收看 A 台的電視新聞，收視率為 17.5 ％。」而不會出現如下的敘述：「大台北區有 1650 人反應，最常收看 A 台的電視新聞，這些人的收視率為 17.5 ％。」易言之，調查是以 1650 人之樣本所得的結果，來推論五百萬人之母群的電視新聞收視情況。因 1650 人的特性並不等於五百萬人的特性，所以用 1650 人所得的 17.5 ％來推論五百萬人的情況，是不可能百分之百正確的。職是之故，就因為樣本不等於母群，致由樣本而來的結果，與從母群所得結果之間一定會有誤差存在。樣本資料和母群資料之間誤差的原因相當多，不一而足，其中最主要的原因是「抽樣誤差」（sampling error）；所謂抽樣誤差，是指所抽樣本不能真正具有代表性因而產生的誤差（張春興，民 78）。產生抽樣誤差的原因，主要是由樣本大小所造成。

　　理論上，假如合乎抽樣原理的話，那麼樣本愈大，則抽樣誤差會愈小；換言之，調查的人愈多，則抽樣調查的結果愈具代表性與正確性。這種現象還真驗證了近代大詩人徐志摩之所言：「數大便是美。」研究實務上，常用抽樣誤差率（sampling error rate）來說明抽樣誤差的現象。正常情況下，很少有人會對母群進行普查以蒐集資料，所以也就無從了解抽樣誤差率的精確值。因此，在 95 ％的信賴水準下，一般研究都用下述公式來估計抽樣誤差率。

$$抽樣誤差率 = \frac{1}{\sqrt{N}} \qquad N:樣本大小 \qquad （公式 8-4）$$

我們常可發現，在報章雜誌上的民意調查報告裡，都會出現樣本大小與抽樣誤差率的相關數據。例如，在某一選舉之政黨支持率的調查研究報告中，呈現下述的資料：

成功樣本數為 875 人，在百分之九十五的信賴水準下，抽樣誤差率約為正負三點四個百分點。

上例的「875 人」就是樣本大小，「正負三點四個百分點」（±3.4%）就是抽樣誤差率；「百分之九十五的信賴水準」則是指，真實數據（真正的支持率）落入抽樣調查所得之數據加減一個抽樣誤差率後，所形成之信賴區間的機率有 95%。前例數據之計算方式，詳見下式：

$$\frac{1}{\sqrt{875}} \fallingdotseq \pm.03380617 \fallingdotseq \pm.034 = \pm3.4\%$$

再假如，前述之研究調查 X、Y 和 Z 三個政黨，它們所獲支持率分別是：

X 政黨→35.7% 　Y 政黨→32.9% 　Z 政黨→19.8%

那麼依抽樣誤差率的原理，三個政黨在百分之九十五的信賴水準下，其被支持率應為：

X 政黨→35.7%±3.4%→32.3%～39.1%
Y 政黨→32.9%±3.4%→29.5%～36.3%
Z 政黨→19.8%±3.4%→16.4%～23.2%

　　前述「32.3％～39.1％」、「29.5％～36.3％」或「16.4％～23.2％」這些可能的區間，就稱之為信賴區間（confidence interval）。有了抽樣誤差率的觀念後，當看到「X政黨的支持率是35.7％、Y政黨的支持率是32.9％」時，就不能武斷地說，X政黨的支持率高於Y政黨。因為X政黨的真實支持率是在32.3％至39.1％之間，Y政黨的真實支持率則是在29.5％至36.3％之間，所以Y政黨的支持率（如36.1％）有可能會高於X政黨（如33.5％）。現在如將前例的樣本大小從875人增大一倍至1750人，再來看看抽樣誤差率會有怎樣的變化？

$$
抽樣誤差率 = \begin{cases} \dfrac{1}{\sqrt{875}} \fallingdotseq \pm.03380617 \fallingdotseq \pm.034 = \pm 3.4\% \\[2ex] \dfrac{1}{\sqrt{1750}} \fallingdotseq \pm.02390457 \fallingdotseq \pm.024 = \pm 2.4\% \end{cases}
$$

　　這二者之間的變化情形如表 8-1。

表 8-1　樣本大小與抽樣誤差率之關係舉隅

樣本大小	抽樣誤差率
875	±3.4％
1750	±2.4％
（增大一倍）	（減小 0.29 倍）

　　從表 8-1 可明顯地看出：當樣本大小變大時，其抽樣誤差率會相對的變小。若我們將樣本增大至無限大（∞）時，則其抽樣誤差率將趨近於零；換言之，假如資料是來自於母群的話，那麼將不會產生誤差（周文欽，民 87b）。這個現象可以下式表之。

$$抽樣誤差率 = \frac{1}{\sqrt{\infty}} = \pm\frac{1}{\infty} \rightarrow 趨近於\ 0$$

　　綜上所述，可以發現樣本大小愈大時，則抽樣所得之數據結果的誤差會愈小（見公式8-2、8-3和8-4）。另有抽樣方法學者（儲全滋，民81）將此種誤差稱之為統計誤差，並歸納出其種類有三：1.抽樣設計的誤差，源之於母群定義的不當，及以不當的抽樣調查之資料代表母群；2.非抽樣誤差，又分成調查誤差及調查以外的工作誤差，前者的原因有動機上的因素、表達的缺陷，及資料情報的不熟悉和記憶不清等，後者的原因如工作效率或行政上的疏失等；3.抽樣誤差，即本節之三所述的內涵。

第三節　簡單隨機抽樣

　　簡單隨機抽樣（simple random sampling）是一種最典型與最具代表性的機率抽樣方法，此種方法又可分成兩種：第一種是抽籤法，另一種是利用亂數表（random-number table）法。

一、　抽籤法

　　抽籤法首先要備妥抽樣架構，並將抽樣架構內的每一個元素或抽樣單位加以編號，並製成號碼牌；編號的起點和終點視抽樣架構內的元素個數而定。抽樣架構的元素個數如是二位數，要從01編起；如是三位數，則從001編起；如是四位數，則從0001編起，以此類推。編號要一直編至將每個抽樣單位都編妥為止，如抽樣架構有768個單位，

則要從 001 號編至 768 號。號碼牌編畢後，再將所有的號碼牌置入一事先準備好的箱內或袋中；接著，伸手入其內開始抽，一直抽至達到所欲得的樣本數為止。

假設，本屆立委有 250 位，現在要利用抽籤法抽取 30 位立委進行問卷調查。那麼，首先拿出立委名錄（抽樣架構），並依此製作號碼牌，編號從 001 至 250；接著，將號碼牌投入箱內，依序抽出，每次抽出一張號碼牌，直到抽足 30 張號碼牌為止，這 30 張號碼牌之號碼所代表的立委，就是我們問卷調查的樣本。

抽籤法又可分成二種：第一種稱為置還抽樣（sampling with replacement），它是指將所抽到的號碼牌（要先登記其號碼）重新放入箱內，再抽取另一個的抽樣方法（當然，被重複抽到的樣本，只能計一次）；第二種稱為非置還抽樣（sampling without replacement），它是指不將所抽到的號碼牌，重新再放入箱內，就繼續進行抽樣的抽樣方法。置還抽樣的最大特點，是能確保每個抽樣單位被抽中的機率（機會）是相等的。以前例來說明，抽樣架構內中每位立委被抽到的機率都是 250 分之 1。然而，如使用非置還抽樣，則每位立委被抽到的機率就不一樣了；例如，第一位是 250 分之 1，第二位是 249 分之 1，第三位是 248 分之 1，以此類推，抽到第 30 位時，其機率為 221 分之 1。儘管使用非置還抽樣，每個抽樣單位被抽中的機率是不相等的，不過假如母群夠大，樣本大小又夠小的話，則此種機率不均等所產生的影響是可以被忽略的（換言之，是沒什麼關係的）。

二、 利用亂數表法

當抽樣架構非常大時（例如 25000 個單位），製作號碼牌再抽取將相當費時費力，這個時候可利用亂數表來抽樣。所謂亂數表（random-number table），是指利用機率原理編成的號碼表，編製時將 0 至

9 的十個數字重複以隨機方式抽出,編成連續的號碼,每一數字之間毫無規律可言(張春興,民 78,第 538 頁)。為了使用上的方便,亂數表有各種不同的呈現方式,表 8-2 是最基本的亂數表,表 8-3 及表 8-4 則為常見或使用較廣的亂數表。

利用亂數表抽樣常會隨亂數表形式的不同,而略有差異,不過其原則只有二種:第一種是將表內的所有數字,視為是一組連續不斷的數列,再依序抽取之;第二種是將表內的數字視為是由許多位數不等之「數組」所組成的數組表,再以數組為單位抽取之。事實上,就算使用同一種形式的亂數表,也可分別運用前述二原則來抽樣;不過假如是使用有數組的亂數表(如表 8-3 或表 8-4),則運用數組為單位來抽樣會方便些。一般而言,利用亂數表抽樣的步驟,有下述諸端:

1.依據抽樣架構,對每個抽樣單位加以編號。

2.依隨機的方式決定抽樣的亂數表之頁數及起點。

3.決定查表的行進順序或走向。

4.依抽樣架構的個數決定所要之數字的位數(如以數組為單位來抽樣,那麼還要決定所要抽取之數字的位置)。

5.進行樣本抽取。

接著,以下例來說明利用亂數表來抽樣的具體方法:

> 從學生數為 650 人的空中大學宜蘭學習指導中心,抽取 35 位學生來做研究,試問如何利用亂數表來抽樣。

現在以表 8-4 的亂數表進行抽樣的依據。首先對該中心的學生名冊(抽樣架構)之每位學生加以編號,從 001 至 650;接著拿一支筆在表上轉動,靜止時筆尖指著第五橫行與第三直列交集的那一組(80157),這一組就是抽樣的起點。現在查表的行進方向是由左至右,至極右再往下一橫行,還是由左至右查,每次查一組數字。因抽

表 8-2　亂數表舉隅一（部分）

```
9 9 0 4 8 2 9 1 6 0 6 6 3 5 3 3 3 1 9 5 8 0 2 0 8 4
5 5 5 7 0 4 8 5 9 2 8 1 9 4 3 4 2 1 7 3 6 6 6 2 4 1
5 2 3 4 1 8 5 6 2 3 9 3 4 2 1 3 9 7 9 9 5 9 8 9 6 1
2 1 2 8 8 1 2 9 4 5 9 2 6 6 6 1 6 2 9 7 9 0 8 5 7 3
0 4 7 1 4 3 8 7 0 7 5 8 3 4 0 8 0 5 1 6 2 5 7 0 2 0
5 4 8 8 0 4 1 8 1 0 7 2 3 9 2 9 7 2 5 2 1 0 7 7 3 7
6 9 1 2 3 0 3 6 6 1 6 7 6 0 3 5 0 4 5 3 8 2 6 5 1 6
5 8 8 7 4 2 2 7 5 6 3 6 5 8 8 8 3 9 6 9 7 0 8 2 1 8
7 6 7 8 8 2 8 8 4 3 8 2 7 3 7 8 2 8 4 1 7 3 0 7 1 5
5 5 8 9 9 8 1 0 0 1 1 2 9 8 7 5 8 7 5 1 6 4 1 3 3 7
0 0 3 7 3 5 0 2 3 1 7 1 0 2 0 3 5 2 6 3 5 1 6 1 2 6
8 0 9 2 4 8 2 3 0 6 0 0 4 3 0 2 3 3 3 2 9 8 6 4 7 0
9 2 5 5 3 0 2 5 8 3 1 5 7 6 0 0 4 8 0 9 4 4 5 1 2 9
0 0 8 3 8 6 0 5 7 9 3 9 6 3 6 6 6 9 3 3 0 7 4 9 2 2
0 3 0 2 6 2 5 0 8 4 9 7 7 0 6 6 8 7 6 2 6 9 3 3 3 8
9 2 2 1 2 3 3 3 6 7 6 0 9 0 0 9 7 0 2 7 5 7 3 6 2 8
6 2 3 8 3 5 3 1 7 4 3 4 8 6 1 5 2 2 1 2 0 4 9 1 5 3
6 4 3 3 1 8 8 3 0 5 9 9 0 3 9 6 7 7 2 9 3 2 4 8 8 7
2 3 4 7 5 9 2 8 4 0 1 8 1 2 6 6 5 3 9 3 9 7 8 3 9 4
0 7 3 5 0 7 4 8 9 4 3 2 6 1 1 1 9 5 7 8 5 2 7 1 8 7
8 6 8 4 5 6 9 8 0 4 1 3 9 6 2 0 9 3 1 4 9 2 3 5 4 9
9 5 1 8 3 3 5 1 1 0 5 8 8 0 3 3 4 7 2 8 2 0 5 1 9 0
4 5 2 6 4 5 1 7 2 8 3 6 1 3 8 5 3 5 5 0 5 1 1 0 1 0
5 1 9 3 3 9 1 5 2 3 7 5 4 0 4 4 6 4 6 9 3 8 7 1 9 5
4 8 5 4 8 6 0 0 3 0 7 3 5 6 3 5 3 9 0 4 3 0 0 3 1 9
8 3 0 0 6 2 2 2 9 1 1 0 4 3 6 1 2 3 1 1 1 2 3 4 3 7
6 2 2 0 6 3 7 0 8 6 4 6 9 3 6 2 4 5 5 7 0 4 2 2 5 6
4 8 6 0 5 3 6 2 9 1 0 8 2 1 7 4 2 5 4 9 8 8 3 6 2 9
3 9 0 1 2 4 1 7 4 6 9 2 9 5 1 2 6 5 6 8 2 6 7 5 9 0
9 2 2 7 1 4 7 5 9 1 8 9 9 5 6 2 7 8 1 5 5 1 1 2 1 2
7 7 7 3 3 5 2 4 8 2 1 0 3 0 0 4 8 5 5 9 2 6 4 4 7 6
8 3 8 8 2 4 0 2 0 5 7 3 8 7 5 5 9 3 9 5 7 1 6 7 9 6
4 7 1 1 1 2 9 6 7 3 0 7 4 4 3 8 1 3 1 1 9 0 4 0 7 7
4 5 9 8 6 1 1 5 1 1 1 7 4 6 7 4 7 2 4 7 5 8 6 3 4 9
5 1 2 7 7 6 1 6 2 2 6 2 4 8 7 5 0 5 3 9 9 3 8 0 8 6
```

資料來源：*Research methods* (4th ed.)(p.392), by D. H. McBurney, 1998, Pacific Grove, CA: Brooks/Cole.

表 8-3　亂數表舉隅二（部分）

```
03 99 11 04 61   93 71 61 68 94   60 08 32 46 53   84 60 95 82 32   88 61 81 91 61
38 55 59 55 54   32 88 65 97 80   08 35 56 08 60   29 73 54 77 62   71 29 92 38 53
17 54 67 37 04   92 05 24 62 15   55 12 12 92 81   59 07 60 79 36   27 95 45 89 09
32 64 35 28 61   95 81 90 68 31   00 91 19 89 36   76 35 59 37 79   80 86 30 05 14
69 57 26 87 77   39 51 03 59 05   14 06 04 06 19   29 54 96 96 16   33 56 46 07 80

24 12 26 65 91   27 69 90 64 94   14 84 54 66 72   61 95 87 71 00   90 89 97 57 54
61 19 63 02 31   92 96 26 17 73   41 83 95 53 82   17 26 77 09 43   78 03 87 02 67
30 53 22 17 04   10 27 41 22 02   39 68 52 33 09   10 06 16 88 29   55 98 66 64 85
03 78 89 75 99   75 86 72 07 17   74 41 65 31 66   35 20 83 33 74   87 53 90 88 23
48 22 86 33 79   85 78 34 76 19   53 15 26 74 33   35 66 35 29 72   16 81 86 03 11

60 36 59 46 53   35 07 53 39 49   42 61 42 92 97   01 91 82 83 16   98 95 37 32 31
83 79 94 24 02   56 62 33 44 42   34 99 44 13 74   70 07 11 47 36   09 95 81 80 65
32 96 00 74 05   36 40 98 32 32   99 38 54 16 00   11 13 30 75 86   15 91 70 62 53
19 32 25 38 45   57 62 05 26 06   66 49 76 86 46   78 13 86 65 59   19 64 09 94 13
11 22 09 47 47   07 39 93 74 08   48 50 92 39 29   27 48 24 54 76   85 24 43 51 59

31 75 15 72 60   68 98 00 53 39   15 47 04 83 55   88 65 12 25 96   03 15 21 91 21
88 49 29 93 82   14 45 40 45 04   20 09 49 89 77   74 84 39 34 13   22 10 97 85 08
30 93 44 77 44   07 48 18 38 28   73 78 80 65 33   28 59 72 04 05   94 20 52 03 80
22 88 84 88 93   27 49 99 87 48   60 53 04 51 28   74 02 28 46 17   82 03 71 02 68
78 21 21 69 93   35 90 29 13 86   44 37 21 54 86   65 74 11 40 14   87 48 13 72 20

41 84 98 45 47   46 85 05 23 26   34 67 75 83 00   74 91 06 43 45   19 32 58 15 49
46 35 23 30 49   69 24 89 34 60   45 30 50 75 21   61 31 83 18 55   14 41 37 09 51
11 08 79 62 94   14 01 33 17 92   59 74 76 72 77   76 50 33 45 13   39 66 37 75 44
52 70 10 83 37   56 30 38 73 15   16 52 06 96 76   11 65 49 98 93   02 18 16 81 61
57 27 53 68 98   81 30 44 85 85   68 65 22 73 76   92 85 25 58 66   88 44 80 35 84
```

資料來源：**民意調查**（第 337 頁），賴世培、丁庭宇、莫季雍、
　　　　夏學理著，民 85，台北：國立空中大學。

表 8-4　亂數表舉隅三（部分）

```
10097  32533  76520  13586  34673  54876  80959  09117  39292  74945
37542  04805  64894  74296  24805  24037  20636  10402  00822  91665
08422  68953  19645  09303  23209  02560  15953  34764  35080  33606
99019  02529  09376  70715  38311  31165  88676  74397  04436  27559
12807  99970  80157  36147  64032  36653  98951  16877  12171  76833

66065  74717  34072  76850  36697  36170  65813  39885  11199  29170
31060  10805  45571  82406  35303  42614  86799  07439  23403  09732
85269  77602  02051  65692  68665  74818  73053  85247  18623  88579
63573  32135  05325  47048  90553  57548  28468  28709  83491  25624
73796  45763  03529  64778  35808  34282  60935  20344  35273  88435

98520  17767  14905  68607  22109  40558  60970  93433  50500  73998
11805  05431  39808  27732  50725  68248  29405  24201  52775  67851
83452  99634  06288  98083  13746  70078  18475  40610  68711  77817
88685  40200  86507  58401  36766  67951  90364  76493  29309  11062
99594  67348  87517  64969  91826  08928  93785  61368  23478  34113

65481  17674  17468  50950  58047  76974  73039  57186  40218  16544
80124  35635  17727  08015  45318  22374  21115  78253  14385  53763
74350  99817  77402  77214  43236  00210  45521  64237  96286  02655
69916  26803  66252  29148  36936  87203  76621  13990  94400  56418
09893  20505  14255  68514  46427  56788  96297  78822  54382  14598

91499  14523  68479  27686  46162  83554  94750  89923  37089  20048
80336  94598  26940  36858  70297  34135  53140  33340  42050  82341
44104  81949  85157  47954  32979  26575  57600  40881  22222  06413
12550  73742  11100  02040  12860  74697  95544  89439  28707  25815
63606  49329  16505  34484  40219  52563  34651  77082  07207  31790
```

資料來源：*Methods of social research* (p.478), by K. D. Bailey, 1987, New York: The Free Press.

樣架構是三位數（650），所以要取每組數字的其中三位數，現在我們
要取的是每組數字的最左三個數字。依上述的步驟，抽取的第一組號
碼是 801，已經超出抽樣架構的編號（最大值是 650），所以要捨棄
之。

　　第二組是 361，這是我們要的，所以保留之。第三組是 640，要保
留；再其次為 366，也要保留；再下一個是 989，要捨棄之，繼續往下
抽，遇到已保留的號碼則跳過去。依此類推，我們所抽到的樣本編號
分別是（從第一個開始）：361、640、366、168、121、340、398、
111、291、310、108、455、353、426、074、234、097、020、186、
635、321、053、470、575、284、287、256、457、035、647、358、
342、609、203 和 352 等 35 個。

　　很明顯的可以看出來，前述的抽樣是以「數組」為單位來進行
的，現在我們將表 8-4 視為一連續不斷的數列，再行抽樣之，看其結
果如何。第一個步驟是一樣的，即對抽樣架構加以編號（001 至
650），第二個步驟也相同，剛好也點到 80157 這一數組，不過筆尖是
停在「80157」的「1」上，所以這裡的 1 就是抽樣的起點。這一次查
表的方向仍然一樣（即由左至右，往下一行，還是由左至右），唯一
不同的是，從 1 開始，每三位數視為一個單位，再查看它們是否是我
們要取的樣本。依此方法查之，前七個單位的編號分別是 157、361、
476、403、236、653 和 989；這七個號碼有我們要的（小於 650
者），有我們不要的（大於 650 者，如 653 和 989），當然也有可能
是重複的號碼（所有重複的號碼都只取第一次，其餘皆捨棄之）。照
這種方法所抽到的樣本編號，分別是：157、361、476、403、236、
511、171、336、606、574、340、036、361、581、339、111、031、
060、108、054、557、182、406、353、034、261、486、074、392、
309、202、051、574、538 和 524 等 35 個。

　　前例所引之亂數表（表 8-4）只有一頁，但正式的亂數表都不止

一頁，這時在決定查表的起點之前，就須先決定要使用之亂數表的頁數；當然，決定之道，也是要運用隨機的方法（如抽籤法）。這也是前文所述，利用亂數表的第二個步驟：「依隨機的方式決定抽樣的亂數表之頁數及起點。」的涵義。

第四節　系統隨機抽樣

　　從前一節的抽樣方法可發現，不論是使用抽籤法或利用亂數表來抽樣，當遇到抽樣架構或樣本大小都很大時，就會顯得很不經濟，此時就可運用系統隨機抽樣來抽樣。所謂系統隨機抽樣（systematic random sampling），是指依據某種次序標準，從隨機的抽樣架構內抽取樣本元素的歷程。這個定義裡的「次序標準」，通常是指抽樣架構內每隔若干個元素抽取一個；例如，每隔十個元素抽一個，若要抽的第一個編號是 01，則要抽取抽樣架構內的第 01、11、21、31 和 41……個元素。

　　系統隨機抽樣與簡單隨機抽樣都能抽得隨機樣本，而且這兩種抽樣法都需要一份抽樣架構（sampling frame），唯一不同的是，系統隨機抽樣之抽樣架構內的元素排列次序一定要是隨機的，即不能有特定或規則可循的排序。例如，郵政單位提供的資料是依郵遞區號排序，軍中部隊的名冊可能是依身高或官階（如部隊每一班的第一個人可能都是班長，或都是身高最高者）排序，這些母群所構成的抽樣架構的元素排序都是非隨機的。再如，學校班級之學生座位表也常是非隨機的，因目前的座位表幾乎都是按身高高低來編號。現行各地區電話簿的電話號碼排序就是隨機的，因此，它是一份很好的抽樣架構。系統隨機抽樣的步驟如下述：

　　1.確定抽樣架構的範圍。

2.決定樣本大小。

3.計算抽樣組距（即每間隔幾個抽取一個）。

4.用隨機的方法決定組距的抽樣起點。

5.從起點開始，每間隔一組距開始抽樣，一直抽至額滿為止。

現以下例介紹系統隨機抽樣的具體方法：

若某工會的會員名冊有 1400 人，試以系統隨機抽樣法，抽取 200 人進行有關勞資糾紛之處理方式的問卷調查。

上例的抽樣架構為 1400，樣本大小為 200，則抽樣組距為 7（1400 ÷ 200 ＝ 7），亦即從抽樣架構中，每間隔 7 人抽取 1 人。接著是決定抽樣的起點，而且要用隨機的方法來決定。一般的做法為，用抽籤的方式抽取組距（即 7）內的任何一個數字（即從 1 至 7 內的任一數）。比方說，抽到的數字是 5，那麼要抽的樣本，分別是抽樣架構內的第 5、12、19、26、33、40、47、54、61……個元素，抽足 200 個為止。請試著算算，最後三個元素是不是抽樣架構內的第 1384、1391 和 1398 個元素。

第五節　分層隨機抽樣

我們都知道，男、女對於婚前性關係的態度會有顯著的差異，假如運用前述二種抽樣法抽取 120 個大學生進行調查，很不湊巧的是，女生抽到 110 人，男生抽到 10 人，試問此種抽樣調查所得之結果具有推論性或代表性嗎？就因母群中常有很明顯的次團體（subgroup）或層（strata）的存在，而簡單隨機抽樣與系統隨機抽樣又都無法抽得符合母群特性的樣本，這時就可利用分層隨機抽樣（stratified random sampling）來抽樣。

　　所謂分層隨機抽樣，是指先將抽樣架構內的元素或抽樣單位分成若干個層，再計算出各層所占的比率與樣本大小，接著使用簡單隨機或系統隨機抽樣法來抽取樣本的歷程。這裡的「層」，常用的有性別、年級、年齡、區域（行政區或都會區與鄉鎮區）、職業別、教育程度等。至於要分成哪些層，則要視研究需求或所擬探討之問題的性質而定。例如，當分析投票意願時，則諸如行政區、省籍，和年齡等都是重要的層；再如，美國測驗學者在為建立智力測驗常模（見第十章）而抽樣時，則種族（如白人、黑人，亞裔人等）就是一個很重要的層。分層隨機抽樣有下述六個步驟可供遵循：

　　1.分析並決定母群的層。

　　2.蒐集抽樣架構及各層之元素個數的數據資料。

　　3.計算各層的元素比率。

　　4.決定樣本大小。

　　5.計算各層的抽樣個數。

　　6.選擇適宜的抽樣法進行抽樣。

　　現以下例說明分層隨機抽樣的具體方法：

某隔空教育學者擬於某學年度上學期抽取國立空中大學學生 2000 人，進行有關選課態度的問卷調查。假設該學期共有 45000 人選課，其中男生 15750 人，女生 29250 人；而在各學習中心的選課人數分布上，基隆中心有 1080 人、台北中心有 19125 人、新竹中心有 2295 人、……。試問如何運用分層隨機抽樣來進行抽樣。

　　1.國立空中大學在全國共設立十三個學習指導中心（簡稱中心，包含基隆、台北、台北二、新竹、台中、嘉義、台南、高雄、台東、花蓮、宜蘭、金門、澎湖），各個不同地區的學生與不

同性別的學生選課態度會有所不同，所以特將國立空中大學學生母群分成中心及性別兩層。

2. 抽樣架構有 45000 個元素；性別方面：男生有 15750 個元素、女生有 29250 個元素；十三個學習中心方面：基隆中心有 1080 個元素、台北中心有 19125 個元素、新竹中心有 2295 個元素、……。

3. 性別這一層的元素比率：男生→15750 ÷ 45000 ＝ 35 ％、女生→29250 ÷ 45000 ＝ 65 ％；中心這一層的元素比率：基隆中心→1080 ÷ 45000 ＝ 2.4 ％、台北中心→19125 ÷ 45000 ＝ 42.5 ％、新竹中心→2295 ÷ 45000 ＝ 5.1 ％、……。

4. 樣本大小為 2000 人。

5. 此次問卷調查各層的抽樣個數：基隆中心抽取 48 人（2000 × 2.4 ％），其中男生為 17 人（48 × 35 ％），女生為 31 人（48 × 65 ％）；台北中心抽取 850 人（2000 × 42.5 ％），其中男生為 298 人（850 × 35 ％），女生為 552 人（850 × 65 ％）；新竹心中抽取 102 人（2000 × 5.1 ％），其中男生為 36 人（102 × 35 ％），女生為 66 人（102 × 65 ％）；……。

6. 各中心的抽樣人數依各中心的抽樣架構（學生選課名冊），用抽籤法、亂數表法或系統隨機抽樣法抽取之。

前述三節所探討之簡單、系統及分層等三種隨機抽樣法，都須利用到抽樣架構，再從中抽取個別的元素。惟，有些時候無法取得抽樣架構，或無法一個元素一個元素逐一去抽樣，這時就可使用叢集抽樣。叢集抽樣（cluster sampling）是先將母群分成若干個群（group），這些群稱之為叢集（cluster），再依隨機原理抽取若干個群當樣本。在抽樣實務上，常將叢集抽樣和其他多種隨機抽樣法綜合運用，很少是單獨使用。例如，前述抽取國立空中大學 2000 位學生的過程中，我們可使用「面授班」為叢集，抽取欲得之各中心的樣本，惟

抽取的面授班仍要依隨機原理決定之。叢集抽樣法最常在教育或教學情境中使用。

第六節　非機率抽樣

非機率抽樣（nonprobability sampling），是泛指不依機率原則所進行的抽樣行為；此種抽樣方法中每個元素被抽中的機會並不相等，頗有便宜行事之勢，所以它又稱為便利抽樣（convenience sampling）。非機率抽樣所抽得的樣本非屬隨機樣本，所以無法確定其抽樣分配；因此，也就無法去估計其抽樣誤差（見本章第二節之三）。常見的非機率抽樣有偶然抽樣、目的抽樣，及配額抽樣等多種不同的型態。

一、偶然抽樣

偶然抽樣（accidental sampling）又稱為有效性抽樣（availability sampling），是一種最常用的非機率抽樣，它是以被偶然遇到之對象的可利用性與自在性為基礎的抽樣法。例如，電視新聞記者在街上採訪路人對某突發事件的看法，該記者尋覓被採訪對象的過程就是偶然抽樣。因為被採訪對象須有採訪價值，而且該對象也願意被採訪，在鏡頭前亦能自在；更重要的是，該樣本要「偶然」地被記者不期而遇，這也是被稱為偶然抽樣的原因。

二、目的抽樣

有些研究計畫，特別是實驗研究或先導研究（pilot study），可能

需要特殊的對象做為研究樣本,這時就可使用目的抽樣來挑選研究對象。所謂目的抽樣(purposive sampling),是泛指獲取特定種類之研究對象的歷程。例如,心理學教授利用他任教班上的學生做為某項心理學實驗的受試者,婦產科大夫直接詢問由他做產前檢查的孕婦有關害喜的經驗;再如,筆者對選修本課程之任教的學生發出問卷,調查對本課程之教科書的意見。前述種種抽取研究對象的方法,都是屬於目的抽樣的範圍。

三、配額抽樣

配額抽樣與分層隨機抽樣相當類似,其不同處是:分層隨機抽樣是從各層中隨機抽取各個元素,而且各「層」是確實存在;配額抽樣也分層,不過卻是目的分層或偶然分層,分層後的抽樣也不隨機。所謂配額抽樣(quota sampling),是指依母群內想像存在的類別為基礎,並分配比率再抽取元素的歷程(Dane, 1990)。簡言之,它是透過母群內的特殊型態之配額來抽取代表性的樣本。假設,某特定年齡層預估有一半是女性,而且有16%的男性與14%的女性是左利者(即左撇子)。現在要抽取 100 個人為樣本,且要兼顧性別及左利和右利者的代表性,則依此前提可分成四種配額:8 位左利男性(100 × 50% × 16%)、42 位右利男性,7 位左利女性(100 × 50% × 16%),及 43 位右利女性(Breakwell, Hammond, & Fife-Schaw, 1995)。

關鍵詞彙

樣本	母群
調查	普查
抽樣	機率抽樣
非機率抽樣	抽樣架構
樣本大小	母數
統計數	推論統計數
估計數	標準差
估計標準差	標準誤
抽樣分配	平均數分配的標準誤
抽樣誤差	抽樣誤差率
簡單隨機抽樣	抽籤法
置還抽樣	非置還抽樣
亂數表	系統隨機抽樣
分層隨機抽樣	叢集抽樣
偶然抽樣	有效性抽樣
目的抽樣	配額抽樣
便利抽樣	

自我評量題目

1. 何謂樣本？何謂母群？並舉例說明之。

2. 在抽樣的過程中應如何決定樣本大小？試申述之。

3. 解釋下列名詞：

   抽樣架構　　　抽樣分配　　　抽樣誤差

4. 某民意調查依據有效樣本數 1045 人，求得三位候選人的支持率分別為：張大華 31.7 ％、王建國 29.5 ％、徐子健 28.3 ％。試求在 95 ％的信賴水準下，各候選人之支持率的信賴區間各為何？

5. 假設某醫院有住院醫師 375 人，現擬從中抽取 35 人實施有關健保給付的問卷調查。試依表 8-2 之資料進行亂數表法抽樣，並詳述抽樣過程。

6. 試說明系統隨機抽樣的涵義及步驟，並舉例說明之。

7. 試說明分層隨機抽樣的涵義及步驟，並舉例說明之。

8. 何謂非機率抽樣？其主要的型態又有哪些？

9. 試比較機率抽樣與非機率抽樣的差異處。

10. 假設要在高雄市進行包括 1500 人之樣本的電視收視率調查，試問應如何抽樣？

第九章

問卷

學 習 目 標

——研讀本章內容之後，學習者應能達成下列目標：

1. 說出問卷的定義及其與測驗的差異處。
2. 了解問卷的優點和缺點。
3. 說出問卷的種類，並舉例說明。
4. 了解問題的主要類型及其涵括的內容。
5. 了解設計問卷的基本步驟。
6. 了解設計問卷的一般原則。

大　綱

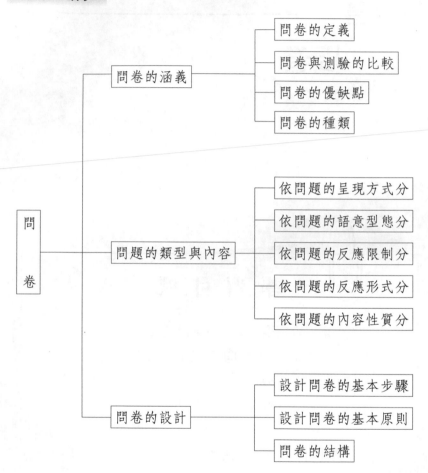

摘　要

　　問卷是由 questionnaire 翻譯而來，其原意是指一組問題或問題的集合，目前大都將其定義為：問題所組合而成的表格。問卷的主要功能是在蒐集量化資料，不過也可用來蒐集質化資料。問卷與測驗的概念相當類似，不過仍可從編製的過程，蒐集資料的性質，及結果的分析分辨其差異。問卷可分成結構式問卷與非結構式問卷兩大類。

　　問題是構成問卷的樞紐。依問題的呈現方式，可將其分成圖畫問題與文字問題；依問題的語意型態，可將其分成敘述句問題與問句問題；依問題的反應限制，可將其分成封閉式問題與開放式問題；依問題的反應形式，可將其分成類別反應問題、評定量表反應問題與排序反應問題；依問題的內容性質，可將其分成基本資料問題、行為問題、態度與意見問題、知識問題及期望與抱負問題。

　　設計問卷有六個基本步驟：1.確定所要探索的資料是什麼，2.決定問卷的實施方式，3.撰擬問卷的初稿，4.檢核問卷初稿並修正之，5.預試，6.編輯問卷與詳述實施步驟。設計問卷也有若干要遵守的一般原則，而且問卷也有其固定的結構。

　　問卷可能是社會及行為科學領域中最常運用的研究工具，其中尤以在實徵性研究方法裡為甚。問卷的最主要長處，是在蒐集資料的方法上，它具有明顯的簡易性、可變通性（versatility）及低成本性（Breakwell, Hammond, & Fife-Schaw, 1995）。在許多的研究主題上，問卷所提供的資料具有很理想的品質，以驗證假設及做出務實的政策性建議。本章的旨趣即在探討有關問卷這種研究工具，首先說明問卷的涵義，接著論述構成問卷之主體的問題之類型，最後呈現設計問卷的方法與步驟。

第一節　問卷的涵義

　　本節旨在說明問卷的涵義，分別從問卷的定義，問卷與測驗的比較，問卷的優、缺點及問卷的類別加以介紹。

一、問卷的定義

　　問卷這個字是由questionnaire翻譯而來，它的原意是「一組問題」（a set of questions）或是「問題的集合」（a collection of questions）（Rubin & Babbie, 1993）。這些問題通常都以文字的形式印製在一份表上，所以更貼切的說法，問卷就是「問題所組合而成的表格」。

　　問卷的主要功能是在蒐集「量化資料」（quantitative data），例如：國立空中大學學生中擁有碩士學位的比率有多少？從來不看外國片的小學生有多少？某日收看某電視台晚間新聞的收視率有多少？當然，有些研究也會運用問卷來蒐集「質化資料」（qualitative data），例如：為何已有碩士學位的人還來國立空中大學註冊選課？為什麼有些大學生從來不曾看過國產片？為什麼晚間的電視新聞總是某電視台

的收視率最高？問卷用來蒐集質化資料時，大都是用在深層研究、先導研究（pilot study）或田野調查的研究上。因問卷的主要功能是在蒐集量化資料，所以當蒐集質化資料時，須考慮到資料在統計分析與整理上的限制。

　　問卷可用來蒐集具體客觀的事實性資料，也可用來蒐集抽象主觀的態度與意見資料，因蒐集資料的不同，問卷中之問題的呈現方式也會隨之而有不同，尤其是在答題方式上更是明顯，這種現象在下文裡會陸續介紹。問卷可僅僅用在描述研究變項的現況或現象，也可用於分析或探討多個研究變項間的相互關係。

二、問卷與測驗的比較

　　問卷與測驗都是社會及行為科學研究中最常使用來蒐集資料的工具，兩者的涵義很類似，甚至有些學者視其為同一物（如，Rust & Golombok, 1989）；惟，若從問卷與測驗的定義來解讀，這二者仍有其相異之處，本書將這二種蒐集資料的工具分成兩章來探討，就是基於這個緣由。有關測驗的相關涵義與概念，請詳見第十章，本章不予贅述。問卷與測驗的主要差異處約有下述三點。

(一)編製的過程

　　問卷的編製過程較富彈性，只要研究需要，問卷可涵括各式各樣的題目（即問題）；測驗的編製過程則非常嚴謹，必須遵守一定的規範或步驟。一言以蔽之，這兩種工具在編製過程上的差異，主要是呈現在「標準化」（standardization）上；即問卷的編製通常較少有標準化的過程，然測驗的編製過程，一定要依循標準化的步驟與方法。標準化的概念請參閱第十章第一節。就因標準化程度的不同，所以測驗編製過程中一定要具備的試題分析（item analysis）、信度（reliability）及效度（validity）研究，在問卷的編製過程裡常付諸闕如。

(二)蒐集資料的性質

問卷可蒐集事實性的資料（如家裡有沒有電漿電視，看不看CNN新聞，最理想的子女數是幾個等），也可蒐集如意見、興趣與態度等心理性資料；然測驗則大都是在蒐集心理性的資料，包括智力、性向、成就、人格、興趣、態度等。問卷與測驗雖都可用來蒐集諸如態度或興趣等心理性資料，但問卷所蒐集資料之標的，都是針對特定事件、問題或現象，如：你最感興趣的學科，你對教師罷工權的態度如何等；測驗所蒐集的資料，則大都是具有普遍性與一般性，並不蒐集具有特殊性的資料。職是，問卷所蒐集的資料大都是較具體與客觀的；測驗所蒐集的資料則較趨向於抽象與主觀的。

(三)結果的分析

因問卷主要是在蒐集較具特殊性的資料，測驗則是在蒐集較普遍性的資料，致問卷題目所涵蓋的範圍與屬性，要比測驗來得廣泛與複雜。因此，問卷常是一個題目測量一個概念，測驗則常是多個題目測量一個概念。所以，問卷之結果分析常常是逐題分析，而且題與題間的量化數據常不具可累加性；測驗的結果則常是將多個題目的量化數據累加在一起後，再做統計分析。再者，測驗可建立常模（norm）以供大規模的解釋結果之用，問卷則通常不建立或無法建立常模，所以它的結果解釋就有其侷限性。就此推之，測驗常可公開發行供眾人使用，問卷則較缺乏這方面的功能。

三、問卷的優、缺點

綜合學者們的意見（文崇一，民67；吳明清，民80；葉重新，民

80），問卷的優點與缺點約有下述諸端。

(一)問卷的優點

1.施測方便且富於彈性，可用郵寄，當面訪談，也可以集體施測。

2.時間經濟，可以在同一時間內蒐集眾多受試者的資料。

3.問卷可匿名處理，所以具有隱密性，受試者作答的意願較高，且其反應因之較具有可信度。

4.研究者可依研究需要，設計各式各樣的問題以蒐集資料，亦即問卷的取材範圍廣泛。

5.受試者可自由表示意見。

6.可用量化的統計分析來呈現研究結果，而且資料的分析與整理均可藉助於電子計算器及現成之統計軟體，省時省力且正確。

7.可用於驗證特定假設的研究，推論的範圍亦廣。

(二)問卷的缺點

1.題目缺乏彈性，受試者之反應型態深受編製者之預設立場影響。

2.用郵寄調查時，回收率不易控制，且偏向低回收率。

3.無法掌握受試者的自發性回答。

4.常用一個問題代表一個觀點、意見或態度，失之武斷且不夠周延。

5.標準化的程序不足，因此問卷的效度較低。

6.對於不識字或教育水平較低者，用訪談來施測問卷相當困難。

四、問卷的種類

　　問卷的型態與呈現方式常會因研究目的與性質的差異而不同，不過通常都將其分成兩大類：結構式問卷（structured questionnaire）與非結構式問卷（unstructured questionnaire）。

(一)結構式問卷

　　所謂結構式問卷，是指問卷的題目（即問題）內容及反應（即答題）方式都有嚴格限制的問卷。同一研究如用同一個問卷，則不同受試者所使用的問卷都是相同的，且其實施的步驟與方法也是一致無例外的。此種問卷在資料處理上相當便捷，而且大都可利用量化的數據來呈現研究結果，不過其最大的短處是，受試者的反應缺乏彈性，不易蒐集題目選項外的訊息。在大規模研究中所使用的問卷，大都是屬於結構式問卷。

(二)非結構式問卷

　　非結構式問卷並不是真的完全沒有結構，只是問卷的結構性較鬆散或較不嚴謹而已。此種問卷的題目內容與答題方式並沒有限制要完全一致，常會隨訪談或施測對象的不同而有所更易。因此，此類問卷的結果處理，較難以使用量化的統計分析，不過卻可以蒐集更豐富、更多、更有價值的資料或資訊。運用非結構式問卷時，受試者可以自由回答，較無限制；問卷施測者在不變更題目內容與方向的前提下，也有相當的程度可以自由運用。此種問卷大半是用在深度訪問的情境中，也適用受試樣本較少時；對於大樣本研究也能發揮輔助性功效（文崇一，民67）。

第二節　問題的類型與內容

在前文裡曾為「問卷」下這樣的定義：「問題所組合而成的表格。」所以說「問題」是問卷的樞紐，無問題就不成其問卷；因此，在運用或編製問卷前，就須了解問題的有關概念。本節即從問題的類型著手，以介紹及說明問題的概念及性質。一般而言，可以從問題的呈現方式、語意型態、反應限制、反應方式及內容性質等多個層面，對問題加以分類。

一、依問題的呈現方式分

依問題的呈現方式，可將問題分成圖畫問題與文字問題。

(一)圖畫問題

所謂圖畫問題（pictorial question），是指用圖畫這種符號來呈現的問題。

圖畫問題並非完全是由圖畫來構成問題，還是包含有部分的文字，只是圖畫的比重或份量要比文字來得多，此類問題如圖9-1所示。

圖畫問題的適用對象，大都是識字較少者或幼童。也適用於泛文化研究的受試者。

(1)你家裡有幾個人？

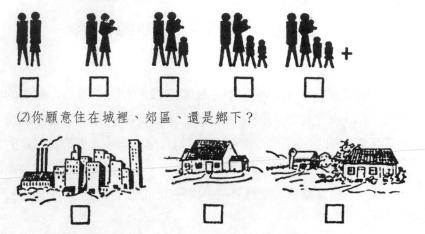

(2)你願意住在城裡、郊區、還是鄉下？

圖 9-1　圖畫問題舉隅
資料來源：「問卷設計」，文崇一著，載於楊國樞、文崇一、吳
　　　　　聰賢、李亦園編：**社會及行為科學研究法（上冊）**
　　　　　（第 409 頁），民 67，台北：東華書局。

(二)文字問題

凡所有問題都是用文字來呈現的問題，就是所謂的文字問題（verbal question）。現行的問卷絕大多數都是由文字問題所組合而成。

二、依問題的語意型態分

依問題之句子的語意型態，可將問題分成敘述句問題與問句問題。

(一)敘述句問題

凡是以文字的不完整敘述句型態來表達的問題，就是所謂的敘述

句問題（narrative sentence question），例如：

※你最喜歡的學科是：

1.國文　2.數學　3.英文　4.歷史　5.地理　6.物理　7.化學

8.其他（請說明）＿＿＿＿＿＿

(二)問句問題

凡是以文字的問句型態來表達的問題，就是所謂的問句問題（question sentence question），例如：

※你是男生還是女生？

1.男生　2.女生

※你心目中最理想的候選人，最須具備哪一項特質？

1.有博士學位　2.有中央民代的經歷　3.有豐富的行政經歷

4.有世界觀　5.有領導才能

三、依問題的反應限制分

依受試者對問題反應的限制程度，可將問題分成封閉式問題與開放式問題。

(一)封閉式問題

所謂封閉式問題（closed-ended question），是指受試者對問題的反應（即回答）有所限制，他只能對問題所預先設定的答案（選項）

去做反應的問題。例如,前述所舉的各個問題,即是封閉式的問題。此類問題作答方便,資料的整理與分析亦十分容易,不過仍有缺點,即常有預設的立場和答案或選項常不夠周延。

(二)開放式問題

所謂開放式問題(open-ended question),是指受試者對問題的反應方式沒有特殊限制的問題,他可以照其想法去答題,不必受到預先設定之答案的限制,例如:

※請說出你喜歡的水果有哪些?
※你對興建蘇花高的看法如何?

開放式問題可以蒐集較豐富、較多的資料,此項長處恰可彌補封閉式問題的缺點。不過,此類問題因受試者可自由且不受拘束地去答題,因此所得的答案常是五花八門,這對於資料的整理與分析,會產生很大的不便與困難。所以完全以開放式問題組成的問卷並不多見,最常見的情況是,在大部分封閉式問題的問卷中,會出現一、兩題開放式問題。

四、依問題的反應形式分

所謂反應形式(response format),是指問卷要受試者答題的方法而言,亦即指問題的答案欄之呈現形式,從此觀點來看,問題可分成下列三個類別(Breakwell, Hammond, & Fife-Schaw, 1995)。

(一)類別反應問題

所謂類別反應問題(catcgorical response question),是指提供若

干個互斥類別的答案讓受試者從中擇取的問題，這類問題相當於常見的選擇題，例如：

※你去過美國沒有？

　1.有　　2.沒有

※你的最高學歷是：

　1.研究所　　2.大學　　3.專科　　4.其他

※假如明天就舉行立委選舉，你會投給哪一政黨？

　1.國民黨　　2.民進黨　　3.新黨　　4.親民黨　　5.台聯黨

※下列的水果，你上週吃過幾種？（可以複選）

　1.香蕉　　2.蘋果　　3.鳳梨　　4.芒果　　5.西瓜

上述前三個問題是單選題，第四題是複選題，要注意的是，複選題在資料的電腦建檔及統計分析上須另做考量（參見本章第三節二之㈢）。

㈡評定量表反應問題

凡是受試者選取的答案，是若干個互有相關且連續性答案中之一個的問題，就稱之為評定量表反應問題（rating scale response question），此種問題的形式在測驗裡用得相當普遍，在測驗上特稱之為李克特氏題型（Likert-type format）。此類問題的形式請見下二例：

※你贊成立即實施台海兩岸政治協商嗎？

　1.非常同意

　2.有些同意

　3.有些不同意

　4.非常不同意

※明天的選舉，你會去投票嗎？

1.一定會

2.可能會

3.還沒決定

4.可能不會

5.一定不會

(三)排序反應問題

所謂排序反應問題（ranking response question），是指提供多個類別項目，再讓受試者依其意見，對每一個項目賦予等級並加以排序的問題，例如表 9-1 就是這類問題。

表 9-1　排序反應問題舉隅

假如你要買房子，下述的各項因素，你認為其重要性如何？請將重要性的代號填在各因素左側的橫線上。

1 ＝最重要，2 ＝次重要，3 ＝有些重要，4 ＝不太重要，5 ＝最不重要。

＿＿＿房子的坪數

＿＿＿房子的地理位置

＿＿＿交通動線

＿＿＿房子的價款

＿＿＿貸款的成數

前述三種類型的問題，都是屬於封閉式問題。

五、依問題的內容性質

依問題的內容性質，可將問題分成基本資料問題、行為問題、態度與意見問題、知識問題，及期望與抱負問題等五類。

(一)基本資料問題

基本資料又稱為背景與人口資料（background and demographic data），其主要的資料（變項）有年齡、性別、教育程度、職業類別、社經地位（socioeconomics status, SES）及收入等。問卷中的基本資料問題究竟要包括多少或哪些資料（變項），並無一致的見解，全視研究目的及研究問題而定。例如，要探討教育機會均等的問題，可能就要加入城鄉這一變項；要探討一般民眾對婚前性關係的看法，就要有婚姻狀況（已婚、未婚）這一變項；要研究大眾對二二八事件的意見，省籍（本省、外省）就是一項很重要的變項；再如，要研究已婚婦女對於想生男或生女的期望時，子女的數目（無、一個、二個、或……個）與性別這兩個變項勢必要涵括進去。

基本資料問題常會因涉及隱私問題，而使受試者有不願具體或明確作答的現象，例如，年齡或收入等。此時可採用區組性的資料以供其選擇，比方年齡用 20 歲以下、21～30 歲、31～40 歲、41 歲以上等分組，收入用 20000 元以下、20001～30000 元、30001～40000 元、40001～50000 元及 50001 元以上等。由前文可知，基本資料問題大都是屬於「類別反應問題」，而且最好都應是單選的設計。

(二)行為問題

所謂行為包括過去發生過的活動，目前正在進行的活動，及未來想做的活動等。如：

※你出過國嗎？
　1.是　2.否
※你目前最常做的休閒活動是：
　1.看電視　2.閱讀　3.運動　4.聽音樂　5.上網
※你和爸爸一起吃早餐的次數如何？
　1.每天　2.常常　3.偶而　4.很少　5.從來沒有
※假如你有一千萬元現款可自由支配，你最想做的事是：
　1.環遊世界　2.買房子　3.做慈善事業　4.購置跑車

問卷中常會問及一些較敏感（如，婚前常不常手淫、是否有過婚外的性行為等）與不符合社會期望（如，應不應該孝順父母或善待子女等）及違法（如，曾經逃稅或偷竊）等行為，這些行為問題常不易獲取真實的反應；因此，在編擬題目時，要特別謹慎小心，俾免推論時發生偏差。

行為問題的反應（作答）方式，大都是採取類別反應（如前例第一、二、四題）及頻率（frequency）反應（如前例第三題）。

(三)態度與意見問題

態度與意見問題都是在探討受試者對某種事件、狀況或行為的看法，不同的是，態度所探討的是較持久、深層與抽象的看法，意見所探討的則是較短暫、表面與具體的看法。此類問題通常是提供一個敘述句，接著再由受試者從若干個連續性的選項中擇一反應，亦即是採用評定量表反應問題的形式來作答。例如：

※每個人都應該有宗教信仰。

　1.非常同意　2.同意　3.不同意　4.非常不同意

※經濟發展與環保是不衝突的。

　1.同意　2.沒意見　3.不同意

※泡溫泉是一種很好的休閒活動。

1.很同意　2.有些同意　3.沒意見　4.有些不同意

5.很不同意

這類問題如是探討意見層面，那麼大都是一個問題探討一個事件，計分時是逐題分開計算，逐題解釋；如是探討態度層面，則通常是使用許多個問題來探討一種概念，並且將多個問題的得分加總在一起，以代表某個概念。

㈣知識問題

知識問題旨在探討受試者一些認知性的問題或事實性的知識，例如：

※這次總統選舉有幾組候選人參選？

　1.一組　2.二組　3.三組　4.四組

※我國有幾座核能發電廠？

　1.一座　2.二座　3.三座　4.四座

※美國的首都在哪裡？

　1.紐約　2.芝加哥　3.華盛頓　4.舊金山

知識問題大都是詢問常識性的問題，其作答則大都採取類別反應問題的形式。

(五)期望與抱負問題

　　研究問卷會問研究受試者對未來發展的看法，例如對將來特定事件的期望或抱負等。由於未來或將來是一個相當模糊、不確定的概念，因此，設計這些問題要特別謹慎小心。例如，假設你問：「你希望將來出國旅行嗎？」受試者很可能會這樣回答：「誰知道！」這時如這樣問：「依你的看法，你希望明年出國旅行嗎？」將會是一個較佳的問題。再如，下例亦是此類問題：

※妳結婚後，希望生幾個小孩？

　1.一個　　2.二個　　3.三個　　4.四個　　5.四個以上

※未來就業時，你最期盼進入哪一行？

　1.電腦資訊　　2.生化科技　　3.新聞傳播　　4.軍公教

　5.工商管理

第三節　問卷的設計

　　當我們了解了問卷的涵義，及構成問卷之問題的類型與內容後，接下來，就可依據需求展開問卷的設計。本節的旨趣即在探討問卷設計的有關課題，包括設計問卷的基本步驟、一般原則，及問卷的結構。

一、設計問卷的基本步驟

　　問卷的種類及問題的類型之多樣性已詳如前述（本章第二節），

雖說不同形式的問卷（問題）會有不同的設計方法，惟設計問卷仍有其共通的基本步驟可資依循，茲分述如後（Shaughnessy & Zechmeister, 1994）。

(一)確定所要探索的資料是什麼

設計問卷的第一個步驟是，確定所要探索的資料是什麼，這個步驟的目的是在決定問卷所涵括之問題的性質。在本章第二節裡，曾詳述各種問題的性質，從中可知不同性質的問題可探索不同的資料，而不同性質的問題也有不同的設計方式。問卷到底要探究何種資料，主要是依據研究目的或研究問題（請參閱第一章第三節之二及第二章第二節）而來，不可憑空杜撰。

(二)決定問卷的實施方式

問卷的實施方式多樣化，如：電話調查、郵寄、當場填寫或由訪員訪問調查等。不同的實施方式，其問卷的設計方法當亦有所不同。例如，用電話調查的問卷，其題目要簡短、易懂，而且題目亦不宜太多；如是當場由受試者填寫，則實施問卷的指導語要有具體明確的說明。

(三)撰擬問卷的初稿

前二個步驟決定後，就可依據下文所要介紹之設計問卷的一般原則及問卷的架構，展開問題初稿的撰擬。

(四)檢核問卷初稿並修正之

設計問卷的第四個步驟是檢核初稿，並依據檢核結果，修正不妥或不佳的內容。檢核初稿可請專家來協助，此處的專家包括兩類：一類是設計問卷或精於調查法的專家，另一類是與欲探討問題之領域有

關的專家。第一類專家所做的檢核稱之為形式檢核,第二類則稱為內容檢核。

(五)預試

將修正過的問卷初稿印製適當的份數,對將來擬施測的母群,抽取部分的小樣本,在盡可能與正式情境相似的情況下進行施測,這個過程就稱為預試(pretest)。從預試的受試者之反應,我們可進一步據之再修正問卷,俾使正式施測時的問卷更加嚴謹與周延。

(六)編輯問卷與詳述實施步驟

預試後再修正過的問卷,其主要的內容就確定了,惟其題目仍須再編輯、組合,俾成為正式的問卷;最後,再加上實施過程的說明(即指導語)。至此,問卷的設計即大功告成。有關這一步驟的具體內容,詳見本節之三。

二、設計問卷的基本原則

了解了設計問卷的基本步驟後,尚須熟識設計問卷的基本原則,才能設計出一份合宜的問卷。從實務的觀點言之,設計問卷的基本原則有下述諸端:

(一)依研究目的與研究問題設計問卷

問卷是在解答研究(待答)問題以達成研究目的,所以問卷的設計務必要依據研究目的與研究問題而來,不可信手撰擬問題,或別人問什麼問題,就跟著依樣畫葫蘆。為使問卷中的問題都能與研究目的和研究問題相契合,在擬好問卷後,應該要將問卷的內容與研究目的和研究問題進行審慎的核對與檢查,看看是否有不足之處或有餘贅之

問題充塞其間。

(二)問題中的選項宜盡量周延

　　問題是問卷的樞紐，選項又是結構式問卷之問題的關鍵，致使選項的品質將會影響到問卷的成敗。影響選項品質最重要的因素，是選項的涵蓋面是否周延。選項的涵蓋面是指問題的可能答案，為使選項能夠周延，問題的各個重要的可能答案都要盡量涵括進去，否則將會影響到研究的效度，甚或使研究結果產生偏差。假使有下列這樣一個問題：

※世界局勢發生動亂時，你最想擁有哪一種貨幣以保值？

　1.日幣　　2.瑞士法郎　　3.菲律賓披索　　4.英鎊　　5.港幣

　6.歐元

　　依常理論之，目前最被看好能保值又可通行全世界的強勢貨幣是美金，一般人也都有類似的見解；因此，像前述的問題之選項，能夠問出問題的真相嗎？再如：

※假如明天舉行立法委員選舉，你將會投給哪一個政黨的候選

　人？

　　目前國內最大的五個政黨，分別是國民黨、民進黨、新黨、親民黨與台聯黨，倘若設計的選項少了上述五個政黨中的任何一個政黨，則研究結果將會發生嚴重的誤差。由此可見，不周延的選項是無法達成研究目的，而且亦會誤導了研究結果；我們常說問卷可以預設立場，大都指的就是不當的選項設計。為使問題的選項盡可能的周延，在擬訂選項前，就要不厭其煩地諮詢該領域的專家，或參考相關的文

獻。再者,為免選項有所不足,致令受試者無從選答,在選項的最後一項可以設計為「其他」這一項。

(三)盡量少用複選題

我們常會發現,有許多問卷中的問題是允許複選的,例如,在問題的最後面加上「可複選」、「最多選三項」、「限選二項」等。複選雖可呈現受試者的真實情況,然而其缺點是,在統計分析時會產生一些困擾。複選題的統計分析,一般大都只知從事次數分配或百分比的比較分析(然而事實上,此種比較分析是不適當的);而常不知也可進行,諸如Cochran Q test(考克蘭Q考驗)的推論統計分析。通常在從事研究結果的分析時,常要進行統計考驗(統計考驗是屬於推論統計的範疇),例如:性別與看電視新聞的頻率有何關聯?不同的籍貫會影響對二二八事件的看法嗎?像這些需要統計考驗的問題,盡量用單選題,否則研究者常不知如何去進行統計分析。

或許有人會問,不複選將無法呈現問題的真相。事實上,只要研究的樣本夠大,我們還是可從單選的問題探得問題的真相。為使每一個問題都成為單選,可以在「指導語」(作答說明)裡,加註「限選一項」或「每一題只能選擇一個答案」等,也可以在問題的題幹裡使用一個「最」字或「一」字,如:

※您在實施開放教育教學時,所遭遇的最主要困難為何?

1. 不了解開放教育的理念

2. 家長的質疑或未能配合

3. 補充教材編製不易

4. 場地不足或設備不夠

5. 學生難以配合

6. 實施策略或方法不明確

※貴單位成人教育活動的設計者，主要是由哪一類的人擔任之？

1.學科專家

2.業務主管

3.成人教育專家

4.成人課程專家

5.成人學習者

6.其他

㈣答案盡量用數字或代號來做反應，少用文字說明

實務上，問卷的調查對象大都是大樣本，大樣本所蒐集之資料，常要藉助於電腦以進行資料的統計分析，而在進行統計分析前，都要將資料加以編碼及建檔（詳見第十三章）。假如我們所蒐集到的資料（即要受試者所做的反應或答案）是（一段）文字的話，那麼資料的編碼及建檔將會非常的困難；如：

※住在台北市的＿＿＿區。

※年齡：＿＿＿歲。

※職業：＿＿＿。

前述這三個問題的資料整理與分析，將會非常的麻煩，這時最好將要讓受試者作答的部分，改以類別反應問題的形式來呈現（即捨開放式問題而就封閉式問題）；如，可將前述三個問題改寫成：

※住在台北市哪一區？

  1.北投   2.士林   3.中山   4.內湖   5.松山   6.南港   7.大安

  8.信義   9.文山   10.大同   11.中正   12.萬華

※年齡：

  1. 20 歲以下   2. 21～30 歲   3. 31～40 歲   4. 41～50 歲

  5. 51～60 歲   6. 61 歲以上

※職業：

  1.軍   2.公   3.教   4.商   5.工   6.自由業   7.家庭管理

  8.無   9.其他

㈤盡量避免呈現次數少的選項

在設計問卷的第一個基本原則中，曾提及問題中的選項宜盡量周延，惟仍不宜為了周延，而將受試者所有可能反應的選項都蒐羅進去，只要將重要的選項或次數分配較多的選項呈現出來即可。問卷中的問題，如出現被很少受試者勾選的選項，那麼這個選項所得的次數分配將不具代表性，尤其是在做統計考驗時，勢必會產生重大的誤差，甚且會影響到研究結果的推論。例如：

※教育程度：

  1.國小   2.國中   3.高中   4.專科   5.大學   6.碩士   7.博士

經調查結果，小學有 2 人，國中有 35 人，高中有 49 人，專科有 75 人，大學有 31 人，碩士有 3 人，博士有 1 人；前述小學、碩士及博士的受試者都太少，如當作自變項中的三個水準進行統計考驗，會產生極大的誤差；再如，此項資料如進行卡方考驗（χ^2 test），將會造

成小學、碩士及博士等細格內的次數都少於 5 的現象，這在統計學上較難被接受。為避免前述次數太少的選項，在問卷編製的實務上，可將次數少的選項併入鄰近的選項，例如：

※教育程度：
　1.國中（含）以下　2.高中　3.專科　4.大學（含）以上

為避免出現次數太少的選項，除了可採取前文所述的合併方式外，尚可運用「其他」這個選項，並捨棄次數少的選項之方式來處理。例如，下面這一個問題，除了「農」有 5 人選，「漁」有 3 人選外，其餘的反應次數都超過 50 人。

※職業：
　1.軍　2.公　3.教　4.農　5.漁　6.工　7.商　8.自由業
　9.無

如前文所述，上面這個問題顯然是不佳的問題，此時可將之改寫成下述的問題：

※職業：
　1.軍　2.公　3.教　4.工　5.商　6.自由業　7.無　8.其他

(六)每一份問卷都應有流水號

問卷為了保有隱私權，並提高受試者的填答意願，通常都不要求受試者填寫姓名或其他身分證明，但為了檢查問卷及複核電腦登錄資料之用，對於每一份問卷都要賦予一個辨識碼，這個辨識碼就是所謂

的流水號。流水號的編製方式視研究樣本數的大小而定，如，樣本數是小於 100，則流水號可從 01 至 99；樣本數如是數千人，則流水號可從 0001 至 9999，以此類推。樣本數愈大的問卷，愈是需要具備流水號，否則所登錄的電腦檔資料發生錯誤時，將不易查核更正之。

(七)遵循問卷用字遣詞的要領

問卷的用字遣詞要能讓受試者充分了解其意義，而且不誤解其原意為原則，所以問卷的用字遣詞就有其應遵循的要領，其要領詳如下述：

1. 用語應明確、具體

問卷中的用語都應力求具體、明確，盡量避免使用混淆性的主觀用語。如：「你常常運動嗎？」中的「常常」，其含意常會因人而異，所以其意義就不明確。再如，有些詢問頻率或滿意度的問題，常會出現這樣的選項：「30 ％以下」、「31 ％～60 ％」、「61 ％以上」，這些百分率也都不明確，而且受試者也都很難實際去計算其精確值。像這些不明確的用語都要避免。

2. 盡量避免使用雙重否定的句型

問卷中盡量使用肯定句，避免使用否定句（如，我不看八點檔節目）；非要使用否定句時，也應避免使用雙重否定的句型，因為雙重否定句有時很難讓受試者在片刻間就知曉其意義。如，「我不贊成老師反對體罰。」、「絕不與人交往是不可能的。」與「我不認為放棄投票是不對的。」等這些雙重否定句，有時還真令人不易掌握其要義。

3. 避免雙管問題

所謂雙管問題（double-barreled question），是指一個問題中包含一個以上的概念、事件或意義的問題，如，「拿破崙與希特勒都是歷史的偉人」、「你贊成取消國中、小老師與軍人免稅嗎？」雙管問題

常會令人在作答時產生困擾（因為受試者可能只認同問題中的某一部分），因此，問卷中的問題應盡量只含有一個意義、一個概念或一個事件。

4.避免使用引導性問題

引導性問題（leading question）如：「你是否同意軍隊應國家化？」、「你是否贊成立法委員應專心於議事？」等，憑常識即可知道一般人會有什麼樣的反應，因此，問卷中應盡量避免這些引導性問題。

5.避免使用暗示性的用語

問卷中如有暗示性的用語，則不論題目的性質如何，都將會影響到受試者的選答心向；常見的暗示性用語有「一定」、「絕對」、「都應該」、「有可能」及「有時」等。如：「凡是不良的制度都應該加以改革」及「父母講的話絕對要聽」等暗示性的問題，都要盡量避免出現。

6.避免使用假設性的用語

在電視新聞的訪問中，我們常會聽到社會名流或部會首長會有如此的反應：「對於假設性的問題，我沒有意見。」或：「我不回答假設性的問題。」就因假設性的問題充滿著不確定性，或因其沒有事實的根據，以致於一般的受試者也同樣難以回答。因此，問卷中就要盡量避免使用假設性的用語，如：「假如你當上教育部長，對於教育改革你有什麼樣的看法？」或「假如你有一億元，你會不會去買別墅住？」

問卷中的用語，除了要遵守前述的要領外，第十章第三節所論及的「撰擬試題的原則」，也可供設計問卷者做參考。

三、問卷的結構

　　問卷的形式雖會因研究目的或研究問題的不同而有差異，惟問卷仍有共通的結構。一般而言，問卷的結構可從問卷標題、指導語、問題排序及作答欄等四層面申述之。

(一)問卷標題

　　問卷標題即是問卷的名稱或題目，通常置於一份問卷的起首位置。受試者常能從問卷標題，就可了解到問卷的性質或目的，所以問卷的標題對於了解問卷，具有畫龍點睛的效果，例如〈台北市成人教育需求問卷〉及〈高中學生休閒生活問卷〉等。有時在某些研究裡常會將「問卷」稱為「調查表」，事實上，這兩者是通用的，例如〈台北縣實施開放教育意見調查表（教師用）〉及〈空中大學學生參與學習障礙調查表〉等。問卷標題最好呈現問卷的調查母群或對象，如前述的「高中學生」、「台北市成人」、「台北縣實施開放教育的教師」及「空中大學學生」等。在問卷設計的實務上，有時為避免研究主題對受試者造成防衛作用，而產生拒答的現象，這時可將較敏感的標題改用較中性的字眼來命名，如將〈大學學生作弊及違規行為調查問卷〉改為〈大學學生生活經驗問卷〉。

(二)指導語

　　指導語是問卷結構中不可少的部分，旨在幫助受試者了解問卷的性質與目的及作答的方式。指導語大部分都可分成兩大類：第一類是說明問卷的性質與目的，通常置於問卷標題的下方與問卷內容之前。這一部分常包括致謝語、為受試者保密語及編製問卷者，這一類指導語如下例：

各位夥伴們：

　　感謝您近一年來參與開放教育的付出與辛勞，為了解本縣實施開放教育的成效，及您對此教育體制的意見，特編製此問卷，請您詳細據實填答，我們將為您保密，您的作答僅做為實施開放教育之檢討與改進的參考，絕不做其他用途。謝謝您的寶貴意見與協助，謝謝您。

台北縣開放教育規劃小組

周文欽　敬啟

八十四年四月

　　第二類指導語是在說明作答方式，通常置於每一類問卷內容之前；當然，假使問題只有一個種類的話，這一部分的指導語也可置於第一類指導語裡面。這一類的指導語如下例：

※請將最適切的答案代號填在題號前的「＿＿＿」上，每題僅能填寫一個答案。

※以下各種敘述是您參與開放教育教學後，可能產生的態度或看法，請您在每項敘述前適當的「□」內打「Ｖ」作答，以代表您對該項態度或看法的意見。

			非	
非	有	不	常	
常	些	太	不	
同	同	同	同	
意	意	意	意	
□	□	□	□	1.實施開放教育有其必要性

(三)問題排序

問卷是問題的組合，職是，問題（題目）的排序會影響到受試者的作答動機及反應。問卷中問題排序的原則約有下述諸端（葉重新，民 80，第 130 頁）：

1. 問卷題目涉及敏感問題或隱私問題者，盡量放在後面。
2. 同一類型的題目宜安排在一起。例如，事實問題與態度問題最好分開。
3. 將會影響填答者看法的題目放在問卷後面，以免影響填答者對後面題目的填答行為。
4. 將一般性問題或容易回答的問題放在前面，特殊性問題或不易回答的問題放在後面。
5. 問卷內容若涉及某些事件的時間，宜依序排列。
6. 有時為了避免影響填答者的情緒，可以將填答個人的基本資料放在問卷題目之後。

(四)答案欄

問卷的題目排列組合完竣後，接著就要設計供受試者作答的答案欄。問卷的作答方式主要可分成兩種：一種是寫出一段文字或數個文字，另一種是僅寫出所欲選取之選項的代號（如：1、2、3……，A、B、C……等）。本文所述及的答案欄是針對第二種作答方式。

就問卷的實務而言，如問卷的使用份數（一、二百份）不多，那麼就無須另行設計答案紙，只要將答案填於問卷上的答案欄即可。若問卷使用的份數很多，或欲重複多次使用同一份問卷的話，那麼就須另行設計答案紙，俾使同一份問卷可多次使用，一者可節省使用（印製）問卷的成本，二者可便於問卷結果的計分。為便於計分或將答案輸入電腦建檔，答案欄與問卷同屬一份的話，通常都將答案欄置於題

號的左側，例如：

_____1.你最喜歡的休閒活動是：

　　①運動

　　②閱讀書報

　　③看電視

　　④看電影

　　⑤聽音樂

　　⑥上網咖

　　⑦其他

常　偶　很　從

　　　　　　來

常　而　少　不

□　□　□　□　　　1.感到心浮氣躁

					常	偶	很	從
								來
					常	而	少	不
_____1.感到心浮氣躁					1	2	3	4
_____2.感到焦慮不安					1	2	3	4

關鍵詞彙

問卷	基本資料問題
問題	知識問題
敘述句問題	非結構式問卷
開放式問題	圖畫問題
排序反應問題	文字問題
態度與意見問題	封閉式問題
結構式問卷	評定量表反應問題
問句問題	行為問題
類別反應問題	期望與抱負問題

自我評量題目

1. 試比較問卷與測驗的差異處。

2. 何謂結構式問卷與非結構式問卷，並舉例說明之。

3. 問卷中的問題有哪些類型，試詳述之。

4. 試舉例說明下列各名詞的意義：

　　開放式問題　　　　　　評定量表反應問題

　　封閉式問題　　　　　　行為問題

　　態度與意見問題

5. 試述設計問卷的基本步驟。

6. 試述設計問卷的一般原則。

第十章

測驗

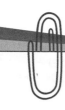

學 習 目 標

——研讀本章內容之後，學習者應能達成下列目標：

1. 了解測驗的定義。

2. 說出測驗的各種分類及其涵義。

3. 說出測驗的各項基本假定。

4. 說出測驗應具備的要件。

5. 了解信度、效度及常模的涵義。

6. 了解編製測驗的一般步驟。

7. 舉例說明確定測驗之測量內容的方法。

8. 說出撰擬試題的一般原則。

9. 舉例說明選擇題與李克特氏題型的命題方法。

10. 了解試題分析的意義，並能進行試題分析。

大　綱

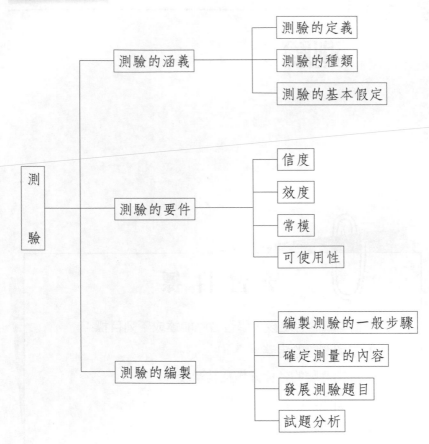

摘　要

　　在社會及行為科學領域的研究中，測驗是一種蒐集資料的重要工具。測驗有廣義、狹義兩種涵義，廣義的測驗是指蒐集資料的歷程，狹義的測驗則是指蒐集資料的工具。本書對測驗的定義為：「在標準化的情境下，測量個人心理特質的工具。」測驗可從測量特質、題目呈現方式、計分方式、命題形式及內容取向來加以分類；測驗須符合某些基本假定，才可稱之為測驗。

　　標準化的測驗都應具備有高的信度、高的效度，可供解釋分數的常模，及可使用性等多項要件。信度是指測驗分數之穩定性與測驗內容之一致性的程度，評估信度的主要方法有重測信度、折半信度與複本信度等。效度是指測驗能夠測量到它所欲測量之特質的程度，或是指測驗能夠達到其目的的程度，評估效度的主要方法有內容效度、效標關聯效度與建構效度等。常模是解釋測驗分數的依據，它是一組測驗之原始分數轉化成衍生分數的對照表。

　　編製測驗有下列諸項步驟：1.確定測量的內容，2.發展測驗題目，3.審核測驗題目，4.實施預試，5.試題分析，6.組成正式測驗，7.信度與效度研究，8.正式施測以建立常模，及9.撰寫指導手冊。確定測驗之測量內容的方法有：1.分析測驗的目的，2.探討文獻中的理論，3.參考現有的測驗，及4.諮詢學者專家或相關人員。測驗最常見的題型有選擇題與李克特氏題型，這兩種題型各有其適用範圍。試題分析主要包括難度分析、鑑別度分析與選項分析，其目的在選取優良的試題。

在量化的實徵性研究裡，常要蒐集有關人之能力、動機、興趣、價值觀及人格特質等心理層面方面的數據資料，這時就要藉助於測驗這項工具，才能克盡全功。準此，在社會及行為科學領域的研究中，測驗扮演著非常重要的角色。本章的旨趣在介紹測驗這一種蒐集資料的工具，首先闡釋測驗的涵義，接著說明測驗所應具備的要件為何，最後再論述測驗的編製過程。

第一節　測驗的涵義

自然界的各種事物或現象，在科學化的前提下，大都是可以加以測量的，並將測量的結果以量化的數據呈現出來，藉以探討萬事萬物的事實面與其間的各項因果關係。例如，我們可以測量氣溫、雨量、風速，也可以測量某種物質的成份。同理，對於社會及行為科學的主要研究對象──人，也是可以加以測量的。有關人的測量，主要可以分成兩大類：一類是生理特質的測量，如測量身高、體重、血壓、心跳、腦波及皮膚電等；另一類是心理特質的測量，如測量智力、學業成就、創造力、態度、動機及人格特質等。測量自然界的事物及人的生理特質的工具，不外乎是一些具體可見的儀器或器材，測量人之心理特質的工具，則是較為抽象的「測驗」。本節即從測驗的定義、種類及基本假定，論述測驗的涵義。

一、測驗的定義

測驗（test）是心理測驗（psychological test）的簡稱，學者們對它的看法莫衷一是，難有約定俗成的共同見解，惟小異中仍有大同。一般而言，學者們對測驗的定義，可從廣義與狹義兩個層面來談。持

廣義層面者認為，測驗是測量人之心理特質的過程；持狹義層面者則認為，測驗是測量人之心理特質的工具。當然過程已涵括了工具，而且比工具要來得廣，例如，測量過程除了測量工具本身外，尚包括工具的編製和設計，與測量結果的解釋和說明等。廣義觀點的測驗，英文稱之為testing（動名詞）；狹義觀點的測驗，英文則稱之為test（名詞）。

對測驗之定義採取廣義觀點的有下述幾種：

克朗巴赫（Cronbach, 1990, p.32）指出：「測驗是指藉助於數字尺度（numerical scales）或固定類別（fixed categories），以觀察及描述行為的系統化步驟。」如，以 IQ 等於 120 代表智力，或以 20/100 顯示視覺敏銳度等都是數字尺度；若以 A、B、AB、O 表示血型，或以內向、外向對人的性格加以分類等，則都是固定類別的運用。

華序及貝茲（Walsh & Betz, 1990, p.20）認為：「測驗是一種在控制的情境下，獲取行為樣本（a sample of behavior）的方法。」人的行為有無數種、無數類，而且也隨著時空的不同而改變，測驗僅是在特定的條件下，獲取一代表性行為的方法。

郭生玉（民 74，第 4 頁）認為：「測驗是指採用一套標準化刺激，對個人的特質做客觀測量的有系統程序。」

對測驗之定義採取狹義觀點的則有下述諸種：

梅倫斯及雷曼（Mehrens & Lehmann, 1975, p.5）直言道及：「測驗是測量的工具。」

與上述兩位學者持相同觀點的學者還有墨菲及大衛蕭佛（Murphy & Davidshofer, 1994, p.3），他們兩人也認為：「測驗是一種測量的工具。」不過須包含三種特徵：1.心理測驗是行為樣本，2.樣本要在標準化的情境下去取得，3.行為樣本的計分及量化資訊（quantitative information）的取得都有一套特定的規則。

張春興（民 78）則指出：「測驗是指評量某方面行為（如智力、

人格等）的科學工具。此類工具多係由問題或類似問題的刺激所組成，且經過標準化而建立其常模、信度與效度。」

綜合前述各家觀點，將測驗定義為：「在標準化的情境下，測量個人心理特質的工具。」這個定義有下列幾個要點，須加以申述。

(一)標準化的情境

標準化（standardization）的情境包括兩個層面：第一個是測驗編製程序的標準化，另一個是測驗實施的標準化。就前者言之，從欲測量心理特質的確定、撰擬試題、檢核試題、選取試題、編組試題，至研究整份測驗的信度、效度，及建立常模等，都須經過一定的程序和方法，才能完成一份優良且適用的測驗。比方，在撰擬測驗的題目之前，就要先行確定所要測量之心理特質的涵義，再依其涵義的性質與範圍來擬題，題目擬妥後要經由客觀的方法，進行項目（試題）分析，俾以選出高鑑別度或難易適中的題目，並據以組合成一份測驗。接著再對這一份測驗進行信度與效度的研究，唯有具備優良、理想之信度與效度的測驗，才是一份良好的測驗。最後，為了使測驗結果具有意義與可解釋性，還必須要建立常模。

在測驗實施程序的標準化方面，涵蓋施測、記分與結果解釋等各項程序的標準化。在施測程序上，凡是指導語、時間限制、物理環境條件與受試者的身心特質都應加以規範；也就是說，每一位受試者的施測條件與環境都要相同或相類似。至於測驗結果的記分和解釋的方法與原則，亦有一定的規範以資遵循；一言以蔽之，測驗結果的記分要力求客觀與正確，測驗結果的解釋則要力求周延與詳實。

前述標準化的過程，都會在測驗的指導手冊上很具體、明確地呈現出來；職是，只要查閱測驗的指導手冊，就能夠了解測驗標準化的意義，亦即可知曉某個測驗的編製過程及實施方法。

(二)測量

在前文曾提及，自然界中的各種事物或現象與人的各項特質都是可以加以測量的，萬事萬物之所以要測量，是因要以更客觀、具體的資訊或資料，說明事與物的特質或狀況，而公認最客觀、具體的資訊或資料，當屬量化的數據，所謂「數字會說話」就是這個意思。據此推之，所謂測量（measurement），就是指運用某個工具或依據某種標準，以量化數據觀察與描述某項事物的歷程。例如，我們可以用米達尺來測量房子的高度，結果以 24.5 公尺來呈現；用溫度計測量嬰孩的體溫，結果是攝氏 37.2 度；用酸鹼值檢定儀（pH meter）來測量某種液體的酸鹼度，結果是 5.6。同理，我們可以運用智力測驗來測量智力，結果是 DIQ = 115；用托福測驗（Test of English as a Foreign Language, TOEFL）來測量英語能力，結果得到 575 分；用興趣量表來測量對各種事物的興趣情況，結果也可用數字來說明對各種事物的興趣程度。

測量的客體可以是具體、可觀察的事物，如前述的高度、體溫或酸鹼值；也可以是抽象、無法觀察的事物，如前述的智力、英語能力或興趣。測量的工具，可以是依據客觀、具體的標準或原理製造出來的儀器，如前述的米達尺、溫度計或酸鹼值檢定儀；也可以是依據主觀、抽象理論編製出來的測驗或量表，如前述的智力測驗、托福測驗或興趣量表。

測驗是在測量人的心理特質，所以測驗學上特別稱此種測量為心理測量（psychological measurement），它是指測量人之心理特質的歷程；具體而言，凡是運用心理測驗或量表，測量個人或團體各項心理特質，進而量化人之心理特質的整體歷程，就是心理測量。凡是測量都會產生誤差（error），心理測量所產生的誤差可依誤差的來源及誤差的變異性分成兩類。依誤差的來源，可將誤差分成：1.時間取樣誤

差與 2.內容取樣誤差。所謂時間取樣誤差（time sampling error），是指在不同的時間測量所產生的誤差。如，某甲五週前做托福測驗得 515 分，今日做得 497 分，像此種因時間的不同，而影響到測量結果的現象，就是測量上的時間取樣誤差。肇致此種誤差的原因，可能是個人的成熟、學習、疲勞等因素。所謂的內容取樣誤差（content sampling error），是指測量而來的實得分數與個人本身所應具有的真分數之間有了顯著差異，此種差異所顯示出的誤差，是測量工具的題目本身所造成的。如，用人格測驗來測量智力，就會產生很大的內容取樣誤差。再者，依誤差的變異性，可將誤差分成：1.系統性誤差與 2.非系統性誤差。當一個人接受同一測量工具測量多次，這多次的測量結果彼此間有差異，而差異的原因是某些規則性的變異因素所造成的，就是測量的系統性誤差（systematic error）。如，學習的時間愈長，則在成就測驗上的得分就愈高；在兒童階段年齡愈大，智力分數也會愈高。職是，學習、訓練、成長等因素對測量結果的得分，會產生規則性的增加現象；同理，疲累、遺忘、老化等因素則對測量結果的得分，會產生規則性的減少現象。上述的規則性因素對測量產生效應時，其得分就會有一致性或趨向性的變化。此外，凡是多次測量結果的得分之變化情形，是不規則的變異因素造成的，就是測量的非系統性誤差（nonsystematic error）。如，某人在演講上得分的高低，與裁判的評分標準有關；再者，情緒、動機等因素，亦會對測量結果造成不規則的變化，易言之，測量得分會任意變化，毫無規則可資遵循。

(三)心理特質

人的心理特質可以分為兩大類：一類是能力特質，另一類是非能力特質。能力（ability）是人的一種認知（cognition）或智能，就因有能力，人才能適應外在的環境與吸收新知。人之能力以外的心理特質，都屬於非能力的特質。人的能力可概略的分成為兩種：先天天賦

的能力與後天習得的能力。先天天賦的能力，就是常言所謂的潛能
（potentiality），此種與生俱來的能力，又可分成兩種能力：第一種
是普通能力（general ability），第二種是特殊能力（specific abil-
ity）。心理學上所稱的智力（intelligence），就是普通能力；心理學
上所稱的性向（aptitude），就是特殊能力。智力是指，個人此時此地
學習事物所具備的先天能力。性向的涵義較為複雜，就廣義的觀點言
之，凡是先天天賦的能力（潛能）都可稱為性向，此時性向的概念涵
蓋了智力；如從狹義的觀點來看，則性向是專指天賦的特殊能力，它
是泛指未來學習事物所具備的能力。狹義觀點的性向又可分成普通性
向（general aptitude）及特殊性向（specific aptitude）兩種。後天習得
的能力：就是成就（achievement），此種能力是個人所實際擁有的能
力，亦即人經過一段時間之學習或訓練之後所獲取的能力。人的非能
力特質就是一般所稱的人格（personality），它包括了人的態度、動
機、興趣、價值觀及自我概念等多項心理特質。

　　綜上所述，可用圖 10-1 來說明心理特質所涵括的範疇；就因心理
特質包括這許多範疇，所以測量心理特質的工具就包括了智力測驗、
性向測驗、成就測驗、人格測驗、態度測驗、動機測驗、興趣測驗、
價值量表和自我觀念測驗等等。

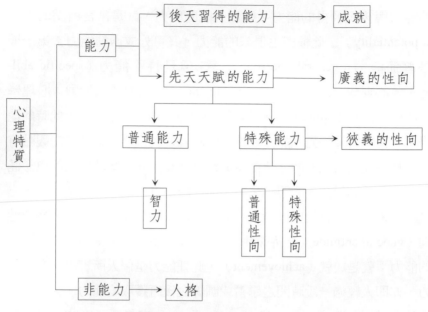

圖 10-1　心理特質涵義示意

(四)工具

此處所稱的工具，是指在測驗情境中，引起受試者反應的刺激而言，用通俗的話來講，就是一整套經過標準化程序編製而成的試題。試題約略可分成三種：第一種是紙筆式的試題，第二種是實物操作式的試題，第三種是情境式的試題。紙筆式的試題，可以用文字來命題，也可以用圖形來呈現；實物操作式的試題，則使用各類積木、方塊、木板或儀器等；情境式的試題，則是設計或模擬一個真實的情境（如在某個空屋內獨處，突然出現一隻惡犬直撲而來），以測量人的臨場應變機智或反應。一份測驗工具，其試題可能全部是文字式、圖形式、實物式或情境式，也可能是各式試題的組合。

二、測驗的種類

從測驗的各種不同分類，可幫助我們更進一步去了解測驗的涵義與性質。測驗可從測量特質、題目呈現方式、計分方式、命題形式及內容取向來加以分類。

(一)認知測驗與情意測驗

依測驗的測量特質來分，可將測驗分成認知測驗（cognitive test）與情意測驗（affective test）。

認知測驗在測量人的心智能力，所以又可以稱為能力測驗，這種測驗包括智力測驗、性向測驗、成就測驗等；情意測驗在測量個人心智能力以外的各種心理特質，所以又稱為非能力測驗，這種測驗包括以人格、動機、態度、興趣、價值觀、性格等為名的測驗。

(二)文字測驗與非文字測驗

依題目呈現方式來分，可將測驗分成文字測驗（verbal test）與非文字測驗（nonverbal test）。

凡是測驗的題目以文字來呈現，作答說明與答題反應都運用語文文字者，就稱為文字測驗；非文字測驗的題目則不以文字來呈現，而以圖形、實物或情境來呈現。現今所見的測驗大都是文字測驗或文字與非文字測驗的綜合，絕少的測驗是完全以非文字的方式來呈現的。

(三)客觀測驗與非客觀測驗

依計分方式來分，可將測驗分成客觀測驗（objective test）與非客觀測驗（nonobjective test）。

所謂客觀測驗，是指計分有標準答案、正確答案或固定標準可資

遵循的測驗，此種測驗的計分不會因計分者的不同而產生差異，這類測驗的題型有選擇題、是非題及李克特氏題型（Likert-type format）等，現行大部分的測驗都是客觀測驗。非客觀測驗則是指，計分無固定標準答案或固定計分方式可資遵守的測驗，它的計分會因計分者的寬嚴不同而產生差異，目前在標準化的測驗裡，已很少有非客觀測驗。

㈣選擇反應測驗與結構反應測驗

柏飛姆（Popham, 1981）依命題形式的觀點，將測驗分成選擇反應測驗（selected-response test）與結構反應測驗（construed-response test）。

凡是測驗題目以選擇題、是非題、配合題或李克特氏題型的形式來命題者，就屬於選擇反應測驗，這類測驗的作答方式是將答案的代號選出。結構反應測驗則是以申論題或問答題的形式來命題，其答案大都是一段文字或話語。前述的客觀測驗就屬於選擇反應測驗，非客觀測驗就屬於結構反應測驗。為達成測驗的標準化，大部分的測驗都是以選擇反應測驗的形式來呈現。

㈤知識取向測驗與個人取向測驗

依內容取向來分，可將測驗分成知識取向測驗（knowledge-based test）與個人取向測驗（person-based test）。

知識取向測驗，旨在測量特定的個人是否知曉某種特殊的資訊（information），這類測驗包括智力測驗、性向測驗與成就測驗等。個人取向測驗，則是在測量人格、臨床症狀、氣質或態度等。這兩類測驗最大的差異是，知識取向測驗必須具有階層性（hierarchical）和累積性（cumulative），個人取向測驗則無此特性。職是，知識取向測驗的計分可以累加，並得以一個總分來代表；個人取向測驗的計分，

則常不能以一個總分代表之，而要有多個分數來呈現。前文所述的認知測驗就是知識取向測驗，情意測驗就是個人取向測驗（Rust & Golombok, 1989）。

三、測驗的基本假定

華序及貝茲（Walsh & Betz, 1990）指出，測驗必須有下述各項假定為前提，才能稱之為測驗。

1. 測驗中的每一個題目及每一個題目中的全部文字，對不同的受試者應具有相同或相類似的意義。
2. 受試者能夠正確地覺知及描述他們的自我觀念（self-concept）與人格特質。
3. 受試者能夠誠實地表露他們的思想與感情（thoughts and feeling）。
4. 個人的測驗行為（與真實行為）具有相當的一致性與穩定性。
5. 測驗在測量它所想要測量的東西。
6. 個人在測驗上的觀察（實得）分數（observed score），等於他的真分數（true score）加上誤差（error）。

第二節　測驗的要件

標準化的測驗都應具備有高的信度、高的效度，可供解釋分數的常模，及可使用性等多項要件；也唯有具備這些要件，測驗才能符合上一節所述的基本假定。

一、信度

(一)信度的涵義

信度（reliability）是測驗的可靠性，它是指測驗分數之穩定性（stability）與測驗內容之一致性（consistency）的程度；穩定性與一致性高，則代表測驗有高的信度。前文曾述及，凡是測量就會有誤差，測驗就是測量的工具之一，當然其測量結果自亦會產生誤差，探討測驗分數的誤差情況就是信度。前文又論及依誤差的來源，可將測量誤差分成時間取樣誤差與內容取樣誤差。職是，穩定性探討的是測驗分數的時間取樣誤差（time sampling error）之程度，一致性則在探討測驗內容的內容取樣誤差（content sampling error）之程度。

穩定性是指，同一份測驗經同一人多次施測所得分數相當類似，並沒有太大的差異。心理學的研究顯示，人的各項心理特質都有其穩定性與持久性，並不會隨著個體的成長或時間的變異而有太大的變化。準此，描述心理特質的測驗分數就要具有穩定性，不能隨時間的更易而改變，否則將無法知道人的心理特質。因此，要了解一個人的心理特質，首須這項被量化之特質的分數是穩定的；易言之，即測量的工具（測驗）要有高的信度。

一致性是指，測驗中的各個題目在功能或性質上而言，是屬於同一類或趨近於同一類，直言之，即它所測量的特質是相同的或極相似的；易言之，一致性是代表測驗內容僅在測量同一向度的特質。測驗內容如一致性低，則會降低測驗分數的穩定性。一言以蔽之，一份具有高信度的測驗，它的測驗分數比較不會因測驗時間的不同，而產生太大的差異；它的測量內容，大體上而言是在測量單一向度的特質。

(二)評估信度的方法

評估信度高低的主要方法有重測信度（test-retest reliability）、折半信度（split-half reliability）與複本信度（alternate form reliability）等三種。重測信度，在計算同一群體在同一測驗前後兩次測量得分的相關程度；折半信度，在計算同一群體在同一測驗中，奇數題之總分與偶數題之總分的相關程度；複本信度，則是在計算同一群體在兩份互為複本之測驗的分數的相關程度。

重測信度可讓我們了解測驗分數的穩定性程度，或測驗之時間取樣誤差的程度；折半信度可讓我們了解測驗內容的一致性程度，或測驗之內容取樣誤差的程度；複本信度則可讓我們同時了解測驗分數的穩定性程度與測驗內容的一致性程度，或測驗之時間與內容取樣誤差的程度，此種信度是最佳的信度。代表信度高低之數值的量數，稱之為信度係數（reliability coefficient），事實上它就是前述的「相關程度」，在統計學上用積差相關（product-moment correlation）來運算。

二、效度

(一)效度的涵義

效度（validity）是測驗的正確性，它是指測驗能夠測量到它所欲測量之特質的程度，或是指測驗能夠達到其目的的程度。準此，一個具有高效度的測驗，即代表這個測驗愈能測量到它想要測量的特質，或愈能達到該測驗的編製目的。效度與信度在本質上都是一個相對的概念，而不是全有或全無（all or none）的概念。因此，我們可以說，某測驗有高的效度、高的信度，或低的效度、低的信度；而不能說，有效度、有信度，或沒效度、沒信度。

人類使用任何的工具，都是為了達成某項目的，無法達成使用目的的工具，都不是一個好的工具。準此，效度是測驗最重要的要件，甚至比信度還重要。一個具有高信度的測驗，不一定具有高的效度；然而一個具有高效度的測驗，必定具有高的信度。所以信度是效度的必要條件，而非充分條件。

(二)評估效度的方法

評估效度高低的主要方法有內容效度（content validity）、效標關聯效度（criterion-related validity）及建構效度（construct validity）等三種。所謂內容效度，是指測驗內容的代表性或取樣的適切性而言（郭生玉，民 74，第 92 頁）。內容效度適用於有固定命題範圍的測驗，如學科成就測驗的效度評估，大都是使用內容效度。評估內容效度最簡便的方法，是探討、分析該學科的教材內容與教學目標，是否均衡地呈現在學科成就測驗的題目上；如果是，則代表該成就測驗具有理想的內容效度，反之則否。

有些測驗並無固定的命題範圍可供依循，也乏教材內容或學習目標可據以分析，這個時候就可使用效標關聯效度或建構效度來評估之。效標（criterion）是指，某測驗所要測量的行為特質或量數。效標關聯效度是使用統計學的方法，分析測驗分數與某一效標之間的相關程度，相關程度高者，代表有高的效度。一般而言，常使用的效標有學業成績，某項訓練或學習的成績，行為的考評結果與某種被公認的優良測驗上的得分等。例如，為了探討 A 測驗的效度，我們可求取 A 測驗之得分與具有相同測量特質之 B 測驗之得分之間的相關程度，當然，B 測驗是公認的具有高效度的測驗。如 A 與 B 兩測驗之間的相關相當高，則我們可推論 A 測驗亦具有高的效度。建構效度則是指，測驗能夠測量到理論上之特質的程度。比如，某態度量表是根據六種態度來撰擬題目，現在將七十個受試者在該量表上的得分拿來做因素分

析（factor analysis），結果恰可抽得六個因素，而且這六個因素的內容與前述六種態度相似或相同，則可說該量表具有高的建構效度。就測驗的實務言，評估效度高低最常用的方法是效標關聯效度。

三、常模

假如，你的小孩第一次段考的數學考 49 分、英文考 75 分、國文考 87 分，你能判斷出哪一科考得最好嗎？儘管憑直覺很多人會說，國文考得最好，英文次之，數學再次之。事實上，我們是無法分辨出這三個科目成績的高低或好壞，不知道的原因是，缺乏參照比較的數據（如班上各科的平均分數）。個人在測驗上的分數（如前述的 49、75 與 87 分）稱為原始分數（raw score），因一般人並不知道其計分的方法與標準，所以嚴格上來講，它是不具意義的。我們總要將該原始分數依某種參照標準，轉化成衍生分數（derived score）才有意義，此處的參照標準就是常模。

所謂常模（norm），最簡單且最基本的定義是指，某特定團體在某一測驗上之得分的平均數。假使現在知道，你小孩班上的第一次段考平均分數，分別是數學 32 分、英文 77 分、國文 96 分，這時你就能知道他的成績是哪科最理想。但假如只憑一個平均數，還是不能完全知道某科成績在團體中的相對位置。所以目前所稱的常模，已非僅是一個平均數而已，而是一組原始分數與衍生分數的對照表。職是，常模的主要用途是在測驗分數的解釋上，具體言之，它有兩個功能：其一是了解個人分數在團體中的地位，其二是比較個人多個特質所代表的意義。

比方說，某生在智力測驗上的得分為 87 分，對照常模後得百分等級（percentile rank）為 72，則可知某生的智力在團體中，可超過或優於 72％的人。再如，某生在某性向測驗上，其原始分數分別是文書性

向 43 分、空間性向 31 分、科學性向 48 分，若僅從這些分數觀之，將無從知曉某生之多個性向中何者優或何者差（因不知各性向的測驗題數與計分方法）；但如將這些分數經由常模轉化為衍生分數，若得百分等級分別為 69、86 與 55，這時就可得知某生的空間性向最佳，文書性向次之，科學性向再次之。職是，測驗結果要能加以解釋，測驗的使用才有意義，解釋測驗結果，就要藉助於常模才能達成任務。測驗如沒有建立常模，使用測驗的人將無法解釋測驗的結果。

四、可使用性

當我們要選擇一份適用的測驗，除了須考慮到該測驗要有高的信度、高的效度，及可供解釋測驗分數的常模等三要件外，尚須該測驗要具有可使用性，否則仍不能視為是一份堪用的良好測驗。

可使用性包括易於取得測驗、易於施測及易於計分與解釋。假如，某測驗儘管具有良好的信度、效度與常模，但是該測驗根本不易取得，或購買一份需五千元，施測一次要三天三夜，測驗要送至國外計分，一年後才能加以解釋；那麼，這份測驗就不是一份可使用性高的工具，當然也就不是一份良好的測驗，所以可使用性也是測驗的要件之一。

前述之測驗的四大要件，都會很詳盡地記載在測驗的指導手冊中，選擇測驗時，可以從中得到很多的資訊。

第三節　測驗的編製

在研究的過程中，常須藉助測驗這項工具來蒐集資料，然而，公開發行的測驗有時並不能滿足研究者的需求，這時就須自行編製適用

的測驗，以符合研究之需。例如，某環保團體想探究民眾對環保抗爭的態度為何，可是現有的測驗遍尋而不可得適用者，這時就要自行編製合宜的測驗，俾利了解民眾對環保抗爭的態度。本節即在說明編製測驗的方法與原則，首先概述編製測驗的一般步驟，接著再詳論若干個重要步驟的具體方法。本節所述的內容，以編製情意測驗或非能力測驗之客觀測驗為原則。

一、編製測驗的一般步驟

測驗的編製方法，常會因測驗種類與目的之不同而有差異；因此，要歸納出一套適用於各種測驗的編製方法，幾乎是難以達成的任務。惟小異中仍有大同，一般而言，編製測驗仍有下述諸個可資遵循的一般步驟（周文欽，民84）。

(一)確定測量的內容

編製測驗的第一個步驟是要知道欲測量的內容為何，亦即要很明確地界定所欲測量之內容的特質或建構（construct）。測驗所要測量的心理特質，是非常抽象且主觀的，其所涉及的內涵可謂言人人殊，很難有約定俗成的一致見解。所以研究者在編製測驗之前，就應先分析欲測量之特質的具體涵義與範圍，進而確定所欲測量的內容，如此才能據以撰擬題目，本步驟詳見下文（本節之二）。

(二)發展測驗題目

即依據測驗所欲測量的內容，以撰擬能夠測量某項心理特質的題目。撰擬測驗題目的方法與原則，包括題型、計分及命題技術等，詳見本節之三。

(三)審核測驗題目

測驗題目撰擬完成後，應請專家來審核，以確保其品質。題目的審核可由兩類專家來擔任：其一為內容專家，針對題目的內容是否符合測量的目的進行評估；另一類為測驗專家，評估題目的性質是否符合測驗的編製技術與原理。現行國內各種升學考試的製題過程中，都聘有學科（內容）及測驗專家入闈參與製題（各種國家考試的試題也都經過這二種審查，不同的是，它們都是在闈外審查），其目的即在評估事先擬好之試題，是否符合學科內容的需求及測驗的編製原理。專家審核題目後，研究者應依其審核意見，修正、調整題目或再加入新增擬的題目。

(四)實施預試

測驗題目依專家意見增刪、補漏及修訂潤飾後，即可印製適當的數量，對適當的受試樣本（sample）進行施測。這些樣本的受試者之性質，應與測驗將來之施測對象的母群（population）相同。易言之，比方編一份測量高中三年級學生升學態度的測驗，那麼預試的對象就應是高中三年級的學生；職是，如編製一份測量軍人人格特質的測驗，則其預試樣本亦應是來自軍人這種母群。此外，預試的施測情境，也要與測驗的正式施測情境相同；預試後的受試者之反應結果，主要是應用在試題分析上。

(五)試題分析

試題分析（item analysis）又稱為項目分析，它是在分析預試後受試者在試題上的反應，其目的在選取題目。如刪除不佳的題目，保留優良的題目，或修正題目，以組合成正式施測用的測驗。準此，試題分析具有評估測驗題目品質良窳的功能，以提高測驗的信度及效度。

試題分析包括質的分析（qualitative analysis）與量的分析（quantitative analysis）兩種。所謂質的分析就是前文所述的專家審核測驗題目，惟不同的是，此時是審核受試者對試題的反應，其重點是分析試題的內容及形式，是否符合受試者的需求。至於量的分析則見本節之四。

㈥組成正式測驗

試題分析後，就可依各試題的各項數據（如難度指數及鑑別度指數）與專家的審核意見選取最好的試題，以組合成正式的測驗。通常，認知測驗之試題的選取標準是難易適中且具有高鑑別度者，情意測驗則是只具有高鑑別度即可。試題在正式測驗的呈現方式，有下述四種常見的方法。

第一種是依試題的難度序呈現，即難度低的試題安排在前，接著再呈現難度高的試題，亦即試題的排序是由易至難，從簡到繁。第二種是依試題的型態呈現，即相同型態的試題組合在一起，如，先出現選擇題，其次是是非題，最後則呈現配合題等。第三種是依測量內容的性質呈現，如在物理成就測驗中，先出現計算題，再出現應用題，最後則出現實驗題等。第四種則是情意測驗常用的混合式呈現試題。前三種大都適用於認知測驗。為了避免受試者受到作答心向的影響，情意測驗常將各分測驗（subtest）的試題，分散開來再混合呈現。例如，有一動機測驗包括 A、B、C 等三個分測驗，每個分測驗各有十題，那麼該測驗的試題排列方式，常是將各分測驗試題的第一題依序編入整份測驗的第一、二、三題，各分測驗的第二題編入第四、五、六題，各分測驗的第三題則編入第七、八、九題，依此類推。

題目組成後，接著就要設計答案紙（自行研究所使用的測驗，如份數不多，則不須另行設計答案紙，只須將答案填寫於測驗題本的答案欄上即可）。答案紙的功能是，可使一份測驗重複多次使用，以節省印製（購買）測驗的費用，亦便於測驗結果的計分。為便於計分或

便於答案輸入電腦，答案欄若與題本同屬一份的話，通常都將答案欄置於題號的左側。測驗如是另行設計答案紙，則其答案紙通常包括三部分。其一是受試者的基本資料（如學校、班別、測驗日期、性別及出生日期等）；其二是測驗結果的側面圖（profile），這二部分大都印在同一頁；其三是受試者要作答的地方，此部分是答案紙的重點，務必要明確地呈現作答的方法，而且亦要便於計分及分數的呈現（含原始分數與衍生分數）。若測驗分成數個分測驗，也要有各個分測驗計分的地方。假如測驗只有一個總分，此時答案紙就不須有側面圖。沒有答案紙的測驗題本，則將前述的基本資料置於測驗題本的最前面，再呈現試題，而且這種題本大都沒有側面圖。一般而言，不含側面圖的答案紙，通常都將基本資料與答案欄印在同一頁。

　　完成了答案紙（欄）的設計後，尚要撰寫指導語，才算完成一份測驗的組合。指導語是引導受試者作答的說明，指導語務必清晰明確，受試者才能正確無誤地填答。有些測驗的指導語只包括作答方式的說明；有些測驗則除了有作答方式的說明外，尚包括測驗的目的及施測時的注意事項。另有些測驗包括多個分測驗，而且各個分測驗之作答方式均不相同，此時測驗的指導語就不能只有一個指導語，而是要每一個分測驗都要有一個指導語。

(七)信度與效度研究

　　編製測驗至組合成正式測驗這一步驟，可算是已經完成了，接著就是選取適當樣本來進行信度與效度的分析。信度與效度都要達到理想的要求，測驗的編製才算完成。否則，信度與效度均不理想的測驗，是無法拿來運用的；這時就要捨棄原編製的測驗，重新再加以撰擬試題。

㈧正式施測以建立常模

編製測驗的倒數第二個步驟，是正式施測以建立常模，俾做為解釋測驗結果的依據。一般研究所需的測驗，其編製步驟至信度和效度研究即告完成，很少有建立常模者。惟，做大規模施測或商業用途的測驗，就應建立常模。

㈨撰寫指導手冊

標準化的測驗至建立好常模，即等於編製完成，然為了做公開發行或讓使用者能了解編製過程，編製者都會將測驗的編製過程與使用及施測的方法撰寫成報告，這個報告就是測驗的指導手冊，它是測驗使用者的主要參考資料與運用指南。前述八個步驟的具體內容與過程，都會記載在指導手冊裡。

二、確定測量的內容

測驗編製的第一個步驟是，確定測驗所要測量的內容為何？此處所稱的內容，是指測量的範圍或層面而言。例如，賴保禎（民83）所編製的〈賴氏人格測驗〉，就包括了活動性、領導性、社會外向、思考外向、安閒性、客觀性、協調性、攻擊性、抑鬱性、變異性、自卑感、神經質及虛偽性等十三個層面。某個測驗所欲測量之內容或層面確定後，編製者就可據以撰擬測驗的試題。確定測驗之測量內容的方法，常隨測驗之性質或種類的差異而有不同，其常用的方法約略有下述諸種。

㈠分析測驗的目的

測驗的目的是引導編製測驗的具體方針，目的敘述愈具體、明確

愈佳,測驗目的應以統整且簡易的概念來描述。例如,周文欽(民80)所編的〈高中學生處事態度量表〉的目的為:

1. 了解高中學生遇到壓力時,其心理反應為何。
2. 了解高中學生遇到壓力時,其採取的行動為何。
3. 了解高中學生遇到困擾問題時,其心理反應為何。
4. 了解高中學生遇到困擾問題時,其解決問題的方式、行動或策略為何。

直言之,可知該測驗的目的即在,測量高中學生的「因應方式」(coping strategies)。了解測驗的目的後,就可從下述的方法以確定測驗所欲測量的內容。

(二)探討相關文獻中的理論

以前述的〈高中學生處事態度量表〉為例,編製者所要測量的心理特質是「因應方式」或「因應」,因此就可從文獻中去分析此一心理特質的涵義,或其所包括的內容或層面。再假如,當要編製焦慮測驗時,也可從文獻中去了解焦慮的有關理論,再從焦慮理論中,確定焦慮所要測量的內容。

(三)參考現有具代表性的測驗

有時所欲編製的測驗,已有相關的測驗公開發行或發表,此時就可參考該測驗的內容,以編製所需的測驗。當然,被參考的測驗務必要擁有高的信度與效度,且其目的也要與欲編製者相同才可。例如,周文欽(民80)就參考卡佛等人(Carver, Scheier, & Weintraub, 1989)所編製的〈因應量表〉(COPE Scales)的內容,來確定〈高中學生處事態度量表〉的測量層面。

早期國內所編製的測驗,有許多是直接取材自國外的相關測驗而來,這些測驗常是直接「修訂」自某某測驗。但自從著作權法公布並

施行後，測驗編製者在參考國內、外測驗時，應特別謹慎行事，俾免發生違反法令規章之事。準此，在參考現有測驗時，切勿直接將原測驗逐題翻譯使用（除非是已取得原編製者或發行公司的同意與授權），應只能參酌其測量內容，試題則要重新撰擬。再者，在參考國外測驗的測量層面時，亦應注意到文化背景的差異，再考量本國的特殊文化與環境特性，如此所據以編製的測驗，才能適用於本國的時空脈絡。

㈣諮詢學者專家或相關人員

有時，測驗編製者無法從文獻或現有的測驗中，獲取確定測量內容的相關資訊，此時就可去請教相關領域之學者專家的看法，或有關人士的意見。比方，編製一份測量虞犯少年行為的測驗時，就可以去請教教授犯罪學的教授、警政單位的少年隊隊長、少年法庭的觀護人；甚或是犯罪少年及其家長的意見，也可提供諸多寶貴的訊息，這對確定虞犯少年行為的內容，都有莫大的助益。

例如，周文欽（民80）為了解外縣市國中畢業生至台北市就讀高中的升學動機，所編製的測量工具〈高中學生升學態度量表〉，就採用此種方法以確定該量表的測量內容。為了探討此種不願留在學生戶籍所在地的學校升學，而離家遠赴台北市就學的基本原因，在無現成的文獻理論或測驗可藉之參考下，編製者透過台北市各公立高中輔導教師的安排，訪問了二十位（男女各半）的外來學生，及六位（男女各半）實際從事「寄宿生」輔導工作的軍訓教官，歸納出外來學生至台北市升學高中的三種主要成因：1.高中教育機會不均等，2.升學主義，及3.社會流動，這三種成因即是該量表的測量內容。

另一種諮詢相關人員的方法，是對測驗的母群抽取適宜的樣本調查之。例如，要編一份測量高中學生生活困擾程度的測驗，這時可抽取一、二、三年級高中生各三十名（男女各半），用開放式的問卷要

他們寫出日常生活中最感困擾的三個問題。接著依學生的反應,分別請三位高中的輔導教師將這些問題加以歸納,假設共可分成下述七類:1.課業問題,2.就業前途問題,3.心理問題,4.人際交往問題,5.用錢問題,6.時間支配問題,及7.食住問題;前述這七類困擾問題就成為該測驗的測量內容。

三、發展測驗題目

所謂發展測驗題目,是指依據測驗所欲測量之內容的特質,撰擬能夠測量該項特質的試題。如前文提及的〈高中學生升學態度量表〉,其測量內容有「高中教育機會不均等」、「升學主義」及「社會流動」等三個層面,依這些測量內容可撰擬下列試題(部分)(周文欽,民80):

※高中教育機會不均等

1.台北市高中的教學設備比其他縣市的高中好。
2.台北市高中的教育經費比其他縣市的高中高。

※升學主義

1.台北市高中的教材教法比較能配合升學趨勢。
2.台北市高中的升學率比外縣市的高中高。

※社會流動

1.到台北唸書對於前途有較佳的發展機會。
2.「進京求學」本身就是一種社會地位的象徵。

發展任何一種測驗試題,都有共同遵守的撰擬試題的原則,接著要決定題型及計分方式,最後再據以撰擬試題。

㈠撰擬試題的原則

撰擬試題是技術也是藝術,一般的撰擬試題之原則約有下述諸端(周文欽,民 84;郭生玉,民 74;Gronlund & Linn, 1990; Kaplan & Saccuzzo, 1993; Murphy & Davidshofer, 1994; Rust & Golombok, 1989):

1. 每一試題的字數不宜太多,而且以一橫行能容納者為宜,俾免試題的敘述太長,使受試者不易抓住重點。

2. 試題的用字遣詞要簡單明確,並以受試者能懂且常用的詞彙來命題。

3. 避免使用雙重否定的語法來命題,如:我不期望生活中沒有壓力。

4. 避免使用具有攻擊性、性別歧視與種族偏見的字詞。

5. 選擇題的題幹及選項應分行敘寫,且每個選項亦應分行列出,並要比題幹的第一字往右移二至三字。

6. 李克特氏題型的選項應全部置於題幹的右側或左側。

7. 若測驗有多種題型,就應將相同題型的題目組合在一起。

8. 一個試題應僅呈現一個問題、一個敘述或一個概念。

9. 試題的取樣應能具有代表性與適切性,而且應能涵蓋所有欲測量的內容。

10. 在選擇題中,盡量避免「以上皆非」的選項,因試題不是在做錯誤的示範;也不宜出現「以上皆是」的選項,以避免受試者漏讀全部的選項。

11. 擬完試題後,過一段時間再拿出來讀一讀,而且也請同儕或同行看一看,以確保試題的可讀性與降低錯誤的機率。

(二)決定題型與計分

測驗試題的題型種類繁多,不同的題型有不同的適用目的,不同性質的測驗也會有不同的題型;所以要使用何種題型來命題,全視使用目的及測驗性質而定。以下僅介紹兩種標準化測驗中最常用的客觀測驗之題型。

1.選擇題

選擇題(multiple choice item)這種試題包括兩個部分:其一是題幹(stem),是一個呈現問題的敘述句或問句;其二是選項(options),是一組供受試者選答的可能反應,就中一個是正確或最佳的答案,其餘是誘答項(distractors)。選擇題的選項通常有三至五個。此種題型絕大部分是用在認知測驗裡,如:

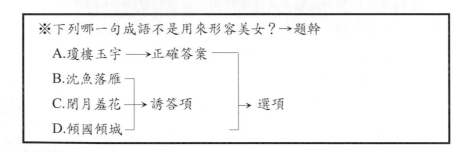

選擇題的優點是易於實施、易於計分,且適用於各種能力測驗;它的缺點則是命題費時費力,不易擬出具有高誘答力的選項,且試題易流於測量瑣碎的記憶性知識。選擇題只有一個正確或最佳選項,因此,其餘的選項就須具備高度的誘答力,也就是說誘答項不應很容易就分辨出是對的或錯的。低誘答力的誘答項,受試者儘管不懂題意,僅憑常識也能答對,像此種試題是無法測量出實際的能力。例如:

※下列哪一城市是法國的首都？

A.台北

B.花蓮

C.高雄

D.巴黎

選擇題的計分非常簡易，通常是答對者每題得一分，答錯者得零分；另為了避免猜答，此種題型也有倒扣的情形，不過在標準化測驗的測驗實務上並不常見。

2.李克特氏題型

李克特氏題型（Likert type format）是由美國學者李克特（R. Likert）在 1932 年所首創。此種試題提供受試者一系列互為關聯且連續性的可能反應，受試者再依其主觀認知擇一做反應。此種題型包括一個題幹及數個可能的反應，其反應的呈現方式有下述諸種：

⑴是、不知道（不確定）、否。

⑵非常同意、有些同意、有些不同意、非常不同意。

⑶總是、常常、偶而、幾乎不、從來不。

這種試題大都是用在情意測驗或非能力測驗裡。此類試題與選擇題非常相似，它們都有一個題幹，也都提供了多個選項，讓受試者從中擇一做反應；不同的是，李克特氏題型的選項是彼此互為關聯的，選擇題的選項則是彼此獨立互不相關。此種題型的選項不宜太多或太少，否則不易作答，常見的選項數介於三至七個左右。惟因一般人常會以中間選項來做反應，所以在設計選項時，宜使用偶數的選項數目，俾以去除作答的「統計迴歸現象」或「趨中現象」。

李克特氏題型是依據連續評定的等級分別給分，如答是得三分、不確定得二分、否得一分；或答非常贊成得四分、有些贊成得三分、有些不贊成得二分、非常不贊成得一分。若遇反向題則必須倒過來評

定分數,如答非常贊成得一分、有些贊成得二分、有些不贊成得三分、非常不贊成得四分。通常得分愈高者,代表愈擁有(不擁有)測驗所測量的特質。

四、試題分析

試題分析的主要目的,是在檢視測驗題目的良窳,對於優良的題目保留之,不良的題目則加以修正或捨棄不用;測驗的題目唯有經過試題分析,才能確保其品質。試題分析涵蓋質的分析與量的分析,此處僅論述量的分析。試題分析是依據預試的結果而來,所以本文將先論述預試的要領,接著再說明量之試題分析的三個要項:難度分析(difficult analysis)、鑑別度分析(discrimination analysis)與選項分析(options analysis)。

(一)預試的要領

在進行試題分析之前,首重預試的實施與過程,嚴謹的預試是試題分析的品質保證。一言以蔽之,實施預試有下述諸項要領可供參考(周文欽,民84)。

1. 預試的測驗題目應經過專家的審查,與將來可能的受試者之預作,並根據這兩類人員的意見適度修正之。

2. 預試受試者應來自於未來正式施測時的母群中,抽樣應力求隨機化,以確保預試樣本的代表性。

3. 預試受試者人數的多寡並沒有一致的見解,惟不宜太少,也不必以量取勝。試題分析如是採取極端組法(method of extreme groups),則預試人數以150人左右即可;若採單組法(method of single group)進行試題分析,則30人以上的受試者就可被接受(依中央極限定理與大數法則論之)。

4. 若以極端組法經由高、低分組的方式進行試題分析，則高分組
是總分排名最高前面一定比率者，低分組則為總分排名在最後
名次一定比率者。如，有十位受試者的預試總分由高至低之排
序分別為：A ＝ 36、B ＝ 33、C ＝ 29、D ＝ 28、E ＝ 27、F
＝ 24、G ＝ 23、H ＝ 19、I ＝ 12、J ＝ 10；又假如各取最高及
最低總分的 30 ％之受試者為高、低分組的依據，那麼高分組的
受試者是 A、B 及 C，低分組則是 H、I 及 J。

5. 前文所述一定比率以 27 ％為分組標準時，其試題分析的效果最
佳（Kelly, 1939）。一定比率低於 27 ％時，其結果的可靠度較
低；一定比率太高時，則會影響到題目的鑑別度。一般而言，
合理的分組比率可在 25 ％至 33 ％之間（郭生玉，民 74）。

6. 實施預試的過程與情境應力求標準化，並與未來正式施測的步
驟一致。

7. 實施預試，應提供受試者足夠的作答時間，以蒐集更詳實的訊
息，並將作答的最短與最長及大部分人所需時間記錄下來，以
決定正式施測所需的時間。

8. 主試者應在預試的實施過程中，將受試者的各類反應或疑難問
題記下來，俾做為修正試題的參考。

9. 預試後，應隨即將受試者在各個試題上的反應加以登錄、計
分，以進行統計分析。

(二)難度分析

所謂難度（difficulty），是指測驗各個題目的難易程度，亦即指
某個群體通過（答對）某個測驗題目的百分比，通過率高者，代表這
個題目容易或難度低；反之，表示題目較難或難度高。因為是以通過
或答對人數的百分比來代表題目的難度，所以難度分析大都是用在認
知測驗、能力測驗或有正確答案的測驗上，如成就測驗、智力測驗與

性向測驗等。測驗實務上，大都以難度指數代表難度。

　　測驗題目的難度指數（item difficulty index）用 P 來代表，其計算方法有兩種。第一種是單組法（method of single group），其公式如下：

$$P = \frac{R}{N}$$　　P：難度指數　　　　　　　　　　　　　　（公式 10-1）

　　　　　　　　R：答對的人數

　　　　　　　　N：預試的總人數

　　例如，有 60 人參加預試，其中有 15 人答對第 5 題，30 人答對第 9 題，則該兩題的難度指數如下：

$$P_5 = \frac{15}{60} = .25$$　　　　P_5：第 5 題的難度指數

$$P_9 = \frac{30}{60} = .50$$　　　　P_9：第 9 題的難度指數

　　上式顯示，第 5 題有 25 ％的人答對，第 9 題有 50 ％的人答對，顯而易見的，第 9 題要比第 5 題容易多了。準此論之，難度指數愈大，代表題目愈容易；難度指數愈小，則代表題目愈難。

　　第二種計算難度指數的方法是極端組法（method of extreme groups），它是一種高分組與低分組的比較方法，其公式如下：

$$P = \frac{P_H + P_L}{2}$$　　P：難度指數　　　　　　　　　　　　（公式 10.2）

　　　　　　　　　P_H：高分組的難度指數

　　　　　　　　　P_L：低分組的難度指數

　　例如，有一智力測驗的預試人數為 370 人，並以總分排名最前 27 ％者為高分組，排名最後 27 ％者為低分組，進行難度分析，其結果如表

10-1 所示。

表 10-1 極端組法之難度分析

題號	高分組		低分組		P
	答對人數	P_H	答對人數	P_L	
1	73	.73	17	.17	.45
2	25	.25	5	.05	.15
3	80	.80	60	.60	.70
⋮	⋮	⋮	⋮	⋮	⋮

＊高分組及低分組的人數各為 $370 \times 27\% \doteq 100$ 人

　　難度指數介於 0 與 1 之間，選取題目時，最適宜的量數為接近 .50，亦即大部分的難度指數應在.50左右；愈接近 0 或 1 的題目愈少，惟不可等於 0 或 1。

(三)鑑別度分析

　　所謂鑑別度（discrimination），是指各個測驗題目能夠測量到它所欲測量之特質的程度，或指各個測驗題目的反應情形（如對錯或得分）與測驗總分的一致性程度；亦即總分高的人，在某題得高分的機率要高過總分低的人。鑑別度高的題目，比較能夠測量出它所欲測量的特質，而且它的反應情形與測驗總分具有較高的關聯性。鑑別度可用來分析認知測驗與情意測驗的試題，不似難度分析絕大部分都是用在認知測驗上。分析鑑別度的方法，也有極端組法和單組法等兩種。

1.極端組法

　　使用極端組法所計算出來的量數主要有兩種：一是鑑別度指數（item discrimination index），它僅適用於認知測驗上；二是臨界比（critical ratio, CR），它在認知測驗與情意測驗上都適用。

⑴鑑別度指數

鑑別度指數的公式如下，它通常與難度指數的分析合併使用。

$$D = P_H - P_L$$

D：鑑別度指數　　　　　　　　　（公式 10-3）

P_H：高分組的難度指數

P_L：低分組的難度指數

以表 10-1 為例，可計算出第一題的鑑別度指數為：

$$D = .73 - .17 = .56$$

　　測驗題目的難度（P）直接影響到鑑別度（D）。假使每個受試者都答對某一題（P = 1）或都答錯某一題（P = 0），那麼此題就不具有任何的鑑別度，其 D 都將等於 0，這也是為何前文提及在選取題目時，其 P 值不能等於 0 或 1 的原因。一般而言，當 P = .50 時，其 D 值會最大；當 P 值愈趨近於 0 或 1 時，其 D 值會愈小。這也是前文所述，最適宜的難度指數應在.50 附近的原因。

　　在試題分析中，應如何取捨鑑別度指數的大小，並無共通的標準，其原則是 D 值愈大愈好，惟一般可接受的下限為.20，低於.20 的題目就是不好的題目。鑑別度指數的評鑑標準詳如表 10-2 所示。

表 10-2　鑑別度的評鑑標準

鑑別度指數	試題評鑑
.40 以上	非常優良
.30～.39	優良，但可能需修改
.20～.29	尚可，但通常需修改
.19 以下	劣，須淘汰或修改

資料來源：**心理與教育測驗**（15 版）（第 271 頁），郭生玉著，
　　　　　民 87，台北：精華書局。

⑵臨界比

臨界比大都用在情意測驗上，尤其是李克特氏題型的測驗，偶而也用在認知測驗上。臨界比愈大，代表個別試題的得分與測驗總分的關聯愈密切（高）；亦即是測驗總分高者，其在每一試題的得分應較高，而測驗總分低者，其在每一試題的得分應較低。臨界比的計算公式如下式（引自吳聰賢，民 67，第 475 頁）：

$$CR = \frac{\overline{X}_{H25\%} - \overline{X}_{L25\%}}{\sqrt{\dfrac{S_H^2 + S_L^2}{n-1}}} \qquad （公式 10\text{-}4）$$

CR：critical ratio，臨界比

$\overline{X}_{H25\%}$：測驗總分在最高前 25 ％（即高分組）之受試者在某一題目之得分的平均數

$\overline{X}_{L25\%}$：測驗總分在最低後 25 ％（即低分組）之受試者在某一題目之得分的平均數

S_H^2：高分組受試者之測驗總分的變異數

S_L^2：低分組受試者之測驗總分的變異數

CR 值愈大的題目愈好，通常 CR 值大於 3.0 者即可被接受。

2.單組法

用單組法來做鑑別度分析，常用的有積差相關（product-moment correlation）與因素分析（factor analysis）等二種。

⑴積差相關

此種方法對於情意測驗和認知測驗皆適用，其原理都是算出受試者在某一題之得分與測驗總分的相關，其公式如下：

$$r = \frac{\Sigma X_i X_t - \dfrac{\Sigma X_i \Sigma X_t}{N}}{\sqrt{\Sigma X_i^2 - \dfrac{(\Sigma X_i)^2}{N}}\sqrt{\Sigma X_t^2 - \dfrac{(\Sigma X_t)^2}{N}}} \qquad （公式 10-5）$$

　　r：積差相關係數

　　$\Sigma X_i X_t$：第 i 題之得分與測驗總分之乘積和

　　ΣX_i：第 i 題之得分和

　　ΣX_t：所有受試者之測驗總分和

　　ΣX_i^2：第 i 題之得分的平和方

　　ΣX_t^2：所有受試者之測驗總分的平方和

　　上式的 r 值愈大，代表該試題的鑑別度愈高；只是，若用此法來做鑑別度分析，則應選取 r 值相對高的題目。

　　⑵因素分析

　　近來，由於有電子計算器及現成的統計軟體（如 SPSS 或 SAS）協助做統計分析，因此用因素分析做鑑別度分析已日漸普遍。因素分析很早就運用在心理測驗上，它主要是在評估測驗的建構效度，亦即在說明所編製的測驗，到底涵括了多少個向度或層面（即因素）。使用因素分析進行鑑別度分析，其方法是將受試者在各個試題上的反應，進行統計學上的因素分析處理，此時，每個測驗上的題目都視為是一個變項。

　　因素分析後，以因素負荷量（factor loading）的大小，做為取捨測驗題目的依據。通常，因素負荷量大於.30 的題目，其鑑別度就可被接受。使用因素分析做試題分析，除了可選取優良的試題外，尚可分析出該測驗包括了多少個因素，而且亦能明瞭各個主要因素所涵蓋的題目，或哪一個題目是屬於哪一個因素。因素分析的運算相當繁雜，本書無法詳述，有興趣的讀者可參閱有關的統計學專書。今舉例說明

此種鑑別度分析的方法，表 10-3 是受試者在某一份有 35 個題目之測驗上的因素分析結果。

從表 10-3 的資料顯示，該測驗的第 2、4、5、6、7、9、12、19、20、30 及 33 等 11 個題目，因因素負荷量低於.30，它們的鑑別度太低，應該予以捨棄。所以該份原擬有 35 個題目的測驗，經試題分析後只保留 24 題有意義的題目；這 24 題可分成三個因素，就中第一個因素包括 1、3、13、15、21、22、23、24 及 29 等九題，第二個因素包括第 8、10、26、27、28、31、32、34 及 35 等九題，第三個因素則包括第 11、14、16、17、18 及 25 等六題。

㈣選項分析

選項分析（options analysis）都是使用在認知測驗的選擇題題型的試題上，而此種試題通常都只有一個正確答案（大部分的標準化認知測驗的選擇題都是單選題），其餘的答案（亦即不正確答案）稱之為誘答項（distractors）。準此言之，選項分析就包括正確答案分析及誘答項分析二種。

1.正確答案分析

為了避免受試者隨機式與規則式的猜答，致得到不該得的分數（原本不會，因猜對而得分），影響到測驗的效度，測驗編製者在設計正確答案時，就必須遵循下述兩個原則：

⑴每個正確答案出現的機會應力求均等

每個正確答案最理想的出現機會，亦即最佳的平均出現次數為總題數除以選項數（即各題備用的答案數）。如，一份四十題四選（A、B、C、D 四個選項）一的測驗，則 A、B、C 或 D 是正確答案的次數應各有十次（題）。

⑵正確答案的出現序應是隨機的

雖然每個正確答案出現的機會是均等的，仍難避免受試者因猜答

表 10-3　某測驗預試試題因素分析結果

題號	因素一	因素二	因素三
1	.73665	.07956	.16836
2	.14800	.11073	.12874
3	.52667	.07045	.09025
4	-.13648	-.20624	-.04282
5	.00752	-.03027	.14414
6	-.02124	-.11419	-.14097
7	.01320	.17421	.03248
8	-.02559	.35611	.20091
9	.19279	.26501	.05836
10	.28615	.58494	.06834
11	.18552	.17396	.32793
12	.20566	.11297	.19197
13	.53625	.19702	.23593
14	.27479	.06343	.54752
15	.70085	.12218	.08929
16	.06733	-.08844	.62086
17	.02917	.13765	.72028
18	.21982	.07877	.60769
19	.28322	.13822	-.03040
20	.00782	.00733	.00281
21	.77684	.15955	-.00009
22	.63308	.30251	-.06659
23	.77797	.21434	.13353
24	.63593	.27892	.13479
25	.19137	.09999	.51485
26	.24789	.47174	.07646
27	.16060	.72755	.02076
28	.37329	.63804	.10250
29	.36473	.02497	.28167
30	.22928	.18489	.05536
31	.23904	.60993	.08486
32	.18896	.75110	.06050
33	.09857	.13929	.15069
34	.10221	.38129	.10691
35	.20390	.43027	-.18086

而得高分；所以正確答案的出現序應是隨機的，亦即不能有規則性的
出現正確答案。比方，以上一測驗為例，如出現：

　　※ ABCDABCDABCD……。

　　※ AAABBBCCCDDD……。

　　※ AABBCCDDAABB……。

　　這樣的答案序就是有規則性與非隨機的。

　　正確答案分析就是在分析正確答案的設計，是否符合上述二項原
則，分析的具體方法有二：

　　第一是，先計算每個正確答案的實際出現次數，接著與期望出現
次數比較（期望出現次數即前述的最佳平均出現次數，亦即總題數除
以選項數所得的商數）。二種次數如有差異，就要修改與調整正確答
案的選項代號（如，原正確答案是 A，將其移置於 B）；修改的原則
是：減少實際出現次數大於期望出現次數之選項代號，並將其調整增
加至實際出現次數少於期望出現次數之選項代號。具體分析方法詳見
表 10-4。

表 10-4　二十題四選一測驗之正確答案分析

選　項	A	B	C	D
實際出現次數	8	4	6	2
期望出現次數	5	5	5	5
結果分析	減少三次	增加一次	減少一次	增加三次

　　其次是，每個正確答案出現的機會均等後，將正確答案依題號序
列出，查看同一代號之正確答案的出現序是否是隨機的。如非隨機的
話，則可參考第八章裡的「簡單隨機抽樣」的方式，將其修改成隨機
的出現序。

2.誘答項分析

假如，某生未曾修過統計學，對統計學也毫無概念，可是下述的統計學試題，他將毫無困難地全部答對。

※要考驗國小五年級的女生身高，是否和男生身高有顯著的差異，可以用何種統計方法來分析？

A.閉月羞花

B.傾國傾城

C. t 考驗（t-test）

D.沈魚落雁

※在某智力測驗上，甲生得 T ＝ 60，若將其轉換為 PR，則甲生應得幾分？

A.84

B.基隆河

C.淡水河

D.大漢溪

※下列何者是最穩定與最具代表性的變異量數？

A.李商隱

B.歐陽修

C.白居易

D.標準差

現在，某生果然都答對這三道統計學的試題；這時，我們可推論某生已具有統計學的素養和知能嗎？答案當然是否定的！未修過統計學也不具統計學概念的人，之所以能夠全部答對那三題；用測驗的術語來說，即前述題目之誘答項的誘答力太低了。所謂誘答力，是指誘答項誘導人去選答的吸引力。職是之故，低誘答力或不具誘答力之誘

答項，勢必無法測量出受試者的真正能力。因此，在設計選擇題之誘答項時，就應要特別顧及誘答力的問題（這也是選擇題命題時最感困難的地方）。

　　通常，一道理想與適切的選擇題都具有二個特徵：第一是知道試題解答的受試者（即會的人），都應會選擇正確的反應；其次是不知道試題解答的受試者（即不會的人），則會從所有可能的反應中隨機擇一作答。第二個特徵顯示，有些受試者會去猜答試題，而且可能會猜對；這個特徵也意味著，每個不正確的反應（即誘答項）被選答的機會是相等的。職是之故，每個誘答項被選答的期望次數，應是某試題答錯人數除以誘答項的個數，茲以表 10-5 說明之。

表 10-5　某測驗第 N 題各選項選答分析

選　　項		選答人數	期望選答人數
正確答案	A	60	60
誘答項	B	22	20
	C	37	20
	D	1	20

　　表 10-5 中的正確答案期望選答人數，可以事先設定，其計算方法是預試人數乘以難度指數；本題的難度指數假如是 .50，預試人數是 120 人，所以期望選答人數（正確答案）為 $120 \times .50 = 60$。當然，如事先不設定各試題的難度，則正確答案的期望選答人數就無從知曉了。惟，在標準化測驗的編製實務裡，為使試題難度適中，通常都會對試題的難度指數分配給與規劃；這個時候，從選項分析的結果，也可了解所擬試題的難度是否符合編製前的規劃。表 10-5 中的誘答項期望選答人數，其計算方法是答錯人數除以誘答項的個數，如本例的 20 是（22 + 37 + 1）÷ 3 而來；假如事先有規劃難度的話，則其計算方

法為：〔預試人數×（1－難度指數）〕÷誘答項之個數。依此法，本題的誘答項期望選答人數＝〔120×（1－.05）〕÷3＝20。

　　表 10-5 顯示，C 被選答的次數顯著的高於期望人數，代表這個誘答項可能是個設計「精良」的陷阱，或可能是反應了正確答案的部分意涵。D 被選答的次數顯著的低於期望人數，則代表這個誘答項的誘答力非常低，甚至失去了誘答的功能，一看便知道是個不正確的答案。B 被選答的次數和期望人數非常符合，是一個理想的誘答項。一個低誘答功能的誘答項，將可增加受試者猜對正確答案的機會，進而降低了測驗的效度，所以 D 這個誘答項應修正之。C 則因易誤導受試者的選答反應，所以也是一個不佳的誘答項，亦應加以修正，俾免引起爭議（Murphy & Davidshofer, 1993）。在實際進行選項分析的誘答項分析，最重要的方法或步驟是，首先仿表 10-5 的內容列出每一題的各選項的選答分析，接著再依分析結果決定哪些誘答項可保留使用？哪些誘答項必須加以修正後才能使用？

關鍵詞彙

測驗	折半信度
標準化	複本信度
測量	信度係數
心理測量	效度
時間取樣誤差	內容效度
內容取樣誤差	效標關聯效度
性向	建構效度
智力	常模
成就	百分等級
認知測驗	試題分析
情意測驗	選擇題
文字測驗	李克特氏題型
非文字測驗	難度（分析）
客觀測驗	難度指數
非客觀測驗	鑑別度（分析）
選擇反應測驗	鑑別度指數
結構反應測驗	臨界比
知識取向測驗	選項分析
個人取向測驗	誘答項
信度	誘答力
重測信度	

自我評量題目

1. 試述測驗的定義，並申述其涵義。

2. 試述測驗的種類，並略述其涵義。

3. 試述信度的涵義及評估信度的方法。

4. 試述效度的涵義及評估效度的方法。

5. 何謂常模？測驗為什麼要建立常模？

6. 試詳述編製測驗的一般步驟。

7. 試述確定測驗之測量內容的方法。

8. 試述撰擬測驗之試題的原則。

9. 試舉例說明選擇題及李克特氏題型的命題方法。

10. 試舉例說明難度分析及鑑別度分析的方法。

11. 選擇題為何要進行選項分析？試申己見。

第四篇
研究工具的評估

第十一章
信度

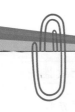

學　習　目　標

——研讀本章內容之後，學習者應能達成下列目標：

1.說出信度的定義。

2.了解真分數與誤差分數理論的涵義。

3.了解信度係數及測量標準誤的涵義，並能應用之。

4.了解信度的特徵。

5.了解估計信度的方法（重測法、複本法、內部一致性法與評分者法），並能運用之。

6.了解重測信度、複本信度、折半信度、庫李信度、α係數與評分者信度的涵義。

7.了解真分數的估計方法。

8.了解分數差與和之信度的估計方法。

大綱

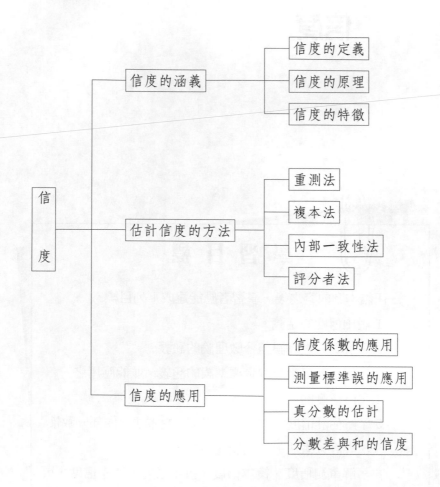

摘　要

從不同的觀點，信度可有下述三種定義：1.測驗分數之穩定性與測驗內容之一致性的程度，2.測驗的運用能從一個情境推論到另一個情境的程度，3.測驗之測量結果的誤差程度。真分數與誤差分數理論是解釋測驗分數的主要理論，該理論指出：受試者在測驗上的實得分數，是由真分數與誤差分數二個部分所組成。從真分數與誤差分數理論論之，所謂的信度，就是指測驗分數的誤差量；目前的測驗學者大都使用信度係數和測量標準誤來估計測驗分數的誤差量。信度係數是指：實得分數變異數中真分數變異數所占的比率。測量標準誤則是指：對一位受試者施測同一測驗無限多次，則受試者每一次得分與真分數之間差距的標準差稱之；目前都以測驗分數的標準差，乘以 1 減信度係數之開平方根的乘積，來估計測量標準誤。

估計測驗信度的方法有四種：1.重測法，此法所估計者稱為重測信度；2.複本法，此法所估計者稱為複本信度；3.內部一致性法，此法所估計者有折半信度、庫李信度與α係數；評分者法，此法所估計者稱為評分者信度。最後，本章並進一步論述信度係數的應用，測量標準誤的應用，真分數的估計及分數差與和的信度。

在本書第十章裡，將測驗定義為：「在標準化情境下，測量個人心理特質的工具或歷程。」然而，凡是測量都會產生誤差，誤差愈小，則其測量結果愈值得信賴，也愈可靠；換言之，如吾人能知道測驗的誤差情況，我們就比較能掌握真正的測驗結果，進而去解釋測驗結果的正確性為何。從測驗理論來看，探討測驗結果（即測驗分數）之誤差情況的概念就是信度，探討測驗結果之解釋者就是效度。測驗最大的功用是解釋測驗結果，俾利用它來做抉擇或決定，而利用或解釋測驗結果的先決條件，是要先知道測驗結果的誤差情況；也唯有高信度（即誤差較小）的測驗，才具有高效度（即較能正確地解釋與利用測驗結果）的特質。準此，我們將先探討信度，下一章再繼續來闡釋效度。本章分別從信度的涵義，估計信度的方法，及信度的應用等諸多層面來論述信度的概念。

第一節　信度的涵義

本節將從信度的定義（著重於概念型定義，conceptual definition）、信度的原理（著重於操作型定義，operational definition），及信度的特徵來闡釋信度的涵義。

一、信度的定義

任何人都會有這樣的經驗，測量同一張桌子的高度或同一包米的重量多次後，常會發現其量化數據的結果都不一樣；在不受自然成熟發展改變影響的短暫時間內，多次測量同一個人的身高或體重等生理特質後，也常會得到不一樣的結果；一位頂尖的高爾夫球選手每次正式比賽所得的桿數，也未必都一樣。同理，同一位受試者多次智力測

驗的得分都不一樣，或甲生各次的英語考試成績都有很大的差異，也就不足為奇了。事實上，前述的各種特質（如高度、重量、身高、體重、桿數、智力測驗分數或英語成績）本身，都有一個真分數（true score）以代表其真實的情況，惟這個真分數卻常與經測量而來的實得分數（observed score 或 obtained score）不同。簡言之，信度就是在探討真分數與實得分數之間的關係。就因我們永遠無法知道我們的真分數究竟為何，我們知道的僅是實得分數；因此，我們就從已知的實得分數，及真分數與實得分數之間的關係，來推估個人的真分數。在探討真分數與實得分數之間的關係時，首先要了解實得分數的穩定性，與獲取該實得分數之工具內容的一致性，接著再去分析這二者之間的誤差情況。職是，我們將從穩定性與一致性及測量誤差二個觀點，界定信度的定義。

(一)穩定性與一致性的觀點

假如你在同一個智力測驗上施測三次，其得分分別是 85、127 和 112；或小華參加三次國中基本學力測驗，其得分分別為 237、285 和 251。此時，你知道你真正的智力或小華了解其國中基本學力到底為何嗎？僅憑上述的分數，我們是無法得知的，其原因是多個不同分數不知哪個分數具有代表性。所以，用來代表某項概念或事物的量化數據，必須要很穩定不能有太大的差異，我們才能用量化數據來代表該項概念或事物。測量而來的量化數據要能比較穩定的前提，是測量工具（測驗）本身的內容要具有一致性。測驗內容一致性愈高，測驗分數的穩定性也會愈高；也唯有高穩定性的測驗分數，其結果也才能加以解釋或利用。準此，從穩定性和一致性的觀點來界定，則信度（reliability）是指：測驗分數之穩定性與測驗內容之一致性的程度。穩定性（stability）是指，同一份測驗經同一人多次施測所得分數相當類似，而沒有太大的差異；一致性（consistency）則是指，測驗中的各

個題目在功能或性質上,是屬於同一類或趨近於同一類,亦即它所測量的特質是相同的或極相似的。一個測驗之分數穩定性程度與內容一致性程度愈高,則該測驗的信度也愈高。

從前述信度的定義進一步引申,可以了解一個具有高信度的測驗,其測驗分數或測驗內容愈能從一個情境推論到另一個情境。因此,吾人也可將信度定義為:測驗的運用能從一個情境推論到另一個情境的程度。薩耳維亞和伊塞戴奇(Salvia & Ysseldyke, 1995)二位測驗學者就指出,測驗的運用推論有三種,凡是在測驗的推論上愈能從一個情境推論到另一個情境的話,則代表該測驗的信度愈高。第一種推論,是測驗分數能推論到其他時間的程度,例如,今天在某測驗得了 25 分,二個星期後在同一測驗得 23 分,一個月後得 28 分,那麼其分數的推論程度就相當高;探討此種推論程度的信度,稱為穩定(stability)或重測(test-retest)信度。第二種推論,是測驗內容能推論到其他題目的程度。在第十章裡,曾將測驗定義為:「是一種在控制的情境下,獲得行為樣本的方法(Walsh & Betz, 1990)。」從這個定義裡可以讓我們認知到,測驗的題目是無限多的,我們只是從中擇取一部分的題目(行為樣本)來測量受試者。因此,測量同一心理特質的題目,儘管題目不一樣,其測量所得的分數亦不應有太大的差異,否則我們將無法得知受試者的心理特質為何。假如,一位英語老師儘管每次命的題目都不一樣,但英語程度好的人大都得高分,程度差的人大都得低分的話,則該師所出的試題都具有高的信度。代表測驗題目推論程度的信度,稱為複本(alternate forms)或內部一致性(internalconsistency)信度。第三種推論,是不同測驗評分者(scorer)之評分能加以推論的程度。假設不同評分者給的評分有很大的差異,那麼其推論性就低;如不同評分者的評分非常接近或差異很小,則其推論性就高。分析此種推論性的信度,稱為評定者間(interrater)或評分者間(interscorer)信度(或簡稱為評分者信度,scorer reliability)。因

客觀測驗或選擇反應測驗（參閱第十章第一節之二）之評分都有固定
的計分方式可資依循，所以此種信度評估只用在非客觀測驗或結構反
應測驗中。

(二)測量誤差的觀點

　　西元 1927 年，著名的物理學家海森堡（Werner Heisenberg）提出
了轟動量子力學（quantum mechanics）界的「測不準原理」（uncertain-
ty principle）。該原理指出，我們永遠無法精確地同時測量到原子與
粒子的位置與速度；換言之，即當我們在測量原子與粒子的位置與速
度時，都會產生誤差。客觀與具體的物理測量都會產生誤差，更何況
是主觀與抽象的心理測量會產生誤差，也就不令人意外。任何測量既
然都會有誤差，所以假如我們知道誤差的性質或情況，我們才能去了
解或解釋測量標的物的真分數或特質。測驗是心理測量的主要工具，
所以測驗的信度是指：測驗之測量結果（分數）的誤差程度。測量的
誤差愈小，信度愈高；反之，誤差愈大，則信度愈低。依誤差的來源
分，客觀測驗的測量誤差，包括時間取樣誤差和內容取樣誤差等二
種；非客觀測驗的測量誤差，則包括時間取樣誤差、內容取樣誤差和
評分者誤差等三種。依誤差的變異性分，測驗的測量誤差可以分成系
統性誤差和非系統性誤差等二種。

二、信度的原理

　　前一小節是從概念型定義（是指使用抽象、主觀與籠統的概念來
說明某觀念之意義的文字敘述）的觀點，來界定信度的意義，這一小
節則要從操作型定義（是指利用可觀察、操作或量化之程序來說明某
觀念之意義的文字敘述）的觀點，進一步來闡釋信度的原理。因為是
從可觀察、操作與量化的程序論述信度的原理，所以本部分是以統計

學的方法或語言呈現信度的意義。本小節以信度原理的理論基礎（真分數與誤差分數理論）開其端，接著分述測量標準誤和信度係數與信度的關係。

(一)真分數與誤差分數理論

古典測驗理論（classical test theory）是解釋測驗分數的創始理論（故名之「古典」），又稱為真分數與誤差分數理論（theory of true and error score）（Gregogy, 2000），因為後者較易令人了解，所以本書以「真分數與誤差分數理論」名之，也有學者將其簡稱為「真分數理論」（林世華，民 85）。真分數與誤差分數理論指出，受試者在測驗上的實得分數（observed score 或 obtained score，簡稱為 X），是由真分數（true score，簡稱為 T）與誤差分數（error score，簡稱為 e）二個部分所組成，並以下列公式代表之：

$$X = T + e \qquad\qquad\qquad (公式 11\text{-}1)$$

上式中的 X（實得分數），是指將受試者在測驗上的反應（答案）加以評分後，所得到的分數；這個分數可以是原始分數（raw score），也可以是經某種特殊轉換後的衍生分數（derived score）。T 是指受試者在測驗上應具有的真分數，這個分數是不受任何因素所干擾，事實上它是受試者的真正特質所在，所以 T 是固定不變的分數，因此真分數有時也稱為普遍分數（universe score）（Hopkins, 1998）。e 是指在進行測驗的測量時，所產生的誤差分數；誠如前文所述，任何測量都會有誤差，所以 e 在測驗分數中是無可避免的。誤差分數的公式如下式：

$$e = X - T \qquad\qquad\qquad (公式 11\text{-}2)$$

由上式可知，誤差分數是實得分數與真分數之間的差距，它可能

是正的、負的，也可能等於零，而且是隨機的。當 e 是正的話，實得分數會被高估；當 e 是負的話，則實得分數會被低估。因 e 可能是正、負或零，又是隨機出現，所以同一個受試者在同一個測驗（或同一個測驗的複本）施測無限多次後，其各次施測所得的誤差分數，在隨機正、負抵銷下，其誤差分數的總和與平均數都會等於零。準此，受試者在同一個測驗（或其複本）施測無限多次之得分的平均數，就等於其真分數；但因測驗實務上不可能這樣去做，所以真分數到底為何，永遠是個未知數。

　　在 X ＝ T ＋ e 的式子裡，只有 X（實得分數）是已知，T（真分數）和 e（誤差分數）都是未知；另者，理論上對特定的受試者而言，T 是一個常數（即指固定不變的量數），X 與 e 則都是變數（林世華，民 85）。在此情況下，我們很難直接去確定不含誤差分數的真分數，到底其精確值為何。因此，測驗學者就用間接的途徑，從誤差分數著手，以預測或估計真分數。從此觀點言之，所謂的信度，就是指測驗分數的誤差量（amount of error）。誤差量愈大，信度愈低；誤差量愈小，信度則愈高。目前的測驗理論家大都使用信度係數（reliability co-efficient）和測量標準誤（standard error of measurement）這二種統計數來估計測驗分數的誤差量（Salvia & Ysseldyke, 1995）。

(二)信度係數與信度

　　當任何一個測驗對一大群受試者施測後，他們的實得分數將呈現出變異性（variability），這種變異性可用變異數（variance）的統計方式來顯示之，變異數就是 σ^2。古典測驗理論假定，一群受試者在同一個測驗上之實得分數的變異數（σ_X^2），可以分成真分數的變異數（σ_T^2），和誤差分數的變異數（σ_e^2）等二個部分，其公式如下列：

$$\sigma_X^2 = \sigma_T^2 + \sigma_e^2 \hspace{3cm} （公式 11-3）$$

　　導出上式的過程相當複雜，在此不贅述，有興趣的讀者可參閱古力克生（Gulliksen, 1950, chap.3）的專著。從上式可導出信度係數（reliability coefficient, r_{xx}）的公式如下列：

$$r_{xx} = \frac{\sigma_T^2}{\sigma_X^2}$$ （公式 11-4）

　　從上述公式可得知，所謂的信度係數，是指實得分數變異數中之真分數變異數所占的比率。因此，信度係數愈大，信度愈高；信度係數愈小，則信度愈低。亦即，信度是在說明測驗（實得）分數能夠解釋受試者之真正心理特質的程度；信度係數則在說明測驗（實得）分數能夠解釋受試者之真正心理特質變異性的百分比。例如，某智力測驗的信度係數為.85，則該測驗能解釋受試者真正智力變異性的 85 ％，另 15 ％則是誤差因素的變異性所造成。

　　從信度係數的公式，可進一步得知 r_{xx} 的數值範圍。因 $\sigma_X^2 = \sigma_T^2 + \sigma_e^2$，所以信度係數也可以是：

$$r_{xx} = \frac{\sigma_T^2}{\sigma_T^2 + \sigma_e^2}$$ （公式 11-5）

　　當測量誤差分數的變異數非常小，趨近於零時，則信度係數（r_{xx}）將趨近於 1.0（σ_T^2 / σ_T^2）；反過來看，若誤差分數的變異數非常大，趨近於無限大（∞）時，則：

$$r_{xx} = \frac{\sigma_T^2}{\sigma_T^2 + \infty} = \frac{\sigma_T^2}{\infty}$$ （公式 11-6）

　　此時，r_{xx} 將趨近於 0.0。因此，信度係數的可能範圍是介於 0 到 1 之間。在測驗實務裡，信度係數都有可能落在這範圍之間，但是其數值愈接近 1 愈佳。

　　在測驗理論上，也有從實得分數（X）和真分數（T）的關係來探討測驗的信度。測驗學者將實得分數和真分數的相關（correlation），

稱為信度指數（index of reliability, r_{TX}），信度指數愈大代表信度愈高，信度指數愈小則信度愈低。測驗學者並以下式顯示信度指數（r_{TX}）和信度係數（r_{XX}）之間的關係：

$$r_{TX} = \sqrt{r_{XX}} \text{ 或 } r_{XX} = r_{TX}^2 \qquad\qquad （公式 11\text{-}7）$$

從上式亦可得知，信度係數本身就是決定係數（coefficient of determination），它是：兩變項間相關係數的平方，是用來解釋兩變項之一可由另一變項決定或預測的比率（張春興，民 78，第 121 頁）。信度指數和信度係數的關係如圖 11-1 所示。從圖 11-1 可發現，信度指數的數值都大於信度係數，唯一的例外是當其數值等於 0 和 1 時。

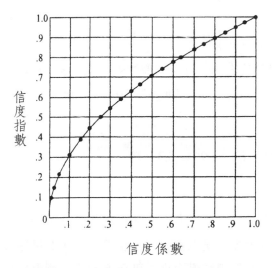

圖 11-1　信度指數與信度係數的關係
資料來源：*Educational and psychological measurement* (8th ed.) (p. 117), by K. D. Hopkins, 1998, Boston: Allyn & Bacon.

(三)測量標準誤與信度

前文曾述及，受試者在同一個測驗（或同一個測驗的複本）施測無限多次之得分的平均數，就是其真分數。受試者每一次的得分，以真分數為中心形成常態分配，這個分配的標準差（standard deviation, SD）就是測量標準誤（standard error of measurement, SEM）。受試者每一次得分與真分數之間的差距，稱為測量誤差（measurement error），這些測量誤差的標準差也稱為測量標準誤。在測驗實務上，我們不可能對同一受試者施測無限多次，所以也就無法得知，真分數與每一次的得分和測量誤差，以致於無法直接去計算測量標準誤。因此，現在測驗學者都用下列公式來估計測量標準誤：

$$SEM = SD\sqrt{1 - r_{xx}} \qquad\qquad （公式 11\text{-}8）$$

上式中的 SD 代表測驗分數的標準差，r_{xx} 代表該測驗的信度係數。例如，某測驗的施測分數的標準差為 20，其信度係數為 .90，則其測量標準誤為：

$$SEM = 20 \times \sqrt{1 - .90} = 6.3 \qquad\qquad （公式 11\text{-}9）$$

從測量標準誤的公式亦可得知，當測驗分數的標準差不變時，信度係數愈大，則測量標準誤愈小；當信度係數固定時，測驗分數的標準差愈大，則測量標準誤也會愈大。整體而言，測量標準誤愈大，測驗的信度愈小；測量標準誤愈小，則信度愈高。標準差和信度係數與測量標準誤的關係，詳表 11-1 所示，表中 SD 代表標準差，r_{xx} 代表信度係數；標準差與信度係數的交叉處即是測量標準誤，每個測量標準誤的數值均採小數點以下一位數四捨五入計之。

測量標準誤和信度係數，都是用來說明測驗信度的統計量數，惟用法上稍有不同；測量標準誤大都用在解釋個人的測驗分數上，信度

係數則大都用來解釋一個測驗對某一團體測量結果的可靠程度，或用來比較不同測驗之間的信度高低。

表 11-1　標準差和信度係數與測量標準誤的關係

	r_{XX}					
SD	.95	.90	.85	.80	.75	.70
30	6.7	9.5	11.6	13.4	15.0	16.4
28	6.3	8.9	10.8	12.5	14.0	15.3
26	5.8	8.2	10.1	11.6	13.0	14.2
24	5.4	7.6	9.3	10.7	12.0	13.1
22	4.9	7.0	8.5	9.8	11.0	12.0
20	4.5	6.3	7.7	8.9	10.0	11.0
18	4.0	5.7	7.0	8.0	9.0	9.9
16	3.6	5.1	6.2	7.2	8.0	8.8
14	3.1	4.4	5.4	6.3	7.0	7.7
12	2.7	3.8	4.6	5.4	6.0	6.6
10	2.2	3.2	3.9	4.5	5.0	5.5
8	1.8	2.5	3.1	3.6	4.0	4.4
6	1.3	1.9	2.3	2.7	3.0	3.3
4	.9	1.3	1.5	1.8	2.0	2.2
2	.4	.6	.8	.9	1.0	1.1

資料來源：*Measurement and evaluation in teaching* (6th ed.) (p.91), by N. E. Gronlund & R. L. Linn, 1990, New York: Macmillan.

三、信度的特徵

綜合前文對信度定義及原理的論述，信度的涵義具有下述諸項特

徵（Gronlund & Linn, 1990, pp. 78-79）。

1. 信度是在闡釋一個工具的測量結果，而非工具本身。任何特定的工具都可因不同的需求，測量不同的團體，或在不同的情境中施測，所以它可以有數個不同的信度。因此，較適切的說法，應是「測驗分數」或「測量」的信度，而不是「測驗」或「工具」的信度。

2. 信度的估計數（如信度係數或測量標準誤）總是歸屬於一種特殊的誤差型態。大體而論，測驗分數並非都是可靠的；有些在不同時間上可靠，有些在不同的題目樣本上可靠，有些則在不同評分者上可靠；亦即，在某個層面上，測驗分數具有高的信度，在另一個層面上則非。職是之故，將信度視為是一種普遍性的特質，會導致錯誤的解釋。

3. 信度是效度的必要條件，而非充分條件。亦即，低的信度一定不會有高的效度，高的信度不一定會有高的效度；然而，高的效度一定有高的信度，低的效度則不必然會有低的信度。

4. 就本質而言，信度是一種統計學上的概念。測驗的邏輯分析，將無法提供關於分數信度的證據。測驗必須對一群適宜的受試者施測一次或多次，才能確定其結果的可靠性（或可靠程度）；此種可靠性可用團體中之受試者在一段相對持續時間內的改變，或用個人得分的變異量來表達。表達可靠性的第一種情況是以相關係數為手段，稱之為信度係數；第二種情況是以測量標準誤為媒介。這兩種表達信度的方法都被廣泛地使用著，而且有責任解釋測驗結果的人，也都應該去了解它們。

5. 信度與效度（詳見下一章）都是一種相對或程度上的概念，而非全有或全無（all or none）的概念。任何測驗不可能完全可靠，也不可能完全不可靠。因此，我們僅能說高信度或低信度，而不能說有信度或沒信度。當然，信度是愈高愈好。

第二節 估計信度的方法

從本章第一節的論述裡得知，信度是在探討測驗分數誤差的程度，而估計誤差的主要統計量數有信度係數和測量標準誤等兩種，測量標準誤的計算又來自於信度係數。因此，要獲取信度的量化數據，就得從信度係數的計算開始；惟，信度係數的定義公式為真分數變異數（σ_T^2）除以實得分數變異數（σ_X^2），又因實際上我們並不知道（也無法知道）真分數變異數到底為何，所以就無法直接去計算信度係數。職是，測驗學者都用估計的方法來求得信度係數。又因信度的涵義與測驗分數誤差的來源息息相關，所以依測驗分數誤差的來源（時間取樣誤差、內容取樣誤差與評分者誤差等三種），大致上可將估計信度（即計算信度係數）的方法分為重測法、複本法、內部一致性法與評分者法等四種。

一、重測法

重測法（test-retest method）旨在評估測驗分數的穩定性程度，或探究測驗分數的時間取樣誤差的狀況。重測法是使用同一個測驗對一群相同的受試者，在不同的時間施測兩次，再根據受試者在這兩次測驗施測上的得分，求取其相關係數（correlation coefficient）的歷程。求取此種相關係數的統計方法，主要有兩種：當得分是等距量尺（interval scale）或等比量尺（ratio scale）時，使用積差相關（product-moment correlation）統計法；當得分是次序量尺（ordinal scale）時，使用斯皮曼等級相關（Spearman rank correlation）統計法。這兩種重測法的得分性質，如表 11-2 所示。當重測法的得分性質如表 11-2 中

的「分數」時，可採用積差相關統計法計算相關係數；當得分性質如表11-2中的「名次」時，則可採用斯皮曼等級相關統計法計算相關係數。

表 11-2　重測法得分性質舉隅

受試者	第一次測驗得分		第二次測驗得分	
	分數	名次	分數	名次
A	37	5	39	4
B	33	8	36	6
C	45	1	47	1
D	36	6	35	7
E	31	9	30	9
F	41	2	40	3
G	38	4	37	5
H	35	7	35	7
I	31	9	28	10
J	39	3	43	2

　　用重測法所估計的信度稱為重測信度（test-retest reliability），用重測法所求得的信度係數稱為穩定係數（coefficient of stability）。當重測信度或穩定係數愈高時，即代表受試者的測驗分數愈穩定，愈不受時間因素的影響而產生誤差；簡言之，當重測信度愈高時，則測驗分數愈不會因施測時間的不同，而產生太大的差異。

　　通常，重測的間隔時間愈短，受試者在測驗的答題反應上，愈容易受到學習與記憶效應的影響，兩次的測驗分數自然就比較接近，其重測信度當然就較高；重測的間隔時間愈長，受試者的施測情境就易產生較大的變化，亦即除了「時間」之外，尚會產生許多其他的干擾因素，以致於會造成較低的重測信度。誠如前述，間隔時間過長或過短，均會使重測信度產生失真的現象；因此，為了比較起見，依慣

例，重測法以間隔二週施測為宜（Salvia & Ysseldyke, 1995）。

二、複本法

複本法（alternate forms method）既可評估測驗分數的穩定性程度，也可評估測驗內容的一致性程度，亦即它可同時了解測驗分數的時間取樣誤差與內容取樣誤差。複本法是使用一個測驗的兩個複本施測於同一群受試者，再根據受試者在這兩個複本測驗上的得分，求取其相關係數的歷程。前述的複本（alternate forms, equivalent forms, or parallel forms）是指：在題目內容、題目形式、題數、難度、鑑別度、指導語、時間限制與例題等各層面，都必須相等或類似的兩（多）份測驗（郭生玉，民 74）。用複本法所估計的信度，稱為複本信度（alternate forms reliability）；複本信度愈高，愈能說明該兩個複本測驗之內容一致性或相同的程度。

使用複本法估計信度時，兩個複本（A 與 B）在先後次序與時間間隔的施測上各有兩種。在施測的先後次序上，是將受試者隨機分成兩半，一半受試者先施測 A 再施測 B，另一半受試者則先施測 B 再施測 A。在施測的時間間隔上也有兩種：一種是 A 施測完隨即施測 B，或 B 施測完隨即施測 A，此種施測法幾乎是同時施測而沒有時間間隔，此法所求得的信度係數稱為等值係數（coefficient of equivalence）；另一種是 A 施測完一段時間後再施測 B，或 B 施測完一段時間後再施測 A，此法求得的信度係數稱為穩定與等值係數（coefficient of stability and equivalence）。等值係數的複本信度，可以了解測驗內容取樣誤差的程度；穩定與等值係數的複本信度，則不但可了解內容取樣誤差的程度，還可了解時間取樣誤差的程度。

就因複本信度可同時了解測驗之內容取樣誤差與時間取樣誤差的程度，所以它是估計測驗信度的最好方法。但因測驗的複本編製不

易,所以在測驗實務上,用複本法來估計信度者並不多見。

三、內部一致性法

前述兩種估計信度的方法(重測法與複本法)都要將測驗施測兩次,施測兩次不僅易對受試者產生學習記憶與疲累效應,而且在人力、物力與時間上也相當不經濟。然內部一致性法(internal consistency method)只要將測驗施測一次,就可以估計其信度。在估計信度的實務上,常用的內部一致性法主要有折半法、庫李法與α係數等三種。用內部一致性法所估計的信度,都是在評估測驗之內容取樣誤差的程度。

(一)折半法

所謂折半法(split-half method),是指將受試者在測驗上的試題分成相等的兩半,再求取這兩半試題的得分之相關係數的歷程。測驗用折半法所估計的信度,稱為折半信度(split-half reliability)。估計折半信度的首要步驟,是將測驗的試題分成相等的兩半,接著再將這兩半試題的得分各自加總起來,第三個步驟是計算這兩半得分的相關。

將測驗試題分成兩半的方法,主要有三種:第一種是依題號序平均分成前半與後半,第二種是依隨機方式將試題平均分成兩半,第三種則是依奇數題與偶數題將試題分成兩半。一般的測驗試題大都是由易到難排列,並且受試者也大都從第一題依序往後作答,因此受試者在前半和後半試題上的得分,將會有很大的差異,所以第一種分法並不妥當。第二種方法在理論上是一種較佳的分法,但因實施起來較為不便,所以在測驗實務上甚少被採用。第三種方法避免了第一種方法的缺點,卻具有類似隨機方式的優點,再加上分法易懂易行,所以採

用此法最為普遍。依奇數題與偶數題將測驗試題分成兩半的方法，特稱之為奇偶切分法（odd-even division method）。使用奇偶切分法的前提是，欲分成兩半的測驗試題必須是測量同一種能力或特質；所以，一份包含多個測量不同心理特質之分測驗的測驗，採用折半法估計信度時，僅能估計各個分測驗的信度，而不能估計整份測驗的信度（事實上，採用內部一致性法估計信度時，都應如此作為）。估計折半信度的奇偶切分法範例，詳參表 11-3 及表 11-4。表 11-3 為認知測驗，答對者以「○」示之，答錯者以「×」示之，答對一題者得 1 分；表 11-4 為情意測驗，採李克特氏題型法計分（即答 1 者得 1 分，答 2 得 2 分，答 3 得 3 分，答 4 得 4 分）。表 11-3 與表 11-4 之測驗的試題各為十題，受試者則均為十六位。

表 11-3　某認知測驗奇偶切分法舉隅

受試者	試					題					得分	
	1	2	3	4	5	6	7	8	9	10	奇數題	偶數題
01	○	○	×	○	○	○	○	×	○	○	4	4
02	○	○	○	○	×	○	○	○	×	○	3	5
03	○	○	○	○	○	○	○	○	×	○	4	5
04	○	×	×	×	○	○	○	×	×	×	1	2
05	○	○	○	○	○	○	○	○	○	○	4	5
06	○	×	○	○	○	○	○	○	○	○	5	4
07	○	×	○	×	×	×	×	×	×	×	2	0
08	×	○	○	○	○	○	○	○	○	○	4	4
09	×	○	○	○	○	○	○	○	○	×	3	2
10	×	×	×	○	×	×	×	×	×	○	0	1
11	○	○	○	○	○	○	○	×	○	○	4	3
12	×	○	×	○	○	○	×	○	×	○	2	3
13	○	○	○	○	○	×	○	○	×	×	3	3
14	×	○	○	○	×	○	○	○	○	○	4	3
15	○	○	○	○	○	○	○	○	○	○	5	5
16	○	○	○	×	×	×	×	○	○	×	3	2

表 11-4　某情意測驗奇偶切分法舉隅

受試者	試					題					得分	
	1	2	3	4	5	6	7	8	9	10	奇數題	偶數題
01	3	1	4	2	3	3	4	4	3	2	17	12
02	4	4	4	3	4	4	3	3	4	3	19	17
03	1	2	1	2	1	1	2	1	3	2	8	8
04	3	3	3	2	2	2	3	2	3	3	14	12
05	1	2	1	2	1	2	1	1	2	3	6	10
06	4	4	4	4	4	4	4	3	4	4	20	19
07	2	3	2	2	3	1	3	2	1	3	11	11
08	2	2	2	2	2	1	1	1	1	2	8	8
09	3	3	3	3	3	1	3	3	3	3	12	14
10	4	3	4	4	4	3	3	4	2	3	17	17
11	3	2	3	2	4	4	2	3	3	3	15	14
12	3	4	4	3	3	3	4	2	3	3	17	15
13	1	2	1	1	1	1	3	1	2	2	8	7
14	3	3	2	4	3	1	2	2	1	3	11	13
15	2	3	2	3	2	3	2	3	3	3	11	15
16	3	4	4	3	4	2	3	4	4	4	18	17

　　測驗實務顯示，測驗愈長（即試題愈多）則信度愈高，心理計量理論（psychometric theory）以斯布公式（Spearman-Brown formula）來說明測驗長度與信度的關係：

$$r'_{xx} = \frac{nr_{xx}}{1 + (n-1)r_{xx}} \qquad\qquad （公式 11-10）$$

　　上式中，r'_{xx}代表測驗加長或縮短後所估計的信度係數，r_{xx}代表原測驗信度係數，n 則是加長或縮短後之測驗題數除以原測驗題數所得的倍數。例如，將一個 15 題的測驗增長至 45 題，則 n = 45 ÷ 15 = 3；再如，若將 60 題的測驗縮短至 30 題，則 n = 30 ÷ 60 = 0.5。表 11-5 顯示，一個信度係數為.60 且有 20 題試題的測驗，加長題數與估計信度的關係。

表 11-5 測驗長度與估計信度的關係

加長後之測驗題數	n	估計信度
40	2	.75
60	3	.81
80	4	.85
100	5	.88
120	6	.90

註：原測驗之信度為.60，題數為 20。

資料來源：*Psychological testing: Principles and applications* (3rd ed.) (p. 97), by K. R. Murphy & C. O. Davidshofer, 1994, Englewood Cliffs, N. J. : Prentice-Hall.

　　採用折半法只是估計一半測驗試題長度的信度，因此折半法所估計的測驗信度，須將其校正成全測驗長度的信度，才是適用的折半信度，校正折半信度的斯布公式如下（此時 n ＝ 2）：

$$r_{xx} = \frac{2r_{hh}}{1 + (2-1)r_{hh}} = \frac{2r_{hh}}{1 + r_{hh}}$$　　　　　（公式 11-11）

　　上式中，r_{xx} 為全測驗的信度，r_{hh}（h 代表 half）為兩半測驗的相關係數。折半信度與斯布公式所校正後的信度，如表 11-6 所示。

表 11-6 折半信度與斯布信度的對照

折半信度	斯布信度
.50	.67
.60	.75
.70	.82
.80	.89
.90	.95

資料來源：*Psychological testing: History, principles, and applications* (3rd ed.) (p. 84), by R. J. Gregory, 2000, Boston: Allyn and Bacon.

(二)庫李法

庫李法（Kuder-Richardson method）是由庫德（G. F. Kuder）與李查遜（M. W. Richardson）兩位測驗學家所提出的一種估計信度的方法，此法估計的信度稱為庫李信度（Kuder-Richardson reliability）。前述的折半法，在將測驗分成相等的兩部分時，會有許多不同的分法，不同的分法會計算出不同的信度係數。因此，測驗實務上甚少會有人採用折半法來估計測驗內容的一致性，取而代之的是庫李法與α係數。庫李法與α係數則進一步將測驗分成 K 個部分，K 等於測驗的題數，如此所評估的測驗內部一致性更名符其實。庫李法與α係數都是運用各個部分測驗（即各試題）之分數與全測驗之分數的變異數，來估計測驗之信度係數。庫李信度只適用於對錯計分（即答對得 1 分，答錯得 0 分）的測驗上，估計庫李信度的公式有二個。第一個公式稱為庫李 20 號公式（Kuder-Richardson formula 20）：

$$r_{KR20} = \frac{K}{K-1}(1 - \frac{\Sigma pq}{\sigma^2})\qquad\text{（公式 11-12）}$$

上式中，r_{KR20}代表庫李 20 號公式所估計出來的信度係數，K 代表測驗的題數，p 代表答對某一題的比率（即該題的難度指數，參閱第十章第三節四之(二)），q 代表答錯某一題的比率（即 1 − p），Σpq代表 p 乘以 q 的累積和，σ^2則代表測驗分數的變異數。

採用庫李 20 號公式估計信度，必須分別計算測驗中每一試題的 p 值與 q 值，此種計算方法在試題很多時，將非常費時費事。準此，庫李二氏又發展出計算方法較為簡易的庫李 21 號公式（Kuder-Richardson formula 21）：

$$r_{KR21} = \frac{K}{K-1}\left[1 - \frac{\mu(K-\mu)}{K\sigma^2}\right]\qquad\text{（公式 11-13）}$$

上式中，r_{KR21}代表庫李 21 號公式所估計出來的信度係數，K 代表

測驗的題數，μ代表測驗分數的平均數，σ^2代表測驗分數的變異數。當測驗所有試題的難度都相等時，r_{KR20}會等於r_{KR21}；否則，前者恆大於後者。

(三) α係數

前述的庫李信度只適用於對錯計分的測驗，但類如人格、態度與興趣等情意測驗大都採用李克特氏題型（Likert-type format，參閱第十章第三節三之(二)）的多重計分時，就不宜使用庫李信度，這個時候就必須採用克朗巴赫（Cronbach, 1951）所提出的α係數（coefficient alpha）法來估計測驗的信度，此法的公式如下：

$$r_\alpha = \frac{K}{K-1}(1 - \frac{\Sigma\sigma_K^2}{\sigma^2})$$（公式 11-14）

上式中，r_α代表用α係數所估計的信度係數，K 代表測驗的題數，$\Sigma\sigma_K^2$代表每一試題之得分變異數的累積和，σ^2則代表測驗分數的變異數。事實上，α係數法是由庫李法發展而來，可以說庫李法是α係數法的特例，且使用在對錯計分的測驗時，$r_\alpha = r_{KR20}$。再加上，目前許多的統計套裝軟體（如 SPSS）都涵蓋了α係數的程式，因此估計測驗之內部一致性的信度時，α係數的使用率最為普遍。

四、評分者法

評分者法（scorer method）旨在評估不同評分者評閱測驗之得分一致性的程度，或探究測驗分數之評分者誤差的狀況。使用評分者法所估計的信度，稱為評分者信度（scorer reliability）。評分者信度大都用來估計非客觀測驗或結構反應測驗（參閱第十章第一節之二）的信度，亦即計分沒有標準或正確答案可資遵循的測驗，就須使用評分者信度來估計其信度，而使用是非題、選擇題與評定量表題等題型的

客觀測驗或選擇反應測驗，就不必去估計其評分者信度。

　　評分者信度的估計方法，是由兩位或兩位以上的評分者針對同一群受試者的每一份測驗賦予得分，再根據這些得分求其相關，所得之相關係數，即為評分者信度的信度係數。評分者信度愈高代表評分者的評分愈一致，或評分者誤差愈小；反之，代表評分者的評分愈不一致，或評分者誤差愈大。求評分者信度之相關，可依評分者人數與得分性質採取不同的統計方法，決定統計方法的原則如下：

1. 評分者人數兩位與得分性質為等距或等比量尺（如 35、27、43、30、19……等）時，採用積差相關統計法。
2. 評分者人數兩位與得分性質為次序量尺（如第一、第二、第三……等）時，採用斯皮曼等級相關統計法。
3. 評分者人數兩位以上與得分性質為次序量尺時，採用肯德爾和諧係數（Kendall's coefficient of concordance）統計法。

　　當使用等距或等比量尺來評分時，可以採取下列措施以提高評分者信度（歐滄和，民 84，第 67 頁）：

1. 提供計分說明，指明計分的項目和要點。
2. 提供已賦予分數的範例做為給分的參考。
3. 各評分者先試評數份，並相互討論以取得共識。
4. 提醒評分者要排除可能干擾評分的因素（如申論題的書法、音樂比賽的服裝等）。

第三節　信度的應用

　　從信度的原理來看，所謂的信度是指測驗分數的誤差量，而目前測驗學者大都使用信度係數和測量標準誤來估計測驗分數的誤差量。因此，在使用信度時，就應了解信度係數與測量標準誤的應用。再

者，從真分數與誤差分數理論觀之，任何測驗的實得分數都有誤差，以致實得分數並不等於真分數，所以利用實得分數與信度係數來估計真分數，也是信度應用的一個重要課題。另外，本節也將探討測驗分數之差與和的信度。

一、信度係數的應用

本章第一節二之(二)曾提及，信度係數是指實得分數變異數中之真分數變異數所占的比率（σ_T^2 / σ_X^2）；又提及，信度係數本身就是決定係數。準此，從測驗的信度係數，就可了解到該測驗能解釋到多少百分比的真正特質之變異數；換言之，從該係數也可知道該測驗之誤差變異數的百分比有多少。不同方法所估計出來的信度，分別在探討不同的誤差；因此，在解釋信度係數時，要先了解它是屬於哪一種信度或信度係數。例如，重測信度在探討時間取樣的誤差程度，複本信度（不同時間施測）在探討時間取樣與內容取樣的誤差程度，折半信度、庫李信度與α係數都在探討內容取樣的誤差程度，評分者信度則在探討評分者的誤差程度。客觀測驗的主要誤差來源有時間取樣誤差和內容取樣誤差，非客觀測驗的主要誤差來源則除了前述二種誤差外，尚包括評分者誤差。職是，在編製客觀測驗時，至少須呈現能代表時間取樣誤差與內容取樣誤差程度的二種信度係數，非客觀測驗除了須呈現前述二種信度係數外，還須包括評分者信度的信度係數。

接著，就舉實例說明信度係數的應用與解釋。今有一客觀測驗的重測信度為.85，庫李信度為.90；則該測驗的時間取樣誤差變異數為.15（15％），內容取樣誤差的變異數為.10（10％），總誤差的變異數為.25（25％），真分數的變異數為.75（75％）。亦即該測驗的實得分數，僅能解釋受試者之真正特質變異數的.75（75％）。前述各種誤差變異數的計算法詳表 11-7，各種變異數的來源則詳見圖 11-2。

表 11-7　客觀測驗各種誤差變異數之計算法

時間取樣誤差變異數（重測信度）　　　　　　　$1 - .85 = .15$
內容取樣誤差變異數（庫李信度）　　　　　　　$1 - .90 = .10$
總誤差變異數　　　　　　　　　　　　　　　　$.15 + .10 = .25$
真正特質變異數　　　　　　　　　　　　　　　$1 - .25 = .75$

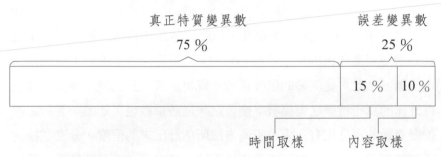

圖 11-2　客觀測驗變異數來源示意

再如，現有一非客觀測驗之重測信度為.90、α係數為.95、評分者信度為.80，則你能算出該測驗的總誤差變異數占 35 ％，並畫出如圖 11-3 的變異數來源之比率嗎？

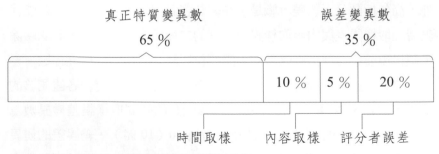

圖 11-3　非客觀測驗變異數來源示意

了解了信度係數的應用之後，進一步要探討的是，多高的信度或多大的信度係數才算理想，在測驗實務上，這個問題並沒有共同一致的答案，不過仍有共通的原則可資遵循。首先，就測驗的使用目的言，團體之間的比較與行政目的的使用，信度最低要在.60以上；就個人甄選目的者最低要.90，做為個人篩選目的者最低要.80（Salvia & Ysseldyke, 1995）。其次，就測驗的種類言，標準化的團體智力測驗要在.90以上，標準化成就測驗要在.85以上，教室內使用的選擇題測驗要在.75以上，評定量表反應題型的測驗要在.70以上，投射法的測驗則只要在.60以上即可被接受（Murphy & Davidshofer, 1994）。

二、測量標準誤的應用

前述的信度係數，是用來評估某一個測驗對某一團體之測量分數的可靠性；測量標準誤，則是用來解釋個人之測驗分數的可靠性。本章一直在強調，任何測驗的實得分數都會有誤差，所以用實得分數來代表真分數並不可靠，而且也會令人誤以為實得分數就是真分數。因此，測驗解釋者就以一段可信範圍的分數來代表真分數，並指出真分數落入這一可信範圍的機率有多少。統計學上稱這一可信範圍的分數為信賴區間（confidence interval）。信賴區間的上、下限詳下列公式：

信賴區間下限＝ X －(z-score)(SEM)　　　　（公式 11-15）

信賴區間上限＝ X ＋(z-score)(SEM)　　　　（公式 11-16）

上式中，X 代表實得分數，z-score 代表離開實得分數幾個測量標準誤（具體涵義請參閱統計書籍的 Z 分數），SEM 則代表測量標準誤，其公式為 $SEM = \sigma\sqrt{1 - r_{xx}}$。z-score 的精確值或計算方法取決於「可信範圍的機率」，依常態分配的原理，信賴區間的機率為.95 或

95％時，z-score為 1.96；至於其他機率所對應的z-score之計算方法，請參閱相關的統計書籍。信賴區間常用之機率與 z-score，詳見表 11-8。

表 11-8　信賴區間常用之機率與 z-score

z-score	不可信機率	可信機率
.67	25.0 %	50 %
1.00	16.0 %	68 %
1.64	5.0 %	90 %
1.96	2.5 %	95 %
2.33	1.0 %	98 %
2.57	.5 %	99 %

資料來源：*Assessment* (6th ed.) (p. 155), by J. Salvia & J. E. Ysseldyke, 1995, Boston: Houghton Mifflin.

　　現舉一例說明測量標準誤在解釋個人分數上的應用，今有一測驗的信度為.85，標準差為 5，若某受試者在該測驗得 37 分，則他的真分數會落在哪一個可信範圍？依公式，該受試者的測量標準誤為 $5\sqrt{1-.85}≒1.9$，根據常態分配原理，平均數上下各 1.96 個標準差的機率有 95 %，因 SEM 為 1.9，所以該受試者的真分數有 95 %的機會會落在 37 － 1.96 × 1.9 與 37 ＋ 1.96 × 1.9 之間，亦即在 33.28 至 40.72 的範圍內。又若某生在一測量標準誤為 5 的測驗上，施測了無限多次的平均數為 95（即其真分數），則其實得分數、測量標準誤與信賴區間的關係詳見圖 11-4。

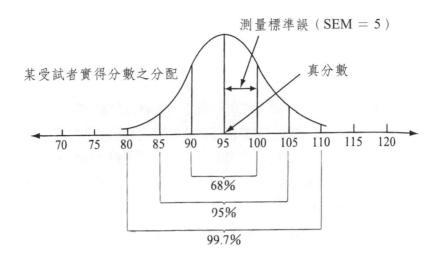

圖 11-4 測量標準誤的應用示意
資料來源：*Measurement and evaluation in teaching* (6th ed.) (p. 88), by N. E. Gronlund & R. L. Linn, 1990, New York: Macmillan.

三、真分數的估計

真分數的估計方法，除了可使用測量標準誤來進行信賴區間的區間估計外，尚可使用鈕納利（Nunnally, 1967, p. 220）所發展出來的公式估計之，其公式如下述：

$$T = \overline{X} + r_{xx}(X - \overline{X})$$ （公式 11-17）

上式中，T 代表估計的真分數，$\overline{X}$代表某一團體在某測驗得分之平均數，r_{xx}代表測驗之信度係數，X 則代表某一受試者在某測驗上之實得分數。例如，甲生在某一信度係數為.90，平均數為 100 的測驗上得了 120 分，則其估計的真分數為：

$$T = 100 + (.90)(120 - 100) = 118$$

　　再若，乙生在同一測驗上得了 70 分，則乙生的估計真分數等於：
$100 + (.90)(70 - 100) = 79$。從前述甲生與乙生的例子，可下一結論：
當測驗之信度係數與平均數相同的情況下，若實得分數大於平均數，
估計真分數會大於平均數；若實得分數小於平均數，則估計真分數會
小於平均數。圖 11-5 即顯示，在相同平均數、不同信度係數下，估計
真分數與實得分數的關係。圖 11-5 讓我們分別從信度係數（此圖用 r
代表之）為 1.0、0.9、0.75、0.5、0.2 與 0 的測驗裡，以任何實得分數
來估計真分數。從圖 11-5 除可得到類如前述甲生與乙生之例的結論

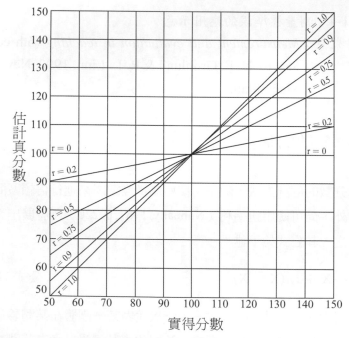

圖 11-5　不同信度係數測驗之實得分數與估計真分數
資料來源：*Educational and psychological measurement and
evaluation* (8th ed.) (p. 120), by K. D. Hopkins,
1998, Boston: Allyn and Bacon.

外,尚可發現:信度係數愈大,則同一實得分數所估計的真分數,會愈接近實得分數。比方,在信度係數分別為 1.0、0.9 與 0.75 的測驗上,若實得分數為 140,則估計真分數依序為 140、136 與 130。前述的現象亦可描述成:當信度愈高,實得分數與估計真分數的差距愈小;反之,信度愈低,則實得分數與估計真分數的差距會愈大。這個現象詳見圖 11-6。

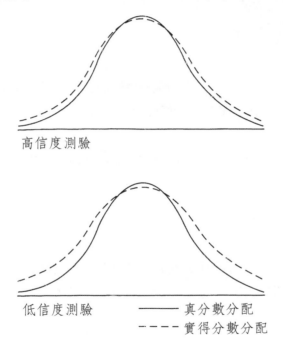

圖 11-6　高低信度測驗之真分數與實得分數的分配
資料來源:*Assessment* (6th ed.) (p. 152), by J. Salvia & J. E.
　　　　Ysseldyke, 1995, Boston: Houghton Mifflin.

四、分數差與和的信度

前述所探討的信度,都是在估計一組測驗分數的信度係數,然在

許多評鑑實務上，常會使用到兩組測驗分數的差（例如，從前、後測的差距看成果），或多組測驗分數之和（例如，入學考試各科的總分）來衡量某種策略的成果。此時，我們就必須先估計這些分數差與分數和的信度，除非分數差與分數和之信度係數堪稱理想，否則在使用時仍須保守謹慎以對。估計分數差之信度的公式如下（Murphy & Davidshofer, 1994, p.101）：

$$r_{DD} = \frac{\dfrac{r_{xx} + r_{yy}}{2} - r_{xy}}{1 - r_{xy}}$$

（公式 11-18）

上式中，r_{DD}代表 X 與 Y 兩組分數差的信度係數，r_{xx}代表 X 分數的信度係數，r_{yy}代表 Y 分數的信度係數，r_{xy}代表 X 分數與 Y 分數的相關係數。

估計分數和之信度的公式則如下述（Murphy & Davidshofer, 1994, p. 102）：

$$r_{ss} = \frac{K - (K\bar{r}_{ii})}{K + (K^2 - K)\bar{r}_{ij}}$$

（公式 11-19）

上式中，r_{ss}代表分數和的信度係數，K 代表測驗的個數，$\bar{r}_{ii}$代表各測驗之信度係數的平均數，$\bar{r}_{ij}$代表各測驗分數之相關係數的平均數。

關鍵辭彙

信度	真分數
實得分數	穩定性
穩定信度	一致性
複本信度	重測信度
評定者間信度	內部一致性信度
真分數與誤差分數理論	評分者間信度
普遍分數	誤差分數
測量標準誤	信度係數
決定係數	信度指數
重測法	測量誤差
複本法	穩定係數
等值係數	複本
內部一致性法	穩定與等值係數
折半信度	折半法
斯布公式	奇偶切分法
庫李信度	庫李法
庫李 21 號公式	庫李 20 號公式
評分者法	α係數
信賴區間	評分者信度

自我評量題目

1. 試條列出信度的各種定義。

2. 試簡述真分數與誤差分數理論的要義。

3. 試從 $\sigma_x^2 = \sigma_t^2 + \sigma_e^2$ 及信度係數的定義公式，證明信度係數的極大值為 1，極小值為 0。

4. 試述信度係數與信度指數的涵義與關係。

5. 試述信度的特徵。

6. 試詳述估計重測信度的方法。

7. 試詳述估計複本信度的方法。

8. 試詳述估計折半信度的方法。

9. 試述庫李信度與 α 係數在適用時機上的差異。

10. 某一測驗不同時間估計之複本信度為.70，該測驗之 α 係數為.90，則該測驗之實得分數能解釋多少%的真正特質變異數？

11. 某一受試者在測量標準誤為 6 的測驗裡得了 85 分，現若信賴區間的機率為.98，則該受試者的信賴區間為何？

12. 試詳述估計真分數的方法，並舉例說明之。

第十二章

效度

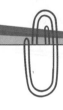

學　習　目　標

——研讀本章內容之後，學習者應能達成下列目標：

1. 了解效度的意義與性質。
2. 說出影響效度的因素。
3. 了解內容效度、效標關聯效度及建構效度的意義。
4. 知道驗證各種效度的方法。
5. 說出效度與信度的關係。

大綱

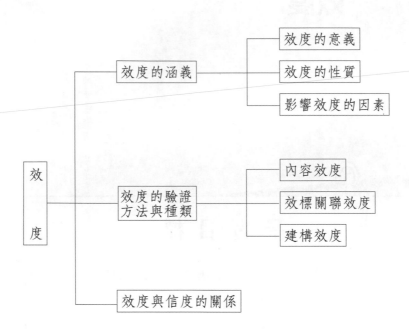

摘 要

　　效度是測驗的最重要特徵。效度是指，測驗分數與測驗所欲測量之品質的一致性程度，測驗分數的正確性，測驗能夠測量到它所欲測量之特質的程度，或是指測驗能夠達成其目的的程度。效度是指測驗結果的適合性，而非指測驗本身；效度是程度上的問題，而非全有或全無的存在；效度會因測驗目的不同而不同，而且也是一種單一的概念。影響效度的因素相當多，就中以測驗本身的因素影響最大。

　　不同的測驗有不同之驗證效度的方法。內容效度是指，測量心理特質的行為樣本反映整體行為表現的程度。效標關聯效度是指，測驗分數與測驗所欲測量之特質的外在指標之間的相關程度；此種效度又可分成同時效度與預測效度兩種。建構效度是指，一個測驗能夠測量到它所欲測量之建構的程度，驗證建構效度常用的統計方法有相關檢定、差異檢定及因素分析。

　　信度是效度的必要條件，而非充分條件。效度高，信度一定高；信度高，效度卻不一定高。效度係數的極大值等於測驗信度與效標信度之乘積的平方根。

　　當我們使用測驗做為心理測量或教育測量的工具時，首先要想到，這個測驗是否能測量到我們想要測量的特質；其次是，它是否能幫助我們做出正確的決定。例如，在學校要用智力做為學生編組與分班的依據，這時就要找出一份能夠測量出智力的智力測驗；而且智力測驗的結果，也要能幫助我們做出正確的編組與分班。假使這個智力測驗能同時達成這兩項目的，則可以說，這個測驗具有高的效度。在日常生活中，當要使用某項測量工具或購買某種測量工具時，第一個要考慮到的問題是，這個工具有沒有效？或這個工具準不準？有沒有效與準不準都是在指工具的效度。高效度的工具，代表它的測量結果很有效或很準確。一個沒有效或不準確的測驗或工具，相信沒有人會去使用它或購買它。準此言之，效度是測驗最重要的要素或特徵。本章的目的即在論述效度的涵義，驗證效度的方法與種類，最後並說明效度與信度的關係。

第一節　效度的涵義

一、效度的意義

　　所謂效度（validity），是指測驗分數與測驗所欲測量之品質的一致性程度而言。易言之，測驗效度是就測驗結果（分數）的運用情況來論，一個測驗分數如能正確地運用在它所欲測量的特質上，即是一個具有高效度的測驗；反之，測驗的結果不能正確地加以運用，就是一個不具有理想效度的測驗。因此，測驗的效度又稱為測驗的正確性。例如，一個資優學生在某個智力測驗上的得分，顯著的高於一個智慧中等學生在同一個智力測驗上的得分，此時我們就可說，這個智

力測驗具有高的效度。再假如,一位在領導能力測驗上得高分的受試者,他在領導統御上亦有極佳的表現;在此測驗得低分的人,則無法表現出稱職的領導統御能力。職是,這個領導能力測驗也是一個有理想效度的測驗。簡言之,研究測驗效度的目的,就是在了解測驗分數的意義與內涵,所以效度可說是探究測驗分數意義的過程。

效度既是指測驗的正確性,而人們在使用某種測驗或某種測量工具之前,第一個要考量的就是該測驗或測量工具的正確性為何,正確性不高的測驗或測量工具是不易被選用的。所以效度是測驗的最重特質或要件,因此在測驗的指導手冊上,都會呈現有關效度的研究資料,俾供測驗使用者做為使用與否的參考。判斷測驗是否具有正確性的特質,一般而言有兩個方法可運用之。第一個是從測量(measurement)的角度觀之,凡是能測量出測驗所要測量的特質,就是一個正確性高的測驗;例如,前文所提及的智力測驗,就是從測量的角度判斷是一個高效度的測驗。第二個是從預測(prediction)或決定(decision)的角度觀之,凡是能依測驗的結果而做出適切的預測或決定,就是一個正確性高的測驗;例如,從此觀點,我們判斷出前文所提及的領導能力測驗,是一個具有理想效度的測驗。綜合前述,效度是指測驗能夠測量到它所欲測量特質的程度,或指測驗能夠達成其使用目的的程度(郭生玉,民 74)。

二、效度的性質

當在測驗或測量的情境中使用到效度時,必須注意到下列幾點事項(Gronlund & Linn, 1990, pp.48-50):

1. 效度是指解釋某一團體之測驗或評量工具之結果的適合性(appropriateness),而不是指工具本身。為了方便起見,我們通常稱之為「測驗效度」,然而更正確的說法應是,解釋測驗結果

的效度。

2. 效度是程度上的問題（a matter of degree），而非「全有或全無」（all-or-none）的存在。因此，我們必須避免說評量結果是有效的或無效的（valid or invalid），最好以程度的類別去加以描述效度，例如，高效度、中效度及低效度。

3. 效度對於某些特殊的用途或解釋都是獨特的，所以沒有一個測驗對於所有的目的都是有效的。例如，一個算術測驗的結果，對於顯示計算技能可能有高的效度，對於顯示數學推理可能只有低度的效度，對於預測未來數學課程的成就可能有中度的效度，而對於預測藝術或音樂的成就則其效度非常低。因此，在評估或描述效度時，就必須考慮到測驗結果的特殊解釋或用途。測驗結果不會全部是無效，而是依各種不同的特殊解釋而有各種程度的效度。

4. 效度是一種單一的概念。效度的概念性質是由測驗的專業團體所共同擬訂的，並將之分為多種不同的型態，每一種型態都有不同的驗證方法，也各有其相異的內涵。

三、影響效度的因素

一個測驗是否具有高的效度或理想的效度，取決於測驗的編製過程與實施程序，及受試者的反應心向，施測團體的性質與效標（criterion，詳見下文「效標關聯效度」）的種類等。在影響效度的諸多因素中，以測驗本身的因素居最重要的地位，而且也易於加以掌控。接著就介紹影響效度的測驗本身之因素（Gronlund & Linn, 1990, pp. 71-72）。

(一)不清楚的指導語

引導受試者作答的測驗指導語如果不明確、不清楚的話，則受試者的反應或作答都會受到影響，進而降低了效度。

(二)詞彙或句子結構太難

測驗題目所使用的字詞與句子如果太艱深、複雜，以致於影響到受試者對題目的理解，如此將無法測量出受試者的真正心理特徵，此種狀況將會扭曲測驗結果的內涵。

(三)測驗的題目難易度不適當

測驗題目如太難或太易，則無法測量出受試者的真正能力。例如，一份艱難到令所有受試者都答錯的測驗，或容易到讓所有受試者都答對的測驗，將無法區別出受試者的個別差異，這種測驗當然不具有理想的效度。

(四)測驗題目粗製濫造

不良的題目與難易度不適當的題目都會影響到測驗的效度。例如，很明顯就讓受試者看出對錯或何者是正確選項的題目，都無法測量到測驗欲測量的特質。

(五)試題曖昧不明

測驗題目中如有曖昧的題意，將會導致誤解與混淆。曖昧的題意常常會干擾受試者的作答，導致錯誤或相反的測驗結果。

(六)試題無法測量真正的成果

企圖測量理解、思考與高等認知能力的測驗題目，對於測量事實

性知識的能力是無效的。

(七)不夠的時間限制

時間限制如無法提供受試者充分的思考與作答反應時間,將會減低解釋測驗分數的效度。

(八)測驗太短

所謂測驗太短,是指測驗的題目太少而言。測驗題目只是許多問題的樣本之一,測驗太短將會影響到測驗的代表性;再者,試題少的測驗會直接影響到測驗的信度。職是,短的測驗會傷害到測驗的效度。

(九)試題安排不妥當

通常試題都是依其難易度加以排序,即先出現較易的試題,再出現較難的試題。先出現較難的試題,會使受試者花較多的時間在這些題目上,進而妨礙他們去做那些本來會做的容易試題。此外,先出現難度較高試題的現象,亦會影響到受試者的作答動機。上述情況,都會直接波及測驗的效度。

(十)答案選項安排不當

選擇題的正確答案出現位置如規律化(如 AA、BB、CC、DD 或 ABCD、ABCD 等),將會助長受試者的猜答機率,而且很容易就猜對,這種現象將會降低測驗的效度。

綜上所述,可知試題的良窳是影響測驗效度高低的重要因素,為確保測驗的品質,撰擬測驗題目的知能就不可忽略有關撰擬測驗題目的原則(請參閱本書第十章第三節三之㈠)。

第二節 效度的驗證方法與種類

　　效度常會因測驗性質、內容或目的的差異而不同，換言之，驗證效度有許多種不同的方法。本節的目的就在介紹各種效度，及驗證不同效度的方法。

一、內容效度

　　所謂內容效度（content validity），是指測量心理特質的行為樣本反映整體行為表現的程度。此處的行為樣本就是指測驗的題目，行為表現則是指測驗所欲測量的特質。例如，托福測驗所要測量的行為表現是英語能力，而該測驗的所有題目就是行為樣本；該測驗的題目如能測出（反映出）受試者的英語能力，就可以說托福測驗具有高的內容效度。每年各種升學考試結束後，各個媒體或補習班就會分析某科目的命題狀況，例如，每一冊所出現試題的比率為何，記憶性試題占多少分，理解性試題占多少分，應用性試題又占多少分。凡上述這種種分析，都是在驗證該考試科目的內容效度。假如，高中的歷史課本共有六冊，其中第一至第四冊是本國歷史，第五及第六冊是外國歷史。現在某次大學指定科目考試歷史科的題目，本國史佔 30 ％，外國史占 70 ％；或記憶性的題目占了 90 ％，理解性的題目只占了 10 ％。那麼我們可以說，這份歷史科目的試題（行為樣本）是無法測出考生在歷史科目上的真正實力（行為表現）；易言之，這份歷史科考題的內容效度是非常低的。準此，我們也可以說，內容效度是指測驗內容的代表性或取樣的適切性（郭生玉，民 74）。

　　驗證內容效度並沒有一套具體客觀的方法，憑藉的是主觀的判斷

（judgment），判斷試題的代表性與適切性。婁許（Lawshe）曾建議使用內容效度比（content validity ratio），來代表專家判斷內容效度程度的量數，惟這個統計量數是指專家之間判斷的一致性，而非內容效度本身，所以此種量數在使用上並不普遍。因此，在測驗實務上，沒有單一的統計量數可以用來測量內容效度（Murphy & Davidshofer, 1994）。成就測驗因有較明確的範圍或內容以做為命題的依據，評估內容效度的過程主要是在判斷測驗內容是否具有代表性與適切性，因此，內容效度大都是用來驗證成就測驗的效度。評估內容效度的基本程序包括三個步驟：

　　1.描述欲測量特質的內容領域（content domain）。

　　2.確定每道測驗試題所測量到的內容領域的範圍。

　　3.比較測驗的結構與內容領域的結構之間的異同。

　　上述三個步驟看起來似乎是很簡易，惟實施起來卻是困難的。主要的困難是在第一個步驟，即是描述內容領域。除了學校常用的成就測驗外，通常都難以明確地去描述測驗所欲測量特質的內容領域為何。例如，想想看，我們應如何去描述一個測量語文能力測驗的內容領域。這也是前文所說的，內容效度大部分是用在成就測驗的原因。

　　在成就測驗裡，大都使用「雙向細目表」來描述測驗所欲測量特質的內容領域。雙向細目表主要包括測驗所要測量之學科的教學內容與教學目標兩大部分，雙向細目表的具體內容請參閱周文欽、賴保禎、歐滄和（民92）的測驗專書。換言之，在驗證成就測驗的內容效度時，首先要列出欲測量學科的雙向細目表；其次是依據測驗的題目，逐題分析它們所欲測量的教學目標與教學內容各為何；最後，則是比較雙向細目表與分析後之結果的異同或一致性。相同處多或一致性高，則代表該測驗的內容效度高；反之，則表示該測驗的內容效度低。就因驗證內容效度的方法都是採用主觀的判斷，所以內容效度又稱為合理效度（rational validity）或邏輯效度（logical validity）。

二、效標關聯效度

所謂效標關聯效度（criterion-related validity），是指測驗分數與測驗所欲測量之特質的外在指標（external indicator）之間的相關程度。所謂外在指標，我們稱之為效標（criterion），它是代表測驗所要呈現的行為、表現或統計量數。例如，受試者在工作上的表現常可做為職業性向測驗的效標，學業成績或升學考試成績常可做為成就測驗的效標，教師或同儕對受試者的行為評等則可做為人格測驗的效標，有時也可以相關測驗的得分做為某測驗的效標。因為在測驗實務上，常經由實徵性的統計方法計算出測驗分數與效標之間的相關係數，以代表測驗的效標關聯效度，所以效標關聯效度又稱為實徵或統計效度（empirical or statistical validity）。前述之相關係數愈高，代表測驗的效標關聯效度愈高，也代表測驗分數愈能解釋效標。

(一)效標的種類

依測驗目的及性質的不同，建立效標關聯效度的效標也就有各種不同的型態，常見的效標有下列幾種：

1.學業成績

諸如學科成績、期中末考成績、畢業考成績、升學考試成績等，常是智力測驗、性向測驗與成就測驗的效標。

2.具代表性的測驗之得分

例如，我們可以拿受試者在比西量表上的得分，做為自編智力測驗的效標，以評估該智力測驗的效度。當然，做為效標的測驗必須是公認的好測驗或具代表性的測驗。

3.現時的工作或行為表現

此種效標最常用在性向測驗上或人格測驗裡。例如，可以用操作

機械的表現成績做為機械性向測驗的效標，也可以用偏差行為的多寡做為人格測驗的效標。此種效標大都用來驗證同時效度（詳下文）。

4.未來的訓練成績或行為表現

例如，職業訓練的成績，教師的教學表現或醫生的醫療行為之療效，都可做為各種性向測驗的效標。這種效標大都用來驗證預測效度（詳下文）。

5.他人的評等

例如，教師對學生的行為評等，諮商員對當事人生活適應的評等，精神科醫師對病患人格異常症狀的評等，甚或是同儕團體間（如同學或朋友）對某一特定行為的評等，都常是人格測驗的良好效標素材。

(二)效標關聯效度的種類

依效標與測驗分數取得時間的異同，可將效標關聯效度分為同時效度（concurrent validity）與預測效度（predictive validity）兩種。

1.同時效度

所謂同時效度，是指測驗分數與測驗施測同時取得之效標之間的相關程度，此種相關大都是使用積差相關（product-moment correlation）。同時效度主要在顯示，測驗分數評估受試者此時此地的行為表現的程度。代表同時效度的相關係數愈大，代表測驗分數愈能解釋效標所呈現的行為。例如，某研究者編了一份國中英語成就測驗，他在實施此成就測驗的同時，學校舉行了英語科的期末考試。這時每位受試者都分別得到英語成就測驗的得分和英語期末考成績兩個分數，依據這兩組分數所計算出的相關係數，就是英語成就測驗以英語期末考成績為效標的同時效度。

同時效度的效標因取得容易、方便，所以大部分驗證效標關聯效度的方法，都是使用同時效度。

2.預測效度

所謂預測效度，是指測驗分數與測驗施測後一段時間所取得之效標之間的相關程度。預測效度主要在顯示，測驗分數評估受試者未來的行為表現的程度，亦即是用來預測受試者未來的行為表現。因預測效度能夠預測或評估受試者的未來行為，所以它常用來做為評估人員甄選及分類之測驗的效度。預測效度的效標要在測驗施測一段時間後才能取得，在這段時間內，受試者常會發生流失的狀況，或很難再召集他們，所以此種效標之取得甚為不易。通常性向測驗、成就測驗、智力測驗常會使用預測效度來驗證其效度，因為這些測驗的分數常被用來說明未來的工作狀況或學習成果。

同一個測驗常會依其使用狀況的不同，而有多種不同的測驗目的，一方面可評估受試者的目前行為表現，另一方面也可預測受試者未來的行為狀態。職是，一個測驗可同時使用預測效度及同時效度來驗證其效度。

三、建構效度

所謂建構效度（construct validity），是指一個測驗能夠測量到它所欲測量之建構的程度；易言之，一個測驗能夠符合其賴以編製之理論的程度，就稱為建構效度。依此論之，凡是從心理學的建構或理論來分析或解釋測驗分數所代表的意義，就是在驗證建構效度。要進一步了解建構效度的內涵，就須先說明建構的意義。所謂建構（construct），是指一種理論上的構想或概念，它是看不見也摸不著，甚且可說是存不存在都有待求證，但為了研究或實務上的需要，我們假設它是存在的，而且是可以加以探究的。所有建構都包含兩種必須的特質：第一個特質是在本質上，它們是某些規則的抽象摘述（abstract summaries of some regularity）；第二個特質是，它們與具體的、可觀

察的實體（entities）或事件（events）有關或相關聯。地心引力是建構的一個很好的例子：當蘋果落到地上時，可以用地心引力這個建構來解釋和預測蘋果落地這個行為。地心引力是無法看到的，看到的只是落地的蘋果。然而，我們卻可用它來測量地心引力，並運用地心引力這個建構來發展相關的理論（Murphy & Davidshofer, 1994）。依此推之，心理學上常提及的名詞，諸如：智力、人格、焦慮、態度、興趣、性向等等也都是建構。

　　心理測量是一種以具體的、可觀察的行為做基礎的歷程，因此，心理測驗僅只是行為的樣本而已。準此，要確定測驗是否對一個特殊的建構提供良好的量數，我們就必須將抽象的建構轉換成具體的、可觀察的行為事項。職是之故，闡釋建構就成為驗證測驗之建構效度的關鍵。闡釋建構的歷程有下述三個步驟（Murphy & Davidshofer, 1994, p.115）：

1. 確認與欲測量之建構有關的行為。
2. 確認其他的建構，並檢視它們與欲測量的建構是否有關或無關。
3. 以建構之間的關係為基礎，確認與每一個其他建構有關的行為，並檢視每一個行為是否與欲測量的建構有關。

　　綜合前述，可知建構效度的概念已經涵蓋了內容效度與效標關聯效度。所以，凡是用來驗證內容效度與效標關聯效度的方法，也都可以用來驗證建構效度。建構效度大都使用統計方法來處理，惟並無固定的統計方法來驗證建構效度，要運用何種統計方法，端視測驗編製所依據的建構或理論而定。驗證建構效度常用的統計方法有下述諸種：

(一)相關檢定

　　某測驗是依據現有的優良測驗之理論所編製，這時可將受試者在

這兩個測驗上的得分，求其積差相關，如這個相關係數達到顯著水準，就可說某測驗具有理想的建構效度。再如，某壓力測驗的編製者宣稱，困擾問題多的人，其壓力也會相對的高。此時，壓力測驗之得分與困擾問題量數之間，若達到顯著的正相關，那麼此種結果也提供建構效度的佐證資料。

(二)差異檢定

心理學上的智力理論指出，在一定的年齡之內，智商會隨年齡的增長而增加，現在將智力測驗分別施測於八歲、十歲及十二歲等三組樣本，測驗結果發現，不同組別的受試者在智力測驗上的得分有顯著的差異（可使用單因子變異數分析來檢定），而且是十二歲組的得分顯著的高於十歲組，十歲組的得分也顯著的高於八歲組。這種結果說明該智力測驗的建構效度獲得了支持。此外，有許多理論都證實某些測驗會有性別差異，或實驗前後、考試前後在某些人格測驗上的得分也會有顯著差異，這些現象都可以運用差異檢定（如t-test）的方法來驗證測驗的建構效度。

(三)因素分析

因素分析（factor analysis）是驗證建構效度最常用的統計方法之一。測驗分數透過因素分析的結果，可以讓我們了解該測驗所欲測量之特質的層面為何。所以，某測驗若依五個層面來編製或命題，依測驗結果所做的因素分析，正好亦可抽出五個共同因素，其內容亦與前述的五個層面相一致，則該測驗具有良好的建構效度，獲得了支持的證據。

周文欽（民80）曾依據「社會流動」、「升學主義」及「高中教育機會不均等」等三個層面，編製測量外縣市國中畢業生至台北市升學高中的就學成因的升學態度量表。依據受試者在該量表之得分所做

的因素分析，結果計抽出三個共同因素，而且各個因素的涵義與編製
量表的理論相符合，編製者因此下結論，該量表有令人滿意的建構效
度。

第三節　效度與信度的關係

　　效度與信度是評估測驗品質兩個最重要的要素，二者缺一都將影
響到測驗的品質。信度與效度最大的不同是，信度是評估測驗分數的
誤差程度，效度則是評估測驗分數的正確程度；惟二者之間仍有其關
聯處，測驗分數的誤差程度若太大，則測驗分數的正確性亦將大打折
扣。職是，測驗要有理想的效度，其前提是先要具備有理想的信度。
易言之，要有高的效度，必先有高的信度；所以有高的效度，必定有
高的信度。然而，有高的信度，卻未必有高的效度。例如，某智力測
驗對相同的群體施測多次，其所得分數之相關係數均高達.90 以上，可
見這個智力測驗的信度相當高；現在將這個測驗拿來測量受試者的焦
慮，其效度當然是異常的低。因此，信度是效度的必要條件，而非充
分條件。亦即，信度低，效度一定低；信度高，效度不一定高；效度
高，信度一定高；效度低，信度不一定低。

　　假如測驗的效度是採用效標關聯效度來呈現，那麼效度係數（val-
idity coefficient）的極大值，恰等於測驗信度與效標信度乘積的平方
根，此種關係詳見表 12-1 所示。

表 12-1　信度、效標與效度的關係

測驗信度	效標信度	最大效度
1.0	1.0	1.00
.8	1.0	.89
.6	1.0	.77
.4	1.0	.63
.2	1.0	.45
.0	1.0	.00
1.0	.5	.71
.8	.5	.63
.6	.5	.55
.4	.5	.45
.2	.5	.32
.0	.5	.00
1.0	.0	.00
.8	.0	.00
.6	.0	.00
.4	.0	.00
.2	.0	.00
.0	.0	.00

資料來源：*Psychological testing: Principles, applications, and issues* (3rd ed.) (p. 152), by R. M. Kaplan & D. P. Saccuzzo, 1993, Pacific Grove, CA: Brooks/Cole.

關鍵詞彙

效度	同時效度
內容效度	預測效度
合理效度	建構效度
邏輯效度	建構
效標關聯效度	效標
實徵或統計效度	

自我評量題目

一、試述效度的意義。

二、試述效度的性質。

三、試從測驗本身論述影響效度的因素。

四、試詳述效度的種類及其涵義。

五、試詳述各類效度的驗證方法。

六、試述同時效度與預測效度的差異。

七、何謂建構？並以實例說明之。

八、試詳述效度與信度的關係。

第五篇
資料處理

第十三章
資料的整理與建檔

學　習　目　標

——研讀本章內容之後，學習者應能達成下列目標：

1. 了解資料整理的目的及方法。
2. 了解資料轉換的步驟，並能應用之。
3. 了解資料建檔的方法。
4. 進行資料整理、轉換與建檔。

大綱

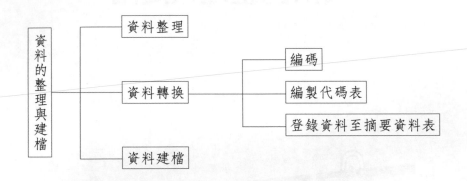

摘　要

　　資料整理的主要目的，旨在剔除受試者不堪使用的問卷、測驗或表格；剔除的原則有：1.資料殘缺嚴重者，2.作答反應明顯不可信者。

　　所謂資料轉換，是指將許多的個人資料表轉換成一份摘要表之改編資料的過程。資料轉換的過程包含編碼、編製代碼表和登錄資料至摘要資料表等三個主要步驟。編碼是指將原始資料加以分類，然後轉換成數字，以便能列表和計算的過程；編碼可分成前編碼和後編碼等二種。代碼表的功能為界定問卷或測驗之數字代碼的意義，並讓人了解變項在電腦資料檔上的位置（即欄位）。摘要資料表又稱為轉換表，它以矩陣格式呈現受試者的原始資料，並顯示欄位與列兩個向度的資料。

　　所謂資料建檔，是指將摘要資料表輸入電腦，形成可被電腦及所用之統計套裝軟體處理的資料檔。資料建檔後，須經查核確認才能進行統計分析。

當研究者利用觀察法、調查法或實驗法蒐集好資料之後,接下來的研究步驟,就是要分析所蒐集到的資料。在實徵性研究(empirical research)或量化研究(quantitative research)取向下,社會及行為科學研究領域的資料,大都運用統計學的方法來加以分析。因現今電腦科技日益發達,電腦使用也甚為普及,所以研究資料的分析常常都會藉助於電腦。用電腦處理及分析資料的首要步驟,是提供一套能為電腦所接受的資料,俾使其讀取,進而分析之。準此,本章之目的即在論述以電腦為媒介處理及分析資料之前,所須進行的資料整理、資料轉換與資料建檔的方法。

第一節 資料整理

為了使研究資料能因應電腦的統計分析,必須將受試者所反應的原始資料(raw data)加以建檔。然資料建檔之前的首要之務,是進行資料整理。

受試者所反應的原始資料,通常都是填寫或登錄在各種問卷、測驗或表格上,而這些資料常有不符合作答規定(格式)或錯誤者,此種現象將會干擾或誤導資料的處理,致使研究結果發生偏差或錯誤。職是之故,就須逐一查核與過濾呈現受試者反應的問卷、測驗或表格,此種查核與過濾問卷、測驗或表格的歷程,就是資料整理。資料整理的主要目的,旨在剔除不堪使用的問卷、測驗或表格,以提高研究資料的信度和效度。剔除不堪使用之問卷、測驗或表格的原則詳如下述:

(一)資料殘缺嚴重者

例如,整份資料的缺答率在 20% 以上者,或缺少關鍵資料者(如

要探討社經水準與壓力的關係，卻缺答社經水準或壓力的題目），則該份資料就必須剔除或作廢。但如缺答的題目僅少數若干題，則該份資料仍可使用，只是要將缺答的題目以缺失資料（missing data）的方式加以處理即可。

㈡作答反應明顯不可信者

受試者的資料如有下述情形之一者，則該份資料也須加以剔除或作廢。

1.作答反應連續一致

如，答案是 111111……、222222……、333333……，或 AAAAAA……、CCCCCC……、DDDDDD……。

2.作答反應規則變化

如，答案是 321321321……、111222333……，或 BBCCDD……、ABCABCABC、DDDAAACCC……。

3.作答反應超出預設之選項值

如，選項只有1、2、3、4與5五個選項，卻答0、6、7、8或9。此種作答反應的比率要達20％以上，才加以剔除；否則，超出選項值的題目以缺失資料來處理即可。

4.作答反應無法辨識

如，請受試者在「□□□□□」裡擇一打「∨」作答，受試者卻勾選一個以上，或不在框框裡勾選，而將勾選劃記在框框外（如，□□∨□□□）。此種作答反應亦要達20％以上，才加以剔除；否則，也以缺失資料來處理即可。

第二節　資料轉換

　　研究者要受試者反應（即作答）的資料，種類繁多且性質各異，有的是文字，有的是數字或英文字母，有的是圖形符號（如，∨、─、1、0或×）等。因此，要經過資料轉換的資料，才適合建檔與統計分析。所謂資料轉換（data reduction），是指將許多的個人資料表（individual data sheet）轉換成一份摘要表（a summary form）之改編資料的過程（McBurney, 1998, p.68）。個人資料表是指受試者所填寫的問卷或測驗，或記載觀察或訪談受試者之反應的紀錄表；摘要表就是本節之三所提及的摘要資料表。從資料處理的觀點言之，從原始資料至統計分析的處理過程，就是資料轉換（McBurney, 1998, p. 68）。資料轉換的過程包含編碼、編製代碼表和登錄資料至摘要資料表等三個主要步驟。

一、編碼

　　編碼是資料轉換的第一個步驟。所謂編碼（coding），是指將原始資料加以分類，然後轉換成數字，以便能列表和計算的過程（郭生玉，民87，第406頁）。編碼有下述三點基本規則（Fielding, 2001）：

　　1.每一個代碼（code）都必須是獨一無二或互不相容的。任何特殊的反應應歸於一類，而且僅能一類。例如，某位受試者不可能在同一時間裡，既是已婚又是單身。

　　2.代碼必須周詳，不能有所缺漏。編碼者必須設計所有可能的編碼選項，並將之納入編碼者的代碼表裡。

　　3.代碼的應用必須從頭至尾都有一致性。

編碼的方法可以分成前編碼與後編碼等二種（Bailey, 1987）。

(一)前編碼

所謂前編碼（precoding），是指在問卷或測驗上，就將受試者各種可能的反應加以編碼；亦即，要受試者在問卷或測驗（觀察員或訪員在紀錄表）上，直接填寫數字者，就稱為前編碼。直言之，凡是封閉式問題（closed-ended question）大都是屬於前編碼，或逕自要受試者回答數字的問題（如，你有幾個小孩？你一個月看幾次電影？），也都屬於前編碼。

因前編碼的問卷、測驗或表格可直接將受試者的反應（如，1、2或3）加以登錄，或者很容易就可登錄受試者的反應（如，只要將 A 登錄為1、B 登錄為2、C 登錄為3，或將同意登錄為3、沒意見登錄為1等）；再者，使用前編碼，可在登錄資料前就事先預留資料的登錄欄位，這對編製代碼表也會有很大的助益。因此，本書第九章曾提及設計問卷的一般原則之一為「答案盡量用數字或代號來做反應，少用文字說明」，就是為前編碼做準備。再者，為了符合前編碼的需求，答案欄的設計亦須符合一定的格式，此種答案欄格式可參閱本書第九章第三節三之(四)的例子。

(二)後編碼

所謂後編碼（postcoding），是指在受試者填妥問卷、測驗或表格後，才進行編碼的工作。後編碼是針對開放式問題（open-ended question）的問卷或測驗來實施。例如：

1.性別：＿＿＿＿。
2.假如明天選總統，你會投給誰？
3.你家裡有哪些電氣用品？
4.你最喜歡的休閒活動是：＿＿＿＿＿＿＿。

　　前編碼的最大優點是編碼與登錄都容易，而且登錄欄位確定，因此大部分的登錄工作都可委由他人來做；然而，後編碼的主要缺點是編碼難有一致的準則，而且也不易事先預留固定的登錄欄位（如，前例第三題的答案可能是十種以下，也可能是十種以上；而且因種類繁多又不確定，所以欄位和代碼都難以預先確定）。所以後編碼之問卷或測驗的登錄工作，最好是由研究者本人或專人來做才足以勝任。準此，資料的編碼最好是採行前編碼的方法。

二、編製代碼表

　　代碼表（codebook）的功能為界定問卷或測驗之數字代碼的意義，並讓人了解變項在電腦資料檔（data file）上的位置（列及欄位）。所以代碼表不但是登錄資料的依據，也是說明各列及欄位之代碼意義的工具。代碼表須包含列（有時可省略）、欄位、變項、變項值與變項值意義等諸項內容，編製代碼表的原則如下述諸點：

1. 每一位受試者之問卷或測驗都須有一個流水號（編號），這個流水號的變項通常命名為NO，代碼表的第一個變項大都是NO（參閱表 13-2）。流水號的目的，是做為查核受試者資料之用。

2. 設定缺失資料（missing data）（即受試者未答、未反應與反應不明確、無法判讀者）之代碼。編碼實務上，通常都以原變項值以外的數字來界定缺失資料；例如，變項值占一個欄位（column）者用 0 或 9，占二個欄位者用 99。

3. 每一個變項都須有欄位，而且其欄位都必須各自不同。

4. 假如有複選題，則同一個題目裡的每一個選項都應視為一個變項，並預留足夠的欄位，俾以進行正確的統計分析（例如考克蘭Q考驗）。在統計分析實務上，常會見到用百分率的方式來

處理複選題的問題，事實上，如此分析資料是不妥當的。複選題的編碼請看下例：

◎你不喜歡哪些科目？（可複選）（請在□內打∨作答）

☑1.國文

☑2.英文

□3.數學

□4.物理

☑5.化學

□6.地理

□7.歷史

通常打∨者以 1 為代碼，沒打∨者以 0 為代碼。上例應有七個變項，每個變項占一個欄位，其變項值為 0 或 1，則該題的登錄資料為：1100100。

5.問卷裡的每一個問題，或測驗裡的每一個題目通常就是一個變項，而且應盡量以最關鍵、簡明易懂的英文字母（有時亦可包括數字，如 A1、A2、A3 或 VAR1、VAR2、VAR3 等）為變項命名。例如，表 13-1 問卷之流水號命名為 NO，第 1 題為 CEN（取自中心之英文 center），第 2 題為 SEX，第 3 題為 AGE，以此類推，第 15 題為 MET（取自方法之 method），第 16 題為 TRA（取自訓練之 training）。

接著，我們以表 13-1 的問卷（周文欽，民 88a，第 78-79 頁）為例，編製該問卷之代碼表如表 13-2。

表 13-1　八八五諮詢輔導專線調查問卷（服務義工用）

各位夥伴們：

　　本系受台灣區家庭教育中心委託，專案研究八八五諮詢輔導專線之執行成效，今為蒐集相關研究資料而編製此調查問卷。素仰　您對專線的熱誠參與及貢獻，您的意見及建言對研究之成敗居關鍵地位。懇請　您撥冗填答，感謝您的協助和支持。

國立空中大學生活科學系
周文欽　敬啟 88 年 3 月

填答說明：

　　第一部分均為單選題（只能圈選一個答案，並將唯一答案填寫於題號左側的 "＿＿" 內）；第二部分為開放題，請就己見申述之（本表省略之）。

〔第一部分〕

＿＿＿1.所屬之家庭教育服務中心：

　　　①基隆市　②台北縣　③台北市　④桃園縣　⑤新竹縣

　　　⑥新竹市　⑦苗栗縣　⑧台中縣　⑨台中市　⑩南投縣

　　　⑪彰化縣　⑫雲林縣　⑬嘉義縣　⑭嘉義市　⑮台南縣

　　　⑯台南市　⑰高雄縣　⑱高雄市　⑲屏東縣　⑳澎湖縣

　　　㉑宜蘭縣　㉒花蓮縣　㉓台東縣

＿＿＿2.性別：①男　②女

＿＿＿3.年齡：①30 歲（含）以下　②31～40 歲　③41～50 歲

　　　④51 歲（含）以上

＿＿＿4.學歷：①高中（含）以下　②專科　③大學　④研究所

　　　（含）以上

＿＿＿5.婚姻狀況：①已婚　②未婚　③其他

＿＿＿6.畢業系科：①輔導、諮商、心理等系科　②家政、教育、

　　　社工等系科　③社會、幼教、護理等系科　④其他

續表 13-1

____ 7. 職業：①教師　②公務人員（含軍、警）　③私人企業員
工　④自由業（含律師、醫師、記者、會計師等）　⑤家
管　⑥其他

____ 8. 服務「八八五專線」之時間：
①1年（含）以下　②2年　③3年　④4年　⑤5年
⑥6年（含）以上

____ 9. 服務「八八五專線」期間，有無轉介過個案：①有　②無

____ 10. 每週值班時間：①1～4小時　②5～8小時　③9～12小
時　④13小時以上

____ 11. 服務「八八五專線」之前，擔任輔導之經驗：
①學校輔導　②張老師（救國團）　③生命線　④其他機
構之輔導　⑤無

____ 12. 服務「八八五專線」的最大收穫：
①幫助自己成長　②幫助個案解答疑難　③看盡社會百態
④其他（請說明：＿＿＿＿＿）

____ 13. 擔任「八八五專線」義工的最主要動機：
①回饋社會　②服務他人　③發揮所學專長　④打發時間
⑤其他（請說明：＿＿＿＿＿）

____ 14. 擔任「八八五專線」義工最感困擾（或挫折）之事：
①輔導知能不足　②個案不可理喻　③不知如何解決個案
問題　④個案太少　⑤缺乏督導　⑥其他（請說明：＿＿＿
＿）

____ 15. 擔任「八八五專線」義工最常使用的處置方法：
①資源介紹與運用　②情緒或觀念疏導　③事實認知與澄
清　④人際關係技巧教導　⑤子女管教技巧教導　⑥家庭
輔導　⑦其他（請說明：＿＿＿＿＿）

____ 16. 擔任「八八五專線」義工期間，參加過幾次在職訓練：
①一次　②二次　③三次　④四次　⑤五次（含）以上

三、登錄資料至摘要資料表

　　代碼表編製完成之後，接下來就可將所蒐集的原始資料（即受試者所填答的問卷、測驗或觀察員、訪員記載受試者反應的紀錄表）登錄至摘要資料表（summary data sheet）上，摘要資料表又稱為轉換表（transfer sheet）。摘要資料表以矩陣格式（matrix format）呈現受試者之原始資料，所以此表的資料通常稱為資料矩陣（data matrix）。資料矩陣包括欄位和列兩個向度的資料，欄位（column）顯示各個變項的資料，列（row）則顯示每一個受試者的資料，一列的資料又稱為一個錄（record）。目前，常見的統計套裝軟體利用電腦進行資料處理時，其資料檔的欄位數大都沒有限制；惟，為了編製代碼表與登錄資料或建檔的方便，每一列的資料最好以 80 個欄位為限。至於資料的列數則沒有一定的範圍，完全視樣本數及每位受試者占多少個錄而定。誠如前述，一列的資料又稱為一個錄，因此，當每位受試者的資料小於 80 個欄位時，一位受試者只有一個錄；當每位受試者的資料大於 80 個欄位時，則每位受試者將可能都有二個或二個以上的錄。職是之故，受試者有 360 人，每人的資料有 103 個欄位，則該份摘要資料表將擁有 720 列的資料。資料矩陣的內容如圖 13-1 所示，資料矩陣的格式則見圖 13-2。

變項（欄位）

		第一題	第二題	第三題	第四題	第五題
受試者（列）	甲	甲之年齡	甲之性別	甲之智力	甲之壓力	甲之滿意度
	乙	乙之年齡	乙之性別	乙之智力	乙之壓力	乙之滿意度
	丙	丙之年齡	丙之性別	丙之智力	丙之壓力	丙之滿意度
	⋮	……	……	……	……	……
	⋮	……	……	……	……	……

圖 13-1　資料矩陣內容舉隅

01	02	03	04	05	06	07	08	09	10		71	72	73	74	75	76	77	78	79	80
0	0	1	3	7	8	9	3	1	1		4	5	2	1	1	7	8	7	1	2
0	0	2	4	2	4	2	4	1	2		2	2	5	1	1	2	8	2	2	2
0	0	3	5	6	1	2	3	1	1		1	3	6	2	1	3	9	2	2	3
0	0	4	6	3	4	4	2	2	1		1	4	1	0	3	6	0	4	2	1

圖 13-2　資料矩陣格式舉隅

資料來源：*The practice of social research* (9th ed.) (p. 391), by E. Babbie, 2001, Belmont, CA: Wadsworth/Thomson Learning.

　　接著，本章以表 13-2 與表 13-3 為例，說明代碼表與摘要資料表的具體內容和格式。表 13-3 是依表 13-1 之問卷的受試者反應，並照表 13-2 的代碼表所登錄的摘要資料；表 13-3 裡的資料共有 24 位受試者，每位受試者只有一個錄（19 個欄位）。

表 13-2 〈表 13-1 問卷〉之代碼表

欄位	變項	變項值	變項值意義
1-2	NO		每一個值代表一位受試者
3-4	CEN	1 2 3 ⋮ 21 22 23	基隆市 台北縣 台北市 ⋮ 宜蘭縣 花蓮縣 台東縣
5	SEX	1 2	男 女
6	AGE	1 2 3 4	30 歲（含）以下 31～40 歲 41～50 歲 51 歲（含）以上
7	SCH	1 2 3 4	高中（含）以下 專科 大學 研究所（含）以上
8	MA	1 2 3	已婚 未婚 其他
9	DEP	1 2 3 4	輔導、諮商、心理等系科 家政、教育、社工等系科 社會、幼教、護理等系科 其他
10	OCU	1 2 ⋮ 6	教師 公務人員（含軍、警） ⋮ 其他
11	YEA	1 2 ⋮ 6	1 年（含）以下 2 年 ⋮ 6 年（含）以上

續表 13-2

欄位	變項	變項值	變項值意義
12	CAS	1 2	有 無
13	TIM	1 2 3 4	1～4 小時 5～8 小時 9～12 小時 13 小時以上
14	EXP	1 2 3 4 5	學校輔導 張老師（救國團） 生命線 其他機構之輔導 無
15	ACH	1 2 3 4	幫助自己成長 幫助個案解答疑難 看盡社會百態 其他
16	MOT	1 2 ⋮ 6	回饋社會 服務他人 ⋮ 其他
17	TRO	1 2 ⋮ 6	輔導知能不足 個案不可理喻 ⋮ 其他
18	MET	1 2 ⋮ 7	資源介紹與運用 情緒或觀念疏導 ⋮ 其他
19	TRA	1 2 3 4 5	一次 二次 三次 四次 五次（含）以上

資料來源：八八五諮詢輔導專線成效評估之研究（第78-79頁），
　　　　　周文欽著，民 88a，台灣地區家庭教育中心專業系列
　　　　　工作手冊。

表 13-3　摘要資料表舉隅

欄列	1-2	3-4	5	6	7	8	9	10	11	12	13	14	15	16	17	18	19
1	1	2	2	3	1	1	4	5	5	1	1	5	1	1	5	2	5
2	2	2	2	3	1	1	4	5	2	1	1	1	1	1	5	6	5
3	3	2	2	3	1	1	4	5	2	1	1	5	1	2	1	2	5
4	5	2	2	3	1	1	4	5	3	1	1	1	1	1	5	3	5
5	6	2	2	3	1	1	2	5	1	2	1	5	1	1	1	3	5
6	7	2	1	3	2	1	4	6	1	1	1	1	1	1	5	2	5
7	8	2	2	3	3	1	3	5	6	1	1	5	1	2	1	2	5
8	9	2	2	3	3	1	3	5	1	2	1	9	3	3	9	5	1
9	10	2	2	3	2	1	4	5	6	1	1	3	1	1	6	3	5
10	11	2	2	3	2	1	4	5	2	1	1	1	1	2	1	2	5
11	12	2	2	2	2	1	4	4	6	1	1	5	4	5	5	2	5
12	13	2	2	3	1	1	4	5	1	2	1	5	1	1	5	5	2
13	14	2	2	4	2	1	3	6	6	1	1	1	1	1	1	2	5
14	15	2	1	2	3	2	2	1	2	2	1	1	2	3	2	2	1
15	16	2	2	3	3	1	4	5	2	1	1	1	4	5	6	7	5
16	17	2	1	3	2	1	4	6	6	1	1	4	1	2	4	3	5
17	18	2	2	2	2	2	4	2	1	2	1	5	1	1	1	2	1
18	19	2	1	1	3	2	2	6	1	2	1	5	4	3	1	2	1
19	20	2	2	2	1	2	4	5	2	1	1	5	1	2	1	2	5
20	21	2	2	2	3	1	1	5	5	1	1	5	1	2	3	2	5
21	22	2	1	2	2	1	4	2	6	1	1	3	1	5	3	2	5
22	23	2	1	2	4	2	4	6	2	2	1	5	1	2	1	3	2
23	24	2	2	2	3	1	2	1	2	2	1	1	3	1	3	2	2
24	25	2	1	3	3	1	4	6	6	1	1	3	3	1	4	5	5

第三節　資料建檔

　　在運用統計套裝軟體進行統計分析時，原始資料有兩種輸入方法：第一種方法是將原始資料直接輸入統計分析軟體；第二種方法則是將原始資料建立資料檔後，再由指令檔（詳見第十五章）讀取之（Fielding, 2001）。第一種方法會隨套裝軟體的不同，而有不同的輸入方法或格式。第二種方法則大都是採取相同的輸入模式，再加上第十五章所介紹的電腦資料處理，將採用指令檔和資料檔分別建檔的方式處理。準此，本節就介紹第二種輸入原始資料的方法，即資料建檔的方法。

　　所謂資料建檔，就是將第二節所述的摘要資料表輸入電腦，形成可被電腦及所用之統計套裝軟體處理的資料檔（data file），這些資料檔大都存至磁片（floppy disc）、隨身碟或電腦的硬碟裡，以備進行電腦統計分析使用。資料檔應以純文字檔的模式儲存。為節省資料檔的容量，建檔時欄與欄之間及列與列之間通常都不留空間。再者，為了避免資料鍵入（keyin）電腦時發生錯誤，當某個變項占二個或二個以上欄位，而其變項值少於欄位數時，須將變項值往欄位的右邊靠齊，並將左邊空白欄位補零。例如，某變項占三個欄位，而某受試者該變項的變項值為 7 或 15，則應（最好）鍵入 007 或 015。現在若將表 13-3 的資料建檔，則所形成的電腦資料檔，如表 13-4 所示。

表 13-4 電腦資料檔舉隅

```
0102231145511511525
0202231145211111565
0302231145211512125
0502231145311111535
0602231125121511135
0702132146111111525
0802233135611512125
0902233135121933951
1002232145611311635
1102232145211112125
1202222144611545525
1302231145121515152
1402242136611111125
1502123121221112321
1602233145211145675
1702132146611412435
1802222242121511121
1902113226121543121
2002221245211512125
2102223115511512325
2202122142611315325
2302124246221512132
2402223121221113122
2502133146611331455
```

　　資料建檔的典型程序就如前述步驟（特別是委託他人或電腦公司輸入資料時），惟，當我們採用「前編碼」的編碼方式，並將問卷或測驗的答案欄都置於題號的左側（參閱第九章第三節三之㈣答案欄）時，則可直接將受試者在問卷或測驗上的反應逐自鍵入電腦，而不必經由「摘要資料表」的步驟。

　　資料建檔完竣後，可運用 SPSS 的 FREQUENCIES 或 MEANS（詳

見第十五章）二個指令進行資料的查核，俟查核確認無誤，或發現有錯誤而經修正後，該資料檔才能進行統計分析。

關鍵詞彙

資料整理	資料轉換
個人資料表	摘要表
編碼	前編碼
後編碼	代碼表
缺失資料	摘要資料表
資料矩陣	資料建檔

自我評量題目

1.試述資料整理的目的。

2.試述剔除不堪使用之問卷、測驗或表格的原則。

3.試述資料轉換的主要步驟。

4.何謂前編碼？何謂後編碼？並舉例說明之。

5.何謂代碼表？並說明編製代碼表的原則。

6.何謂資料矩陣？並舉例說明之。

7.試述資料建檔應注意的事項。

第十四章
資料的統計分析

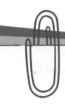

學 習 目 標

——研讀本章內容之後，學習者應能達成下列目標：

　1.說出統計的種類。

　2.了解描述統計的涵義。

　3.了解推論統計的涵義。

　4.了解常用之統計分析的方法，並能運用之。

　5.了解統計方法的適用時機。

大綱

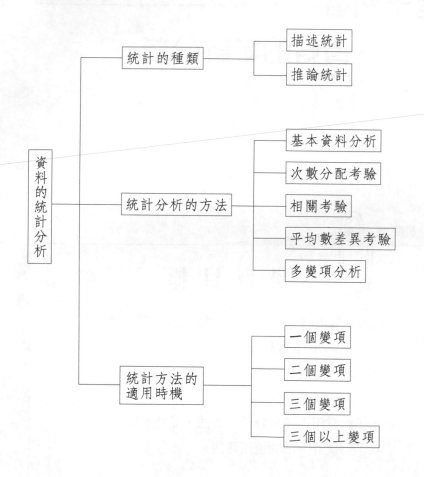

摘 要

統計可分為描述統計、推論統計與實驗設計等三類。描述統計是指說明及顯示樣本或母群資料之意義與特徵的統計方法，通常都用次數分配、集中量數、變異量數及相關量數來呈現資料的性質；推論統計則是指根據樣本資料以推估母群性質的統計方法，主要包括估計與考驗，估計是指利用樣本量數推估母數的過程。

解答問題或驗證假設的統計分析方法，主要有基本資料分析、次數分配考驗、相關考驗、平均數差異考驗，與多變項分析等五類。基本資料分析主要包括次數、平均數和標準差的分析。次數分配考驗最常用的統計方法是卡方考驗。相關考驗包括積差相關、φ相關、點二系列相關、斯皮曼等級相關、肯德爾等級相關、肯德爾和諧係數與複相關等多種考驗。單變項之平均數差異考驗較常用的統計方法有 t 考驗與變異數分析。多變項分析最常見的統計方法有多變項變異數分析、多元迴歸、典型相關、區別分析與因素分析等五種。

每種統計方法都有其適用時機，其中最有關聯的是所有涉及之變項的屬性，變項屬性包括：1.屬於自變項或依變項；2.屬於類別變項或連續變項；3.自變項有多少個，其水準數為何；4.依變項有多少個。

要對資料進行統計分析，首先要了解統計的種類，可供解答問題或驗證假設的統計分析方法；其次是知曉統計方法的適用時機，俾以選用正確與適宜的統計方法；接著再選擇統計套裝軟體運用電腦處理之。本章說明統計的種類，統計分析的方法，及統計方法的適用時機，至於運用電腦處理資料之統計分析的具體方法與步驟，詳見第十五章〈資料的電腦統計處理〉。

第一節　統計的種類

一般而言，統計可分為描述統計、推論統計與實驗設計等三大類（林清山，民81）；實驗設計的涵義與方法參閱第七章第三節，在此不再贅述。

一、描述統計

所謂描述統計（descriptive statistics），是指說明及顯示樣本或母群資料之意義與特徵的統計方法。在描述統計裡，通常都使用次數分配、集中量數、變異量數及相關量數來呈現資料的性質。

㈠次數分配

描述統計中最常見的方法為次數分配（frequency distribution），其目的旨在呈現各變項之各個變項值的次數或個數。次數分配除了呈現各變項值的次數，例如，計算性別這個變項的男和女（變項值）各有多少人；也可呈現變項值分組時所涵蓋的次數，例如，可計算某班級英文期末考成績（變項）在30分以下、31～60分、61～80分及81分以上的人數，前述的30、31、60、61、80及81也是變項值。多數

研究的人口變項資料，大都會使用次數分配來呈現受試者的性質。次數分配主要運用於類別變項（categorical variable），也適用於連續變項（continuous variable）（前述二種變項的涵義詳見第二章第一節二之㈢）。

㈡集中量數

集中量數（measures of central location）是描述各變項分數之集中情形的最佳代表值，也是描述一個團體之中心位置的一個數值（林清山，民81，第34頁）。代表集中量數者有算術平均數、幾何平均數、調和平均數、中數及眾數等，前項各種數值除眾數適用於類別變項外，其餘都運用於連續變項。最穩定與最具代表性的集中量數為算術平均數（arithmetic mean），這個算術平均數就是日常所稱的平均數（mean），通常都用$\overline{X}$代表之，其計算公式如下：

$$\overline{X} = \frac{\Sigma X}{N} = \frac{X_1 + X_2 + X_3 + \cdots + X_N}{N}$$ （公式 14-1）

上式中的 X 是樣本中的每一個觀察值，X_N是第 N 個受試者的觀察值，N 則代表樣本大小（即受試者人數）。從上面的公式可知，平均數就是一組分數中各個分數之總和除以總個數，所得的商即是。

㈢變異量數

所謂變異量數（measures of variation），是指描述各變項分數或某組分數分散或參差不齊情形的數值，代表變異量數者有標準差、全距、平均差與四分差等，變異量數大都適用於連續變項。最穩定與最具代表性的變異量數為標準差（standard deviation, SD），其計算方法詳見公式8-1。現舉一例說明平均數與標準差的概念與應用，比方說，

你是一個剛到某國小報到的新老師，校長提供四個同年級之班級的學業總成績的資料如表 14-1，請你從中選取一個班級擔任級任老師。

表 14-1　四個班級之學業總成績資料

量數 \ 班別	忠	孝	仁	愛
平均數	67.53	90.76	75.90	82.28
標準差	16.69	26.27	11.33	19.85

　　根據表 14-1 的資料，你看上哪一個班級呢？假如，你想要的班級是平均素質最好者，那麼就要選孝班；倘若，你並不在乎平均素質的好壞，而是希望學生素質最整齊的班級，則就要選擇仁班。從這個例子可以了解，平均數愈大，代表該組分數的平均水準或素質愈高；標準差愈小，代表該組分數的分散情形愈小，亦即分數間的個別差異愈小。

(四)相關量數

　　次數分配、平均數與標準差大都僅用在處理單變項（univariate）的資料，相關量數（measures of correlation）則在處理雙變項（bivariate）的資料。相關（correlation）是指兩組（即兩個變項）成對量數之間變動一致性程度的指標，相關的統計方法有許多種，其中最常用的是由皮爾遜（K. Pearson）所發展出來的積差相關（product-moment correlation）統計法，此種相關適用於連續變項。積差相關用統計學的話來說是指：兩組分數之各個分數的 z 分數乘積和，除以總個（人）數所得的商。依此定義所呈現的公式就是積差相關的定義公式，詳見下式：

$$r = \frac{\Sigma Z_X Z_Y}{N} \qquad\qquad （公式 14-2）$$

公式 14-2 中，$Z_X =$ X 變項的 z 分數，$Z_Y =$ Y 變項的 z 分數，N ＝總人數，r ＝ X 變項與 Y 變項的相關係數。上式的運算方法，先要計算出每個分數在每個變項上的 z 分數，才能代入公式中計算，而無法將原始分數直接拿來使用，致其實用價值不高。準此，我們都使用運算公式來計算積差相關，積差相關的運算公式如公式 14-3。

$$r = \frac{\Sigma XY - \dfrac{\Sigma X \Sigma Y}{N}}{\sqrt{\Sigma X^2 - \dfrac{(\Sigma X)^2}{N}}\sqrt{\Sigma Y^2 - \dfrac{(\Sigma Y)^2}{N}}} \qquad\qquad （公式 14-3）$$

代表相關程度的量數稱為相關係數（r），其值介於 1 與 −1 之間，得正值者代表正相關（positive correlation），得負值者代表負相關（negative correlation）。相關係數之絕對值愈大，代表兩變項間的相關愈高；當其等於零或接近零時，則表示兩變項間彼此沒有關係存在。通常，r 值等於 ±.50 時，代表中度相關：r ＝ ± 1.0 時，則代表完全相關（perfect correlation）。正相關代表著兩組變項間呈現正向的關係，即當一組變項增大時，另一組變項亦隨之增大；負相關則代表兩組變項間呈現負向或反向的關係，即當一組變項增大時，另一組變項卻隨之減小。上述兩種相關情形，可參閱圖 14-1。

前述的積差相關，僅在描述兩組變項間的直線關係，但有些時候兩組變項間卻存在著非直線關係，亦即是 X 變項與 Y 變項之數值大小的變化情形並不一致。例如，當 X 一開始增大時，Y 會隨著增大；但當 X 再繼續增大時，Y 卻會漸漸地減小。像前述這種相關，統計學上稱為曲線相關（curvilinear correlation），代表此種相關的量數稱為相關比（correlation ratio）。曲線相關的情形，如圖 14-2 所示。

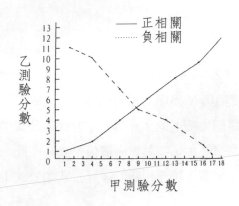

圖 14-1　兩種測驗分數的可能相關圖示

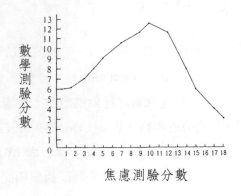

圖 14-2　曲線相關圖示

二、推論統計

　　有時候研究者進行統計分析，並不只在了解樣本資料的性質（描述統計），還想進一步經由這些樣本資料來探討母群的情況，此時就要運用推論統計的方法才能達到目的。比方說，某一個調查 1000 人的民意調查顯示，某一候選人的支持率為 27.50 ％（描述統計）；該民

意調查真正關心的，不在那 1000 人支持某候選人的比率為何，而是想透過 1000 人的調查結果，以了解整個支持民意的傾向。再如，為了解美國和台灣大學生的壓力容忍度是否有差異？這時，研究者分別在美國與台灣各抽取 950 位大學生，然後測量他們的壓力容忍度，最後根據這些資料，分析美國與台灣兩地大學生的差異情況。像前述二例，都是在運用推論統計。所謂推論統計（inferential statistics），就是指根據樣本資料以推估母群性質的統計方法。在推論統計裡，研究者真正關心的是母群性質，而非樣本性質；惟樣本終究不是母群，所以用樣本資料推估母群時，必定會產生誤差。職是，在使用推論統計時，尚須說明可能的誤差機率。推論統計主要包括估計與考驗兩個範疇。

㈠估計

所謂估計（estimation），是指利用樣本量數推估母數（parameter）的過程。樣本量數又稱為統計數（statistic），母數則是代表母群的量數。在研究實務上，很少人能對母群的資料進行統計分析，所以也就無法去了解母數的性質為何；因此，就要運用估計的方法，找出適當的統計數來代表母數。例如，我們要了解去年的國民平均所得有多少時，則母數是將去年所有國民的所得加總在一起，再除以國民總數所得之商，但任何人都知道此種算法是行不通的。所以，我們就會以隨機抽樣的方法抽取若干人，再計算這些人的平均所得，並以實際計算所得的平均數來代表國民平均所得。

估計又分為點估計與區間估計二種，當只用一個特定的數值來推估母數時就是點估計（point estimation），區間估計（interval estimation）則是用一段連續的數值來推估母數。統計學上，常利用樣本平均數來估計母群的平均數，這是典型的點估計。例如，我們以分層隨機抽樣的方法抽取 10000 人，計算其平均所得為 15000 美元，並以這個數值代表國民平均所得。然而，僅用一個數值來估計會產生較大的

誤差，這時就可運用區間估計的方法；當運用區間估計時，除了要呈現被估計的區間外，尚須說明母數落入此區間的機率。前述的機率稱為信賴水準（confidence level），被估計的區間稱為信賴區間（confidence interval）。信賴水準則來自第一類型錯誤（type I error）（參閱第二章第二節）的觀念，第一類型錯誤的機率叫做顯著水準（level of significance）；例如，當顯著水準為.05 時，則其信賴水準為.95 或 95 ％。設若，某區間估計的顯著水準定為.05，則母群平均數（μ）落在樣本平均數（$\overline{X}$）上下 1.96 個標準誤（參閱第八章第二節之二）的機率為 95 ％，此敘述可以下式表之。

$$P(\overline{X} - 1.96\sigma_{\overline{x}} \leqq \mu \leqq \overline{X} + 1.96\sigma_{\overline{x}}) = .95 \qquad （公式 14-4）$$

公式 14-4 中的 P 代表機率，$\sigma_{\overline{x}}$ 代表標準誤（亦即公式 8-3 的 $SE_{\overline{x}}$）。今以第八章第二節之二所出現的計算式說明之：

$$65 - (3 \times 1.96) \leqq \mu \leqq 65 + (3 \times 1.96)$$
$$59.12 \leqq \mu \leqq 70.88$$

上式的 65 是樣本平均數，3 是標準誤，59.12 到 70.88 之間的數值就叫做信賴區間，而母群平均數落入這一信賴區間的機率有 95 ％，惟這個區間估計的第一類型錯誤有 5 ％。

(二)考驗

統計學裡的考驗（test）（又稱為檢定），可用來解答研究問題或驗證研究假設；然因統計學上，大部分都以研究假設為考驗的對象，所以考驗又稱為假設考驗（hypothesis testing）。事實上，從研究實務觀點言之，研究問題與研究假設指涉同一事件，其差異處僅在撰述語法不同（一為疑問句，一為敘述句），與對事件是否有預設的答案或構想（是者為研究假設，否者為研究問題）。假設考驗的涵義與步

驟，詳參第二章第三節之三「驗證假設的方法」。選擇最適宜的統計分析方法，是考驗的最重要步驟，至於有關統計分析的方法與其適用時機，詳見下二節所述。

第二節　統計分析的方法

解答問題或驗證假設的統計分析方法，不一而足，惟基本資料分析、次數分配考驗、相關考驗、平均數差異考驗，與多變項分析等五類，誠屬其中之要者。

一、基本資料分析

基本資料分析旨在分析各個變項的基本資料，基本資料的種類會隨變項屬性的不同而有差異。當變項屬類別變項（含名義變項和次序變項），則其主要的基本資料為該變項的次數分配，如該變項各個水準的次數或百分比。當變項為連續變項（含等距變項和等比變項），則其主要的基本資料為該變項的平均數與標準差。基本資料分析是屬於描述統計的範疇，較少用在解答問題或驗證假設上，其用途大都是輔助性的，主要目的是在描述各個變項的基本性質。下文所述的各種統計分析方法，都屬推論統計的範疇。

二、次數分配考驗

當我們要探討變項之各個水準的次數分配或其百分比是否有差異或不同時，這時就可運用次數分配考驗來分析。具體言之，次數分配考驗就是在分析變項之水準（或變項值）的觀察次數（observed fre-

quency，即受試者所反應之資料），與期望次數（expected fre-
quency，即理論次數）之間是否有差異。例如，某研究者想了解台灣
地區民眾的血型分配是否有差異，於是他隨機抽取 1000 位的受試者，
並逐一調查其血型，所得結果為：A 型 205 人、B 型 267 人、AB 型
168 人、O 型 360 人。此時，調查所得的 205、267、168 與 360 就是
觀察次數，其理論次數都是 250（1000 ÷ 4）。這個時候研究者就可
使用次數分配考驗，來分析台灣地區民眾的血型分配是否有差異。前
述的血型就是變項，A 型、B 型、AB 型與 O 型則是血型這個變項的
水準。

再者，在民意調查中常見的交叉分析，也是一種次數分配考驗，
只是交叉分析必須用在兩個類別變項的情境上。例如，要了解省籍與
統獨立場的關聯性，省籍和統獨立場都是變項，假設前者有二個水準
（本省、外省），後者有三個水準（贊成統一、贊成獨立、沒意
見），這時就可利用到交叉分析這種次數分配考驗。

次數分配考驗最常用的統計方法是卡方考驗（χ^2 test），又可分成
單因子卡方考驗及雙因子卡方考驗；前述的血型之次數分配考驗，就
是單因子卡方考驗，交叉分析則是二因子卡方考驗。綜合上述二例，
亦令人知悉次數分配考驗大都用在類別變項上。

三、相關考驗

相關考驗旨在分析二個或三個（含）以上變項間的共變關係，亦
即在探討其中一個變項改變時，其他變項隨之改變的情況。相關的種
類不一而足，主要是依據變項個數而定。兩個變項的相關包括積差相
關、φ 相關、點二系列相關、斯皮曼等級相關與肯德爾等級相關，三
個（含）以上變項的相關則包括肯德爾和諧係數與複相關等；前述各
種相關考驗，除了複相關運用在多元迴歸分析外，其餘各種相關的適

用時機，詳見本章第三節「統計方法的適用時機」。

四、平均數差異考驗

　　平均數差異考驗可說是使用率最為普遍的統計分析方法。既是在考驗平均數的差異，所以至少須有二組以上的平均數，也須有計算平均數的資料；分組的依據是自變項，計算平均數的資料則是依變項。例如，要分析男、女上班族的月薪是否有差異，則自變項是性別（共分成男、女二組，即性別有二個水準），依變項是月薪；在平均數的差異考驗裡，自變項通常必須是類別變項，依變項則是連續變項。平均數差異考驗旨在分析二組（含）以上資料之集中量數的差異情形。

　　平均數差異考驗可以考驗一種或一種以上的平均數，亦即此種考驗可以是一個依變項，也可以是一個以上的依變項。本小節只探討一種平均數或一個依變項的情況，至於一個以上依變項的平均數差異考驗，詳見下文之「多變項變異數分析」。平均數差異考驗的分組依據，可以是一個自變項，也可以是二個自變項。當一個自變項分成兩組時，則用 t 考驗進行平均數差異考驗；分成兩組以上（即三組或三組以上）時，則用單因子變異數分析這種統計方法。當自變項有二個時，則一律使用二因子變異數分析。單因子變異數分析達到顯著水準時，尚要繼續進行事後比較（a posteriori comparisons）。二因子變異數分析旨在考驗兩個自變項在依變項上是否有交互作用效果（interaction effect）；當交互作用效果達到顯著水準時，則須繼續進行單純主要效果（simple main effect）的考驗。當然，前述二種變異數分析也都在考驗各該自變項的主要效果（main effect）；至於主要效果、交互作用效果與單純主要效果的涵義，詳見本書附錄。

五、多變項分析

多變項分析（multivariate analysis）是資料分析方法的通稱，它的主要特徵是同時分析多個自變項與多個依變項。因社會及行為科學的研究問題在本質上幾乎都是多變項（multivariate），而且無法僅用雙變項（bivariate）（一次只用一個自變項與一個依變項）的研究取向，所以多變項的分析方法，可說是社會及行為科學領域中最重要、最有力（powerful）與最適宜的統計分析方法，尤其是在目前這個電腦科技和統計套裝軟體蓬勃發展的時代裡更是如此（Kerlinger & Lee, 2000）。多變項分析的統計方法繁多，其中以多變項變異數分析、多元迴歸、典型相關、區別分析與因素分析五者最為常見。

(一)多變項變異數分析

多變項變異數分析（MANOVA）旨在考驗一個或多個自變項，在多個依變項上之平均數的差異情形（這多個依變項必須是互斥或互相獨立）。例如，當我們要驗證下述二個假設時，就可使用多變項變異數分析。

1. 不同社經水準（分成高、中、低三個水準）的國中生，在國中基本學力測驗（包括國文、英文、數學、自然、社會等五科）上有顯著差異。

2. 高科技從業人員的性別與職級（分成高、中、低三級），在因應方式（包括問題導向、評價導向與情緒導向等三種因應）上有交互作用。

倘若，前述假設的自變項（社經水準、性別、職級）都是類別變項，依變項（國中基本學力測驗、因應方式）都是連續變項，則假設1.應使用單因子多變項變異數分析，假設2.應使用二因子多變項變異數

分析。

(二)多元迴歸

多元迴歸（multiple regression）可能是多變項分析方法中最常被運用的一種形式，旨在分析兩個或兩個以上自變項對於一個依變項的影響。用研究的術語來講，多元迴歸的目的，即是在評估多個變項預測一個變項的程度，或在了解多個變項與一個變項之間的複相關（multiple correlation）。就因多元迴歸的主要目的是預測，所以此種統計方法裡的自變項又稱為預測變項，依變項又稱為效標變項。

多元迴歸的運用在日常生活中隨手可得。例如，氣象報告裡的下雨機率就是利用多元迴歸計算而來，下雨機率就是依變項（效標變項），氣壓、溫度、濕度等等都是自變項（預測變項）。再如，經濟成長率、物價指數與歐元的走勢之預測，也都可以運用多元迴歸來達成目的。在研究實務上，多元迴歸更是常用與好用。諸如，我們可以用身高、體重、血壓、脈搏、血糖、膽固醇、運動量、菸酒量、年齡與壓力等變項（自變項或預測變項），來預測人的健康（依變項或效標變項）；或者可利用學生在校的國文、英文、數學、物理、化學、地理、歷史、生物、地球科學成績與智力（自變項），來預測其學科能力測驗的得分。多元迴歸不只能顯示所有自變項對於依變項的預測程度（即 R^2），也可找出預測依變項時，最重要的自變項到底是哪一個（可使用逐步迴歸）；而且，還可計算出各個自變項之重要性的量化數據（即迴歸係數）。因此，使用多元迴歸時，還可列出迴歸方程式。

(三)典型相關

典型相關（canonical correlation）是多元迴歸的延伸，它將一個以上的依變項置入多元迴歸模式裡；換言之，它是在處理一組自變項與

一組依變項之間的關係。亦即,多元迴歸是利用一組變項預測一個變項,典型相關則是使用一組變項來解釋另一組變項。從圖 14-3 與14-4,能令吾人更了解多元迴歸和典型相關在處理變項間關係的性質,下列二圖中的 X 代表自變項,Y 代表依變項,e 代表誤差變項。圖 14-4中間的 χ_1 與 η_1 代表潛在變項。

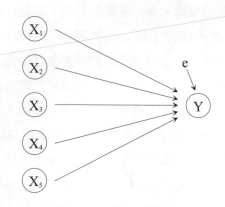

圖 14-3　多元迴歸示意

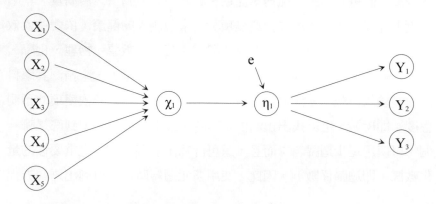

圖 14-4　典型相關(徑路)示意

(四)區別分析

區別分析(discriminant analysis)也和多元迴歸有很密切的關係,

顧名思義，它的目的為：以一組變項為基礎來區別各個群體。準此，運用區別分析的統計方法，吾人可根據一組變項的量數，將受試者分派到各個不同的組別。例如，我們可利用區別分析，來解答「壓力、焦慮、憂鬱、自我肯定與因應方式等五個變項是否能區別心理健康和不健康的人」這個研究問題。若統計結果達到顯著水準，則代表壓力、焦慮、憂鬱、自我肯定與因應方式等五個變項能夠區別出心理健康和不健康的人；之後，我們還可根據受試者在那五個變項上的分數，判斷誰是心理健康的人？誰又是心理不健康的人？

㈤因素分析

因素分析（factor analysis）在種類與目的上，與其他的多變項方法都有本質上的差異。例如，前述四種（多變項變異數分析、多元迴歸、典型相關與區別分析）多變項方法所處理的資料，大都可分成自變項和依變項；惟使用因素分析時，其所處理資料的變項屬性都一樣，並無自變項與依變項之分。因素分析的基本目的，是協助研究者探索與確認眾多量數背後的層面或面向（dimensions），這些層面或面向就稱為因素（factors）。在研究實務上，因素分析最常運用在編製測驗或量表時以評估建構效度，而較少用在解答研究問題或驗證研究假設上。

第三節　統計方法的適用時機

每種統計方法各有其適用時機，就中最有關聯的是研究問題或假設中之變項的屬性；易言之，變項屬性會影響到統計方法。職是，本節將從變項屬性的觀點，介紹常用統計方法的適用時機。變項屬性包括變項是屬於自變項或依變項，及該變項是屬於類別變項（含名義變

項、次序變項）或連續變項（含等距變項、等比變項）；再者，自變項的水準（level）數與依變項的個數，也與統計方法息息相關。準此言之，從變項屬性、自變項水準數和個數，及依變項個數來選擇統計方法，將可臻事半功倍之效。

一、一個變項

(一)一個類別變項

次數分配（適用於描述統計）、單因子卡方考驗（one-way χ^2 test）。

(二)一個連續變項

平均數、標準差（二者均適用於描述統計）。

二、二個變項

(一)二個類別變項

二因子卡方考驗（two-way χ^2 test）、ϕ 相關（phi coefficient）（二個變項都是二分名義變項）。

(二)二個次序變項

斯皮曼等級相關（Spearman rank correlation）或肯德爾等級相關（Kendall's coefficient of rank correlation）。

(三)二個連續變項

積差相關（product-moment correlation）、簡單迴歸（simple re-gression）、相依樣本的 t 考驗（t-test）。

(四)一個類別變項（自變項）與一個連續變項（依變項）

當自變項的水準數為二時，適用 t 考驗（獨立樣本的 t-test）；當自變項的水準數為三（含）以上時，適用單因子變異數分析（one-way ANOVA）。

(五)一個類別變項（二分名義變項）與一個連續變項

點二系列相關（point-biserial correlation）。

三、三個變項

(一)二個類別變項（自變項）與一個連續變項（依變項）

二因子變異數分析（two-way ANOVA）。

(二)三個次序變項

肯德爾和諧係數（Kendall's coefficient of concordance）。

四、三個以上變項

㈠一組二分名義變項

考克蘭 Q 考驗（Cochran Q test）。

㈡一組次序變項

肯德爾和諧係數（Kendall's coefficient of concordance）。

㈢一個類別變項（自變項）與多個連續變項（依變項）

單因子多變項變異數分析（one-way MANOVA）、區別分析（discriminant analysis）。

㈣二個類別變項（自變項）與多個連續變項（依變項）

二因子多變項變異數分析（two-way MANOVA）。

㈤一組連續變項

因素分析（factor analysis）；若一組連續變項可分成一個連續變項（效標變項）和多個連續變項（預測變項），則可運用多元迴歸（multiple regression）。

㈥二組連續變項

典型相關（canonical correlation）。

關鍵詞彙

描述統計	推論統計
次數分配	集中量數
算術平均數	變異量數
標準差	積差相關
相關量數	估計
點估計	區間估計
考驗	次數分配考驗
卡方考驗	相關考驗
平均數差異考驗	基本資料分析
多變項分析	多變項變異數分析
多元迴歸	典型相關
區別分析	因素分析

自我評量題目

1. 試述描述統計的涵義及其常用的統計方法，並舉例說明之。
2. 試述推論統計的涵義及其適用的範疇。
3. 試述估計的種類，並舉例說明其涵義。
4. 試詳述次數分配考驗常用的統計方法及其適用時機。
5. 試詳述相關考驗常用的統計方法及其適用時機。
6. 試詳述平均數差異考驗常用的統計方法及其適用時機。
7. 試述多變項分析的涵義及其常用的統計方法。
8. 試述下列各種統計方法的目的與適用時機，並各舉一個可用該統計方法來驗證的研究假設。
   (1) 典型相關
   (2) 因素分析
   (3) 區別分析
   (4) 多變項變異數分析
   (5) 多元迴歸

第十五章
資料的電腦統計處理

學 習 目 標

——研讀本章內容之後，學習者應能達成下列目標：

　　1.了解操作 SPSS 的主要步驟。

　　2.了解撰寫 SPSS 指令檔的基本原則。

　　3.了解 SPSS 指令檔的主要內容及語法。

　　4.了解 SPSS 常用的統計指令及語法。

　　5.撰寫 SPSS 指令檔，並執行之。

大綱

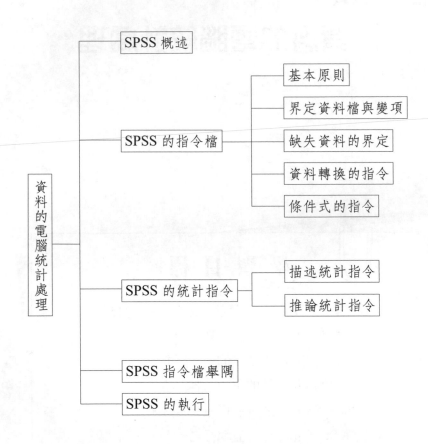

摘　要

現今最常見的統計套裝軟體有 BMDP、SAS 與 SPSS 等三種，本章以 SPSS 的文字界面模式，論述資料之電腦統計處理的方法。操作 SPSS 首先要建立資料檔與指令檔，指令檔的相關文字敘述，就是 SPSS 所稱的語法（syntax）。

操作 SPSS 的主要步驟有：1.建立資料檔，2.建立指令檔，3.執行 SPSS，4.列印結果檔。SPSS 的指令檔至少要包括資料檔和變項的界定、缺失資料的界定、資料轉換的指令、條件式的指令，及統計指令。資料檔和變項主要是用 DATA LIST 來界定，缺失資料則通常都用 MISSING VALUE 來界定，資料轉換常用的指令有 RECODE、COMPUTE 及 COUNT，常用的條件式指令則有 IF、DO IF……END IF 及 SELECT IF。SPSS 常用的統計指令主要可分為描述統計指令和推論統計指令等二類。本章介紹 FREQUENCIES、DESCRIPTIVES 及 MEANS 等三個常用的描述統計指令，推論統計則介紹相關考驗、卡方考驗、t 考驗、變異數分析、因素分析、多元迴歸、多變項變異數分析、典型相關及區別分析等多種統計分析的指令。最後本章並詳述執行 SPSS 的方法。

在社會及行為科學的研究裡，常須蒐集大樣本及許多變項的量化資料，在這種情況下，如果僅憑手工計算以進行統計分析，將很難達成資料處理的任務。這個時候，只有運用電腦快速運算的功能，才可能去處理大量量化的資料。運用電腦進行資料的統計處理，就須使用到電腦套裝軟體，目前學界使用最為普遍與常見的統計套裝軟體，主要有 BMDP（Bio-Medical Data Processing）、SAS（Statistical Analysis System）與 SPSS（Statistical Package for the Social Science）等三種。這三種電腦統計套裝軟體雖然各有其優點，統計程式與統計結果的呈現方式也未必完全相同，不過對一般常用的統計分析絕大部分都能勝任之，其使用方式或原理原則也都大同小異。因此，若能熟用其中任何一套，對於研究者而言堪稱足矣，欲類化至其他二套也不難。因目前在台灣所使用的電腦統計套裝軟體中，首推 SPSS，所以本章以 SPSS 為例，說明電腦統計處理的方法。

第一節　SPSS 概述

現行的 SPSS 有二種操作模式：第一種是圖形介面模式，它須透過電腦畫面（如常見 Windows 裡的對話框）的點選以操作之；第二種是文字界面模式，它須撰寫適當的程式（即 SPSS 所稱的 syntax）以達成資料的統計處理。SPSS 的這二種操作模式，都可以在個人電腦（personal computer, PC）上執行。目前 SPSS 的使用者，絕大部分都是透過圖形介面模式來處理資料的統計分析；目前市面上有關 SPSS 的參考書籍，也大都是以圖形介面模式來說明 SPSS 的使用方法。事實上，文字介面模式對於 SPSS 的初學者，更容易入門；而且，在操作或使用上，也會比圖形介面模式來得簡單與便捷；更重要的是，文字介面模式易學易懂，不似圖形介面模式般的繁瑣複雜（例如，文字

介面模式可能只要撰寫兩、三列指令或程式，而圖形介面模式卻可能
要操作或點選十來個以上的對話框）。職是之故，本章以文字介面模
式說明操作SPSS的方法（*SPSS® 12.0 Syntax Reference Guide,* 2003）。

　　操作 SPSS 首先要建立資料檔（data file）與指令檔（command
file），指令檔就是一般所稱的程式檔（program file），它是由許多個
指令（command）所組成，且能指揮命令 SPSS 進行統計分析或運作
的文字敘述，這些文字敘述就是SPSS所稱的語法（syntax）。資料檔
的建檔方法與步驟詳如第十三章第三節所述，本章不再贅述。資料檔
若不大，也可將資料檔與指令檔台併成　個檔，惟使用實務上大都將
此二檔分別建檔；本章以資料檔和指令檔分別建成二個檔，來說明
SPSS 的操作方法。

　　資料檔與指令檔都要以純文字模式來建檔（例如，以Windows中
之「記事本」和在DOS上之PEⅡ所建的檔，或將在WORD所建的檔
轉成.TXT的模式，都是屬於純文字模式的檔），指令檔執行無誤後，
就可將結果檔（output file）列印出來，俾賴以撰寫研究結果。歸納言
之，可將操作 SPSS 的主要步驟臚列如下：

　　1.建立資料檔。
　　2.建立指令檔。
　　3.執行 SPSS。
　　4.列印結果檔。

　　再者，因操作 SPSS 的前提是建立適宜的指令檔，而統計分析
（statistical analysis）可說是整個指令檔的樞紐與關鍵之處。所以本章
下述各節，將分別陳述 SPSS 的指令檔、常用的統計指令、指令檔舉
隅，及 SPSS 的執行。

　　事實上，SPSS的指令檔所涵蓋的指令或語法相當豐富與繁雜，要
在一章的篇幅內蒐羅與舉例齊全，誠屬不可能的任務。而且，對初學
者而言，也不必知曉所有的指令或語法，只要熟知基本的指令檔內容

與撰寫的體例格式，就足可勝任 SPSS 的操作。如讀者欲進一步探討
SPSS所有的指令與語法的意義和寫法，則可逕自參考各版本程式光碟
裡的《Syntax Reference Guide》。準此，本章僅介紹基本指令檔的主
要內容與撰寫方法。此外，SPSS 指令檔用英文大小寫來呈現皆可，不
過同一個指令檔裡應有一致的寫法，即全部用大寫或全部用小寫，不
宜大小寫參差出現。

第二節　SPSS 的指令檔

在撰寫 SPSS 指令檔時，首先要了解其基本原則，接著要知道
SPSS指令檔至少要包括資料檔和變項的界定，缺失資料的界定，資料
轉換的指令、條件式的指令及統計指令。為了方便辨認資料檔與指令
檔，建議以 xxx.dat（dat 代表資料）或 xxx.txt（txt 代表純文字檔）命
名資料檔，以xxx.sps（sps 代表SPSS）命名指令檔；當然，為了簡便
起見，也可省略前例的附加檔名（.dat、.txt，惟.sps 不宜省略），只
保留主檔名（xxx）亦可。

一、基本原則

SPSS 指令檔每一列（row）的欄位（column）數以 80 為限，指
令檔裡每個指令句（command sentence）的句尾都要加上句點（.）。
SPSS指令檔裡每個指令句不一定都是一列，有的是一句一列，有的則
是一句有許多列；所以，若一指令句有許多列時，則句點要加在該指
令句最後一列之最後一個字的後面。一指令句需要使用多列來敘述，
其主要原因或應用時機詳如下述：

　　1.一指令句所使用的欄位數超過 80 時，就要將超過的欄位內容移

至次（下）一列；此時，為了易讀與不致產生混淆，實務上通常會將次一列的內容往右移二或三個欄位。

2.一指令句本身就包含許多列，或者一指令句須由許多列指令來陳述，才能顯示其完整意義。例如：

```
data list file＝'c:\chou\res' records＝3 notable
  /1 ca 1 no 2-3 sex 4  ………………………………………fat 19
     mot 20-21 a1 to a10 22-31 b1 to b30 32-61
  /2 d1 to d50 1-50
  /3 s1 to s55 1-55.
```

```
REGRESSION VARIABLES＝AA1 TO AA3 PP7
  /DEPENDENT＝PP7/ENTER.
```

SPSS 裡專用的字詞（包括各種運算元）都可稱為指令（command），此處的指令是廣義的指令。SPSS 的指令檔通常都由許多指令句組合而成，而每一指令句大都包含指令（狹義的指令）、次指令（subcommand）與陳述語（specification）三個部分。指令句裡的指令，大都是指指令句的第一個字或最前面兩個字；次指令是指前述指令以外所有 SPSS 裡的字、詞，其功能旨在安置資料、處理資料或將輸出（output）格式化；陳述語則是指由指令撰寫者（即使用SPSS的人）所自行提出或撰寫的語法，通常是指變項名稱、數字、標點符號與算術符號（＋、－、*、/）等。例如，前述二例中的DATA LIST 和 REGRESSION　都 是（狹 義 的）指 令，FILE、RECORDS、NO-TABLE、VARIABLES、DEPENDENT和ENTER 等都是次指令，其餘的文字和標點符號都是屬於陳述語。從前文所述，亦可知，SPSS指令檔的英文字大寫或小寫皆可，惟不宜大、小寫夾雜，同一個檔應以全部大寫或全部小寫為宜。

　　再者，為了隔開資料值（data value）、指令、次指令與陳述語，SPSS 使用定界號（delimiter）以達成目的。SPSS 裡常用的定界號有下述諸端：

　　※空一個欄位，這是最常用的定界號，例如：

```
recode fe me ses mh (1=9).
```

　　※算術運算元（arithmetic operator）（即＋、－、＊、／），例如：

```
compute pe＝fe＋me＋fo＋mo＋son.
```

```
compute sal＝inc*3－dut/2＋250.
```

　　※斜線（slash）（／），例如：

```
frequencies＝ab cd ef/ntiles＝3.
```

```
crosstabs ab cd ef by sex
    /cell＝count row column
    /statistics＝chisquare.
```

　　※其他常用的還有括號、等號和逗號等，逗號與空一個欄位常具有相同的功能。例如：

```
if ((cy=4 or cy=24) or (re=4 and (cy=3 or cy=5))) stu=1.
```

```
count cc＝a1, a2, a4, a5 (1), a3, a6 (3), a7 (2).
```

　　上一指令句亦可寫成如下的內容：

```
count cc＝a1    a2    a4    a5 (1)    a3    a6 (3)    a7 (2).
```

二、界定資料檔與變項

　　SPSS 指令檔的主要呈現次序，分別是變項界定（variable defini-
tion）、資料轉換（data transformation）與統計分析。因本章將資料檔
與指令檔分別建檔與處理，所以在界定變項之前，必須先界定資料檔
的路徑（即存放資料檔的位置）。準此，從實務的觀點來看，撰寫
SPSS 指令檔的第一步驟是界定資料檔與變項，其基本格式如下：

```
data list file＝資料檔　　records＝數字
/1　變項　欄位　變項　欄位……
/2　變項　欄位　變項　欄位……
/………
```

　　前例的 DATA LIST 是界定資料檔的指令，FILE 與 RECORDS 是
DATA LIST 的次指令。「資料檔」即要寫出資料檔的檔名及其路徑名
稱，最後並用括號（‘　’或“　”）括起來。「數字」是代表每位
受試者資料的列數，當每一位受試者的資料只占一列時，records＝1，
這時「records＝1」可省略；當占二列時，則records＝2。/1 和/2 右側
的陳述語即在說明受試者之各列資料的涵義，/1 中的 1 代表第一列，/2
中的 2 代表第二列，以此類推。當 records＝1，則代表第一列的/1 裡
的 1 可不必寫。

　　對於資料檔的資料，我們必須經由賦予變項名稱和格式（即欄
位）以界定變項。在賦予變項名稱時，須遵守下列規則：

　　1.每一個變項名稱都必須是獨一無二的，亦即在同一個指令檔裡
　　　的變項，都不能有相同的變項名稱。

　　2.每個變項名稱最多不能超過八個字元，而且第一個字元必須是
　　　英文字母。

3. 盡量使用能顯示資料性質的變項名稱，例如，性別用SEX，年齡用 AGE，收入用 INCOME。

4. 當資料的數值有小數點時，則其格式如下：

變項　欄位（正整數）

上述格式的正整數代表小數點以下的個數，例如：

---

gpa　5-7 (2)

上例的gpa代表變項，SPSS將讀到第 5 至第 7 欄位的數值（例如 170、290、385），不過會將其轉換成擁有二位小數的實際數值（例如 1.70、2.90、3.85）。

5. SPSS 裡的一些保留關鍵字不能做為變項名稱，這些保留關鍵字詳如下述：

ALL　AND　BY　EQ　GE　GT　LE
LT　NE　NOT　OR　TO　WITH

6. 在界定變項時，可以使用 TO 這個關鍵字，來界定一組變項名稱，其運用方法是使用相同的字首及數字的字尾。使用 TO 的原則如下述：

(1)任何有效的變項名稱都可以當作字首，所界定之一組變項的第一個與最後一個變項，必須使用相同的字首。

(2)任何的正整數都可當作字尾，但第一個數必須小於第二個數，第二個數小於第三個數，以此類推。例如，YEAR1 TO YEAR5 代表五個變項，其名稱分別是 YEAR1、YEAR2、YEAR3、YEAR4、YEAR5。

(3)使用 TO 界定變項與資料檔時，其欄位用「-」來連接，例如：

※ A1 TO A5 7-16

（上式代表五個變項，分別是 A1、A2、A3、A4 和 A5，A1
的欄位數是第七和第八兩個欄位，A2 的欄位數是第九和第
十兩個欄位，以此類推）

※ BB1 TO BB3 5-7

（上式代表三個變項，分別是 BB1、BB2 和 BB3，BB1 占第
五個欄位，BB2 占第六個欄位，BB3 占第七個欄位）

在界定資料檔時，「NOTABLE」是一個常用的次指令。它的意
義是結果檔不列出資料（變項）的輸入格式（input format），亦即當
指令檔不呈現 NOTABLE 指令時，結果檔會輸出所有資料（變項）的
輸入格式。例如，有一資料檔界定如下：

---

data list file＝'c:\chou\choul.txt'

　/no 1-2 a1 to a6 3-8 a7 9-10 (1).

上式的結果檔如表 15-1 所示。

表 15-1　資料輸入格式結果檔舉隅

```
Data List will read 1 records from c:\chou\choul.txt

Variable   Rec   Start      End        Format

NO          1      1          2         F2.0
A1          1      3          3         F1.0
A2          1      4          4         F1.0
A3          1      5          5         F1.0
A4          1      6          6         F1.0
A5          1      7          7         F1.0
A6          1      8          8         F1.0
A7          1      9          10        F2.1
```

表 15-1 顯示，該筆資料檔存於「c:\chou」這個根目錄裡，其檔名
為「choul.txt」；在這個資料檔的輸入格式，是每筆資料占一個「錄」

（record），共含 NO、A1、A2、A3、A4、A5、A6 和 A7 等七個變項。NO 從第一到第二個欄位，共占二個欄位，它的格式為二位正整數（F2.0）；A1 位於第三個欄位，只占一個欄位，其格式為一位正整數（F1.0）；A2、A3、A4、A5 與 A6 等五個變項的輸入格式，與 A1 的形式相同；A7 位於第九到第十個欄位，共占二個欄位，其格式為一位正整數和一位小數（F2.1）。類如表 15-1 的資訊，可做為檢核資料檔輸入格式是否正確之用，但其不便之處是，若每筆資料占了許多「錄」，而且每一個「錄」又包含許多變項；此時，若確認界定資料檔正確無誤，為了減少統計結果檔的輸出量，就可以加上「NOTABLE」這個指令，以令結果檔不再列印出資料檔的輸入格式。「NOTABLE」的出現位置如下述：

```
data list file＝'c:\chou\choul.txt' notable
   /no 1-2 a1 to a6 3-8 a7 9-10 (1).
```

三、缺失資料的界定

當研究者在整理受試者的問卷或測驗、量表資料時，常會發現下述三種情況：

1. 某些問卷（測驗、量表）題目有漏答或缺答。

2. 受試者在問卷（測驗、量表）題目的作答反應，無法識別其正確的反應為何。

3. 受試者在問卷（測驗、量表）題目的反應代碼超出原先設定的範圍，例如，答案（選項）範圍為 1 至 5，受試者卻答 6、7、8、9 或 0。

上述三種情況若所占比率在可接受的範圍內（占一份問卷總題目數的 20％以下），一旦全部捨棄不用，誠屬過當；這個時候，我們可

以保留可用的部分，再將不合理（前述情況 2 與 3）與漏答的題目視為缺失資料（missing data）。SPSS 處理缺失資料的方法有許多種，其中最常用的是部分捨棄（pairwise deletion）的方式。所謂部分捨棄，是指在分析資料時，受試者的缺失資料不參與統計分析，也不以其他方式（例如該變項的平均數）來代替缺失資料，但其他變項則照常參與統計分析。此種界定缺失資料的指令格式如下：

---

missing value 　變項（缺失資料代碼）.

例如，我們可以將表 15-1 的缺失資料界定如下：

---

missing value no a7 ⑨⑨ a1 to a6 ⑨.

上式的意義是：no 與 a7 這二個變項的缺失資料為 99，a1、a2、a3、a4、a5 和 a6 這六個變項的缺失資料為 9。換言之，在建立資料檔時，當 no 和 a7 有缺失資料時，要鍵入 99；當 a1 至 a6 有缺失資料時，則要鍵入 9。至於缺失資料的代碼要如何決定，其原則為只要非該變項之變項值的數字，都可以當作該變項的缺失資料之代碼。惟占一個欄位之變項的缺失資料代碼，通常都用一位整數來呈現，其中最常用的是 0 或 9；占二個欄位之變項的缺失資料代碼，通常都用二位整數來呈現，其中最常用的是 99；依此類推，占三個欄位之變項的缺失資料代碼，最常用的是 999。

四、資料轉換的指令

資料在進行統計分析時，有時並不是直接針對原始資料進行分析，而是分析經過改變原始資料後的轉換資料，這時就須進行資料轉換。在 SPSS 裡，最常用的資料轉換指令有 RECODE、COMPUTE 及 COUNT 等三個。

(一) RECODE

本指令用在將一個單一的數值或一段連續性的數值，轉換成某一個單一的數值。本指令的語法是先呈現所欲轉換的變項，再寫出欲轉換的內容敘述，例如：

```
recode item7 (5＝9).
recode ses (3 6＝2).
```

上式第一例是將 item7 這個變項裡的 5 全部轉換成 9，第二例則是將 ses 這個變項裡的 3 和 6 全部轉換成 2；第二例為了更方便閱讀與鍵入（keyin），可以將之改寫成：

```
recode ses (3,6＝2).
```

請再看下一例：

```
recode a1 a5 a11 (1＝4) (2＝3) (3＝2) (4＝1).
```

本例適用於測驗（量表）之反向題的計分。如某測驗共有 15 題，其原計分方式依序為 1、2、3 與 4 四種分數，但其中第 a1、a5 和 a11 等三題為反向題，這時就要將這三題的原始得分 1、2、3 和 4 分，分別轉換成 4、3、2 和 1 分。又如另一例：

```
recode age (lo thru 30＝1) (31 thru 50＝2) (51 thru hi＝3).
```

本例大都用於將連續變項轉換成類別變項或分組的時機，其意為將 AGE 這個變項之最低值（LO，是 LOWEST 的縮寫）至 30 這段範圍（即 30 以下）的數值轉換成 1，31 至 50 的數值轉換成 2，51 至最高值（HI，是 HIGHEST 的縮寫）（亦即 51 以上的數值）轉換成 3。上例的 THRU 代表 THROUGH 這個字。

當我們將原始資料RECODE後，則該資料都會轉換成新的資料。然而，在進行統計分析時，有時是對新資料進行分析，有時則是在分析原始資料；此時，就必須賦予新資料新的變項名稱，以避免原始資料與新資料之間產生混淆，致出現錯誤的統計結果。資料RECODE後賦予新變項，要用 INTO 來界定之，其語法內容如下例：

recode age (lo thru 30＝1) (31 thru 50＝2) (51 thru hi＝3) into year.

上例的涵義，是指原始資料的變項為AGE，其可能的變項值介於1至99之間，經資料轉換後的變項改稱為 YEAR，其變項值變成1、2或3。

(二) COMPUTE

本指令有二個主要的用途：第一個用途是資料的數學運算，即將多個變項或單一變項經運算後，賦予一個新的變項（也可沿用原有的變項名稱）；第二個用途是建立一個新變項，並賦予某一個變項值。無論是何種用途，COMPUTE 的基本語法如下：

compute 　變項＝敘述.

1.數學運算

數學運算主要是使用算術運算元（arithmetic operator）和統計函數（statistical function），以撰寫敘述的語法。常見的算術運算元有下述四個：

(1)＋　加

(2)－　減

(3)*　乘

(4)／　除

運用算術運算元所撰述的語法如下述諸例：

```
compute income＝3*income.

compute ses＝edu ＋ ocu ＋ inc.

compute aa＝a1 ＋ a3 ＋ a6 ＋ a11 ＋ a27.

compute bb1＝(b1 ＋ b2 ＋ b3)*2.

compute bb＝(cc － dd)/3.
```

上述諸例中，除了 SES、AA、BB1 和 BB 是資料轉換後的新變項外，其餘都是原有的變項。另外也可用統計函數來運算，COMPUTE 這個指令最常用來轉換資料的統計函數如下述：

(1) SUM 　　數個連續排列之變項的和。

(2) MEAN 　　數個連續排列之變項的平均數。

(3) SD 　　數個連續排列之變項的標準差。

(4) MIN 　　數個連續排列之變項中的極小值。

(5) MAX 　　數個連續排列之變項中的極大值。

運用統計函數所撰述的語法如下述諸例，但須特別注意的是，前文所述及的連續排列之變項，要用 TO 這個關鍵字來界定：

```
compute aa1＝sum (a1 to a7).

compute tmean＝mean (t1 to t12).

compute sda＝sd (s1 to s10).

compute xx＝min (ca1 to ca5).

compute yy＝max (zma to zmc).
```

上述第一例，是指從 A1 加 A2 加 A3，一直加到 A7，得到一個總和，這個總和命名為 AA1。第二例，是算出 T1、T2、T3、……與 T12 等十二個變項的平均數，並將平均數命名為 TMEAN。第三例，是算出 S1、S2、S3、……與 S10 等十個變項的標準差，並將該標準差命名為 SDA。第四例，是找出 CA1、CA2、CA3、CA4 和 CA5 等五個變

項中，變項值最小的變項，並將該變項命名為 XX。第五例，則是找出從 ZMA 到 ZMC 這一系列連續變項中，變項值最大的變項，並將該變項命名為 YY。

2.建立新變項

COMPUTE 的另一個用途是建立一個新的變項。在運用 SPSS 進行統計分析時，所分析的資料並非資料檔裡原有的變項，而是依據原有變項在某些特定條件下，所建立的新變項。此時，就可利用 COMPUTE 這個指令，來建立一個新的變項，並賦予該變項一個變項值，而這個變項值是在某特定條件下不會出現的數值。利用 COMPUTE 建立新變項的語法有二個原則：

⑴建立新的變項，並賦予變項值。

⑵定出某些條件下的變項值，而此變項值的變項即前述的新變項。

例如，有一資料檔裡有 FE、FO、ME 與 MO 等四個變項，它們的變項值都是 1、2 和 3。現在進行統計分析，我們要建立一個新的變項 SES，即當 FE、FO、ME 與 MO 都等於 1 時，將 SES 定為 1，其餘的條件都定為 2，則上述情況的語法如下：

```
compute ses＝2.
if (fe＝1 and fo＝1 and me＝1 and mo＝1) ses＝1.
```

當然，在另外的情況下，也可以將 SES 設定為 0 或其他的正整數。至於上述 IF 指令的用法，詳見本節之五「條件式的指令」之㈠IF。

㈢ COUNT

本指令的主要功能，是建立一個新的數字變項（numeric variable），而這個新變項旨在計算原有變項之特定變項值的次數。在這個

指令裡，新的變項叫做目標變項（target variable），原有變項叫做效標變項（criterion variable），原有變項之變項值則稱為效標值（criterion value）。使用 COUNT 的基本語法如下：

count　目標變項＝效標變項（效標值）．

　　在 COUNT 的指令裡，可同時呈現多個效標變項與效標值，而且可使用 LO、HI 與 THRU 這三個關鍵字。在某研究裡，研究者要將收入（income）在 90000 以上，職業等級與教育類別（OCU 與 EDU，都可分成 1、2、3、4、5、6、7 與 8 等八個變項值）在 6 以下（不含 6）者，重新界定為 SES。則上述資料轉換的語法內容如下：

count ses＝income (90000 thru hi) ocu edu (lo thru 5).

　　經由上式的資料轉換，可發現 SES 的變項值是 0、1、2 或 3。COUNT 特別適用於測驗題（選擇題）的計分，計分後賦予一個新變項（即目標變項）。例如，有一份共有 15 題（A1、A2、A3、……、A14、A15）的英文試卷（ENG），其中第 A1、A3、A5、A15 等四題的正確答案是 1，第 A2、A4、A6、A9 等四題的正確答案是 2，第 A7、A8、A14 等三題的正確答案是 4，第 A10、A11、A12、A13 等四題的正確答案是 3，則此試卷計分的語法如下：

count eng＝a1 a3 a5 a15 (1) a2 a4 a6 a9 (2) a7 a8 a14 (4) a10 to a13 (3).

　　上式也可以改寫成：

count eng＝a1 a3 a5 a15 (1) a2 a4 a6 a9 (2) a10 to a13 (3) a7 a8 a14 (4).

五、條件式的指令

前述資料轉換的各個指令（RECODE、COMPUTE 與 COUNT）是直接轉換原始資料，然而分析資料時，有些是在某些特定的條件下，才去轉換或處理原始資料。在 SPSS 裡，最常用的條件式指令有 IF、DO IF……END IF 與 SELECT IF 等三個。撰述條件式指令的語法時，會使用到關係運算元（relational operator）及邏輯運算元（logical operator）。關係運算元是在陳述變項與數值之間的關係，常見的有下述六個：

1. EQ 或＝　　　等於（Equal to）。
2. NE 或<>　　　不等於（Not equal to）。
3. LT 或<　　　小於（Less than）。
4. LE 或<＝　　　小於或等於（Less than or equal to）。
5. GT 或>　　　大於（Greater than）。
6. GE 或>＝　　　大於或等於（Greater than or equal to）。

邏輯運算元則是在顯示兩種關係陳述的真（true）或非（false），常見的有下述二個：

1. AND　　　二種關係都必須是「真」，該陳述才為真。
2. OR　　　二種關係有一為「真」，該陳述就為真。

(一) IF

本指令是運用在某個特定的條件下，建立一個新的變項（即目標變項），並賦予某項特殊的陳述，該項陳述可以是一個變項值，也可以是一個四則運算式。本指令的語法內容如下：

```
if（邏輯陳述）　　目標變項＝陳述.
```

請看下列三例：

```
if (x > 9)   y=1.
if (x = 9)   y=2.
if (x < 9)   y=3.
```

```
if (fa=1 or ma=1)   race=1.
if (fa=2 or ma=2)   race=2.
```

```
if (year lt 1990)   inc=salary*5.
if (year ge 1990)   inc=salary*10.
```

前述三例括號內的變項（如 X、FA、MA 與 YEAR）與等號右側的變項（如 SALARY）都是已存在的變項（亦即是研究者所蒐集而來的），其餘的變項則都是新建立的變項（如 Y、RACE 與 INC）。

第一個例子的意思，是指當 X > 9 時，將 Y 的值定為 1；當 X = 9 時，Y = 2；當 X < 9，則 Y = 3。第二個例子，是指當 FA = 1 或 MA = 1 時，將 RACE 的值定為 1；當 FA = 2 或 MA = 2 時，則 RACE = 2。當然，有時為了研究的需要，也可以將「或」（or）改為「及」（and）。第三個例子的不同處，在於將目標變項右側的變項值設定為一個運算式。亦即，年代（YEAR）小於（LT）1990 時，INC 等於 SALARY 乘以 5；當年代大於或等於（GE）1990 時，則 INC 等於 SALARY 乘以 10。

在 IF 指令裡，可以使用各個統計函數來當作邏輯陳述，例如：

```
if (mean (a1 to a7) le 5)   no=1.
if (mean (a1 to a7) gt 5)   no=2.
```

此外，IF 指令可以和 COMPUTE 指令併用，而且其邏輯陳述也可

以較為複雜，如下二例就顯示這二種特性：

```
compute x＝max (mm1 to mm3).
if (x＝mm1) mm＝1.
if (x＝mm2) mm＝2.
if (x＝mm3) mm＝3.
```

```
compute stu＝2.
if   ((cy＝4 or cy＝24) or (re＝4 and (cy＝3 or cy＝4 or cy＝5 or cy
     ＝6 or cy＝24)))    stu＝1.
```

(二) DO IF……END IF

本指令的功能與 IF 相類似，最主要的差異處是，本指令是在產生一個迴圈（loop），而其新變項的建立方式，要置於「DO IF」與「END IF」之間。本指令的語法內容如下：

```
do if（邏輯陳述）.
資料轉換指令語法.
end if.
```

例如，某研究者要探討智力與性別的關係，但卻只能蒐集受試者現成的智力測驗分數，而無法實地去施測智力測驗。就因智力測驗分數是現成的，所以受試者的智力測驗種類就不一而足。既然測驗種類不同，其智力分數也就不能直接加以比較，此時就須將不同的測驗分數化成同一種類的分數，才能進行相關的統計分析。又假設，該研究的受試者共使用 WAIS（魏氏量表）與 AGCT（美國陸軍普通分類測驗）二種智力測驗的分數，現在都將其轉換成 T 分數（TSCORE），俾在同一標準下進行統計分析。在登錄資料（建檔）時，若受試者使

用 WAIS，則其測驗種類（TEST）定為 1；若是使用 AGCT，則 TEST
定為 2；此二種測驗之分數，其變項名稱定為 SCORE。現在，將前述
的條件及建立新變項（即 TSCORE）的語法撰如下例，就中 TSCORE
的設定敘述，是源自於 WAIS 的常模分數是 15Z ＋ 100，AGCT 是 20Z
＋ 100，T 分數是 10Z ＋ 50。

```
do if (test＝1).
compute tscore＝(score － 100)/15*10 ＋ 50.
end if.
do if (test＝2).
compute tscore＝(score － 100)/20*10 ＋ 50.
end if.
```

再舉一例說明 DO IF……END IF 的用法。某研究者蒐集三種外幣
的資料，並擬將其轉換成新台幣（NTD），再進行統計分析。三種外
幣分別是英鎊（POUND）、美元（USD）和歐元（EURO），假設外
幣的變項名稱定為 BILL，則變項值 1 代表英鎊，2 代表美元，3 代表
歐元；此三種外幣之數值，其變項名稱定為 MONEY。又假設該三種
外幣兌換新台幣的匯率分別是：

　　1.英鎊：新台幣＝ 1：50
　　2.美元：新台幣＝ 1：34.1
　　3.歐元：新台幣＝ 1：39.5
　　根據上述的資料，可將 SPSS 的語法撰如下式：

```
do if (bill＝1).
compute ntd＝50*money.
end if.
do if (bill＝2).
compute ntd＝34.1*money.
end if.
do if (bill＝3).
compute ntd＝39.5*money.
end if.
```

(三) SELECT IF

本指令主要用於界定所欲處理之樣本資料的範圍,其基本語法內容如下述:

```
select if （邏輯陳述）.
```

上式的邏輯陳述可以涵蓋關係運算元、邏輯運算元、數學運算,及任何在COMPUTE指令裡的各種功能。下例的SEX＝1代表男性,SEX＝2代表女性；SES＝1代表高社經,SES＝2代表中社經,SES＝3代表低社經。準此,第一個例子是只處理女性樣本資料,第二個例子是只處理高社經的樣本,第三個例子只處理女性及高社經的樣本,第四個例子只處理男性及中社經的樣本,第五個例子則在處理女性或中、高社經的樣本。

```
select if  (sex＝2).
select if  (ses＝1).
select if  (sex＝2 and ses＝1).
select if  (sex＝1 and ses＝2).
select if  (sex＝2 or ses＜3).
```

當然，下二例的 SELECT IF 語法也是合於體例格式。

```
select if  (salary gt 60000 or salary le 25000).
select if  ((a1 ＋ 7)＜(a3*2.5 － 3)).
select if  ((a2 ＋ a5)/3＞1.5).
```

SELECT IF 通常都置於統計指令之前，而且凡是在此指令之下的所有統計指令，都是在 SELECT IF 所設定的條件下進行統計分析。惟，在統計分析的實務上，各種的統計處理僅只有一個統計處理，是在 SELECT IF 所設定的條件下進行分析，此時就須利用到 TEMPORARY 這個指令。TEMPORARY 這個指令的意思是，資料的轉換僅及於 SELECT IF 指令句的下一個指令，或代表 TEMPORARY 所設定的條件僅及於下一個統計指令。請看下面二例：

```
temporary.
select if  (sex＝1 and age＞60).
frequencies variables＝aa1 to aa5.
correlations aal to aa5.
```

```
select if  (sex＝1 and age＞60).
frequencies variables＝aa1 to aa5.
correlations aal to aa5.
```

上述第一例，FREQUENCIES 僅處理在 sex＝1 與 age＞60 條件下的樣本，CORRELATIONS 則處理資料檔下所有的樣本；第二例，則是指 FREQUENCIES 和 CORRELATIONS 這二個統計指令，都是在分析在 sex＝1 與 age＞60 條件下的樣本資料。

第三節　SPSS 的統計指令

SPSS 的統計指令非常多，其撰述語法有簡有繁。本節所述為最常用的統計指令，其語法為最基本與最簡易的陳述方式，各該指令執行所得的結果僅具最主要的功能；讀者若欲進一步了解其他指令及語法或功能，可參閱各版本程式光碟裡的《Syntax Reference Guide》。下述各個統計指令的陳述語法，凡用英文大寫者代表 SPSS 裡的指令、次指令或關鍵字，用英文小寫或數字者則代表變項或變項的屬性（如變項的水準，這一部分大都出現在變異數分析裡）。

一、描述統計指令

(一) FREQUENCIES

本指令旨在描述各變項之各個變項值的次數分配（如下述語法第一例），以及計算某個特定比率的值（如下述第二例，此例是計算分成三等分時，各等分的值；倘若，我們要找出前 25 ％和後 25 ％的值時，只要將 3 改成 4 即可）。本指令的語法如下述：

```
FREQUENCIES VARIABLES＝income sex a1 TO a5.
FREQUENCIES VARIABLES＝income/NTILES＝3.
```

(二) DESCRIPTIVES

本指令旨在描述各變項的極大值、極小值、平均數與標準差，其語法如下述：

DESCRIPTIVES VARIABLES＝fe me aa1 TO aa7.

本指令除了上述的功能外，尚可以產生各個變項的 z 分數，而本指令產生 z 分數的方法有二種。第一種是在各該變項後加上 z 分數的變項名稱，其語法如下：

DESCRIPTIVES VARIABLES＝abc (abcz) def mno (mnoz).

上式的意義是產生 abc 這個變項的 z 分數，並命名為 abcz，也產生 mno 的 z 分數，其變項名稱為 mnoz，但 def 這個變項並不產生 z 分數。DESCRIPTIVES 產生 z 分數的第二種方法，是加上 SAVE 這個次指令，此種方法所產生的 z 分數之變項名稱，為原有變項之前加上 z 這個字母。例如下列語法所產生的 z 分數變項，分別為 zpay1、zpay2、zcc、za1、za2、za3、za4 和 za5。

DESCRIPTIVES VARIABLES＝pay1 pay2 cc a1 TO a5
/SAVE.

(三) MEANS

本指令旨在描述二個變項之間交互的平均數與標準差，第一個變項常是連續變項或依變項，第二個變項常是類別變項或自變項。MEANS 除了可描述變項的平均數與標準差外，還可以進行單因子的變異數分析。本指令的語法如下：

```
MEANS TABLES＝fe mo me By ses
    /STATISTICS＝ANOVA.
```

　　MEANS 指令如果不進行變異數分析，則/STATISTICS＝ANOVA 可省略之。本例共處理 FE*SES、MO*SES 與 ME*SES 等三組資料。

二、推論統計指令

(一)相關考驗

　　在推論統計的實務裡，較常使用的相關考驗有積差相關（product-moment correlation）與等級相關（rank correlation）等二種考驗。

1.積差相關

　　此種相關旨在考驗二個連續變項之相關的顯著性，其陳述語法有下述二種：第一種是呈現所列變項的相關矩陣，第二種則是在呈現 WITH 之前每一個變項與 WITH 之後變項的兩兩相關。積差相關考驗的統計指令是 CORRELATIONS。

```
CORRELATIONS b1 TO b6.
CORRELATIONS b1 TO b5 WITH b6.
```

2.等級相關

　　常用的等級相關有斯皮曼等級相關（Spearman rank correlation）、肯德爾等級相關（Kendall's coefficient of rank correlaiton）與肯德爾和諧係數（Kendall's coefficient of concordance）等三種。斯皮曼等級相關與肯德爾等級相關都適用於二個變項都是次序變項之相關的考驗，惟當樣本人數很少時，大都使用肯德爾等級相關，這二種相關考驗的統計指令都是 NONPAR CORR，其陳述語法如下文。下述諸語法裡，

A1 TO A6 的語法計呈現十五個相關，A1 TO A5 WITH A6 的語法計呈現五個相關，惟 DD1 TO DD5 的語法只呈現一個相關。

(1)斯皮曼等級相關

```
NONPAR CORR a1 TO a6
    /PRINT＝SPEARMAN.
NONPAR CORR a1 TO a5 WITH a6
    /PRINT＝SPEARMAN.
```

(2)肯德爾等級相關

```
NONPAR CORR a1 TO a6
    /PRINT＝KENDALL.
NONPAR CORR a1 TO a5 WITH a6
    /PRINT＝KENDALL.
```

倘若某些變項同時考驗上述二種相關，則其語法如下：

```
NONPAR CORR a1 TO a6
    /PRINT＝BOTH.
NONPAR CORR a1 TO a5 WITH a6
    /PRINT＝BOTH.
```

當我們要考驗三個或三個以上次序變項的相關時，就要使用肯德爾和諧係數，這時要用 NPAR TESTS 這個指令，其語法如下：

```
NPAR TESTS KENDALL＝dd1 TO dd5.
```

(二)卡方考驗

卡方考驗（χ^2 test）適用於類別變項的資料，又可分成單因子與二

因子兩種考驗。

1.單因子卡方考驗

單因子卡方考驗（one-way χ^2 test）旨在進行單一變項的適合度考驗（test of goodness of fit），本考驗的統計指令是 NPAR TESTS，其語法如下述，下例計有 6 個卡方考驗。

NPAR TESTS CHISQUARE＝t1 TO t5 ses.

2.二因子卡方考驗

二因子卡方考驗（two-way χ^2 test）旨在進行二個變項之百分比同質性（homogeneity of propotions）、獨立性（independence）或改變顯著性（significance of change）的考驗（林清山，民 81），此種考驗的統計指令是 CROSSTABS，其語法如下述，下例計有 5 個卡方考驗。

CROSSTABS a1 a2 a3 a4 a5（或 a1 TO a5）BY bb3
　/CELLS＝COUNT COLUMN ROW
　/STATISTICS＝CHISQUARE.

（三）t 考驗

t 考驗（t-test）旨在考驗二組平均數之間的差異，又分為獨立樣本資料（如考驗不同性別學生在數學或英文成績上，是否有差異）及相依樣本資料（即重複量數，如考驗某國中國中基本學力測驗的各科目成績，是否有差異：國文與英文、國文與數學、國文與社會、國文與自然、英文與數學、……）的考驗，t 考驗的統計指令是 T-TEST，其語法如下，下述第一例有 5 個 t 考驗，第二例則有 10 個 t 考驗。

1.獨立樣本

T-TEST GROUP＝sex/VARIABLES＝chi eng mat soc nat.

2.相依樣本

T-TEST PAIRS＝chi eng mat soc nat.

㈣變異數分析

變異數分析（ANOVA）旨在考驗三組或三組以上平均數之間的差異，主要可分成單因子和二因子二種考驗。

1.單因子變異數分析

單因子變異數分析（one-way ANOVA）的考驗，包括一個屬於類別變項的自變項與一個屬於連續變項的依變項，它的統計指令為ONE-WAY，其語法如下，下例有 7 個變異數分析的考驗。

ONEWAY income pay aa1 TO aa5 BY edu
　/STATISTICS＝DESCRIPTIVES
　/POSTHOC＝SCHEFFE.

ONEWAY 這個指令除了可進行單因子變異數分析外，還可進行趨向分析（trend analysis），其語法如下述。下例中 POLYNOMIAL 後的數字必須是正整數，它要小於或等於 5，而且也要小於自變項的水準數，這個數字代表所要考驗之趨向（trend）的狀態。當 POLY-NOMIAL 等於 1 時，是在考驗直線趨向（linear trend），等於 2 時是在考驗直線趨向與二次趨向（quadratic trend），等於 3 時則是在考驗直線趨向、二次趨向與三次趨向（cubic trend），其餘以此類推。趨向分析的語法如下述：

ONEWAY income BY edu
　/POLYNOMIAL＝3.

2.二因子變異數分析

二因子變異數分析（two-way ANOVA）的考驗，包括二個屬於類別變項的自變項與一個屬於連續變項的依變項，它的統計指令是ANO-VA，其語法如下述，本例只考驗 1 個變異數分析。

ANOVA pe BY sex (1 2)　br (1 4)

　/METHOD＝EXP

　/STATISTICS＝MEAN.

ANOVA 這個指令也可進行共變數分析（ANCOVA），其語法如下述，下例中的 PE 是依變項，SEX 與 BR 是自變項，SES 是共變數。

ANOVA pe BY sex (1 2)　br (1 4) WITH ses

　/METHOD＝EXP

　/STATISTICS＝MEAN.

前述二因子變異數分析除了可考驗 SEX 和 BR 的主要效果（main effect）外，其主要的目的是在考驗 SEX 和 BR 在 PE 上的交互作用效果（interaction effect）。當交互作用效果達到顯著水準時，就必須再進行單純主要效果（simple main effect）的考驗，此種考驗所使用的統計指令是 MANOVA，其語法如下述：

MANOVA pe BY sex (1 2)　br (1 4)

　/DESIGN ＝ sex WITHIN br (1) sex WITHIN br (2) sex WITHIN br (3)

　　　　　　　sex WITHIN br (4)

　/DESIGN ＝ br WITHIN sex (1) br WITHIN sex (2).

㈤因素分析

因素分析（factor analysis）旨在找出一組連續變項的共同因素（common factor）。在統計實務上，因素分析最常用來考驗測驗的建

構效度（construct validity）。因素分析的統計指令是 FACTOR，其語法如下述：

```
FACTOR VARIABLES＝t1 TO t25
  /FORMAT＝SORT BLANK (.3).
```

進行因素分析須經過因素轉軸這一步驟，因素轉軸的方法有正交轉軸（orthogonal rotation）與斜交轉軸（oblique rotation）等二種。SPSS 也有這二種轉軸法，當使用正交轉軸時，其語法如前述，但如使用斜交轉軸，則其語法如下述：

```
FACTOR VARIABLES＝t1 TO t25
  /FORMAT＝SORT BLANK (.3)
  /ROTATION＝OBLIMIN.
```

㈥多元迴歸分析

多元迴歸分析（multiple regression analysis）適用於多個連續變項預測一個連續變項時使用，它的統計指令是 REGRESSION，其語法如下：

```
REGRESSION VARIABLES＝a1 TO a7 mh
  /DEPENDENT＝mh/ENTER.
```

上例是以 A1、A2、A3、A4、A5、A6 和 A7 等七個變項，來預測 MH，它的統計做法是將 A1 至 A7 等七個變項全部投入。然而，有時研究者欲進一步探究，在 A1 至 A7 的七個變項當中，到底有哪些變項比較重要或對 MH 的預測力較高（即R^2較大）？這時就可使用逐步迴歸（stepwise regression）統計法，其語法如下：

```
REGRESSION VARIABLES＝a1 TO a7 mh
    /DEPENDENT＝mh/STEPWISE.
```

(七)多變項變異數分析

多變項變異數分析（MANOVA）的用法與變異數分析（ANO-VA）相類似，其不同處是：MANOVA 在考驗多個依變項，ANOVA 則只考驗一個依變項。多變項變異數分析的統計指令為 MANOVA，其語法如下述：

```
MANOVA chi eng mat his geo BY ses (1 3)
    /PRINT＝CELL (MEAN)
    /DESIGN.
```

上例是考驗單因子的多變項變異數分析，倘若要考驗二因子，則只要在 BY 之後寫上二個自變項即可。

(八)典型相關分析

典型相關分析（canonical correlation analysis）是在考驗二組連續變項之間的相關，或一組變項解釋另一組變項的徑路。典型相關分析的統計指令亦為 MANOVA，其語法如下：

```
MANOVA bb1 TO bb3 WITH aa1 TO aa5
    /PRINT＝SIGNIF (EIGEN)
    /DISCRIM＝STAN COR
    /DESIGN.
```

上述的語法，旨在考驗 AA1 到 AA5 這一組變項解釋 BB1 到 BB3 這一組變項的程度。

㈨區別分析

區別分析（discriminant analysis）旨在探討若干個群體（即自變項的水準）在若干個連續變項（即依變項）上的差異向度，或考驗若干個連續變項是否能顯著地區別若干個群體。區別分析的統計指令為DISCRIMINANT，其語法如下述：

```
DISCRIMINANT GROUP＝stu (1 2)
    /VARIABLES＝p1 TO p7
    /ANALYSIS＝p1 TO p7
    /STATISTICS＝TABLE
    /PLOT＝SEPARATE.
```

第四節　SPSS 指令檔舉隅

SPSS指令檔的語法與撰寫方法詳如本章第二和第三節所述，為使讀者能更了解SPSS指令檔的完整內容，特將完整的SPSS指令檔顯示於下頁。第十六章「統計結果的呈現」所涉及之實例，將以下頁之指令檔為依據論述之。

```
TITLE "STATISTICAL ANALYSIS SYNTAX FOR SPSS".
DATA LIST FILE="C:\CHOU\STA.DAT" RECORDS=3 NOTABLES
  /1 NO 1-3 SCH 4 SEX 5 CY 6-7 RE 8 BR 9 EX 10 FE 11 ME 12 FO 13 MO 14
      A1 TO A7 15-21 B1 TO B40 22-61
  /2 C1 TO C48 1-48
  /3 D1 TO D40 1-40 E1 TO E20 41-60.
RECODE FE TO MO(1=5)(2=4)(3=3)(4=2)(5=1).
RECODE B1 TO B40(1=0)(2=1)(3=2)(4=3).
RECODE D2 D4 D5 D11 D12 D14 D16 D17 D18 D20(1=4)(2=3)(3=2)(4=1).
RECODE D25 D29 D33 D37 D39(1=4)(2=3)(3=2)(4=1).
RECODE BR(1=1)(2=2)(3=3)(ELSE=4).
RECODE EX(1=1)(ELSE=2).
MISSING VALUE SEX RE TO E20(9) CY(30).
COUNT AA=A1 A4 A5(3) A3 A6 A7(1) A2(2).
COUNT BB=A1 A3 A4 A5 A6(2) A7 A2(3).
COUNT CC=A1 A2 A4 A5(1) A3 A6(3) A7(2).
COMPUTE PE=FE+ME.
COMPUTE PO=FO+MO.
COMPUTE SES=FE+ME+FO+MO.
COMPUTE STU=2.
IF ((CY=4 OR CY=24) OR (RE=4 AND (CY=3 OR CY=4 OR CY=5 OR CY=6 OR CY=24)))
    STU=1.
COMPUTE P1=B3+B8+B9+B15+B18+B28+B33+B38.
COMPUTE P2=B5+B10+B20+B25+B30+B35+B40.
COMPUTE P3=B4+B14+B19+B24+B29+B34+B36+B39.
COMPUTE P4=B1+B6+B11+B16+B21+B26+B31.
COMPUTE P5=B12+B27+B32.
COMPUTE P6=B13+B22+B23+B37.
COMPUTE P7=B2+B7+B17.
COMPUTE PT=SUM(P1 TO P7).
COMPUTE CS1=C8+C16+C17+C18+C31+C32+C43.
COMPUTE CS2=C9+C33+C42+C45.
COMPUTE CS3=C2+C26+C37+C38.
COMPUTE CS4=C10+C15+C34+C46.
COMPUTE CS5=C5+C20+C29+C41.
COMPUTE CS6=C3+C25+C27+C39.
COMPUTE CS7=C1+C21+C22+C23.
COMPUTE CS8=C11+C13+C14+C35.
COMPUTE CS9=C6+C19+C30.
COMPUTE CS10=C24+C47+C48.
COMPUTE CS11=C4+C28+C40.
COMPUTE CS12=C12+C36.
COMPUTE MEN=D1+D3+D13+D15+D21+D22+D23+D24+D29.
COMPUTE PHY=D8+D10+D26+D27+D28+D31+D32+D34+D35.
COMPUTE SEL=D11+D14+D16+D17+D18+D25.
COMPUTE ADJ=MEN+PHY+SEL.
COMPUTE MA=E1+E2+E4+E8+E11+E14+E16.
COMPUTE MB=E3+E7+E10+E13+E18+E19.
COMPUTE MC=E6+E9+E12+E17+E20.
MANOVA MEN TO SEL WITH P1 TO P7
  /PRI=SIG(EIG DIM)
  /DIS=STA COR
  /DES.
TEMPORARY.
SELECT IF (STU=1).
REGRESSION VAR=P1 TO P7 ADJ
  /DEP=ADJ /STE.
DISCRIMINANT GRO=STU(1 2)
  /VAR=P1 TO P7
  /ANA=P1 TO P7
  /STA=TAB
  /PLO=SEP.
```

　　上頁指令檔的研究題目為「台北市外來高中學生的就學成因、生活適應及其相關因素之研究」（周文欽，民80），就中重要變項的涵義說明如後：

　　1. SCH

　　代表學校別，變項值為 1 至 9，分別代表師大附中、建中、成功高中、北一女、中山女中、景美女中、復興高中、中正高中和內湖高中。

　　2. SEX

　　代表性別，1 是男生，2 是女生。

　　3. RE

　　代表目前居住狀況，1 是賃屋居住，2 是寄宿親友家，3 是住學校宿舍，4 是住自己家。

　　4. BR

　　代表出生順序，經資料轉換後變項值成為 1 至 4，1 是老大，2 是第二，3 是第三，4 是第四或第四以上。

　　5. FE

　　代表父親教育程度，變項值為 1 至 5，得分愈大代表程度愈高。

　　6. ME

　　代表母親教育程度，變項值為 1 至 5，得分愈大代表程度愈高。

　　7. FO

　　代表父親職業等級，變項值為 1 至 5，得分愈大代表等級愈高。

　　8. MO

　　代表母親職業等級，變項值為 1 至 5，得分愈大代表等級愈高。

　　9. PE

　　代表父母教育程度，得分愈大代表程度愈高。

　　10. PO

　　代表父母職業等級，得分愈大代表等級愈高。

11. SES

代表社經水準，得分愈大代表水準愈高。

12. STU

代表學生種類，1 是本地學生，2 是外來學生。

13. P1 至 P7

代表適應問題，得分愈高，代表適應問題的困擾程度愈大。P1 是課業問題、P2 是就業前途問題、P3 是心理問題、P4 是人際交往問題、P5 是用錢問題、P6 是時間支配問題、P7 是食住問題。

14. PT

代表總適應問題，得分愈高，代表適應問題愈多。

15. CS1 至 CS12

代表因應方式，得分愈高，代表愈趨向那種因應方式。共分成十二種，CS1 是指接納與成長、CS2 是發洩情感、CS3 是計畫行事、CS4 是否認事實、CS5 是尋求具體支持、CS6 是積極因應、CS7 是消極因應、CS8 是逃避問題、CS9 是尋求情感支持、CS10 是壓抑行動、CS11 是抑制因應、CS12 是心理解脫。

16. MEN、PHY、SEL、ADJ

代表適應狀況，得分愈高，代表適應愈差。共分成三種，MEN 是指心理症狀、PHY 是生理症狀、SEL 是自我肯定；ADJ 是適應狀況的總分。

此外，SPSS 的指令與次指令大都可以縮寫成前三個字母，然在運用實務上，指令盡量不要用縮寫的形式，而只將次指令縮寫。我們在此建議，初學者盡量不使用縮寫，俟熟練後再使用之。前述指令檔即使用縮寫的形式，讀者可參考應用。

第五節　SPSS 的執行

　　當資料檔與指令檔建立妥竣後，就可將這二種檔存入安裝有SPSS 的個人電腦（盡量使用 Window 2000 或 XP 作業系統）之磁碟裡，而且為了管理的方便，最好另外建立一個專門存放 SPSS 之資料檔與指令檔的根目錄。倘若前述的步驟都完成了，就可執行SPSS。執行SPSS 的方法有許多種，本節所介紹者為最簡單的方法。

　　首先，打開個人電腦進入存放SPSS之資料檔與指令檔的根目錄，並點選所要執行的指令檔，則電腦會出現如圖 15-1 的畫面（SPSS Syntax Editor，STA 是本例的指令檔檔名）。

圖 15-1　執行 SPSS 舉隅一

接著，再點選圖 15-1 第二橫行的「Run」，此時會出現如圖 15-2 的畫面。

圖 15-2 執行 SPSS 舉隅二

由圖 15-2 可知，「Run」下包含四種執行方法，惟最常用的是「All」與「Selection」。點選 All 代表執行指令檔裡所有的指令，點選 Selection 則僅執行指令檔裡特別勾選的指令（如圖 15-3 反白的部分）。

圖 15-3　執行 SPSS 舉隅三

　　當 SPSS 執行無誤後，隨即會出現結果檔；這時可立即將之列印出來，或將其儲存起來，待日後再使用或列印。SPSS 的結果檔只能在有 SPSS 套裝軟體的電腦，才能加以查閱或列印。SPSS 的指令檔可以在 SPSS Syntax Editor 裡，加以編輯或修訂，之後再利用 File 裡的 Save 儲存，File 裡的 Print 則是用來列印結果檔。

關鍵詞彙

SPSS	圖形介面模式
文字介面模式	指令檔
語法	指令句
指令	次指令
陳述語	定界號
DATA LIST	NOTABLE
MISSING VALUE	RECODE
COMPUTE	COUNT
IF	DO IF……END IF
SELECT IF	算術運算元
關係運算元	邏輯運算元
FREQUENCIES	DESCRIPTIVES
MEANS	相關考驗
卡方考驗	t 考驗
變異數分析	因素分析
多元迴歸分析	多變項變異數分析
典型相關分析	區別分析
交互作用效果	單純主要效果

自我評量題目

1. 試述操作 SPSS 的主要步驟。

2. 試述撰寫 SPSS 指令檔的基本原則。

3. SPSS 應如何界定資料檔與變項？試詳述之。

4. 試述 RECODE、COMPUTE 與 COUNT 等三個指令的功能，並舉例說明之。

5. 試述「DO IF……END IF」的功能，並舉例說明之。

6. 有一 SPSS 的指令檔內含 a1、a2 與 a3 三個變項，其變項值皆為 1、2 或 3；在登錄資料檔時，將空白或沒填答的問卷題目，其變項值皆登錄為 9。登錄畢又發現 a1 出現 5 和 8，a2 出現 4、6 和 7，a3 出現 4、5 和 8。現在若將上述的資料都視為缺失資料，而缺失資料都用 9 來界定，則應如何撰寫本指令檔的缺失資料之語法？

7. 設每一位受試者都有 AA、BB、CC 等三個變項，現在擬將其都轉換成 z 分數，並比較其大小，之後再加以歸類。歸類的原則是：若 AA 的 z 分數最小，則受試者的類別設定為 1；BB 最小，設定為 2；CC 最小，設定為 3。現在若將類別的變項名稱定為 CA，則前述歸類的 SPSS 語法為何？

8. 承上題，假如要考驗 AA 和 BB、BB 和 CC、CC 和 AA 之間是否有顯著差異，則應如何撰寫 SPSS 的語法？

9. 承第七題，受試者另有血型與薪資的資料，其變項名稱分別為 BLOOD 與 SALARY。現在請用 SPSS 的語法，寫出下列的統計考驗指令：

    (1)受試者的血型和類別之間，是否有關係？

    (2)不同類別的受試者，在薪資上是否有差異？

10. 試述 FREQUENCIES、DESCRIPTIVES 和 MEANS 等三個統計指令的功能，並舉例說明之。

11. SPSS 有哪些常用的推論統計指令，試分述其功能並舉例說明之。

第十六章

統計結果的呈現

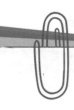

學 習 目 標

——研讀本章內容之後，學習者應能達成下列目標：

1. 了解呈現統計結果的原則。
2. 了解描述統計結果的呈現方法。
3. 了解推論統計結果的呈現方法。

大綱

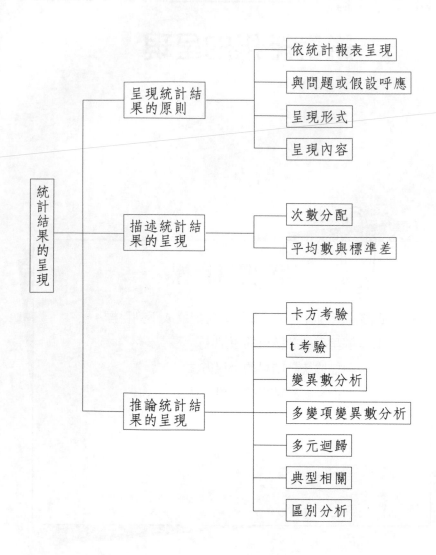

摘　要

　　經電腦統計處理所得的統計結果，其呈現的原則有：1.依統計報表呈現，2.與問題或假設呼應，3.呈現形式，4.呈現內容。統計結果的主要呈現形式有統計表與統計圖，主要的呈現內容則是資料的描述統計與推論統計兩方面之結果。

　　呈現描述統計結果的主要目的，是在陳述原始資料的次數分配、平均數與標準差，藉以檢核資料的合理性，並了解資料的基本性質。本章呈現了次數分配和平均數與標準差的統計報表，依報表整理成統計表，並做出適宜的解釋。

　　呈現推論統計結果的主要目的，是在經由樣本資料以推論母群資料的性質，推論雖包括估計與考驗，惟實務上以考驗為主，所以本章以考驗為例說明推論統計結果的呈現方法。本章共介紹卡方考驗、t 考驗、變異數分析、多變項變異數分析、多元迴歸、典型相關與區別分析等七種考驗，舉例說明其適用時機與 SPSS 統計指令，並呈現統計報表、統計表及適宜的解釋。

在實徵性研究裡，研究者運用適當的方法（如觀察法、調查法或實驗法）蒐集而來的資料，經電腦統計處理產生統計結果，接著再根據統計結果的呈現，以解答研究問題或驗證研究假設，最後形成研究結果。由此可見，統計結果的呈現對於撰述研究結果，將扮演關鍵性的角色。職是，研究者或研究報告撰述者就必須熟識統計結果的呈現。本章除了闡述呈現統計結果的原則，並以 SPSS 的實例，分別說明描述統計和推論統計結果的呈現。

第一節　呈現統計結果的原則

經電腦統計處理所得的統計結果並非照單全收，也非依研究者之所好信手論述，而應遵循下列原則呈現之。

一、依統計報表呈現

統計結果要完全依據電腦統計處理所得的統計報表來呈現，不能為了使研究結果「好看些」或符合研究者的期望，而去更改或調整報表上的內容。比方說，研究者原本預期研究結果「應該要」達到統計上的顯著水準（如顯著差異或顯著相關），然統計報表所顯示的卻是未顯著，這時就更改數據使之變成顯著以符合預期；又若，統計報表顯示某些數據是不合乎常理，他就將之改成合理的數據。研究者應有這樣的認知，不符合自己期望的結果仍然是結果，對於出現不合理的數據，應去分析或找尋不合理的原因，而非採取「鴕鳥心態」將其逕自修改之。

再者，依統計報表呈現，是指依統計報表的數據再製成適當的圖表來呈現，而非將統計報表的所有內容照單全收逐一呈現。須知，經

由統計套裝軟體處理所得的統計報表，其所涵蓋的內容大都廣泛繁瑣，各種有關的數據也都顯示出來。然而，研究報告裡的統計結果，因限於篇幅，所以大都只呈現最重要的部分，而不呈現次要的或僅是有關的內容。因此，研究者對於統計報表的內容應有所取捨，並擇其要者呈現之。至於應如何呈現統計報表的內容，除了可詳閱學位論文或期刊論文裡的實例外，本章第二節與第三節亦將有所說明。

二、與問題或假設呼應

統計分析在研究過程中，除了在編製測驗或量表的試題分析、信度研究和效度研究等步驟中會使用到外，其主要目的旨在解答或驗證研究者所提出的研究問題或假設。準此言之，研究者所提出的每一個研究問題或假設，都應進行統計分析，每一個統計分析結果也都必須與研究問題或假設相呼應。簡言之，研究者僅須呈現在解答研究問題或驗證研究假設的統計結果，與研究問題或假設無關的部分，則不必畫蛇添足也一併呈現。就因研究問題或假設都是由研究目的衍生而來，所以統計分析的目的也是在達成研究目的；再者，實徵性研究的研究結果也都是源自於統計分析的結果。職是，在圖 1-1 研究的基本歷程中，研究結果會回饋到研究目的與研究問題、假設。

三、呈現形式

統計結果的主要呈現形式有統計表（statistical table）與統計圖（statistical graph）兩種。使用統計表時，是直接將統計分析後的主要數據摘要式地呈現在適當的表格裡；使用統計圖時，則是將統計分析後的關鍵數據間接用圖示法來呈現其空間關係（McBurney, 1998）。統計表旨在具體而微地說明統計結果，其列表格式與內容，常會因統

計分析方法的不同而有差異。統計圖則在顯示統計結果的整體趨勢或概念，所以易收畫龍點睛之效，較宜於描述統計結果的呈現，此種形式的統計圖主要有多邊圖（distribution polygon）、直方圖（histogram）和圓形比例圖（pie chart）等三種。推論統計結果的統計圖則種類繁多，不一而足，例如，本書〈附錄〉文中的圖一與圖二就屬於這種形式的統計圖。

統計結果的呈現形式雖包括統計表和統計圖，但在研究報告中，統計結果的呈現是以統計表為主，統計圖為輔，只出現統計圖的情況較為少見。惟不論是呈現統計表、統計圖或二者兼而有之，統計結果的呈現尚須有文字的敘述與闡釋。本章第二節與第三節將以實例說明統計表的呈現方式，並輔以適當的文字解說。

四、呈現內容

不論統計結果是用統計表或統計圖的形式來呈現，其所呈現的內容不外乎是資料的描述統計與推論統計兩方面之結果。下述二節，將利用 SPSS 的統計報表，以實例論述描述統計與推論統計之結果的具體呈現內容。

第二節　描述統計結果的呈現

呈現描述統計結果的主要目的，是在陳述原始資料的次數分配、平均數與標準差，藉著次數分配、平均數與標準差及其他相關數據，可幫助研究者檢核資料是否合理，也可讓我們從次數分配了解類別變項，從平均數和標準差了解連續變項的基本性質。以下二節均以SPSS的統計指令語法說明資料的處理方法，惟使用的 SPSS 指令檔都是第

十五章第四節所介紹者，只要將該檔之統計指令語法調整成所需之語法即可。

一、次數分配

在 SPSS 裡，使用 FREQUENCIES 這個指令，可計算出多個變項（尤其是類別變項）的次數分配，即各個變項之變項值的次數與其所占的百分比。例如，要計算 SCH 這個變項的次數分配情形，則統計指令的語法如下式：

```
FREQUENCIES VARIABLES = SCH.
```

上式之執行結果（即統計報表）詳列如後：

SCH

N	Valid	816
	Missing	0

SCH

		Frequency	Percent	Valid Percent	Cumulative Percent
Valid	1	88	10.8	10.8	10.8
	2	94	11.5	11.5	22.3
	3	91	11.2	11.2	33.5
	4	119	14.6	14.6	48.0
	5	107	13.1	13.1	61.2
	6	93	11.4	11.4	72.5
	7	84	10.3	10.3	82.8
	8	74	9.1	9.1	91.9
	9	66	8.1	8.1	100.0
	Total	816	100.0	100.0	

上列統計報表中的 SCH 代表受試者所屬的學校別，Valid 是指有效樣本數，Missing 是指缺失的樣本數，1、2、3……9 是變項值（其涵義詳見第十五章第四節 SPSS 指令檔之說明），Frequency 是指次

數，Percent 是指某個次數所占的百分比（當 Missing 不等於 0 時，應以 Valid Percent 代替 Percent），Cumulative Percent 則是指累積百分比。誠如第一節曾述及，呈現統計結果的第一個原則是「依統計報表呈現」；換言之，研究報告所顯示或呈現的統計結果，並非是電腦統計處理後的統計報表，而是只彙整統計報表中的部分資料，並將之轉變成統計表。前列之統計報表的適當統計表形式如表 16-1 所示。

表 16-1 受試者之學校別一覽表

統計數	師大附中	建國中學	成功高中	北一女中	中山女中	景美女中	復興高中	中正高中	內湖高中
人數	88	94	91	119	107	93	84	74	66
百分比	10.8	11.5	11.2	14.6	13.1	11.4	10.3	9.1	8.1

當研究者也想知道各個學校之男、女生受試者的次數分配時，則所用的統計指令語法與其統計報表詳列如後，並請讀者依所列統計報表整理成統計表。

```
CROSSTABS SCH BY SEX.
```

Case Processing Summary

	Cases					
	Valid		Missing		Total	
	N	Percent	N	Percent	N	Percent
SCH * SEX	816	100.0%	0	.0%	816	100.0%

SCH * SEX Crosstabulation

Count

		SEX		Total
		1	2	
SCH	1	75	13	88
	2	94		94
	3	91		91
	4		119	119
	5		107	107
	6		93	93
	7	42	42	84
	8	44	30	74
	9	36	30	66
Total		382	434	816

二、平均數與標準差

描述連續變項之平均數與標準差的統計指令，主要有 DESCRIP-TIVES 與 MEANS，這二者的不同之處有二點：

1. DESCRIPTIVES 只處理單變項的資料，MEANS 則可處理雙變項的資料。

2. DESCRIPTIVES 除提供平均數與標準差等數據外，尚顯示極大值和極小值，然 MEANS 只提供半均數和標準差。

DESCRIPTIVES 的語法及執行後的統計報表詳列如後：

DESCRIPTIVES VARIABLES＝SES PT ADJ.

Descriptive Statistics

	N	Minimum	Maximum	Mean	Std. Deviation
SES	739	2.00	19.00	9.1543	4.15623
PT	815	.00	100.00	40.2258	18.12672
ADJ	802	24.00	92.00	48.9077	10.95908
Valid N (listwise)	729				

上列報表裡的 SES、PT 與 ADJ 皆是變項，其涵義詳見第十五章第四節，該表中的 Minimum 與 Maximum 分別代表極小值與極大值。因此，從 DESCRIPTIVES 的執行結果，也可檢核各變項的數值是否合理（如該表的極小值或極大值分別小於或大於原始資料的真正數值時，就表示資料檔裡的資料有誤，或受試者答題不實在）。前列統計報表的統計表形式，如表 16-2 所示。

表 16-2　受試者之社經水準、適應問題及適應狀況的平均數與標準差

統計數	社經水準	適應問題	適應狀況
平均數	9.15	40.23	48.91
標準差	4.16	18.13	10.96
人數	739	815	802

　　表 16-2 顯示全體受試者之若干個單變項的平均數與標準差，現在若要進一步了解男、女受試者在那些變項上的平均數與標準差，這時就可使用 MEANS 這個統計指令，其語法及執行後的統計報表詳如後列：

```
MEANS TABLES＝SES PT ADJ BY SEX.
```

Case Processing Summary

	Cases					
	Included		Excluded		Total	
	N	Percent	N	Percent	N	Percent
SES * SEX	739	90.6%	77	9.4%	816	100.0%
PT * SEX	815	99.9%	1	.1%	816	100.0%
ADJ * SEX	802	98.3%	14	1.7%	816	100.0%

Report

SEX		SES	PT	ADJ
1	Mean	8.7226	40.8556	47.4973
	N	328	381	374
	Std. Deviation	4.06362	19.27632	10.43061
2	Mean	9.4988	39.6728	50.1402
	N	411	434	428
	Std. Deviation	4.20184	17.05713	11.26907
Total	Mean	9.1543	40.2258	48.9077
	N	739	815	802
	Std. Deviation	4.15623	18.12672	10.95908

　　根據上列報表，可將之整理成如表 16-3 的統計表。

表 16-3　男、女受試者之社經水準、適應問題及適應狀況的平均
　　　　　數與標準差

	統計數	社經水準	適應問題	適應狀況
男	平均數	8.72	40.86	47.50
	標準差	4.06	19.28	10.43
	人數	328	381	374
女	平均數	9.50	39.67	50.14
	標準差	4.20	17.06	11.27
	人數	411	434	428
全體	平均數	9.15	40.23	48.91
	標準差	4.16	18.13	10.96
	人數	739	815	802

第三節　推論統計結果的呈現

　　呈現推論統計結果的主要目的，是在經由樣本資料以推論母群資料的特質，推論的範疇雖然包括估計與考驗，惟處理資料的實務上，仍以考驗為推論的主要範疇，所以本節都以考驗為例說明推論統計結果的呈現方法。在研究過程中，資料考驗的統計方法都是依據研究問題或研究假設而來。準此，本節將先提供研究問題或研究假設，接著說明解答該問題或驗證該假設的統計方法，並指出該統計方法在SPSS中最適切的統計指令語法，最後再顯示執行該統計指令所產生的統計報表，及陳述如何依據該統計報表整理成統計表，並闡釋該統計表所顯示的研究結果。本節所提供之研究問題和研究假設有關的變項名稱及其涵義，與 SPSS 統計指令有關的指令檔內容，請詳見第十五章第四節，下文不再贅述。統計考驗的種類相當多，其中最常見者有卡方

考驗、t 考驗、變異數分析、多變項變異數分析、多元迴歸、典型相關與區別分析等七種，本節就以這七種考驗說明推論統計結果的呈現方法。

一、卡方考驗

(一)研究問題或假設

學生的類別（STU）和目前居住狀況（RE）是否有關聯？

(二)統計方法

適用二因子卡方考驗。

(三)統計指令語法

```
CROSSTABS STU BY RE
    /CELL＝COUNT COLUMN ROW
    /STATISTICS＝CHISQUARE.
```

(四)統計報表

Case Processing Summary

	Cases					
	Valid		Missing		Total	
	N	Percent	N	Percent	N	Percent
STU * RE	816	100.0%	0	.0%	816	100.0%

STU * RE Crosstabulation

			RE				Total
			1	2	3	4	
STU	1.00	Count	27	11	10	394	442
		% within STU	6.1%	2.5%	2.3%	89.1%	100.0%
		% within RE	9.7%	13.6%	21.3%	95.9%	54.2%
	2.00	Count	250	70	37	17	374
		% within STU	66.8%	18.7%	9.9%	4.5%	100.0%
		% within RE	90.3%	86.4%	78.7%	4.1%	45.8%
Total		Count	277	81	47	411	816
		% within STU	33.9%	9.9%	5.8%	50.4%	100.0%
		% within RE	100.0%	100.0%	100.0%	100.0%	100.0%

Chi-Square Tests

	Value	df	Asymp. Sig. (2-sided)
Pearson Chi-Square	582.202[a]	3	.000
Likelihood Ratio	693.941	3	.000
Linear-by-Linear Association	530.300	1	.000
N of Valid Cases	816		

a. 0 cells (.0%) have expected count less than 5. The minimum expected count is 21.54.

㈤統計表及解釋

本研究問題經二因子卡方考驗,其統計結果詳見表 16-4。

表 16-4　高中生之類別與目前居住狀況卡方考驗結果

	賃屋居住		寄　宿 親友家		住學校 宿　舍		住自己家		χ^2	df
	N	%	N	%	N	%	N	%		
本地學生	27	6.1	11	2.5	10	2.3	394	89.1	582.2***	3
外來學生	250	66.8	70	18.7	37	9.9	17	4.5		
合計	277	33.9	81	9.9	47	5.8	411	50.4	816	100.0

***P ＜.001

　　表 16-4 顯示,高中生的類別與目前居住狀況有顯著的關聯,亦即不同類別的高中生在目前居住狀況上會有顯著差異。從表 16-4 亦可發

現，本地學生大部分都住在自己家（89.1％），外來學生則有 66.8％
的人賃屋居住，住自己家者僅占 4.5％。

二、t 考驗

(一)研究問題或假設

男、女（SEX）外來學生（STU＝2）在社經水準（SES）上有差異。

(二)統計方法

適用獨立樣本 t 考驗。

(三)統計指令語法

```
TEMPORARY.
SELECT IF (STU＝2).
T-TEST GROUP＝SEX/VARIABLES＝SES.
```

(四)統計報表

Group Statistics

	SEX	N	Mean	Std. Deviation	Std. Error Mean
SES	1	150	8.4000	4.00168	.32674
	2	190	9.4579	4.35900	.31623

Independent Samples Test

		Levene's Test for Equality of Variances	
		F	Sig.
SES	Equal variances assumed	1.787	.182
	Equal variances not assumed		

		t-test for Equality of Means			
		t	df	Sig. (2-tailed)	Mean Difference
SES	Equal variances assumed	-2.303	338	.022	-1.0579
	Equal variances not assumed	-2.327	330.361	.021	-1.0579

		t-test for Equality of Means		
		Std. Error Difference	95% Confidence Interval of the Difference	
			Lower	Upper
SES	Equal variances assumed	.45931	-1.96136	-.15443
	Equal variances not assumed	.45471	-1.95239	-.16340

(五)統計表及解釋

本研究假設經獨立樣本 t 考驗，其統計結果詳見表 16-5。

表 16-5　男、女外來學生在社經水準上之 t 考驗結果

		N	$\overline{X}$	SD	t	df
社經水準	男	150	8.40	4.00	-2.30*	338
	女	190	9.46	4.36		

*p ＜.05

　　表 16-5 顯示，男、女外來學生在社經水準上的差異達到顯著水準，而且是女生的社經水準高於男生。

三、變異數分析

(一)研究問題或假設

1.不同出生序（BR）的外來學生（STU＝2）在社經水準（SES）上是否有差異？

2.學生的性別（SEX）與出生序（BR）在父母教育程度（PE）上是否有交互作用？

(二)統計方法

1.適用單因子變異數分析。
2.適用二因子變異數分析。

(三)統計指令語法

研究問題 1 的語法：

```
TEMPORARY.
SELECT IF (STU＝2).
ONEWAY SES BY BR
    /STATISTICS＝DESCRIPTIVES
    /POSTHOC＝SCHEFFE.
```

研究問題 2 的語法：

```
ANOVA PE BY SEX (1 2) BR (1 4)
    /METHOD＝EXPERIMENTAL
    /STATISTICS＝MEAN.
```

(四)統計報表

研究問題 1 的報表，只呈現研究結果會使用到的報表如下。再者，因本問題的單因子變異數分析達到顯著水準，所以繼續進行事後比較；假如未達顯著，則不必進行事後比較，亦即可省略/POSTHOC＝SCHEFFE 這一部分的語法。

Descriptives

SES

	N	Mean	Std. Deviation	Std. Error	95% Confidence Interval for Mean	
					Lower Bound	Upper Bound
1	131	9.9313	4.33801	.37901	9.1815	10.6811
2	95	9.2737	4.21861	.43282	8.4143	10.1331
3	56	7.7321	3.38709	.45262	6.8251	8.6392
4	58	7.6207	4.18782	.54989	6.5196	8.7218
Total	340	8.9912	4.23184	.22950	8.5397	9.4426

ANOVA

SES

	Sum of Squares	df	Mean Square	F	Sig.
Between Groups	321.070	3	107.023	6.254	.000
Within Groups	5749.903	336	17.113		
Total	6070.974	339			

Post Hoc Tests

Multiple Comparisons

Dependent Variable: SES
Scheffe

(I) BR	(J) BR	Mean Difference (I-J)	Std. Error	Sig.	95% Confidence Interval	
					Lower Bound	Upper Bound
1	2	.6576	.55746	.708	-.9087	2.2239
	3	2.1992*	.66047	.012	.3434	4.0549
	4	2.3106*	.65244	.006	.4774	4.1438
2	1	-.6576	.55746	.708	-2.2239	.9087
	3	1.5415	.69694	.182	-.4166	3.4997
	4	1.6530	.68934	.127	-.2838	3.5898
3	1	-2.1992*	.66047	.012	-4.0549	-.3434
	2	-1.5415	.69694	.182	-3.4997	.4166
	4	.1115	.77501	.999	-2.0661	2.2890
4	1	-2.3106*	.65244	.006	-4.1438	-.4774
	2	-1.6530	.68934	.127	-3.5898	.2838
	3	-.1115	.77501	.999	-2.2890	2.0661

*. The mean difference is significant at the .050 level.

研究問題 2 的報表如下：

Case Processing Summary[a]

Cases					
Included		Excluded		Total	
N	Percent	N	Percent	N	Percent
811	99.4%	5	.6%	816	100.0%

a. PE by SEX, BR

Cell Means[b]

SEX	BR	PE Mean	N
1	1	5.5000	130
	2	4.4679	109
	3	4.5890	73
	4	3.7727	66
	Total	4.7249	378
2	1	5.4571	175
	2	5.5556	126
	3	4.4321	81
	4	4.4902	51
	Total	5.1801	433
Total	1	5.4754	305
	2	5.0511	235
	3	4.5065	154
	4	4.0855	117
	Total	4.9679[a]	811

a. Grand Mean
b. PE by SEX, BR

ANOVA[a]

			Experimental Method				
			Sum of Squares	df	Mean Square	F	Sig.
PE	Main Effects	(Combined)	232.160	4	58.040	12.388	.000
		SEX	28.085	1	28.085	5.995	.015
		BR	190.329	3	63.443	13.542	.000
	2-Way Interactions	SEX * BR	56.945	3	18.982	4.052	.007
	Model		289.105	7	41.301	8.816	.000
	Residual		3762.061	803	4.685		
	Total		4051.166	810	5.001		

a. PE by SEX, BR

(五)統計表及解釋

研究問題 1 經單因子變異數分析，其統計結果詳見表 16-6。

表 16-6　不同出生序外來學生在社經水準上的變異數分析結果

變異來源	SS	df	MS	F
組間（出生序）	321.07	3	107.02	6.25***
組內（誤差）	5749.90	336	17.11	

***P ＜.001

　　表 16-6 顯示，不同出生序外來學生的社經水準達到顯著差異，因達到顯著水準，所以接著進行薛費氏法（Scheffé method）的事後比

較，其結果詳表 16-7。從表 16-7 可以發現，出生序愈前面的外來學生，其社經水準的等級愈高，其中有二組的差距達到顯著水準。

表 16-7　不同出生序外來學生在社經水準上的平均數及事後比較

	出生序*			事後比較**
①	②	③	④	
9.93	9.27	7.73	7.62	①＞③，①＞④

*①代表出生序是第一，②代表第二，③代表第三，④代表第四或以上。

**顯著性皆是α＝.05，①＞③表示出生序第一的外來學生之社經水準得分大於出生序第三者，且達到顯著差異。餘類推。

　研究問題 2 經二因子變異數分析，其統計結果詳見表 16-8。

表 16-8　學生的性別與出生序在父母教育程度上的變異數分析結果

變異來源		SS	df	MS	F
主要效果	性別	28.09	1	28.09	6.00*
	出生序	190.33	3	63.44	13.54***
交互作用效果		56.95	3	18.98	4.05**
誤差		3762.06	803	4.69	

*P ＜.05　**P ＜.01　***P ＜.001

　從表 16-8 可發現，性別和出生序在父母教育程度上的主要效果均達到顯著水準，這顯示不同性別和不同出生序的學生，在父母教育程

度上都有顯著差異。而且,性別和出生序在父母教育程度上的交互作用亦達到顯著水準,這顯示學生性別在父母教育程度上的差異,會受到出生序的影響;同理,反之亦然。性別和出生序在父母教育程度上的交互作用情況,可以圖 16-1 示之。

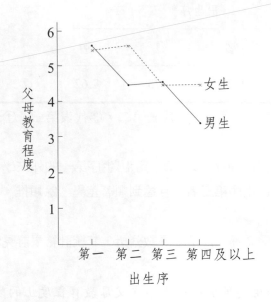

圖 16-1　性別與出生序在父母教育程度上的交互作用

因性別與出生序在父母教育程度上的交互作用達到顯著水準,所以有必要繼續進行單純主要效果的考驗,此種考驗的統計指令語法及執行後的統計報表詳如後列:

```
MANOVA PE BY SEX (1 2) BR (1 4)
   /DESIGN = BR WITHIN SEX (1) BR WITHIN SEX (2)
   /DESIGN = SEX WITHIN BR (1) SEX WITHIN BR (2) SEX
             WITHIN BR (3) SEX WITHIN BR (4).
```

```
******Analysis  of  Variance-- design  1******

Tests of Significance for PE using UNIQUE sums of squares
Source of Variation        SS        DF        MS        F    Sig of F

WITHIN+RESIDUAL        3790.28      804       4.71
BR WITHIN SEX(1)        130.46        3      43.49      9.22     .000
BR WITHIN SEX(2)        141.72        3      47.24     10.02     .000

(Model)                 260.89        6      43.48      9.22     .000
(Total)                4051.17      810       5.00

R-Squared =            .064
Adjusted R-Squared =   .057

- - - - - - - - - - - - - - - - - - - - - - - - - - - - - -

******Analysis  of  Variance-- design  2******

Tests of Significance for PE using UNIQUE sums of squares
Source of Variation        SS        DF        MS        F    Sig of F

WITHIN+RESIDUAL        3952.93      806       4.90
SEX WITHIN BR(1)           .90        1        .90       .18     .668
SEX WITHIN BR(2)         70.30        1      70.30     14.33     .000
SEX WITHIN BR(3)          1.60        1       1.60       .33     .568
SEX WITHIN BR(4)         25.28        1      25.28      5.15     .023

(Model)                  98.23        4      24.56      5.01     .001
(Total)                4051.17      810       5.00

R-Squared =            .024
Adjusted R-Squared =   .019
```

依據前述報表，可將統計結果整理成如表 16-9。

表 16-9　性別與出生序在父母教育程度上之單純主要效果考驗

變異來源	SS	df	MS	F
性別因子				
在出生序第一	.90	1	.90	.18
在出生序第二	70.30	1	70.30	14.33***
在出生序第三	1.60	1	1.60	.33
在出生序第四或以上	25.28	1	25.28	5.15*
誤差	3952.93	806	4.90	
出生序因子				
在性別男	130.46	3	43.49	9.22***
在性別女	141.72	3	47.24	10.02***
誤差	3790.28	804	4.71	

*P < .05　　***P < .001

表 16-9 顯示，性別因子在出生序第二，及在出生序第四或以上的 F 值達到顯著水準，這代表著出生序第二及第四或以上的男、女生，在父母教育程度上有顯著差異。該表也顯示，出生序因子在性別男及女的 F 值都達到顯著水準，這代表著不論是男生或女生的出生序，在父母教育程度上都有顯著差異。

四、多變項變異數分析

(一)研究問題或假設

不同類別（STU）學生在適應問題（P1、P2、……、P7）上有差異。

(二)統計方法

適用單因子多變項變異數分析。

(三)統計指令語法

```
MANOVA P1 TO P7 BY STU (1 2)
    /PRINT＝CELL (MEAN)
    /DESIGN.
```

㈣統計報表

```
- - - - - - - - - - - - - - - - - - - - - - - - - - - - - - - - - -
Cell Means and Standard Deviations
Variable .. P1
        FACTOR          CODE            Mean    Std. Dev.       N

    STU                 1              11.139    5.277         433
    STU                 2              10.527    5.459         370
For entire sample                     10.857    5.367         803


- - - - - - - - - - - - - - - - - - - - - - - - - - - - - - - - - -
Variable .. P2
        FACTOR          CODE            Mean    Std. Dev.       N

    STU                 1               8.365    4.713         433
    STU                 2               7,930    4.805         370
For entire sample                       8.164    4.758         803


- - - - - - - - - - - - - - - - - - - - - - - - - - - - - - - - - -
Variable .. P3
        FACTOR          CODE            Mean    Std. Dev.       N

    STU                 1               7.443    5.235         433
    STU                 2               7.284    4.877         370
For entire sample                       7.370    5.071         803


- - - - - - - - - - - - - - - - - - - - - - - - - - - - - - - - - -
Variable .. P4
        FACTOR          CODE            Mean    Std. Dev.       N

    STU                 1               6.222    3.907         433
    STU                 2               5.892    3.789         370
For entire sample                       6.070    3.854         803


- - - - - - - - - - - - - - - - - - - - - - - - - - - - - - - - - -
Variable .. P5
        FACTOR          CODE            Mean    Std. Dev.       N

    STU                 1               2.423    2.168         433
    STU                 2               2.251    2.044         370
For entire sample                       2.344    2.112         803


- - - - - - - - - - - - - - - - - - - - - - - - - - - - - - - - - -
Variable .. P6
        FACTOR          CODE            Mean    Std. Dev.       N

    STU                 1               3.381    2.232         433
    STU                 2               3.149    2.192         370
For entire sample                       3.274    2.215         803


- - - - - - - - - - - - - - - - - - - - - - - - - - - - - - - - - -
Variable .. P7
        FACTOR          CODE            Mean    Std. Dev.       N

    STU                 1               1.746    1.651         433

    STU                 2               2.562.   1.885         370
For entire sample                       2.122    1.808         803
```

```
- - - - - - - - - - - - - - - - - - - - - - - - - - - - - - -
* * * * * * A n a l y s i s   o f   V a r i a n c e -- design   1 * * * * * *
EFFECT .. STU
Multivariate Tests of Significance (S = 1, M = 2 1/2, N = 396 1/2)

Test Name          Value      Exact F Hypoth. DF    Error DF  Sig. of F

Pillais            .07758     9.55180      7.00      795.00     .000
Hotellings         .08410     9.55180      7.00      795.00     .000
Wilks              .92242     9.55180      7.00      795.00     .000
Roys               .07758
Note.. F statistics are exact.

- - - - - - - - - - - - - - - - - - - - - - - - - - - - - - -
EFFECT .. STU
Multivariate Tests of Significance (S = 1, M = 2 1/2, N = 396 1/2)

Test Name          Value      Exact F Hypoth. DF    Error DF  Sig. of F

Pillais            .07758     9.55180      7.00      795.00     .000
Hotellings         .08410     9.55180      7.00      795.00     .000
Wilks              .92242     9.55180      7.00      795.00     .000
Roys               .07758
Note.. F statistics are exact.

- - - - - - - - - - - - - - - - - - - - - - - - - - - - - - -
EFFECT .. STU (Cont.)
Univariate F-tests with (1,801) D. F.

Variable   Hypoth. SS   Error SS Hypoth. MS    Error MS        F  Sig. of F

P1         74.61487 23027.9156   74.61487    28.74896   2.59539    .108
P2         37.78198 18116.5194   37.78198    22.61738   1.67048    .197
P3          5.08424 20616.0664    5.08424    25.73791    .19754    .657
P4         21.70303 11890.3916   21.70303    14.84443   1.46203    .227
P5          5.85322 3571.28252    5.85322     4.45853   1.31281    .252
P6         10.77699 3924.94904   10.77699     4.90006   2.19936    .138
P7        132.91415 2489.12570  132.91415     3.10752  42.77174    .000

- - - - - - - - - - - - - - - - - - - - - - - - - - - - - - -
```

(五)統計表及解釋

為了解外來與本地兩個學生類別,在適應問題七個變項的差異情形,本研究以學生類別為自變項,以適應問題的七個變項為依變項,進行多變項變異數分析,統計結果詳表 16-10。

表 16-10　不同類別學生在適應問題上的多變項變異數分析結果

Λ	df
.922***	(7,1,801)

***P < .001

由表 16-10 可發現，多變項變異數分析的結果達到顯著水準，這顯示不同類別的學生，在適應問題的七個變項上有顯著差異存在。因為運用多變項變異數分析，因此須再進一步做單變項變異數分析，以比較是在哪些變項上有顯著差異，其分析結果如表 16-11。

表 16-11 不同類別學生在適應問題七個變項之平均數與單變項變異數分析結果

適應問題	平均數		單變項 F 值
	外來學生	本地學生	（ df = 1,801 ）
課業	10.53	11.14	2.60
就業前途	7.93	8.37	1.67
心理	7.28	7.44	.20
人際交往	5.89	6.22	1.46
用錢	2.51	2.42	1.31
時間支配	3.15	3.38	2.20
食住	2.56	1.75	42.77***

***P ＜.001

由表 16-11 來看，在適應問題的七個變項中，僅有「食住」問題（F ＝ 42.77，p ＜.001）的 F 值達到顯著水準。這顯示了學生的類別會顯著地影響到適應問題的差異，而其差異主要是食住方面的問題造成的，而且是外來學生的困擾多於本地學生。

五、多元迴歸

(一)研究問題或假設

外來學生（STU＝2）的因應方式（CS1、CS2、……、CS12）可以預測其適應狀況（ADJ）。

(二)統計方法

1.適用多元迴歸分析。

2.適用逐步迴歸分析。

(三)統計指令語法

多元迴歸分析的語法如下式，只要將其中的 ENTER 改為 STEPWISE，即為逐步迴歸分析的語法。

```
TEMPORARY.
SELECT IF (STU＝2).
REGRESSION VARIABLES＝CS1 TO CS12 ADJ
    /DEPENDENT＝ADJ/ENTER.
```

(四)統計報表

1.多元迴歸分析的報表：

Variables Entered/Removed[b]

Model	Variables Entered	Variables Removed	Method
1	CS12, CS3, CS4, CS2, CS10, CS11, CS5, CS8, CS7, CS9, CS1, CS6[a]		Enter

a. All requested variables entered.

b. Dependent Variable: ADJ

Model Summary

Model	R	R Square	Adjusted R Square	Std. Error of the Estimate
1	.505[a]	.255	.229	9.32165

a. Predictors: (Constant), CS12, CS3, CS4, CS2, CS10, CS11, CS5, CS8, CS7, CS9, CS1, CS6

ANOVA[b]

Model		Sum of Squares	df	Mean Square	F	Sig.
1	Regression	10139.528	12	844.961	9.724	.000[a]
	Residual	29630.596	341	86.893		
	Total	39770.124	353			

a. Predictors: (Constant), CS12, CS3, CS4, CS2, CS10, CS11, CS5, CS8, CS7, CS9, CS1, CS6

b. Dependent Variable: ADJ

Coefficients[a]

Model		Unstandardized Coefficients		Standardized Coefficients	t	Sig.
		B	Std. Error	Beta		
1	(Constant)	43.171	4.668		9.249	.000
	CS1	.589	.202	-.187	-2.913	.004
	CS2	4.509E-02	.210	.012	.215	.830
	CS3	.400	.266	.096	1.506	.133
	CS4	.655	.294	.118	2.230	.026
	CS5	-.152	.238	-.035	-.638	.524
	CS6	-.757	.297	-.168	-2.544	.011
	CS7	-5.628E-02	.301	-.012	-.187	.852
	CS8	1.137	.289	.213	3.938	.000
	CS9	.116	.303	.023	.384	.701
	CS10	.323	.299	.054	1.081	.281
	CS11	.173	.321	.028	.538	.591
	CS12	1.448	.384	.190	3.769	.000

a. Dependent Variable: ADJ

2.逐步迴歸分析的報表：

Model Summary

Model	R	R Square	Adjusted R Square	Std. Error of the Estimate
1	.372[a]	.138	.136	9.86691
2	.430[b]	.185	.180	9.60976
3	.471[c]	.222	.215	9.40355
4	.484[d]	.234	.226	9.34001
5	.495[e]	.245	.234	9.29105

a. Predictors: (Constant), CS8

b. Predictors: (Constant), CS8, CS1

c. Predictors: (Constant), CS8, CS1, CS12

d. Predictors: (Constant), CS8, CS1, CS12, CS4

e. Predictors: (Constant), CS8, CS1, CS12, CS4, CS6

ANOVA[f]

Model		Sum of Squares	df	Mean Square	F	Sig.
1	Regression	5500.849	1	5500.849	56.502	.000[a]
	Residual	34269.275	352	97.356		
	Total	39770.124	353			
2	Regression	7356.157	2	3678.078	39.829	.000[b]
	Residual	32413.968	351	92.347		
	Total	39770.124	353			
3	Regression	8820.738	3	2940.246	33.251	.000[c]
	Residual	30949.386	350	88.427		
	Total	39770.124	353			
4	Regression	9324.803	4	2331.201	26.723	.000[d]
	Residual	30445.321	349	87.236		
	Total	39770.124	353			
5	Regression	9729.497	5	1945.899	22.542	.000[e]
	Residual	30040.627	348	86.324		
	Total	39770.124	353			

a. Predictors: (Constant), CS8

b. Predictors: (Constant), CS8, CS1

c. Predictors: (Constant), CS8, CS1, CS12

d. Predictors: (Constant), CS8, CS1, CS12, CS4

e. Predictors: (Constant), CS8, CS1, CS12, CS4, CS6

f. Dependent Variable: ADJ

Coefficients[a]

Model		Unstandardized Coefficients		Standardized Coefficients	t	Sig.
		B	Std. Error	Beta		
1	(Constant)	33.549	1.961		17.110	.000
	CS8	1.981	.264	.372	7.517	.000
2	(Constant)	50.133	4.164		12.041	.000
	CS8	1.749	.262	.328	6.682	.000
	CS1	-.693	.155	-.220	-4.482	.000
3	(Constant)	47.642	4.120		11.564	.000
	CS8	1.431	.268	.269	5.345	.000
	CS1	-.799	.153	-.254	-5.207	.000
	CS12	1.537	.378	.202	4.070	.000
4	(Constant)	43.628	4.420		9.871	.000
	CS8	1.252	.276	.235	4.531	.000
	CS1	-.734	.155	-.233	-4.737	.000
	CS12	1.500	.376	.197	3.994	.000
	CS4	.671	.279	.121	2.404	.017
5	(Constant)	45.076	4.447		10.136	.000
	CS8	1.179	.277	.221	4.259	.000
	CS1	-.530	.180	-.169	-2.936	.004
	CS12	1.515	.374	.199	4.054	.000
	CS4	.757	.281	.136	2.697	.007
	CS6	-.545	.252	-.121	-2.165	.031

a. Dependent Variable: ADJ

(五)統計表及解釋

　　為了解外來學生的因應方式對於適應狀況的預測力，統計處理時以因應方式的十二個變項為預測變項，適應狀況的總分為效標變項進行多元迴歸分析，其結果如表 16-12。

表 16-12　外來學生因應方式對於適應狀況之多元迴歸分析結果

R	R^2	df	F
.505	.255	(12,341)	9.72***

***P ＜.001

　　表 16-12 顯示，十二個因應方式為預測變項與適應狀況總分為效標變項的複相關為.505，達到.001 的顯著水準，預測變項對於效標變項變異量的預測力為 25.5 ％。前述多元迴歸分析只能顯示全部預測變項解釋效標變項變異量的多寡而已，並不能告知我們，哪些預測變項最能解釋效標變項的變異量；易言之，從多元迴歸分析的結果，無法獲知哪些預測變項最具預測力。接著，我們以逐步迴歸分析來探討影響適應狀況的最主要因應方式究竟為何？其結果詳見表 16-13。

表 16-13　外來學生因應方式對於適應狀況之逐步迴歸分析結果

步驟	投入變項順序	R	R^2	R^2增加量	β	df	F
1	逃避問題	.372	.138	.138	.221	1,352	56.50***
2	接納與成長	.430	.185	.047	-.169	2,351	39.83***
3	心理解脫	.471	.222	.037	.199	3,350	33.25***
4	否認事實	.484	.234	.012	.136	4,349	26.72***
5	積極因應	.495	.245	.011	-.121	5,348	22.54***

***P ＜.001

表 16-13 顯示，影響外來學生適應狀況的主要因應方式變項分別是逃避問題、接納與成長、心理解脫、否認事實及積極因應。綜合表 16-12 和表 16-13 可以發現，影響外來學生適應狀況的主要因應方式變項，預測適應狀況的程度，占其全部十二個預測變項之預測力的 96.08%（.245 ÷ .255）。

六、典型相關

(一)研究問題或假設

學生的適應問題（P1、P2、……、P7）可以解釋其因應方式（CS1、CS2、……、CS12）。

(二)統計方法

適用典型相關分析。

(三)統計指令語法

```
MANOVA CS1 TO CS12 WITH P1 TO P7
  /PRINT＝SIGNIF (EIGEN DIMNER)
  /DISCRIM＝STAN COR
  /DESIGN.
```

(四)統計報表

本統計報表只顯示統計表與研究結果會使用到的部分。

- -
Eigenvalues and Canonical Correlations

Root No.	Eigenvalue	Pct.	Cum. Pct.	Canon Cor.	Sq. Cor
1	.228	58.807	58.807	.431	.186
2	.056	14.361	73.168	.230	.053
3	.038	9.889	83.057	.192	.037
4	.033	8.460	91.517	.178	.032
5	.015	3.889	95.405	..122	.015
6	.013	3.317	98.723	.113	.013
7	.005	1.277	100.000	.070	.005

- -
Dimension Reduction Analysis

Roots	Wilks L.	F	Hypoth. DF	Error DF	Sig. of F
1 TO 7	.69638	3.30736	84.00	4564.69	.000
2 TO 7	.85502	1.79659	66.00	3991.84	.000
3 TO 7	.90259	1.54801	50.00	3405.65	.008
4 TO 7	.93716	1.35923	36.00	2801.09	.075
5 TO 7	.96787	1.02378	24.00	2170.03	.430
6 TO 7	.98245	.95138	14.00	1498.00	.502
7 TO 7	.99508	.61849	6.00	750.00	.716

- -
Standardized canonical coefficients for DEPENDENT variables
        Function No.

Variable	1	2	3	4
CS1	-.361	.352	.001	-.554
CS2	-.152	-.011	.046	.168
CS3	-.015	-.085	.516	-.319
CS4	.264	.320	-.275	-.373
CS5	-.064	.102	.785	.434
CS6	-.199	-.592	-.348	-.426
CS7	-.016	.812	-.238	.171
CS8	.443	.129	.539	-.374
CS9	.278	-.023	-.295	-.310
CS10	.159	-.220	.167	.188
CS11	-.070	-.382	.166	-.186
CS12	.223	.190	-.232	-.040

- -
Correlations between DEPENDENT and canonical variables
        Function No.

Variable	1	2	3	4
CS1	-.599	.369	.194	-.498
CS2	.049	.076	.063	-.097
CS3	-.465	.069	.346	-.466
CS4	.583	.156	-.117	-.312
CS5	-.267	.266	.630	-.053
CS6	-.478	-.214	-.025	-.591
CS7	-.423	.588	.042	-.282
CS8	.754	.038	.353	-.267
CS9	.145	.105	-.031	-.360
CS10	.344	-.180	.219	-.057
CS11	.048	-.289	.265	-.459
CS12	.383	.224	-.054	-.223

```
- - - - - - - - - - - - - - - - - - - - - - - - - - - - - - - - - - - -
Variance in dependent variables explained by canonical variables

CAN. VAR.  Pct Var DE Cum Pct DE Pct Var CO Cum Pct CO

        1       18.766     18.766     3.482      3.482
        2        6.770     25.536      .357      3.839
        3        6.841     32.377      .252      4.091
        4       12.232     44.609      .388      4.479
- - - - - - - - - - - - - - - - - - - - - - - - - - - - - - - - - - - -
Standardized canonical coefficients for COVARIATES
              CAN. VAR.

COVARIATE          1          2          3          4

P1              .436       .847       .261       .660
P2             -.204      -.135       .751      -.962
P3              .636      -.215      -.902      -.711
P4              .272      -.624       .468       .798
P5              .218       .054       .283       .162
P6             -.184      -.161      -.603       .105
P7             -.100       .517      -.075      -.097

- - - - - - - - - - - - - - - - - - - - - - - - - - - - - - - - - - - -
Correlations between COVARIATES and canonical variables
              CAN. VAR.

Covariate          1          2          3          4

P1              .746       .499       .155       .054
P2              .517       .013       .480      -.536
P3              .900      -.102      -.236      -.329
P4              .687      -.462       .236       .230
P5              .479       .155       .201       .096
P6              .356       .035      -.353       .081
P7              .178       .515      -.072      -.074

- - - - - - - - - - - - - - - - - - - - - - - - - - - - - - - - - - - -
Variance in covariates explained by canonical variables

CAN. VAR.  Pct Var DE Cum Pct DE Pct Var CO Cum Pct CO

        1        6.609      6.609     35.619     35.619
        2         .575      7.184     10.913     46.532
        3         .283      7.466      7.663     54.195
        4         .214      7.681      6.750     60.945
```

㈤統計表及解釋

　　為了解高中學生的適應問題對於因應方式的解釋狀況，統計處理時將受試者的課業、就業前途、心理、人際交往、用錢、時間支配和食住等七個適應問題視為一組變項群，並以接納與成長、發洩情感、計畫行事、否認事實、尋求具體支持、積極因應、消極因應、逃避問

題、尋求情感支持、壓抑行動、抑制因應和心理解脫等十二種因應方式，視為另一組變項群，進行這兩組變項群間的典型相關分析，結果詳見表 16-14。

表 16-14　高中學生適應問題與因應方式典型相關分析結果

組別	典型相關係數	自由度	共同變異量
1	.431***	84	18.6%
2	.230***	66	5.3%
3	.192**	50	3.7%
4	.178	36	3.2%
5	.122	24	1.5%
6	.113	14	1.3%
7	.070	6	0.5%

***P < .001　**P < .01

表 16-14 顯示，在七組典型變項中有三組的典型相關係數達到顯著水準（統計報表裡有四組顯著，惟第四組的顯著性為 .075，大於 .05，所以略而不取），其因素結構詳見表 16-15。

表 16-15　高中學生適應問題與因應方式典型相關之因素結構

適應問題變項	典型變項			因應方式變項	典型變項		
	χ_1	χ_2	χ_3		η_1	η_2	η_3
課業	.746	.499	.155	接納與成長	-.599	.369	.194
就業前途	.517	.013	.480	發洩情感	.049	.076	.063
心理	.900	-.102	-.236	計畫行事	-.465	.069	.346
人際交往	.687	-.462	.236	否認事實	.583	.156	-.117
用錢	.479	.155	.201	尋求具體支持	-.267	.266	.630
時間支配	.356	.035	-.353	積極因應	-.478	-.214	-.025
食住	.178	.515	-.072	消極因應	-.423	.588	.042
				逃避問題	.754	.038	.353
				尋求情感支持	.145	.105	-.031
				壓抑行動	.344	-.180	.219
				抑制因應	.048	-.289	.265
				心理解脫	.383	.224	-.054
抽出變異數				抽出變異數			
百分比	.3562	.1091	.0766	百分比	.1877	.0677	.0684
重疊	.0661	.0058	.0028	重疊	.0348	.0036	.0025

從表 16-14 及表 16-15 觀之，高中學生適應問題變項的第一個典型因素（χ_1），可以解釋因應方式變項的第一個典型因素（η_1）總變異量的 18.6 %；高中學生適應問題變項的第二個典型因素（χ_2），可以解釋因應方式變項的第二個典型因素（η_1）總變異量的 5.3 %；高中學生適應問題變項的第三個典型因素（χ_3），可以解釋因應方式變項的第三個典型因素（η_3）總變異量的 3.7 %。因應方式變項的第一個典型因素（η_1），可以解釋因應方式變項總變異量的 18.77 %。再者，因適應問題變項與因應方式變項在第一個典型因素的重疊部分是.0348，所以七項適應問題透過典型因素 χ_1 與 η_1，可以解釋十二項因應方式總變異量的 3.48 %。同理，因應方式變項的第二個典型因素（第三個典型因素），可以解釋因應方式變項總變異量的 6.77 %（6.84 %）；七項適應問題透過典型因素 χ_2 與 η_2（χ_3 與 η_3），可以解釋十二項因應方式總變異量的 0.36 %（0.25 %）。再進一步來看，適應問題變項中，以課業、心理與人際交往和第一個典型因素（χ_1）的相關較高（.746、.900、.678），以課業、人際交往與食住和第二個典型因素（χ_2）的相關較高（.499、-.462、.515），以就業前途與時間支配和第三個典型因素（χ_3）的相關較高（.480、-.353）；在因應方式變項中，以接納與成長、否認事實與逃避問題和第一個典型因素（η_1）的相關較高（-.599、.583、.754），以接納與成長、消極因應和第二個典型因素（η_2）的相關較高（.369、.588），以計畫行事、尋求具體支持與逃避問題和第三個典型因素（η_3）的相關較高（.346、.630、.353）。準此言之，高中學生的適應問題解釋因應方式的途徑有三：

1. 由課業、心理和人際交往等困擾問題影響到因應方式的接納與成長、否認事實和逃避問題。
2. 由課業、人際交往和食住等困擾問題影響到因應方式的接納與成長和消極因應。

3.由就業前途和時間支配等困擾問題影響到因應方式的計畫行
　事、尋求具體支持和逃避問題。

　　再者，我們也可以將典型相關分析的統計結果，整理成徑路圖。
例如，將前述典型相關分析的對象限定為外來學生的話，則只要在前
述統計指令語法加上下列語法即可（置於統計指令的前面）。

```
TEMPORARY.
SELECT IF (STU＝2).
```

　　執行後的統計報表詳見下列（部分）：

```
Eigenvalues and Canonical Correlations

Root No.    Eigenvalue      Pct.    Cum. Pct.  Canon Cor.    Sq. Cor

    1          .261       53.265      53.265       .455        .207
    2          .082       16.801      70.066       .276        .076
    3          .068       13.946      84.012       .253        .064
    4          .037        7.493      91.505       .188        .035
    5          .028        5.651      97.156       .164        .027
    6          .009        1.863      99.019       .095        .009
    7          .005         .981     100.000       .069        .005

- - - - - - - - - - - - - - - - - - - - - - - - - - - - - - - - - - -
Dimension Reduction Analysis

Roots        Wilks L.       F Hypoth. DF   Error DF  Sig. of F

1 TO 7        .63469      1.88378     84.00    2053.61       .000
2 TO 7        .80044      1.15718     66.00    1797.99       .185
3 TO 7        .86637       .98138     50.00    1535.76       .511
4 TO 7        .92561       .73212     36.00    1264.63       .878
5 TO 7        .95962       .58500     24.00     980.90       .944
6 TO 7        .98620       .33754     14.00     678.00       .989
7 TO 7        .99521       .27252      6.00     340.00       .950

- - - - - - - - - - - - - - - - - - - - - - - - - - - - - - - - - - -
Standardized canonical coefficients for DEPENDENT variables
            Function No.

Variable         1           2

CS1           -.390        .034
CS2           -.165        .233
CS3           -.062       -.599
CS4            .328       -.070
CS5           -.017        .601
CS6           -.335        .446
CS7            .213       -.608
CS8            .232       -.153
CS9            .035       -.460
```

```
- - - - - - - - - - - - - - - - - - - - - - - - - - - - - - - - - - - -
Correlations between DEPENDENT and canonical variables
          Function No.

Variable           1             2

CS1            -.575         -.040
CS2            -.017          .136
CS3            -.424         -.346
CS4             .518          .068
CS5            -.217          .390
CS6            -.532          .101
CS7            -.279         -.405
CS8             .558          .100
CS9             .039         -.129
CS10            .235          .227
CS11           -.075          .340
CS12            .544          .177


- - - - - - - - - - - - - - - - - - - - - - - - - - - - - - - - - - - -
Standardized canonical coefficients for COVARIATES
          CAN. VAR.

COVARIATE          1             2

P1              .631          .359
P2             -.436          .586
P3              .602        -1.002
P4              .221          .396
P5              .215         -.057
P6             -.200          .599
P7             -.062         -.329


- - - - - - - - - - - - - - - - - - - - - - - - - - - - - - - - - - - -
Correlations between COVARIATES and canonical variables
          CAN. VAR.

Covariate          1             2

P1              .809          .389
P2              .362          .513
P3              .840         -.084
P4              .617          .363
P5              .429          .173
P6              .349          .489
P7              .272         -.148
```

　　依據前述統計報表，可將之彙整成如圖 16-2 的徑路。請注意，我們將前述考驗的顯著性定為.05；而且，變項至典型因素的係數要採用加權值裡的數據（即統計報表中 Standardized canonical for COVARIA-TES 裡的數據），典型因素至變項的係數則採用因素結構裡的數據（即統計報表中 Correlations between DEPENDENT and canonical variables 裡的數據）。此外，誤差係數（.890）的計算方法是：1 減典型相關係數的平方，再開平方根所得的值（即 $\sqrt{1-(.455)^2}$）。

　　圖 16-2 中的 X 代表適應問題，即 X_1 是課業、X_2 是就業前途、X_3 是心理、X_4 是人際交往、X_5 是用錢、X_6 是時間支配、X_7 是食住問題；Y代表因應方式，即 Y_1 是接納與成長、Y_2 是發洩情感、Y_3 是計畫行事、Y_4 是否認事實、Y_5 是尋求具體支持、Y_6 是積極因應、Y_7 是消極因應、Y_8 是逃避問題、Y_9 是尋求情感支持、Y_{10} 是壓抑行動、Y_{11} 是抑制因應、Y_{12} 是心理解脫。

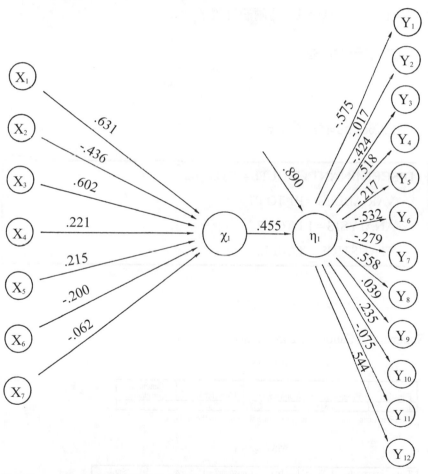

圖 16-2　適應問題影響因應方式徑路

七、區別分析

(一)研究問題或假設

適應問題（P1、P2、……、P7）是否可區別外來學生（STU＝2）
與本地學生（STU＝1）這兩個群體？

(二)統計方法

適用區別分析。

(三)統計指令語法

```
DISCRIMINANT GROUPS＝STU (1 2)
    /VARIABLES＝P1 TO P7
    /ANALYSIS＝P1 TO P7
    /STATISTICS＝TABLE.
```

(四)統計報表（部分）

Summary of Canonical Discriminant Functions

Eigenvalues

Function	Eigenvalue	% of Variance	Cumulative %	Canonical Correlation
1	.084ª	100.0	100.0	.279

a. First 1 canonical discriminant functions were used in the analysis.

Wilks' Lambda

Test of Function(s)	Wilks' Lambda	Chi-square	df	Sig.
1	.922	64.401	7	.000

Standardized Canonical Discriminant Function Coefficients

	Function 1
P1	-.274
P2	-.099
P3	.178
P4	-.145
P5	-.269
P6	-.260
P7	1.047

Structure Matrix

	Function 1
P7	.797
P1	-.196
P6	-.181
P2	-.157
P4	-.147
P5	-.140
P3	-.054

Pooled within-groups correlations between discriminating variables and standardized canonical discriminant functions

Variables ordered by absolute size of correlation within function.

Functions at Group Centroids

STU	Function 1
1.00	-.268
2.00	.313

Unstandardized canonical discriminant functions evaluated at group means

Classification Statistics

Classification Processing Summary

Processed		816
Excluded	Missing or out-of-range group codes	0
	At least one missing discriminating variable	13
Used in Output		803

Prior Probabilities for Groups

STU	Prior	Cases Used in Analysis	
		Unweighted	Weighted
1.00	.500	433	433.000
2.00	.500	370	370.000
Total	1.000	803	803.000

Classification Results[a]

		STU	Predicted Group Membership		Total
			1.00	2.00	
Original	Count	1.00	271	162	433
		2.00	160	210	370
	%	1.00	62.6	37.4	100.0
		2.00	43.2	56.8	100.0

a. 59.9% of original grouped cases correctly classified.

(五)統計表及解釋

為了解適應問題是否可以區別外來學生與本地學生這二個群體，本研究以學生類別（STU）為自變項，適應問題的七個變項為依變項，進行區別分析，其結果詳見表 16-16。

由表 16-16 第一部分來看，所抽出的這個區別函數的 χ^2 值達到 .001 的顯著水準，所以被選取。第二部分為標準化的區別函數係數，用來表示每一變項在區別函數上的加權值，區別函數係數乘以每一受試者在諸變項上的標準分數，即可得到每位受試者在這個區別函數上的分數。據此，區別本地、外來學生顯著的變項，在課業、用錢、時間支配等變項上之分數，本地學生顯著的高於外來學生；在食住變項上的得分，則外來學生顯著的高於本地學生。第三部分為本地、外來兩組學生之區別函數分數的平均數，根據此平均數可以在以區別函數為座標的圖形上得到兩個形心（centroids）。第四部分「分類統計」的結果顯示，根據此區別函數，本地學生 433 人中有 271 人被正確預測屬於本地學生組，外來學生 370 人中有 210 人被正確預測屬於外來學生

表 16-16　適應問題對本地學生與外來學生之區別分析結果

Ⅰ 區別函數顯著性考驗

函數	特徵值	典型相關	Λ	df	χ^2
1	.084	.279	.922	7	64.40***

Ⅱ 標準化區別函數系數　　**Ⅲ 兩組的組形心**

	函數 1		函數 1
課業	-.274	本地學生組	-.268
就業前途	-.099	外來學生組	.313
心理	.178		
人際交往	-.145		
用錢	-.269		
時間支配	-.260		
食住	1.047		

Ⅳ 分類統計

	預測組別+		
	1	2	
實際組別 1	271(62.6%)	162(37.4%)	433
實際組別 2	160(43.2%)	210(56.8%)	370
	正確命中率：59.90%		

***P＜.001　+ 1 代表本地學生組，2 代表外來學生組

組，命中率為 59.90 ％，比隨機分成兩組的 50 ％要高。換言之，依據適應問題的七個變項，可以有效地將高中學生分成本地與外來兩組學生。

關鍵詞彙

次數分配　　　　　　　　卡方考驗

t 考驗　　　　　　　　　變異數分析

多變項變異數分析　　　　多元迴歸

典型相關　　　　　　　　區別分析

自我評量題目

1. 試述呈現統計結果的原則。

2. 試述次數分配、平均數與標準差之統計結果的呈現時機。

3. 試述下列各種統計方法的適用時機。

   卡方考驗　　　　　　　　t 考驗

   變異數分析　　　　　　　多變項變異數分析

   多元迴歸　　　　　　　　典型相關

   區別分析

4. 試說明解答（驗證）下列研究問題（假設）的最適宜統計方法，並寫出該統計方法的 SPSS 統計指令語法（變項名稱請自行命名）。

   (1)本年度某校國中基本學力測驗各科（國文、英文、數學、自然、社會）之間的成績有差異。

   (2)身高、體重、年齡、心跳次數與睡眠時數等五個因素，何者最能預測人們的健康？

   (3)各候選人的支持度與選民的政黨屬性是否有關聯？

   (4)不同種類（三種）的上市公司在股價、股息與員工配股上，是否有差異？

   (5)上市公司之財務結構（包括五個變項）與營運績效（包括七個變項）之間的關係為何？

5. 試列出前述五個研究問題（假設）之統計考驗結果的統計表，所應涵蓋的內容。

第六篇
研究結果的呈現

第十七章
研究報告的撰寫

學 習 目 標

——研讀本章內容之後，學習者應能達成下列目標：

1. 了解研究報告內容的基本結構。
2. 說出學位論文與期刊論文之論文主體的異同處。
3. 了解研究報告的撰寫原則與撰寫方式。
4. 了解撰寫研究報告之引用種類與原則，並運用之。
5. 了解撰寫參考文獻的原則。
6. 寫出合乎 APA 格式的引用及參考文獻。

大　綱

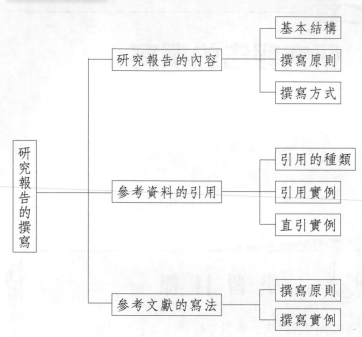

摘　要

　　研究報告主要可分成學位論文與期刊論文兩大類，從實徵性研究與APA格式的觀點言之，學位論文內容之結構包括初步資料、論文主體、參考文獻及附錄，期刊論文內容之結構包括題目頁、論文主體及參考文獻。研究報告的撰寫原則有：1.體例合宜，2.結構嚴謹，3.客觀中立，及4.簡潔扼要。論文主體的主要內容包括緒論、文獻探討、研究方法、結果與討論及結論與建議，惟學位論文和期刊論文在論文主體的寫法稍有不同。

　　研究報告之參考資料的慣用引用方法，主要是依據APA的文內註釋格式，其格式是要寫出參考資料的作者及該資料之發表或出版年代，並在參考文獻裡再列出詳細的參考資料之出處或來源。本章分別舉出引用與參考文獻之寫法的實例，供讀者參考並運用。

研究工作完成後，接著要將整個研究過程與成果用文字發表出來，此種經由文字所陳述的研究過程與成果，就稱之為研究報告。研究報告的良窳，常被視為是研究工作成敗的關鍵之一；因此，一位研究者除了要了解研究方法的運用外，更要能熟知研究報告的撰寫。研究報告的內容常因研究之科學取向的差異而有所不同，由於非實徵性研究的研究報告常缺乏約定俗成的體例格式，所以本章將以實徵性研究為範疇，論述研究報告的撰寫方法。研究報告的內容與一般的寫作迥異，又因研究過程中，都會引用他人或專家學者的有關論述與著作；職是，撰寫研究報告，就須了解研究報告的內容，參考資料的引用方法，及參考文獻的寫法。目前社會及行為科學研究之研究報告的體例格式，大都遵循美國心理學學會（American Psychological Association, APA）所編製的出版手冊，本章所陳述的體例格式主要是依據該學會第五版（American Psychological Association, 2001）的內容。

第一節　研究報告的內容

本節首先呈現研究報告的基本結構，其次再分別論述此基本結構的撰寫原則與方式。

一、基本結構

研究報告通稱為論文，論文又可分為學位論文和期刊論文兩大類，這兩類論文的結構稍有不同，以因應其不同的目的與需求。

㈠學位論文

通常學位論文較少公開出版發行，也沒有字數篇幅的限制，因此

其結構就較為繁瑣複雜。學位論文主要是指，為取得碩士和博士學位所提出之專題研究報告，學位論文雖會因頒授學位之學校的不同而有差異，不過其基本結構都會包括初步資料、論文主體、參考文獻及附錄等四部分。

1.初步資料

初步資料（preliminary materials）主要是指學位論文的題目頁、認可頁、摘要、誌謝詞、目錄、表目錄和圖目錄。

(1)題目頁

本頁旨在顯示提出論文的學校、研究所及種類，如「國立台灣師範大學教育研究所博士學位論文」；指導教授姓名，如「指導教授：郭為藩博士」；論文的題目，如「台北市外來高中學生的就學成因、生活適應及其相關因素研究」；研究生的姓名，如「研究生：周文欽撰」；及提出的時間，如「中華民國八十年一月」。

(2)認可頁

又稱為簽名頁，本頁是本論文通過學位論文口試的證明文件，內有各個口試委員及研究所所長的簽名及口試日期。

(3)摘要

本論文的概要性說明，主要包括研究目的、研究對象、研究工具、資料處理方法、重要結果與建議。用中文提出的論文，除了要有中文摘要外，尚須有英文摘要；中文摘要的字數以不超過 A4 紙一頁為原則，英文摘要的字數依《*Dissertation Abstracts International*》的要求以 350 字為限。

(4)誌謝詞

旨在表達對幫助或協助完成論文之重要人士的謝意，誌謝對象通常包括指導教授、口試委員、協助蒐集或處理資料的人，及自己的至親（如父母和配偶）等。

(5)目錄

旨在顯示本論文各章節、參考文獻與附錄之名稱或內容，並加註頁碼。

(6)表目錄

旨在呈現本論文所有的資料表與統計表的名稱，並加註頁碼。

(7)圖目錄

旨在呈現本論文所有的資料圖與統計圖的名稱，並加註頁碼。

2.論文主體

論文主體（body of paper）為整個研究報告的最重要部分，學位論文的論文主體通常都分成五章，儘管名稱容有不同，惟所呈現的內容不出下列範疇：(1)緒論，(2)文獻探討，(3)研究方法，(4)結果與討論，(5)結論與建議。在有些論文中，研究方法會稱為「研究設計與實施」；再者，若研究結果之內容繁多時，則常會將第四章調整成「結果」與「討論」兩章。論文主體的主要內容與寫法，詳見本節第三部分。

3.參考文獻

參考文獻（reference list）也稱為參考書目（bibliography），它是指本論文所引用和參考之資料的一覽表。參考文獻的寫法詳見本章第三節。

4.附錄

學位論文大多數都有附錄（appendix），旨在呈現研究工具（如測驗、量表或特殊實驗儀器的說明）、數據資料與統計程式等。

(二)期刊論文

期刊論文通常都有字數或篇幅的限制，所以其基本結構就不似學位論文般的詳盡，惟其主要內容是相似或相同的，因此期刊論文採精簡的方式來合併相關的內容。期刊論文不分章，其主要結構包括題目頁（包括論文題目、作者姓名與服務機構、摘要、關鍵字）、論文主

體及參考文獻。期刊論文與學位論文之結構最大的差異，是期刊論文沒有目錄（含表目錄與圖目錄）的呈現；此外，論文主體的組織結構也有所不同，具體的差異處詳見本節第三部分。

二、撰寫原則

(一)體例合宜

研究報告的體例格式相當繁瑣，小至字體大小、標題分段及圖表的呈現方式，大至參考資料的引用方法與參考文獻的寫法，都有其規範。然而各大學對學位論文，與各期刊對期刊論文的體例規範又不盡相同；因此，欲取得高級學位（碩士或博士）與投稿期刊，就要遵守各大學與各期刊的體例格式。雖然，目前並無統一的體例範本，不過在社會及行為科學研究的領域裡，大都採用 APA 的格式，特別是在論文之參考資料的引用及參考文獻的寫法等兩方面。至於這兩方面合宜的體例，參見本章第二節及第三節。

(二)結構嚴謹

研究報告或論文的內容要綱舉目張，即結構組織要層次分明，各章節（學位論文）均要賦予標題，並依各標題的性質撰寫有關的內容，且要確實中的，勿為增加篇幅而充塞無關宏旨之資料。再者，行文內容務必前後呼應、環環相扣與邏輯合理。例如，研究目的源自於研究動機，由研究目的導出研究問題或研究假設；此外，研究結果確能達成研究目的，解答研究問題或驗證研究假設。

(三)客觀中立

撰寫研究報告須抱持有幾分證據說幾分話的信念，切勿畫蛇添

足，也不可任意刪除或改寫不符期望的結果，或對結果做過度的推論，而應忠實地陳述研究所得的結果。為達客觀中立的原則，行文應避免第一人稱的敘述，如應以「研究者發現或認為」取代「我發現或認為」；對所引用資料之作者或原創人的稱呼不必加添恭維的敬語或頭銜，直述其姓名（外文只述姓）即可，如「恩師」、「社會學大師」某某某或某某某「教授」、「博士」發現……，逕自寫成「某某某發現……」即可。

㈣簡潔扼要

研究報告的行文用字務須簡潔扼要，不應拖泥帶水或賣弄詞藻文彙，有多少結果就寫多少報告；而且，所呈現的內容要清晰易懂與客觀明確，勿流於主觀感性與模稜兩可。為使研究報告能夠達到簡潔扼要的原則，對於常用、通俗或有固定譯法的中文名詞不必加註外文，例如，在態度或諮商之後加註 attitude 或 counseling，就大可不必；另者，引用外國學者的資料時，只須直接用其姓及年代即可，而不必將其譯成中文（通常在教科書才須譯成中文）。

三、撰寫方式

本部分旨在從論文主體的內容及寫法，以陳述研究報告的撰寫方式。誠如前述，學位論文的論文主體通常包括緒論、文獻探討、研究方法、結果與討論，及結論與建議等五部分，惟期刊論文通常只含有緒論、方法、結果及討論等四部分。事實上，論文主體的主要內容是相同的，只是呈現內容的組織結構稍有不同而已，其不同處有下述諸端：

1.期刊論文的「緒論」包含「文獻探討」。

2.學位論文的「研究方法」，在期刊論文裡常簡稱為「方法」。

3.學位論文的「結果與討論」常是一章，在期刊論文裡則常分成

「結果」與「討論」兩個部分。

4.學位論文的「結論與建議」這一結構，在期刊論文裡是沒有的，甚且期刊論文裡並不呈現「結論」方面的內容；在期刊論文裡也不出現「建議」這一項標題，而是將建議的內容併入「討論」這一標題裡。

撰寫論文主體，首須呈現標題，再依標題的性質呈現適切的內容。下文將以學位論文的結構，陳述論文主體的標題及其內容，惟亦兼及期刊論文的標題和內容之說明。

(一)緒論

學位論文的「緒論」裡，通常包括「研究動機」、「研究目的」（有時會將這二者合併為「研究動機與目的」）、「研究問題」、「研究假設」（有時並不出現這一部分）及「名詞詮釋」等部分（標題）。期刊論文的「緒論」下通常不再另立標題，其內容主要包括研究的動機與目的，偶而也會出現有關研究假設的內容，但通常是不含研究問題和名詞詮釋的內容。有關「研究動機」、「研究目的」、「研究問題」與「研究假設」的涵義與寫法，請參閱第一章第三節及第二章第二和三節；至於「名詞詮釋」，旨在說明研究中所涉及之主要變項與重要名詞的意義，其寫法請參閱第二章第一節。

(二)文獻探討

文獻探討主要的目的有二：1.讓讀者能了解此研究的理論基礎，2.做為提出研究問題或假設的依據（王俊明，民85）。此部分應只呈現與本研究有關之文獻的探討，勿流於資料的累積；探討的重點在顯示主要的研究結果，陳述與本研究的關聯之處，並評論之。期刊論文的文獻探討的內容通常併入「緒論」裡，因此很少另立標題。學位論文都有專章撰寫「文獻探討」，其下又常分成數節敘述之。

(三)研究方法

研究方法旨在說明本研究的研究設計，通常包括研究對象、研究工具、實施程序及資料處理等四部分。

1.研究對象

本部分要先行說明受試者的來源與抽樣的方法，接著再進一步陳述樣本的人數與性質（如人口變項之相關資料）。

2.研究工具

研究工具包括在整個研究活動過程中所使用的問卷、測驗（量表）及科學儀器。假如所使用的工具是現成的話，則要詳述該等工具的編製者（問卷或測驗）或製造廠商（科學儀器），及其主要內容或型號；若是現成的測驗，另須說明其信度與效度的相關數據。倘若研究工具是研究者自行編製或研發，則需要具體而微地描述整個編製或研發過程。

3.實施程序

實施程序旨在描述整個蒐集資料的方法與過程，其撰寫內容的重點有：(1)樣本選取，(2)研究工具的選擇與編製（研發），(3)變項的設計與安排，及(4)調查、觀察或實驗的步驟。

4.資料處理

資料處理則在說明資料的統計分析之方法與過程，其具體的寫法，應顯示出解答每一個問題或驗證每一個假設所使用的統計方法，並列出所使用的統計套裝軟體名稱或自行撰擬的程式內容。

(四)結果與討論

結果旨在呈現資料的統計結果（詳第十六章），及對統計結果的解釋；討論則在對前述的結果進行深入的分析，分析的重點包括：1.與前人的研究相互比較，2.說明產生此種結果的可能原因或背景，3.

對結果的適度推論，及4.指出整個研究過程所發現的限制或困難之
處。

　　本部分有兩種寫法：第一種是先呈現所有的統計結果之後，再撰
寫討論；第二種則是每呈現一個結果隨即進行討論，接著呈現另一個
結果與另一個討論，以此類推。通常統計結果比較多時，會採取第一
種寫法；當統計結果比較少時，則會使用第二種寫法。「結果與討
論」這一部分，常會依統計結果的性質分成數個部分，並立標題再呈
現其內容。

(五)結論與建議

　　結論旨在以條列的形式，彙整或摘述主要的研究結果或發現；建
議則在說明研究結果的應用時機或範圍，並陳述未來從事相關領域之
研究時，值得探索的主題與採用的方法，及應改進的事項等。建議的
內容應依研究結果而來，且必須具體明確而不流於空談，切忌令人有
「不做此研究，也可提出此種建議」的感覺。再者，建議的寫法以條
列並加以說明為宜。

第二節　參考資料的引用

　　在學術倫理上，為了避免剽竊之嫌，讓讀者能夠查證作者所參考
之資料的出處，及顯示作者行文論述的言而有據，以忠於並維護學術
的尊嚴；研究者在撰寫研究報告或論文時，就必須清楚且具體地註明
所引用之參考資料的出處或來源。所謂引用（citation），是指在撰述
研究論文或報告時，註明所參考之資料的作者及年代或加註符號，並
在文章之末的參考文獻裡寫出該資料之完整出處，或寫出該資料之腳
註或尾註的歷程。

一、引用的種類

參考資料的引用方法主要可分成文內註釋與文後註釋等二種。

(一)文內註釋

此種用法大都採用 APA 的格式，即在論文的行文裡加註所引用之參考資料的作者及資料之發表或出版年代，並在參考文獻裡再列出該資料的詳細出處。因為此種引用方法相當易懂易學，不似文後註釋那樣繁複，再加上可節省許多行文的篇幅；所以目前在社會及行為科學的領域中，參考資料的引用大都使用這種方法，特別是 APA 所制定的格式。本節所述之引用原則與實例，皆是依據 APA 的文內註釋方法而來。

(二)文後註釋

文後註釋又稱為附註（note）。此種方法是在行文時對所參考的資料先加註符號，之後再對這些加註符號依序做出解釋、闡述或寫出出處。加註符號的中文寫法，是在所引用資料的最後一個字後面（標點符號之前）寫上「註一、註二、1、2 或①、②」等序號；而且，當使用「註一、註二或 1、2」這些序號時，常會用括號括起來。例如：

> 有學者將實驗法的效度分成四種：內在效度、外在效度、建構效度和統計結論效度（註一）。事實上，這四種效度也適用於一般的研究方法中。

> 從研究功能的觀點，我們可將研究分成基礎研究（basic research）、應用研究（applied research）與評鑑研究（evaluation research）等三種(1)。這三種研究的涵義分別是……。

　　至於英文論文的寫法，則是在所引用資料最後一個字（標點符號之前）的右上方加註小號的阿拉伯數字（僅寫出數字即可，不必加註任何括號），例如：

> According to the previous research, the first three stages of Piaget's theory are forced on most people by physical realities[7]. Objects really are permanent.

　　文後註釋或附註依說明或解釋位置的不同，可分成註在當頁下端（橫寫論文）或左邊（直寫論文）的腳註（footnote），與集中註在論文之後的尾註（endnote）等二種。誠如前述，因文後註釋運用不便且寫法繁雜，所以本節僅介紹APA格式在文內註釋之引用參考資料的寫法；有關於文後註釋或附註的寫法，有興趣的讀者可參閱相關的論著（如：郭生玉，民87，第467～470頁；張春興，民67b，第926～930頁），本書只舉例如表17-1與17-2供參而不另述。

表17-1　文後註釋（腳註）舉隅一

> 　　任何一個概念或變項都要用一個詞來代表，而從語意學的觀點來看，所謂定義實即有關所用之詞的認知意義（cognitive meaning）的解釋，亦即有關一詞之用法的解釋。定義的標準形式通常是：「x」的意思是「y」。其中，x稱作被界定項(definiendum)，y稱作界定項(definiens)。舉例來說，「狐狸」這個詞的意思是指一種紅毛、尖嘴、大尾的四足動物。在這個定義中，「狐狸」這個詞是被界定項，「一種紅毛、尖嘴、大尾的四足動物」這一串解釋則是界定項。人人都會下定義，但其高下却各有不同。一般而言，良好的定義應具備以下的條件（註4）：
>
> ────────
> 註4：M. Black (1960) *Critical Thinking*. New York: Wiley.

資料來源：社會及行為科學研究法（上冊）（第17頁），楊國樞、
　　　　　文崇一、吳聰賢、李亦園編，民67，台北：東華書局。

表 17-2　文後註釋（尾註）舉隅二

```
┌─────────────────────────────────────────────────────────┐
│  ┌──────────┐                                           │
│  │  注　釋  │                                           │
│  └──────────┘                                           │
```

❶：鄭梓，「試探戰後初期國府之治台策略」，《二二八學術研討會
　　論文集》，台北：台美文化交流基金會，1992 年 2 月，256 頁。

❷：吳若予，《戰後台灣公營事業之政經分析》，台北：業強出版
　　社，1992 年 12 月，24 頁。

❸：陳翠蓮，《派系鬥爭與權謀政治──二二八悲劇的另一面相》，
　　台北：時報出版公司，1995 年 2 月，79 頁。

❹：李筱峰，《島嶼新胎記》，台北：自立晚報出版部 1993 年 3
　　月，頁 49。

❺：同前註，頁 86。

❻：行政院研究二二八事件小組，《二二八事件調查報告》，台北：
　　時報出版公司，1994　年 2 月，261 頁。

❼：同注❸，372-374 頁。

❽：李筱峰有關二二八事件的專著有《台灣戰後初期的民意代表》，
　　台北：自立晚報出版社，民國 75 年 4 月；《二二八消失的台灣
　　菁英》，自立晚報出版社，民國 79 年 2 月；《島嶼新胎記─從
　　終戰到二二八》，自立晚報出版社，1993 年 3 月。張炎憲主要
　　從事口述歷史的調查研究，主要有《悲情車站二二八》，自立晚
　　報出版社，1993 年 2 月；《基隆雨港二二八》、《嘉義北回二
　　二八》，自立晚報出版社，1994 年 2 月；《嘉義驛前》、《諸
　　羅山城二二八》、《嘉雲平野二二八》、《台北南港二二八》，
　　台北：吳三連基金會出版，1995 年 2 月。

資料來源：**台灣開發史**（第 317 頁），張勝彥、吳文星、溫振華、
　　　　　戴寶村編著，民 85，台北：國立空中大學。

二、引用實例

引用（文內註釋）參考資料的寫法主要有兩種：一種是改寫法，即研究者用自己的話摘述或彙整所引用資料的重點或要義；另一種是直引法，即直接引用原始資料的文字而不改寫之。惟，不論是使用改寫法或直引法，都一律採用「作者年代引用法」（author-date method of citation），亦即皆以「人名＋年代」的方式來顯示所引用的資料。引用中文資料時用「姓名＋民○○」，引用英文資料時則用「姓＋西元年代」。其次，同時引用不同作者之資料時，若為中文資料應依照姓名筆畫數（先姓後名，亦即姓筆畫數相同時，再視名之第一個字與第二個字的筆畫數定序）由小到大依序列出；若為英文資料則依姓之字母序（如姓序相同，再視名序）分別列出；若中、英文資料皆有時，則先列中文再列英文（若有中、日、英文三種資料，則其排序依由近到遠原則，以中文→日文→英文顯示之）。本部分先介紹改寫法的實際例子，下文再論述直引法。

㈠一位作者的一篇資料

假如作者是本文的一部分時，只要將出版年代用括號括起來，如下文第一與第二例；倘若作者和年代都非本文的一部分，則此二者都要用括號括起來，如第三例與第四例：

※陳定邦（民 84）的研究顯示

※ Morris(1990)指出，引起挫折的原因有

※先前的研究顯示（陳定邦，民 84）

※經由生理作用，可能與壓力有關的疾病會以各種不同的方式來呈現（Ogden,1996）

有時，雖然所引用的資料包括了月份（與日期），在行文裡只要

寫出年代即可,但在「參考文獻」裡仍要寫出月份(與日期)。在極少數的情況下,作者與年代都是本文的一部分時,則二者都不須加上括號,如下二例所示:

> ※周文欽在民國八十年發現台北市外來高中生的生活適應模型與性別有關

> ※西元 1927 年 Heisenberg 提出了震驚量子力學界的「測不準原理」(Uncertainty Principle)

在同一個段落裡,第二次(含以後)被引用到的資料,只要不會和其他參考資料相混淆,則在引用時可省略「年代」,例如:

> ※周文欽(民 80)發現台北市外來高中生的生活適應模型與性別有關,此外周文欽又指出

> ※ Morris (1990)指出,引起挫折的原因有……; Morris 也支持

(二)多位作者的一篇資料

1.二位作者

當一篇資料有二位作者,則每次引用到時,都須寫出二位作者的名字。

2.三至五位作者

當一篇資料的作者有三位、四位或五位時,第一次引用時須寫出所有的作者,但當以後再引用時,則僅須寫出第一位作者的姓(英文資料)或姓名(中文資料)並在其後加上「等」或「et al.」(注意 al 之後有一句點)及年代;但假如是在同一段裡再次被引用,則要省略「年代」。例如:

> ※周文欽、高熏芳、王俊明(民 85)發現

> ※周文欽等(民 85)發現(不同段的第二次以後引用)

> ※周文欽等發現(同一段的第二次以後引用)

> ※ Cui, O'connor, Ungerstedt, Linderoth, and Meyerson (1997)發現

※ Cui et al. (1997)發現（不同段的第二次以後引用）

※ Cui et al.發現（同一段的第二次以後引用）

前述之規則的例外情況：假如二篇資料的縮寫格式（如，Wang, Chiang, & Hoffer, 2000 與 Wang, Hoffer, Chiang, & Su, 2000 都縮寫成 Wang et al., 2000）相同的話，則要寫出足以分辨二者差異的前面數位作者的名字，接著在其後加上「等」或「et al.」。例如：

※ Wang, Chiang, and Hoffer (2000)和 Wang, Hoffer, et al. (2000)都發現

3.六位或六位以上作者

當一篇資料有六位或六位以上作者時，在每次（含第一次）引用時，只須寫出第一位作者的名字（並在其後加上等或et al.）及年代即可；然而，在「參考文獻」裡要寫出前六位作者的名字，其他作者則用「等」或「et al.」來取代之，這是「參考文獻」裡唯一出現「等」或「et al.」的時機。

假如二篇資料的縮寫格式是相同的話，則如前文所述，要寫出足以分辨二者差異的前面數位作者的名字，再加逗點與「等」或「et al.」。假若，我們引用下列二篇資料：

※ Okabe, Collin, Auerbach, Meiri, Bengzon, and Kennedy (1998）

※ Okabe, Collin, Meiri, Kennedy, Segal, and Mckay (1998)

那麼在引用時，就要寫成下列的格式（請注意，本來只要寫出第一位作者即可）：

※ Okabe, Collin, Auerbach, et al. (1998)和 Okabe, Collin, Meiri, et al. (1998)都發現

同一篇英文資料有多個作者時，若出現在正文裡要用and來連接，但若出現在括號內、圖表和參考文獻裡則要用&（ampersand）串連之。例如：

※ Schmitt and Martin (1999)就指出

※就有學者（Schmitt & Martin, 1999）認為

(三)作者為團體者

所謂團體，是指公司、學會、協會、政府機構與研究單位等。當參考資料的作者是以團體為名，則引用時都須寫出其全銜。惟，有些團體作者的名稱在第一次引用會寫出全銜，以後再引用時則以縮寫名稱代之。至於決定是否使用縮寫後的名稱，端視其是否能無困難地讓讀者在參考文獻裡找到相關的資料出處而定。假如團體名稱冗長繁瑣，而且其縮寫易懂與平易近人，則在第二次及以後引用時，可以縮寫之；假如團體名稱很簡短，且其縮寫不易了解時，則每次引用都要寫出全銜。

例如，下述的團體作者之縮寫名稱，一般人都能確認其涵義而不致發生誤用：

在參考文獻的寫法（特別注意標點符號的用法）：

※ United Nations Educational, Scientific, and Cultural Organization. (2001).

第一次引用的寫法：

※(United Nations Educational, Scientific, and Cultural Organization [UNESCO], 2001)

第二次（含）以後的引用寫法：

※(UNESCO, 2001)

類如下述團體作者的名稱，則要寫出全銜：

在參考文獻的寫法：

University of Colorado. (2000).

引用的寫法：

(University of Colorado, 2000)

中文資料之團體作者引用及縮寫的寫法如下例：

第一次引用的寫法：

※（行政院國家科學委員會〔國科會〕，民 90）

第二次（含）以後的引用寫法：

※（國科會，民 90）

㈣無作者或以無名氏爲作者的資料

當參考資料無作者，引用時只須寫出該參考資料之名稱的前面數字（在參考文獻裡須寫出全部名稱），如是一本書，則通常要寫出全部的書名，再加上年代。此時，假如所引用的是一篇文章或書中的一章，則要在篇名或章名的二端括上雙括號（中文則用「」）；倘若所引用的資料是一本期刊、報告或書，則須以斜體字（中文宜用黑體字）呈現該期刊、報告或書的名稱，例如：

※最新醫學研究顯示（ "New Drug", 1993）（該篇資料的全名是 "New drug appears to sharply cut risk of death from heart failure" ）

※人們須考量運將的想法（「社論」，民 88）（該篇資料的全名是「社論：流動的運將觀點」）

※ *College Bound Seniors*（1979）這本書提到

※考試作弊者一律退學（**學生手冊**，民 90）

當參考資料作者的署名是無名氏，則引用時之寫法如下述：

※先前的研究顯示（Anonymous, 1999）

※常有人認為（無名氏，民 90）

㈤作者的姓相同

假如有多篇參考資料的作者同姓不同名時，則每次引用時，都須寫出名（縮寫）與姓；同時寫出名與姓，其目的是避免讀者在查索「參考文獻」時發生混淆或錯誤。作者的姓相同時，引用的格式如下

二例（此種格式不適用於中文資料）：

　　※ J. N. Young (1998)與 T. G. Young (1989)都發現

　　※ E. J. Aitken and Lee (1977)與 B. M. Aitken and Dane (2001)的研究皆顯示

㈥同一括號內有多篇資料

相同作者有不同年代之資料者，在人名之後分別依年代序由小到大列出各個年代，如：

　　※有關的研究均顯示……（周文欽，民 85，民 89，民 90）

　　※有學者曾指出 (Collett & Moos, 1979, 1996, 2001)

相同作者同一年代有不同資料者，在年代後加a、b、c……，如：

　　※一般人都以為（周文欽，民 86a，86b，86c）

　　※多年前的研究 (Nixon, 1978a, 1978b；Smith, 1986a, 1986b, 1986c)

同時引用不同作者之資料時，若為中文資料應照姓名筆畫數（先姓後名，亦即姓筆畫數相同時，再看名之第一個字的筆畫數，依此類推）由小到大依序列出；若為英文資料則依姓之字母序（如姓相同，再依名第一個字的縮寫）分別列出；若中、英文資料皆有時，則先列中文再列英文。例如：

　　※常見的防衛機轉有下述多種（徐靜，民 64；張春興，民 80；
　　　Corey, 1991a,1991b；Hall & Lindzey, 1978；Laplanche & Ponta-
　　　lis, 1973）

㈦資料出處的某一部分

當參考資料是資料出處裡的某一特殊部分時，則除了須寫出作者與年代外，還要明確地交待在出處裡的頁數、篇章、圖次或表次等，而且此等訊息都須寫在括號裡。另要注意的是，頁數與篇章都要縮寫（中文資料除外）。例如：

※(Babbie, 2001, p.31)

※(Hall & Lindzey, 1978, chap.5)

※（周文欽，民 85，第 17 頁）

※（周文欽、高熏芳、王俊明，民 85，第五章）

在電子資料裡並不提供頁數，此時我們可提供段落的序數，並在其前加上「¶」這個符號（拉丁字母）或 para.（paragraph）這個縮寫字。倘若頁數與段落數均付之闕如，則應寫出標題名稱及段落數。前述引用格式如下二例：

※(Hoffer, 2001, ¶3)

※(Smith, 2001, Dicussion section, para. 5)

(八)個人信息

個人信息包括信件、備忘錄、電子郵件、個人訪談與電話對話等等，因這些資料並不公開或發行，所以個人信息的出處並不呈現在參考文獻裡，只出現在正文中。引用個人信息時，須寫出全名（名的縮寫和姓）及詳細的日期，例如：

※ K. S. Williamson(personal communication, December 12, 2001)

※(P. W. Houston, personal communication, May15, 2002)

(九)間接引

所謂間接引（indirect citation），是指所引用的資料，不是直接來自原典，而是間接轉引自另外一份資料。例如，Vygotsky 的研究成果被 Woolfolk 所引用，現在研究者要引用 Vygotsky 的研究成果，但他並沒讀 Vygotsky 的原典，而是只看 Woolfolk 的著作，這時的引用寫法如下述：

※ Vygotsky 的研究（引自 Woolfolk, 1995）顯示

間接引的時候應特別注意，原典的作者之後不須加註年代，但資

料來源的作者之後則須加註年代；因此，在參考文獻裡，要列出間接資料的出處而非原典的出處。再如，McBurney 在 1998 年的著作中指出，了解事象的方法有權威、邏輯、直覺與科學等四種。事實上，你並沒去讀 McBurney 的著作，而是從周文欽在民國九十一年所寫的書中得知，此時你如擬引用這個資料，則其引用寫法如下：

　　※ McBurney 認為，了解事象的方法有權威、邏輯、直覺與科學
　　　 等四種（引自周文欽，民 91）。

三、直引實例

　　所謂直引（direct quotation），是指直接引用：1.其他作者的作品；2.作者自己先前的論著；3.現成之問卷或測驗裡的題目；4.對於受試者施測測驗或問卷的逐字指導語，而不加以改寫或潤飾（即原文照錄）的過程。直引的寫法依所引字數的多寡可以分成兩種：

　　1.字數在四十個以下者，直接將所引之資料插入正文裡，並用括
　　　號（中文用「　」，英文用“　”）括起來（如下頁第一及第
　　　二例）。

　　2.字數為四十個或四十個以上者，則須另段書寫，但不加括號，
　　　而且所引之整段文字要從左邊邊緣內縮 0.5 英吋（1.3 公分或五
　　　個欄位）（英文的格式，中文可比照辦理），上下各以兩行的
　　　空間與其他正文隔開（如下頁第三例）。

　　直引時，若要省略部分的文字，則英文以三個點（…），中文以六個點（……）代表被省略的部分。當使用直引時，在行文中都要寫出作者、年代及所引文字在原參考資料中的頁數。頁數通常寫在年代之後，並用括號括起來，如（民 91，第 77 頁）或（2002, p.77），然也可分開寫。一般而言，頁數的寫法有下述三種，就中請特別注意不同直引的寫法，頁數、括號和標點符號標示位置，及行距和間距的顯

示法。

有關壓力的心理反應方面，周文欽（民88，第153頁）指出：「可分成情緒、行為與防衛機轉等三種反應；嚴重的話，則會產生心理異常的心理反應。」但一般人總易忽略心理異常的反應。

周文欽（民88）進一步認為：「緩和壓力時，會出現……等諸多行為；但走極端時，就有可能出現諸如搶劫、性暴力或自殺等犯罪或非社會行為（第153頁）。」

在實徵性的研究方面，周文欽（民80）發現：

台北市外來的女高中生之父母教育程度、父母職業類別及社經水準顯著的高於男高中生；不同出生序的外來學生在父母教育程度、父母職業類別、及社經水準上有顯著的差異；……；不同學校的外來學生在父母教育程度及社經水準上有顯著的差異，就中志願排序愈前面學校之學生的父母教育程度及社經水準顯著的高於志願排序愈後面者。（第243頁）

從以上周文欽的發現，令我們深深感慨，國內高中教育的教育機會均等與社區化仍然是一個理想，至今並未落實到實際的高中教育上。

　　不論所引內容的長度如何，直引時都要註明其出處，並盡一切可能標示出頁數（電子資料因無頁碼，可以免之）。假如直引的內容較長且來自於有版權的資料，直引者也計畫公開出版所撰之著作物時，這個時候通常都需要徵求該直引內容之著作權擁有者的同意。至於多長的直引內容才須徵求同意，常會因版權擁有者及國家的不同而有差

異；例如，APA同意其有著作權之出版物的直引上限為五百字以內，在五百字以內者並不需要特別徵求同意許可。惟，遇到須徵求同意者，作者一定要去函徵求同意後才可直引之，否則會有違反著作權法之虞。倘若必須徵求同意者，則必須在腳註裡說明直引內容的出處及獲得同意的字樣（Reprinted〔or Adapted〕with permission）。

第三節　參考文獻的寫法

參考文獻（reference list）大都列在論文或專書的最後部分，它是將研究者所引用之資料的出處，依作者姓名字母序或筆畫數，詳細且具體地羅列出來。依APA的格式，參考文獻的寫法或內容，會因引用資料之性質的不同而有顯著的差異，不過仍有可供共同遵循的原則。本節先指出參考文獻的撰寫原則，接著再呈現其撰寫實例。

一、撰寫原則

(一)引用資料與參考文獻應一致

即正文中所引用的資料，都要列在參考文獻裡；參考文獻所列者，都必須在正文中被引用。易言之，引用的資料與參考文獻要相互契合。

(二)參考文獻必須完整與正確

參考文獻的主要目的之一，是要能讓讀者據此找得到資料的出處並利用之，因此參考文獻就必須完整與正確。為了完整，所以參考文獻中的每筆資料，通常都包括作者、出版（發表）年代、題名（title，

書名、篇名或論文名稱）與出版資料（地點和出版機構或期刊、序號和頁數等）等四個部分。為了正確，參考文獻中的每筆資料都要仔細地與原始出版品核對，特別要注意西文作者名字的拼法（含音符或特殊符號）與期刊名稱全銜（含卷、期和頁數等）的完整性。

㈢有關出版資料的縮寫

依 APA 格式，在說明或顯示參考文獻之出版資料（含書的版本、編、譯及頁數等）時，有些用字必須使用縮寫。需要用縮寫來呈現出版資料的主要用字，如表 17-3 所示。

表 17-3　出版資料的縮寫用字

縮寫	原字	意義
chap.	chapter	章
ed.	edition	版
Rev. ed.	revised edition	修訂版
2nd ed.	second edition	第二版
Ed.（Eds.）	Editor（Editors）	編者（多人編者）
Trans.	Translator（s）	譯者（多人譯者）
p.（pp.）	page（pages）	單頁數（多頁數）

資料來源：*Publication manual of the American Psychological Association*(5th ed.) (p. 217), by American Psychological Association, 2001, Washington, DC: Author.

㈣出版地點

出版地點通常都呈現在書、單本報告、小冊子與其他個別和非期刊性出版品之出版者之前。美國境內出版地點的寫法是城市加上州，美國之外國家的寫法則是城市、州或省（假如有的話）再加上國家；惟，有些堪稱主要且聞名於世的城市，僅須寫出城市而不必再加上州

名、省名或國家，這些城市有（劃底線者為美國城市）（American
Psychological Association, 2001, p.217）：

Baltimore	New York	Amsterdam	Paris
Boston	Philadelphia	Jerusalem	Rome
Chicago	San Francisco	London	Stockholm
Los Angles		Milan	Tokyo
		Moscow	Vienna

　　依 APA 的格式，美國州名（含屬地）要使用美國郵政局的縮寫方
式呈現之，其縮寫格式詳如表 17-4 所示：

㘴參考文獻的排序

　　參考文獻的最主要排序原則是：先列中文文獻，再列外文文獻；
中文文獻依姓之筆畫數排序，西文文獻依姓之字母序排序。其具體原
則之要者有下述諸端：

1. 相同作者有不同年代的多篇資料時，依出版年代排序（由小至
大）。
2. 相同作者同一年代有多篇資料時，依出版年代後的英文字母排
序。例如：
※ Thomas, T. B. (1999a).
※ Thomas, T. B. (1999b).
3. 參考資料有多篇且作者數各有不同時，依第一位作者人名排
序；第一位作者相同時，依第二位排序；第二位作者相同時，
依第三位排序，以此類推。再者，作者數少者排前，作者數多
者排後。例如：
※ Bailey, N. L. (1999).
※ Bailey, N. L., & Stevens, B. J. (2001).

表 17-4　美國州名（屬地）的縮寫

地　　　區	縮寫	地　　　區	縮寫
Alabama	AL	Florida	FL
Alaska	AK	Georgia	GA
American Samoa	AS	Guam	GU
Arizona	AZ	Hawaii	HI
Arkansas	AR	Idaho	ID
California	CA	Illinois	IL
Canal Zone	CZ	Indiana	IN
Colorado	CO	Iowa	IA
Connecticut	CT	Kansas	KS
Delaware	DE	Kentucky	KY
District of Columbia	DC	Louisiana	LA
Maine	ME	Oklahoma	OK
Maryland	MD	Oregon	OR
Massachusetts	MA	Pennsylvania	PA
Michigan	MI	Puerto Rico	PR
Minnesota	MN	Rhode Island	RI
Mississippi	MS	South Carolina	SC
Missouri	MO	South Dakota	SD
Montana	MT	Tennessee	TN
Nebraska	NE	Texas	TX
Nevada	NV	Utah	UT
New Hampshire	NH	Vermont	VT
New Jersey	NJ	Virginia	VA
New Mexico	NM	Virgin Islands	VI
New York	NY	Washington	WA
North Carolina	NC	West Virginia	WV
North Dakota	ND	Wisconsin	WI
Ohio	OH	Wyoming	WY

資料來源：*Publication manual of the American Psychological Association* (5th ed.) (p. 218), by American Psychological Association, 2001, Washington, DC: Author.

※ Breakwell, G. M., Hammond, H. A., & Mason, T. W. (1996).

※ Breakwell, G. M., & Neuman, N. R (2001).

※ Cliff, P., Linn, L. A., & Morgan, K. R. (1997).

※ Cliff, P., Linn, L. A., & Popham, K. D. (1997).

※賴保禎、周文欽、林世華（民 86）。

※賴保禎、周文欽、張鐸嚴、張德聰（民 88）。

4.作者姓同名不同時，則依名之筆畫數（中文資料）或字母序
（西文資料）排序；假如名之第一個字或第一個字母也相同
時，則依第二個字（字母）排序，例如：

※林邦傑（民 69）。

※林清山（民 81）。

※ Su, M. T., & Gerhardt, G. A. (2001).

※ Su, R. B., & Bodmer, C. J. (2000).

㈥參考文獻的一般格式

本部分所引用之西文資料均取材自 American Psychological Asso-
ciation (2001)。

1.期刊

(1)西文資料

　　Author, A. A., Author, B. B., & Author, C. C. (2002). Title of article.
　　Title of Periodical, χχ, xxx-xxx.

(2)中文資料

　　作者、作（民 91）。論文名稱。**期刊名稱**，*χχ*，xxx-xxx。

2.專書、單本論文或報告

⑴西文資料

Author, A. A. (2001). *Title of work.* Location: Publisher.

⑵中文資料

作者（民 91）。**書名**。地點：出版機構。

3.專書中之一篇

⑴西文資料

Author, A. A., & Author, B. B. (2002). Title of chapter. In A. Editor, B. Editor, & C. Editor (Eds.), *Title of book* (pp.xxx-xxx.). Location: Publisher.

⑵中文資料

作者（民 91）。篇名。載於編者（編）：**書名**（第 xxx-xxx 頁）。地點：出版機構。

4.線上（含網際網路、光碟等）期刊

Author, A. A., Author, B. B., & Author, C. C. (2002). Title of article. *Title of Periodical, χχ,* xxx-xxx. Retrieved month day, year, from source

目前在台灣，線上中文期刊資料不易得見，所以本項格式不列中文資料；若有需要，直接比照西文資料的格式即可。

5.線上文件

⑴西文資料

Author, A. A. (2002). *Title of Work.* Retrieved month day, year, from source

⑵中文資料

作者（民 89）。**文件名稱**。Retrieved month day, year, from source

(七)參考文獻一般格式的撰寫原則

在前述 APA 參考文獻的一般格式裡，作者、出版日期、論文名稱或篇名、期刊名稱與書名及電子資料來源的寫法，都有可資遵循的原則，詳如下述：

1.作者

⑴作者數在六位（含）以下者要寫出所有的作者名字，超過六位者（即第七位以後者）之作者以「等」或「, et al.」取代之。

⑵西文資料作者及排在參考文獻起首的編者之名字，應先呈現姓，再呈現名（縮寫）；如資料是編著的話，則應在名字之後加註（Ed.）（一位編者）或（Eds.）（多位編者）。但如編者是出現在參考文獻的中間部分（即該資料是某本編著之書的一部分）時，則編者名字的寫法是先名（縮寫）後姓，而且其標點符號的註法亦有不同，例如：

※ Murphy, K. R., & Davidshofer, C. O. (1994). *Psychological tes-ting:Principles and applications* (3rd ed.). Englewood Cliff, NJ:Prentice-Hall.

※ Zillmann, D., & Bryant, J. (1984). Effects of massive exposure to pornography. In N. M. Malamuth & E. Donnerstein (Eds.), *Language and sex: Difference and dominance* (pp. 105-129). Rowley, MA: Newbury House.

⑶作者為團體者，要寫出該團體者的全銜而不能用縮（簡）寫呈現之。例如：

※ American Psychological Association. (2001).

※行政院國家科學委員會（民91）。

⑷西文資料的作者若為團體，則在該團體名銜之後要加一句點（.）；若該資料為編著者，要在編者之後加句點；若該資料無

作者，則在該篇資料（本書）名稱之後加上句點。其餘以人名
為作者者，不須在人名之後加上句點。以團體為作者的標示法
可參考前文(3)之第一例，另二種標示法如下二例所示：

※ Stevens, S. S. (Ed.). (1991). *Handbook of experimental psychol-ogy*. New York: John Wiley.

※ *SPSS®6.1 syntax reference guide.* (1994). Chicago: SPSS Inc.

⑸西文資料若有多位作者，每位作者之間以逗點（,）隔開，並在
最後一位作者之前用「, &」連接起來。

例如：

※ Judd, C. M., Smith, E. R., & Kidder, L. H. (1991).

中文資料若有多位作者，則每位作者之間以頓點（、）隔開，
例如：

※周文欽、高熏芳、王俊明（民85）。

2.出版日期

出版日期都用括號（　）括起來，西文資料要在（　）後加一句
點如(2000).，中文資料則通常在（　）之後加一個句點（。）。出版
日期主要有三種常見的呈現方式：

⑴(2002).（民91）。運用在期刊、書與視聽媒體上。

⑵(2002, March).（民91.3）。運用在會議與月刊上。

⑶(2002, March 31).（民91.3.31）。運用在日報與週刊上。

3.論文名稱或篇名

論文名稱指的是期刊中某一篇論文的題目，篇名則是指某專書中
某一章或某一篇文章的名稱或章名。西文資料之論文名稱或篇名的第
一個字母與冒號（:）之後的第一個字母要大寫外，其餘皆小寫（原本
就需要大寫的專有名詞不在此限）。論文名稱或篇名之後，中西文資
料都要加上句點（。或.）。

4.期刊名稱與出版資料

　　西文期刊名稱除介繫詞之外，每個字的第一個字母都需要大寫，且期刊名稱之後要加上逗點（，或,），接著再寫上出版資料。所謂出版資料，是指期刊的卷（期或號）與所引用之資料在該期刊上的頁數。原則上，期刊之出版資料只出現數字，卷（vol.）、期或號（no.）與頁碼（p.或pp.）均省略之。西文期刊名稱與卷（期）數要用斜體字呈現，中文則用黑體字呈現；惟，卷或期後括號內的號數不須以斜體字或黑體字來呈現。例如：

　　　※許擇基（民69）。教育研究的統計結論效度與構想效度。**測驗年刊**，**12**，15-32。

　　　※ Smith, J. (2001). In the shadow of Kurdish: The silence of other ethnolinguistic minorities in Turkey. *Middle East Report, 31*(2), 45-47.

5.專書書名

　　西文的專書（含單冊的研究報告或論文）書名，只有第一個字、冒號（:）後的第一個字與專有名詞之第一個字母須大寫外，其餘均以小寫行之。西文的專書書名以斜體字呈現，中文則以黑體字呈現。書名的最後一個字須加上句點。

6.專書中的某篇資料

　　西文專書之編者名字的呈現方式是先名（縮寫）後姓，假如編者有二位，則用&連接起來，但不必用逗點隔開；但如編者有二位以上，最後一位須用&連接外，也須在&之前的每位編者後加上逗點。西文專書的編者以（Ed.）或（Eds.）代之，中文專書則用編或編著示之。這種參考文獻須註明該篇資料在專書中的頁數，而且須加上頁（p.或pp.）字。例如：

　　　※文崇一（民67）。問卷設計。載於楊國樞、文崇一、吳聰賢、李亦園（編）：**社會及行為科學研究法**（上冊）（第405-438頁）。台北：東華書局。

※ Zillmann, D., & Bryant, J. (1984). Effects of massive exposure to pornography. In N. M. Malamuth & T. Donnerstein (Eds.), *Language and sex: Difference and dominance* (pp. 105-129). Rowley, MA: Newbury House.

※ Davis, A. (1995). The experimental method in psychology. In G. M. Breakwell, S. Hammond, & C. Fife-Schaw (Eds.), *Research methods in psychology* (pp. 50-68). London: SAGE.

(八)電子資料之參考文獻的格式

電子資料主要包括網際網路（Internet）上的資料，以及各種光碟或微縮片資料庫上的資料。電子資料之參考文獻的格式與前述紙本式資料最大的差異處是，電子資料要註明資料取得的途徑：Internet 上的 URL（uniform resource locator）或資料庫的名稱，紙本式資料則是要寫出資料的出處：書的出版地點、出版機構或期刊名稱、卷期與頁數。此外，電子資料都要註明資料取得的年、月、日（如，Retrieved December 12, 2001, from http://www.apastyle.org/elecsource.html），而且 URL 後不須加上句點，但資料庫後則需要加上句點。

二、撰寫實例

本撰寫實例分別從期刊、雜誌、專書、專書中之一篇、學位論文、無作者之論文或專書、會議論文、網際網路、報紙與其他等十種文獻類別加以呈現。

(一)期刊

沈文英（民90）。階層化之「媒體使用」模式：動機、媒體使用、動機滿足。**廣播與電視**，16，87-125。

王桂芸、高啟雯、周文欽、譚延輝（民87）。慢性阻塞性肺部疾病病
　　人社會支持與生活品質之關係。**醫學研究雜誌**，19（1），
　　22-31。

McArthur, C. (1992). Rumblings of a distant drum. *Journal of Counseling
　　and Development, 70*, 517-519.

Stearns, C. A. (1999). Breadfeeding and the good maternal body. *Gender
　　and Society, 13*(3), *308.*

Strang, D., & Baron, J. N. (1990). Categorical imperative: The structure of
　　job title in Canifornia State Agencies. *American Sociological Review,
　　55*, 479-495.

Mettler, P. A., Smith, M., & Victory, K. (2001). The effects of nutrient pul-
　　sing on the threatened, floodplain species Boltonia decurrens. *Plant
　　Ecology, 155*(1), 91-98.

（以上作者為一至六人者）

Zheng, X., Walcott, G. P., Rollins, D. L., Hall, J. A., Smith, W. M., Kay, G.
　　N., et al. (2001). Comparison of the temperature profile and patholog-
　　ical effect at unipolar, bipolar phased radiofrequency current configur-
　　ations. *Journal of Interventional Cardiac Electrophysiology, 5*(4),
　　401-410.

（以上作者超過六人者）

(二)雜誌

張珮菁（民90.12.31）。讓日圓貶值是救經濟最快的方法。**商業周刊**，
　　736，66。

Dickinson, A. (2001, December 31). Age of anxiety. *Time, 158*(26), 93.

（以上為週刊）

洪震宇（民91.1）。借錢消災全民負債。**天下雜誌**，248，130-137。

Kiger, J. P. (2001, November). Lessons from a crisis: How communication kept a company together. *Workforce*, *80*(11), 28-36.

（以上為月刊）

(三)專　書

郭生玉（民 87）。**心理與教育研究法**。台北：精華書局。

周文欽、歐滄和、許擇基、盧欽銘、金樹人、范德鑫（民 84）。**心理與教育測驗**。台北：心理出版社。

教育部（民 78）。**中華民國教育統計指標七十八年創刊號**。台北：作者。

（出版機構與作者相同時，以「作者」代表出版機構，英文資料則用 "Author" 代之）

賈馥茗、楊深坑（主編）（民 80）。**教育研究法的探討與應用**。台北：師大書苑。

Mayer, R. E. (1991). **教育心理學──認知取向**（林清山譯）。台北：遠流出版公司。（原書於 1987 年出版）。

Bailey, K. D. (1987). *Methods of social research*. New York: The Free Press.

Murphy, K. R., & Davidshofer, C. O. (1994). *Psychological testing:Principles and applications* (3rd ed.). Englewood Cliffs, NJ: Prentice-Hall.

Gilbert, N. (Ed.). (2001). *Researching social life* (2nd ed.). London: SAGE.

American Psychiatric Association. (1994). *Diagnostic and statistical manual of mental disorders* (4th ed.). Washington, DC: Author.

Laplace, P.-S. (1951). *A philosophical essay on probabilities* (F. W. Truscott & F. L. Emory, Trans.). New York: Dover. (Original work published 1814).

（引用時須標示原始出版年代與翻譯年代，如：(Laplace, 1814/1951)）

(四)專書中之一篇

周文欽、周愚文（民 77）。歷史研究。載於賈馥茗、楊深坑（主編）：**教育研究法的探討與應用**（第 1-34 頁）。台北：師大書苑。

Fitzgerald, P.A. (2001). Hypothalamic & pituitary hormones. In B. G. Katzung (Ed.), *Basic & clinical pharmacology* (8th ed.) (pp. 625-643). New York: McGraw-Hill.

Zillmann, D., & Bryant, J. (1984). Effects of massive exposure to pornography. In N. M. Malamuth & E. Donnerstein (Eds.), *Language and sex: Difference and dominance* (pp. 105-129). Rowley, MA: Newbury House.

(五)學位論文（未發表者）

游鴻裕（民 90）。**經濟發展、婦女就業與家庭變遷之研究：台灣經驗的觀察**。國立台灣師範大學三民主義研究所博士論文，未出版，台北市。

Wilfley, D. E. (1989). *Interpersonal analyses of bulimia: Normal-weight and obese*. Unpublished doctoral dissertation. University of Missouri, Columbia.

(六)無作者之論文或專書

學生手冊（民 90）。台北：國立空中大學。

The new health-care lexicon. (1993, August/September). *Copy Editor, 4,* 1-2.

FACTOR. (1988). In *SPSS-X users' guide* (3rd ed.) (pp. 481-498). Chicago: SPSS Inc.

Merriam-Webster's collegiate dictionary (10th ed.). (1993). Springfield, MA: Merriam-Webster.

(七)會議論文

周文欽（民 83.5）。**在現有校園文化下的開放教育模式**。發表於台北縣政府主辦的邁向廿一世紀開放教育學術研討會。

Moore, J. (1999, January). *Some basic concepts in meta-analysis*. Paper presented at the annual meeting of the Southwest Educational Research Association, San Antonio, TX.

(八)網際網路

國立台灣科技大學（民 88.9.28）。**國立台灣科技大學館藏光碟及線上資料庫目錄**。Retrieved October 31, 2001, from http://140.118.33.2/cdinto.cd_index.htm

Kardum, I., & Krapic, N. (2001). Personality traits, stressful life events,and coping styles in early adolescence. *Personality and Individual Difference*, *30*(3), 503-515. Retrieved January 8, 2002, from http://sdos.ejournal.ascc.net

Electronic references. (n.d.). Retrieved December 22, 2001, from http://www.apastyle.org/elecsource.html

（n.d.是 no date 的縮寫，當不知或未提供資料之出版日期時，通常都用 n.d.來取代日期或年代）

(九)報紙

社論：回到憲法層次談中央與地方對健保欠費的爭議（民 91.1.9）。**中時晚報**，第 2 版。

Japan battles an alliance of gangs that trades in stolen cars. (2002, January

6). *The New York Times*, p. L5.

（無作者之文章、論文或專書，在引用時通常都以該文章、論文或專
書的名稱為作者，再加上年代即可；但如名稱稍長的話，在引用
時只要摘取名稱前面數個重要之字再加上年代即可。例如，前二
例在引用時，寫上「社論，民 91」或「Japan Battles, 2002」就可
以了）

馬悅然（民 91.1.11）。康有為的「大同」社會。**聯合報**，第 37 版。

Fife, S. (2002, January 6). Downtown theaters enter a new world. *The New
York Times*, pp. AR5, AR6.

（英文報紙的文章如刊登在多個版面上，則必須在版別前加上 pp.；如
登在單一版面上，則加上 p.即可）

(十)其他

1.引自 DAI（Dissertation Abstracts International）者

Tatum, R. N. J. (2001). Self-concepts, stress coping resources, and locus in
early adolescent African-American and White student. *Dissertation
Abstracts International, 61*(10), 5611B.

（引自期刊者）

Tatum, R. N. J. (2001). *Self-concepts, stress coping resources, and locus in
early adolescent Africant-American and White student*. Retrieved Jan-
uary 11, 2002, from http://wwwlib.umi.com/dissertations/fullcit/
9991810

（引自網際網路者）

2.引自 ERIC（Educational Resources Information Center）者

Kim, J.-P. (2000). *An empirical study of the effect of the pooling effect sizes
on Hedge's Homogeneity Test*. (ERIC/RIE Microfiche ED447192)

（引自 ERIC 微縮片者）

Kim, J.-P. (2000). *An empirical study of the effect of the pooling effect sizes on Hedge's Homogeneity Test.* (ERIC Document Reproduction Service No.ED447192) Retrieved January 11, 2002, from http://ericir.syr.edu/ Eric

（引自網際網路者，只引摘要部分）

關鍵詞彙

初步資料	論文主體
參考文獻	參考書目
附錄	緒論
研究方法	引用
文內註釋	文後註釋
直引法	作者年代引用法

自我評量題目

1. 試分述學位論文與期刊論文的基本結構各為何，並比較二者之異同。

2. 試分述學位論文與期刊論文之論文主體的主要內容各為何，並比較二者之異同。

3. 試述研究報告的撰寫原則。

4. 試述學位論文與期刊論文之「緒論」部分的內容差異處。

5. 何謂引用？撰寫研究報告為何需要引用？試分述之。

6. 試舉例說明文內註釋與文後註釋的涵義。

7. 試述在引用時，使用 et al.的時機為何？

8. 若研究者撰寫研究報告時參考了 Rita L. Atkinson, Richard C. Atkinson, Edward E.Smith, Daryl J. Ben 和 Ernest R. Hilgard 等人在 1990 年出版的著作，則應如何寫出第一次和第三次的引用方法；又若該著作的書名為《*Introduction to Psychology*》第十版，出版地點是美國加州的 San Diego，出版公司為 Harcourt Brace Jovanovick，則依 APA 的格式，其參考文獻又應如何撰寫？

9. 試述中文參考文獻與英文參考文獻的排列原則各為何。

附錄

主要效果、交互作用效果與單純主要效果釋義

　　用實驗法來蒐集資料，倘若依變項資料的性質是屬於量變項，自變項是屬於名義變項，且其水準為三個或三個以上者，則大都使用變異數分析（analysis of variance, ANOVA）這種統計法來分析之，進而驗證（考驗）假設。主要效果、交互作用效果與單純主要效果就是變異數分析裡的專有名詞。至於何謂變異數分析，因涉及統計學的專業知識，不易以三言兩語做清楚的交待，在此不贅述，有興趣的讀者可逕自參閱統計學的專書。

一、主要效果

　　所謂主要效果（main effect），是指各個自變項對依變項產生的效果；換言之，凡是因操弄自變項的各個水準，而使依變項發生改變的現象，就稱為主要效果。假如，某研究者用實驗法來探討威而鋼劑量對於性生活滿意度的影響，其研究假設為：「服用不同威而鋼劑量的人，其性生活滿意度會有顯著差異。」在這個研究裡，威而鋼劑量是自變項，它有三個水準，分別是 50mg、100mg 與 150mg；性生活滿意度是依變項，研究者以受試者在〈性生活滿意度測驗〉上的得分代表之（亦即是該變項的操作型定義）。現在，研究者經由隨機抽樣和隨機分派的方式，找來三組受試者，第一組服用 50mg 劑量的威而鋼，第二組服用 100mg 劑量，第三組則服用 150mg 劑量。實驗的程序為每位受試者在行房前服用一顆該劑量的威而鋼，連續服用一個月，之後再請他們填答〈性生活滿意度測驗〉，並計算其得分。經統

計分析後得各組平均數如表一。

表一　不同威而鋼劑量在性生活滿意度上的平均數

50mg 劑量	100mg 劑量	150mg 劑量
33	49	65

假如表一的三組平均數經變異數分析的結果，達到顯著差異的話，則我們可以說，威而鋼劑量在性生活滿意度的主要效果達到了顯著水準。又假如前述三組平均數的差異未達顯著，則威而鋼劑量的主要效果就未達顯著水準。一般而言，在實驗法裡，吾人都希望主要效果能達到顯著水準，俾便能推論，不同的實驗處理確實能產生不同的反應。

二、交互作用效果

所謂交互作用效果（interaction effect），是指在多因子實驗中，二個或二個以上自變項（實驗因子）同時對依變項產生的效果。前述的實驗研究是屬於單因子實驗，它只能分析（一個）主要效果，而交互作用效果一定要在多因子實驗裡，才能進行分析。前述的單因子實驗，如再增加「年齡」這個自變項（分成高年齡和低年齡兩個水準），就形成 2 × 3 的多（二）因子實驗設計。這時，我們除了可以分別分析「威而鋼劑量」和「年齡」對於「性生活滿意度」的主要效果外，尚可分析：

1. 服用不同威而鋼劑量的人，在不同年齡組上是否會產生不同的性生活滿意度？

2. 不同年齡組的人服用不同威而鋼劑量後，其性生活滿意度是否會有差異？

前述二個研究問題（事實上，是同一個問題），即是在分析「威而鋼劑量」和「年齡」這二個自變項對於「性生活滿意度」的交互作用效果，假如這個交互作用效果達到顯著水準的話，那就顯示：

1.威而鋼劑量之多寡對性生活滿意度的作用，會受到服用者之年齡高低的影響。

2.年齡之高低對性生活滿意度的感覺，會受到服用威爾鋼劑量之多寡的影響。

綜上所述，我們可以發現，假如「威而鋼劑量」和「年齡」在「性生活滿意度」上有顯著的交互作用效果，則「威而鋼劑量」在「年齡」不同的水準中，對「性牛活滿意度」的影響會產生不同的情況；或者，「年齡」在「威而鋼劑量」不同的水準中，對「性生活滿意度」的影響亦會產生不同的情況。換言之，高威而鋼劑量（如150mg）可能對於高年齡組的服用者，較能產生高性生活滿意度？也可能對於低年齡組的服用者，才能產生高性生活滿意度？反過來講，低威而鋼劑量（如 50mg）可能對於低年齡組的服用者，較能產生高性生活滿意度？也可能對於高年齡組的服用者，才能產生高性生活滿意度？而中威而鋼劑量服用者，是否也會因年齡組的不同而產生不同的性生活滿意度？當交互作用效果達到顯著水準時，則上述的問題至少有一個會成立。至於實際的狀況如何，就要經由單純主要效果的考驗來加以驗證了。職是之故，當多（二）因子實驗的交互作用效果達到顯著水準時，就須進行單純主要效果的考驗。

前述實驗的顯著交互作用效果，可以用圖一示之；如交互作用效果未達顯著水準，則可用圖二示之。

圖一與圖二最大的相異處，在於圖一（有交互作用）的二條線有交點，圖二（無交互作用）則沒有交點。就圖一的這種交互作用而言，低威而鋼量服用者的性生活滿意度，低年齡組要比高年齡組來得高；然高威而鋼劑量服用者的性生活滿意度，則是高年齡組比低年齡

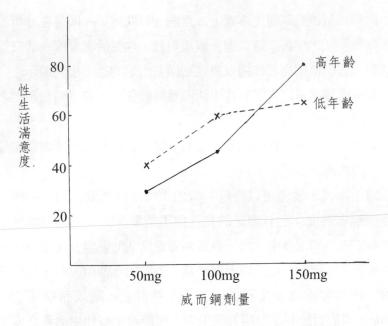

圖一　威而鋼劑量與年齡二因子間有交互作用

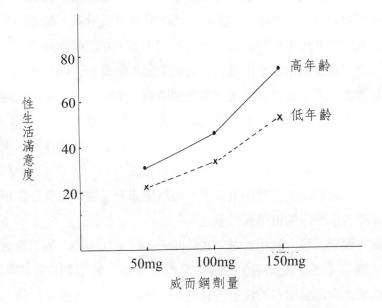

圖二　威而鋼劑量與年齡二因子間無交互作用

組來得高。圖二則顯示，在沒有交互作用的情況下，不論是「年齡」或「威而鋼劑量」因子，其對「性生活滿意度」的影響都是各自獨立的，而不會產生交叉或互動的效應。

三、單純主要效果

所謂單純主要效果（simple main effect），是指在多因子實驗裡，若交互作用效果達到顯著水準時，各自變項（實驗因子）對依變項所產生的交互影響效果。現在，我們同樣以「威而鋼劑量與年齡對於性生活滿意度的影響」之二因子實驗為例，說明單純主要效果的內涵。當這個實驗的交互作用效果達到顯著水準時，則我們僅能知道，威而鋼劑量對於性生活滿意度的作用會受到年齡的影響；或年齡對於性生活滿意度的作用，會受到威而鋼劑量的影響。透過單純主要效果的考驗，則可進一步讓我們知道，其影響的方式或情況。具體而言，在這個實驗裡的單純主要效果可以考驗下列各個研究問題（將年齡視為 A 因子，威而鋼劑量視為 B 因子）：

※關於 A 因子（年齡）方面

　1.在 50mg 威而鋼劑量時，不同年齡者在性生活滿意度上，是否有差異？

　2.在 100mg 威而鋼劑量時，不同年齡者在性生活滿意度上，是否有差異？

　3.在 150mg 威而鋼劑量時，不同年齡者在性生活滿意度上，是否有差異？

※關於 B 因子（威而鋼劑量）方面

　4.在低年齡組時，使用不同威而鋼劑量者在性生活滿意度上，是否有差異？

　5.在高年齡組時，使用不同威而鋼劑量者在性生活滿意度上，是

否有差異？

最後，我們以圖三來顯示主要效果與單純主要效果之統計分析的性質。圖三中的 a_1 和 a_2 是指 A 因子的二個水準，b_1、b_2 和 b_3 是指 B 因子的三個水準；準此，圖三可說是一個 2×3 之二因子實驗設計，而且也假設其交互作用效果達到顯著水準。

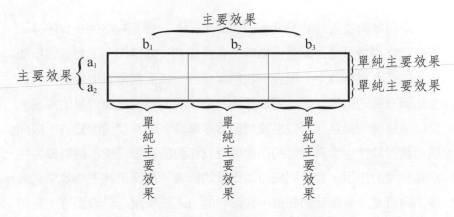

圖三　主要效果與單純主要效果示意

接著，我們從統計分析的觀點，來闡釋主要效果和單純主要效果的考驗。請先看圖四各細格內及圖外各代號的涵義：

$\overline{a_1b_1}$	$\overline{a_1b_2}$	$\overline{a_1b_3}$	$\overline{a_1}$
$\overline{a_2b_1}$	$\overline{a_2b_2}$	$\overline{a_2b_3}$	$\overline{a_2}$
$\overline{b_1}$	$\overline{b_2}$	$\overline{b_3}$	

圖四　圖三之各實驗處理組在依變項上的得分平均數

圖四裡的 $\overline{a_1b_1}$ 代表 a_1b_1（低年齡服用低威而鋼劑量實驗組）這一組受試者在依變項（性生活滿意度）上的得分平均數，$\overline{a_1}$ 代表 a_1（低年齡實驗組）這一組受試者在依變項上的得分平均數，$\overline{b_3}$ 則代表 b_3（高

威而鋼劑量實驗組）這一組受試者在依變項上的得分平均數，其他代號的涵義依此類推。

從圖四觀之，主要效果的考驗有二個：

1.分析$\overline{a_1}$與$\overline{a_2}$是否達到顯著差異？

2.分析$\overline{b_1}$、$\overline{b_2}$與$\overline{b_3}$之間是否達到顯著差異？

然而，單純主要效果的考驗卻有五個：

1.分析$\overline{a_1b_1}$與$\overline{a_2b_1}$是否達到顯著水準？

2.分析$\overline{a_1b_2}$與$\overline{a_2b_2}$是否達到顯著水準？

3.分析$\overline{a_1b_3}$與$\overline{a_2b_3}$是否達到顯著水準？

4.分析$\overline{a_1b_1}$、$\overline{a_1b_2}$與$\overline{a_1b_3}$之間是否達到顯著水準？

5.分析$\overline{a_2b_1}$、$\overline{a_2b_2}$與$\overline{a_2b_3}$之間是否達到顯著水準？

綜上所述，吾人可發現，在 $p \times q$ 二因子實驗裡，最多可考驗二個主要效果，及 p（代表第一個因子的水準數）加 q（代表第二個因子的水準數）個單純主要效果。例如，在一個 3×4 的實驗設計裡，實驗者最多可考驗二個主要效果，及七個單純主要效果。

專用詞彙

一畫

CATI　　見「電腦輔助電話訪談」。

RDD　　見「隨機數據撥號」。

α係數　　由克朗巴赫所提出，用來代表信度高低的量數。

三畫

工具書　又稱為參考書。依據特殊編排方法，以供檢索知識、資料或資訊的書籍；可分成指引性工具書和資料性工具書兩種。

四畫

中介變項　介於自變項和依變項之間的一切對依變項會產生作用的內在心理歷程。見混淆變項。

內在效度　一個研究之研究設計能正確說明研究結果，或呈現自變項與依變項之因果關係的程度。

內容效度　(1)測量心理特質的行為樣本反映整體行為表現的程度，(2)測驗內容的代表性或取樣的適切性，(3)又稱為合理效度或邏輯效度。

分層隨機抽樣　先將抽樣架構內的元素或抽樣單位分成若干個層，再計算出各層所占的比率與樣本大小，接著使用簡單隨機或系統隨機抽樣法來抽取樣本的歷程。

引用　撰述研究論文或報告時，註明所參考之資料的作者及年代或加註符號，並在文章之末的參考文獻裡寫出該資料之完整出處，或該資料之腳註或尾註的歷程。又分成文內註釋及文後註釋兩種。

心理特質　見「測驗」。

心理測量　測量人之心理特質的歷程。

手工查索　只靠雙手及相關書籍所進行之文獻查索。

比率變項　見「等比變項」。

文內註釋　在論文的行文裡加註所參考資料的作者及資料之發表或出版年代，並在參考文獻裡再列出該資料的詳細出處。見「引用」。

文後註釋　又稱附註。在行文時對所參考的資料加註符號，事後再對該等加註符號做出說明。說明的位置在當頁下端或左邊者，稱為腳註；說明的位置集中在文章（論文）之後者，稱為尾註。見「引用」。

文義型假設　(1)不知道假設中之重要變項或概念是如何測量或計算出來的假設，(2)以抽象或籠統之文字敘述假設中之重要變項或概念意義的假設。

文獻　具有歷史價值的圖書文物資料。

文獻探討　針對某一特定主題持續蒐集與其有關的重要圖書文物資料，並加以整理、分析、歸納、評鑑與彙整的歷程。

水準　自變項的類別個數。

五畫

主要效果　各個自變項對依變項產生的效果；易言之，凡是因操弄自變項的各個水準，而使依變項發生改變的現象，就稱為主要效果。見本書附錄。

外在效度　一個研究之研究結果能普遍推論到母群或其他相類似情境的程度。

外擾變項　自變項之外的一切可能影響依變項的客觀因素。見「混淆變項」。

母群　　所有研究對象的組合體。

母數　　代表母群的量化數據。

目的抽樣　　泛指獲取特定種類之研究對象的歷程。

六畫

同時效度　　效標關聯效度的一種，是指測驗分數與測驗施測同時取得之效標之間的相關程度。

交互作用效果　　在多因子實驗中，二個或二個以上自變項同時對依變項產生的效果。見本書附錄。

名義變項　　利用名稱或數值來分辨人、事、物之類別的變項。

因果性問題　　探討兩個或多個變項間之因果關係的研究問題。

回收率　　對受試者發出問卷後，成功收回問卷的比率。

多因子實驗　　在實驗過程中，同時操弄二個或二個以上自變項的實驗。

有效性抽樣　　見「偶然抽樣」。

次序變項　　可利用數值或名稱來加以排序或賦予等第的變項。

次級資料　　又稱為第二手資訊。對初級資料加以分析、比較和彙整後所提出的綜合性資料。

考驗　　又稱為假設考驗，見「假設考驗」。

自我實施調查　　將問卷或測驗直接交給受試者，並且由其自行填寫問卷或測驗，以蒐集資料的調查法。

自然科學研究　　探討宇宙間一切自然現象的研究。

自變項　　研究者能加以系統化操弄或安排的變項。

七畫

折半法　　將受試者在測驗上的試題分成相等的兩半，再求取這兩半試題得分之相關係數的歷程。

折半信度　用折半法（見該條）所估計的信度。

估計　利用樣本量數推估母數的歷程，又分成點估計和區間估計兩種。

尾註　見「文後註釋」。

系統隨機抽樣　依據某種次序標準，從隨機的抽樣架構內抽取樣本元素的歷程。

依變項　隨著自變項之改變發生改變而無法加以操弄的變項。

八畫

受試者內實驗　每一位受試者都接受各種實驗處理的實驗，此種實驗要用相依樣本的統計方法來處理實驗所得的資料。

受試者間實驗　每組受試者各自接受各種不同實驗處理的實驗，此種實驗要用獨立樣本的統計方法來處理實驗所得的資料。

抽樣分配　無數個樣本之平均數所構成的分配。

抽樣架構　母群中之元素的最具體與最大的組合名單。

抽樣誤差　所抽樣本不能真正具有代表性因而產生的誤差。

抽樣調查　見「調查」。

直引　直接引用其他作者的作品或作者自己先前的論著，而不加以改寫或潤飾的過程。

直覺　不依邏輯或推理的心理步驟，而以自發性、本能性與立即性的方法來知覺或判斷事象的歷程。

社會及行為科學研究　探討與人有關之一切現象、行為、心理歷程、制度和問題的研究。

初步資料　主要是指學位論文的題目頁、認可頁、摘要、誌謝詞、目錄、表目錄和圖目錄。

初級資料　又稱為第一手資訊。由理論家或研究者所提出之原始和獨創的研究成果或論著。

非客觀測驗　計分無固定標準答案或固定計分方式可資遵循的測驗。

非參與者觀察　研究者在觀察情境外，而且其角色不為觀察對象所知悉，進而透過觀察以蒐集資料的歷程。

非連續變項　不能得到任何數值，而只能出現特定數值（如整數）的變項。

非結構式問卷　結構較鬆散或較不嚴謹的問卷。

非結構式觀察　沒有固定或嚴謹觀察程序的觀察。

非置還抽樣　抽籤法的一種。不將所抽到的號碼牌重新置入箱內，就繼續進行抽樣的抽樣方法。

非機率抽樣　不依機率原則所進行的抽樣。

九畫

信度　(1)測驗的可靠性，(2)測驗分數之穩定性與測驗內容之一致性的程度，(3)測驗之測量結果（分數）的誤差程度，(4)測驗的運用能從一個情境推論到另一個情境的程度。

信度係數　(1)代表信度高低的量數，(2)測驗實得分數變異數中之真分數變異數所占的比率。

信度指數　測驗實得分數和真分數的相關。

前編碼　在問卷或測驗上，就將受試者的反應加以編碼。見「編碼」。

客觀測驗　計分有標準答案、正確答案或固定標準可資遵循的測驗。

封閉式問題　受試者對問題的答題方式有所限制，他只能對問題所預先設定的答案去做反應的問題。

建構　一種理論上的構想或概念。

建構效度　(1)一個測驗能夠測量到它所欲測量之建構的程度，(2)在

研究歷程中所涉及之變項能夠成功操作化的程度，(3)在研究歷程中能妥切賦予變項操作型定義的程度，(4)測驗能夠測量到理論上之特質的程度。

後編碼　　在受試者填妥問卷或測驗後，才進行編碼的工作。見「編碼」。

查索語言　　在查索資料時，可被工具書或資料庫所接受的關鍵詞與語法。

研究　　運用科學方法，以解答問題和驗證假設的歷程。

研究方法　　蒐集資料與分析資料的方式或手段。

研究架構　　呈現各個研究變項之間關係的圖示。

研究效度　　(1)研究結果符合真實的程度，(2)研究結果之正確性的程度。

研究假設　　(1)研究者預期獲得的研究結果，也是有待驗證的暫時性答案；(2)科學假設的另一名稱；(3)運用一般文字撰寫而成的假設。見「假設」。

研究設計　　蒐集資料與分析資料的方法與過程之描述或計畫，共包含研究對象、研究工具、實施程序和資料處理等四個層面。

科學　　(1)以有系統的實徵性研究方法所獲得之有組織的知識，(2)演繹與歸納的歷程，(3)經由客觀觀察之手段以獲取知識的方法。

科學假設　　見「研究假設」。

面對面訪談調查　　直接採取一對一、現場的方式口頭訪問受試者，並記錄其反應的調查法。

重測法　　使用同一個測驗對一群相同的受試者，在不同的時間施測兩次，再根據受試者在這兩次測驗施測上的得分，求取其相關係數的歷程。

重測信度　　用重測法（見該條）所估計的信度。

十畫

效度　⑴測驗的正確性，⑵測驗能夠測量到它所欲測量之特質的程度，⑶測驗能夠達到其目的的程度。

效標關聯效度　測驗分數與測驗所欲測量之特質的外在指標之間的相關程度，又稱為實徵或統計效度。

真分數　受試者在同一個測驗（或其複本）施測無限多次之得分的平均數。又稱為普遍分數。

真實驗　在實驗過程中，實驗變項大都能在實驗者的控制之下，特別是對受試者能加以隨機分派處理的實驗。

索引　⑴將各種參考文獻的出處分門別類彙整成冊的書籍；⑵依照某一種次序條列出書中的主要作者、重要詞彙或專有名詞，並註明它們在書中之頁次的資料。

迴歸效應　兩極端分數會有退回到平均數，或往平均數方向迴歸的現象。

配額抽樣　依母群內想像存在的類別為基礎，並分配比率再抽取元素的歷程。

十一畫

假設　對某個問題或某個現象的預設答案或構想。又可分成研究（科學）假設和統計假設。

假設考驗　運用統計學的方法來驗證假設之真實性程度的歷程。

偶然抽樣　又稱為有效性抽樣。以被偶然遇到之對象的可利用性與自在性為基礎的抽樣法。

區間估計　利用一段連續的數值來推估母數的歷程。見「估計」。

參考文獻　見「參考書目」。

參考書　見「工具書」。

參考書目　　又稱為參考文獻。一篇（本）論著所參考或引用之文獻資料的一覽表。

參與者觀察　　研究者進入研究情境裡，透過觀察以蒐集資料的歷程。

問卷　　⑴一組問題，⑵問題的集合，⑶問題所組合而成的表格。

基礎研究　　探求知識之原理與原則的研究。

專用詞彙　　一本專書中之特定專有名詞的定義、解釋或說明。

常模　　⑴某特定團體在某一測驗上之得分的平均數；⑵經由統計處理，所形成的一組將測驗之原始分數轉換成衍生分數的分數對照表，此種衍生分數可說明個人所得之原始分數在團體中所占的相對地位。

情意測驗　　測量人之心智能力以外之各種心理特質的測驗，此種測驗包括以人格、動機、態度、興趣、價值觀與性格等為名的測驗。

控制組　　在實驗過程中，不接受實驗處理的受試者。

控制變項　　被納入自變項的外擾變項；亦即當外擾變項被研究者當作自變項以操弄時，就稱為控制變項。

推論統計　　根據樣本資料以推估母群性質的統計方法。

推論統計數　　用來推估母數的統計數。

敘述性問題　　探討某些個別變項之現象、特徵、狀況，或事實的研究問題。

混淆變項　　自變項以外，一切會影響依變項的因素。此種變項包括外擾變項和中介變項。

十二畫

第一手資訊　　見「初級資料」。

第一類型錯誤　　假設考驗時拒絕虛無假設所犯的錯誤。

第二手資訊　　見「次級資料」。

第二類型錯誤　　假設考驗時接受虛無假設所犯的錯誤。

統計假設　　運用統計符號或統計語言撰寫成的假設。

統計控制　　利用統計學的方法，以排除混淆變項對依變項干擾的歷程。

統計結論效度　　在研究歷程中能正確運用統計方法解釋研究結果的程度。

統計數　　描述樣本的數值。

訪談調查　　透過有目的的對話以蒐集資料的歷程。

連續變項　　在某一範圍內可得到任一數值的變項。

單因子實驗　　在實驗過程中，只操弄一個自變項的實驗。

單純主要效果　　在多因子實驗裡，若交互作用效果達到顯著水準時，各自變項對依變項所產生的交互影響效果。見本書附錄。

描述統計　　說明及顯示樣本及母群資料之意義與特徵的統計方法。

普查　　對於母群的每一個單位或所有單位進行蒐集資料的過程。

普遍分數　　見「真分數」。

期刊　　⑴具備：①特定的刊名；②一定的編號順序；③連續性出刊，出版間隔在一年以內；④內容及編排上具有一定的標準和形式等四項條件的印刷品。⑵學術性的雜誌。

測量　　運用某種工具或依據某種標準，以量化數據觀察與描述某項事物的歷程。

測量標準誤　　⑴受試者在同一個測驗（或其複本）施測無限多次，每一次的得分以真分數（見該條）為中心形成常態分配，這個分配的標準差就是測量標準誤；⑵受試者在測驗上無限多次之測量誤差的標準差。

測驗　　是心理測驗的簡稱。在標準化的情境下，測量個人心理特質的工具。

等比變項　又稱為比率變項。可以賦予名稱、排序，並計算出差異大小量，還可找出某比率（倍數）等於某比率的變項。

等距變項　可以賦予名稱並加以排序，而且還可計算出其間差異之大小量的變項。

結構式問卷　問卷的題目內容及答題方式都有嚴格限制的問卷。

結構式觀察　有一定觀察程序的觀察。

絕對零點　沒有數量存在的點。

虛無假設　假設中之變項間沒有關係的假設。

評分者法　評估不同評分者評閱測驗之得分一致性程度的歷程，使用本法所估計的信度稱為評分者信度。

評鑑研究　衡鑑某一特定事件、策略，或政策之價值或功過、得失的研究。

郵寄調查　透過郵寄將問卷或測驗送達受試者手上，由其自行找時間填寫問卷或測驗再寄回施測單位的調查法。

量變項　可出現各種不同數量的變項，包括等距變項和等比（比率）變項。

開放式問題　受試者對問題的答題方式沒有特殊限制的問題。

十三畫

亂數表　利用機率原理編成的號碼表，編製時將 0 至 9 等十個數字重複以（置還抽樣的）隨機方式抽出，編成連續的號碼，每一數字之間毫無規律可言。參見表 8-2、表 8-3 及表 8-4。

概念型定義　使用抽象、主觀與籠統的概念來說明某種觀念之意義的文字敘述。

準實驗　在實驗過程中，實驗者必須從已存在的組別中去選取受試者，並加以分派的實驗。

置還抽樣　抽籤法的一種。將所抽到的號碼牌，重新置入箱內，再

繼續抽取另一個號碼牌的抽樣方法。

腳註　　見「文後註釋」。

資料轉換　　將個人資料表轉成摘要表之改編資料的過程。

電腦查索　　透過電腦設備所進行的文獻查索。

電腦輔助電話訪談　　簡稱為CATI。由電腦來控制及執行電話抽樣、撥號、發問並記錄受試者之反應的訪談調查。

電話訪談調查　　簡稱為電話調查。透過電話訪問受試者，並記錄其反應的調查法。

電話調查　　見「電話訪談調查」。

預測性問題　　探討多（一）個變項對一個變項之預測能力，或多個變項對多個變項之解釋能力的研究問題。

預測效度　　效標關聯效度的一種，是指測驗分數與測驗施測後一段時間所取得之效標之間的相關程度。

十四畫

團體現場調查　　集合受試者面對面當場實施問卷或測驗施測的調查法。

實地實驗　　在自然情境中所進行的實驗。

實徵性方法　　依實際經驗以了解事象所採用的方法。

實徵性研究　　採用科學方法以蒐集實際與客觀的資料，並經由資料分析以解答問題或驗證假設，以建立系統理論的研究。

實驗法　　在控制混淆變項下，操弄自變項，以觀察依變項隨自變項變化之情況的歷程。

實驗室實驗　　在人為安排的實驗室中所進行的實驗。

實驗研究　　在控制的情境中，利用某些工具或儀器來蒐集資料的一種研究方法。

實驗控制　　(1)在實驗過程中，排除會降低研究效度之因素的任何手

段；(2)在實驗過程中，控制會干擾依變項之混淆變項的手段。

實驗組　　在實驗過程中，接受實驗處理的受試者。

實驗設計　　對於自變項的安排所構成的實驗處理模式。

對立假設　　假設中之變項間有關係的假設。

摘要　　(1)將各文獻的出處及對該文獻的扼要敘述，分門別類彙整成冊的書籍；(2)一篇論文、報告或文獻之扼要性的敘述文字。

認知測驗　　測量人之心智能力的測驗，此種測驗包括智力測驗、性向測驗和成就測驗等。

樣本　　母群中的部分集合。

樣本大小　　樣本內之樣本單位的個數。

十五畫

編碼　　將原始資料加以分類，然後轉換成數字，以便能列表和計算的過程。又分成前編碼和後編碼。

調查　　又稱為抽樣調查。從母群中抽取一部分的樣本以蒐集資料的過程。

調查法　　透過測驗或問卷等工具，經由系統化的程序蒐集樣本資料，以推論母群之現象的歷程。

調查研究　　利用抽樣的原理，對部分的樣本進行資料的蒐集，並依此樣本所得的結果，去推論母群的一種研究方法。

質變項　　又稱為類別變項。可出現不同種類的變項，包括名義變項和次序變項。

實得分數　　將受試者在測驗上的反應（答案）加以評分後，所得到的分數。

複本　　在題目內容、題目形式、題數、難度、鑑別度、指導語、時間限制與例題等各層面，都必須相等或類似的兩（多）份測驗。

複本法　　使用同一個測驗的兩個複本（見該條）施測於同一群受試

者，再根據受試者在這兩個複本測驗上的得分，求取其相關係數的歷程。

複本信度　用複本法（見該條）所估計的信度稱之。代表複本信度高低的量數，有等值係數及穩定與等值係數等兩種。

十六畫

操作型定義　利用可觀察、操作或量化之程序來說明某種觀念之意義的文字敘述。

操作型假設　可以知道假設中重要變項或概念是如何測量或計算出來的假設。

橫斷持續研究　同時對數組研究對象，從事時間長度適宜以蒐集資料的研究；綜合橫斷研究與縱貫研究的研究。

橫斷研究　可以在同一個（或短暫的）時間裡，蒐集並分析不同年齡之受試者資料的研究。

穩定係數　用重測法（見該條）所求得的信度係數（見該條）。

機率抽樣　依機率原則所進行的抽樣。

隨機分派　利用隨機的方法將隨機抽樣而來的受試者，安排至每一個實驗組的過程。

隨機數據撥號　簡稱為RDD。將所有可能的電話號碼寫成程式輸入電腦，再由電腦依隨機原則抽取電話號碼，並自動撥號的歷程。

霍桑效應　受試者之心理因素干擾或影響研究結果的現象。

十七畫

應用研究　將所探求之知識應用在實際情境中的研究。

縱貫研究　運用相同的一群受試者，經由長時期的蒐集資料，並據以分析和比較的研究。

點估計　只用一個特定的數值來推估母數的歷程。見「估計」。

十八畫

叢集抽樣　先將母群分成若干個群，這些群稱為叢集，再依隨機原理抽取若干個群當樣本的抽樣方法。

雙管問題　一個問題中包含一個以上的概念、事件或意義的問題。

十九畫

關聯性問題　探討兩個或兩個以上變項間之相關程度的研究問題。

類別變項　見「質變項」。

二十一畫

權威　(1)依法律規定擁有某種權力的人，(2)擁有特殊專長、成就並為眾所尊崇的人，(3)具有廣泛影響力的公眾人物或傳播媒體。

二十三畫

變項　(1)可以依不同的數值或類別出現或改變的屬性，(2)可以分成各種不同的量或種類的概念。

邏輯　依照某些規則而做合理推論的歷程。

顯著水準　拒絕虛無假設時，所犯錯誤的機率，通常以α代表之。

二十五畫

觀察法　在自然的情境中，透過感覺器官及有關的工具以蒐集研究資料的歷程。

觀察研究　由研究者直接去觀察與記錄研究對象的種種現象、行為、或反應，以分析各種有關變項之間關係的一種研究方法。

參考文獻

王俊明（民 85）。研究報告的撰寫。載於周文欽、高熏芳、王俊明
　　（編著）：**研究方法概論**（第 187-203 頁）。台北：國立空中大
　　學。

王振鵠、鄭恆雄、賴美玲、蔡佩玲（民 81）。**圖書資料運用**（三
　　版）。台北：國立空中大學。

王蓁蓁（民 89）。**台北縣國中生之壓力源、因應方式與生活適應之相
　　關研究**。國立台灣師範大學教育研究所碩士論文，未出版，台北
　　市。

文崇一（民 67）。問卷設計。載於楊國樞、文崇一、吳聰賢、李亦園
　　（編）：**社會及行為科學研究法**（上冊）（第 405-438 頁）。台
　　北：東華書局。

行政院主計處（民 88）。**人力資源調查簡介**。Retrieved October 20,
　　1999, from http://www.dgbasey.gov.tw/census~ⁿ/four/HT441.HTM

行政院國家科學委員會科學技術資料中心（民 90）。**資料庫查詢**。Re-
　　trieved October 31, 2001, from http://www.stic.gov.tw/index.htm

李亦園（民 67）。自然觀察研究。載於楊國樞、文崇一、吳聰賢、李
　　亦園（編）：**社會及行為科學研究法**（上冊）（第 132-158 頁）。
　　台北：東華書局。

吳武典（民 64）。兒童之性別、制握傾向與學業成就。**教育心理學
　　報**，8，107-114。

吳明清（民 80）。**教育研究——基本觀念與方法之分析**。台北：五南
　　圖書出版公司。

吳聰賢（民 67）。態度量表的建立。載於楊國樞、文崇一、吳聰賢、
　　李亦園（編）：**社會及行為科學研究法**（上冊）（第 463-491

頁）。台北：東華書局

杜宜展（民 85）。**國小學生發問行為及其相關因素之研究**。國立台灣師範大學教育心理與輔導研究所碩士論文，未出版，台北市。

李惠加（民 86）。**青少年發展**。台北：心理出版社。

周文欽（民 71）。**國中學生的社會背景、心理特質與學業成就、升學意願的關係**。國立台灣師範大學輔導研究所碩士論文，未出版，台北市。

周文欽（民 80）。**台北市外來高中學生的就學成因、生活適應及其相關因素研究**。國立台灣師範大學教育研究所博士論文，未出版，台北市。

周文欽（民 84）。測驗的編製程序。載於周文欽、歐滄和、許擇基、盧欽銘、金樹人、范德鑫（著）：**心理與教育測驗**（第 177-233 頁）。台北：心理出版社。

周文欽（民 85）。效度。載於賴保禎、周文欽、林世華（編著）：**心理與教育測驗**（第 87-106 頁）。台北：國立空中大學。

周文欽（民 86a）。**台北市立空中大學之規劃研究**。台北市政府教育局委託研究研究報告。

周文欽（民 86b）。**台北縣國小開放教育師生互動語言行為之觀察研究**。台北縣政府教育局專案研究報告。

周文欽（民 86c）。**台北縣國小三年級鄉土教學活動課程發展試教評估之研究**。台北縣政府教育局研究發展報告。

周文欽（民 87a）。研究假設的涵義與寫法。**空大學訊**，233，46-47。

周文欽（民 87b）。抽樣誤差率的估計與應用。**空大學訊**，224，48-49。

周文欽（民 88a）。**八八五諮詢輔導專線成效評估之研究**。台灣地區家庭教育中心專業系列工作手冊。

周文欽（民 88b）。青少年心理學的研究方法。載於賴保禎、周文
　　欽、張鐸嚴、張德聰（編著）：**青少年心理學**（第 63-108 頁）。
　　台北：國立空中大學。

周文欽、賴保禎、金樹人、張德聰（民 89）。**諮商理論**。台北：國立
　　空中大學。

周文欽、賴保禎、歐滄和（民 92）。**心理與教育測驗**。台北：國立空
　　中大學。

周天賜（民 80）。文獻探討。載於黃光雄、簡茂發（主編）：**教育研
　　究法**（第 57-81 頁）。台北：師大書苑。

林世華（民 85）。信度。載於賴保禎、周文欽、林世華（編著）：**心
　　理與教育測驗**（第 67-86 頁）。台北：國立空中大學。

林邦傑（民 69）。**田納西自我概念量表指導手冊**。台北：正昇教育科
　　學社。

林清山（民 81）。**心理與教育統計學**。台北：東華書局。

高熏芳（民 85）。調查法。載於周文欽、高熏芳、王俊明（編著）：
　　研究方法概論（第 31-48 頁）。台北：國立空中大學。

國立空中大學（民 90）。**空中大學圖書館資料庫檢索**。Retrieved No-
　　vember 12, 2001, from http://192.192.53.6/dbmenu.html

國立臺灣科技大學（民 88）。**國立臺灣科技大學館藏光碟及線上資料
　　庫目錄**。Retrieved October 31, 2001, from http://140.118.32.2/
　　cdinto/cd_index.htm

國立臺灣師範大學（民 90）。**資料庫檢索**。Retrieved October 31, 2001,
　　from http://www.lib.ntnu.edu.tw/Database/CHIDAT.htm 與 http://
　　www.lib.ntnu.edu.tw/Database/ENGDAT.htm

國家圖書館（民 90）。**網站使用指南**。Retrieved October 31, 2001,
　　from http://www.ncl.edu.tw/n2_1.htm

許擇基（民 69）。教育研究的統計結論效度與構想效度。**測驗年刊**，

12，15-32。

郭生玉（民61）。**國中低成就學生心理特質之分析研究**。國立台灣師
　　範大學教育研究所碩士論文，未出版，台北市。

郭生玉（民74）。**心理與教育測驗**。台北：精華書局。

郭生玉（民87）。**心理與教育研究法**（15版）。台北：精華書局。

陳李綢（民81）。**認知發展與輔導**。台北：心理出版社。

陳定邦（民84）。**電視字卡呈現形式對學生學習成效之研究——以空
　　大教學課程為例**。國立交通大學傳播科技研究所碩士論文，未出
　　版，新竹市。

黃昆輝（民66）。國民中學教育實施成效之調查分析。**國立台灣師範
　　大學教育研究所集刊**，19，217-334。

張春興（民67a）。實驗觀察研究。載於楊國樞、文崇一、吳聰賢、
　　李亦園（編）：**社會及行為科學研究法**（上冊）（第 159-188
　　頁）。台北：東華書局。

張春興（民67b）。撰寫研究報告。載於楊國樞、文崇一、吳聰賢、
　　李亦園（編）：**社會及行為科學研究法**（下冊）（第 907-932
　　頁）。台北：東華書局。

張春興（民78）。**張氏心理學辭典**。台北：東華書局。

張春興（民83）。**教育心理學：三化取向的理論與實踐**。台北：東華
　　書局。

張勝彥、吳文星、溫振華、戴寶村（民85）。**台灣開發史**。台北：國
　　立空中大學。

程法泌、路君約（民68）。**國民中學智力測驗指導手冊**。台北：中國
　　行為科學社。

楊國樞（民67）。科學研究的基本概念。載於楊國樞、文崇一、吳聰
　　賢、李亦園（編）：**社會及行為科學研究法**（上冊）（第 1-34
　　頁）。台北：東華書局。

葉重新（民 80）。問卷的修訂與編製。載於黃光雄、簡茂發（主編）：**教育研究法**（第 115-140 頁）。台北：師大書苑。

歐滄和（民 84）。信度。載於周文欽、歐滄和、許擇基、盧欽銘、金樹人、范德鑫（著）：**心理與教育測驗**（第 49-85 頁）。台北：心理出版社。

劉清榕（民 67）。機率與抽樣。載於楊國樞、文崇一、吳聰賢、李亦園（編）：**社會及行為科學研究法**（上冊）（第 67-86 頁）。台北：東華書局。

賴世培、丁庭宇、莫季雍、夏學理（民 85）。**民意調查**。台北：國立空中大學。

賴保禎、周文欽、林世華（民 86）。**心理與教育測驗**（修訂再版）。台北：國立空中大學。

賴保禎、周文欽、張鐸嚴、張德聰（民 88）。**青少年心理學**。台北：國立空中大學。

儲全滋（民 81）。**抽樣方法**。台北：三民書局。

簡茂發、朱經明（民 71）。國中學生的友伴關係及其相關因素之研究。**測驗年刊**，**29**，93-104。

顧敏（民 72）。**圖書館採訪學**（三版）。台北：台灣學生書店。

American Psychological Association. (2001). *Publication manual of the American Psychological Association* (5th ed.). Washington, DC: Author.

Babbie, E. (2001). *The practice of social research* (9th ed.). Belmont, CA: Wadsworth/Thomson Learning.

Bailey, K. D. (1987). *Methods of social research*. New York: The Free Press.

Breakwell, G. M., Hammond, S., & Fife-Schaw, C. (Eds.). (1995). *Research methods in psychology*. London: SAGE.

Carver, C. S., Scheier, M. F., & Weintraub, J. K. (1989). Assessing coping strategies: A theoretically based approach. *Journal of Personality and Social Psychology, 56*(2), 267-283.

Cliff, N. (1987). *Analyzing multivariate data*. Orland, FL: Harcourt Brace Jovanoich.

Collett, P., & Marsh, P. (1974). Patterns of public behavior: Collision avoidance on a pedestrian crossing. *Semiotica, 12*, 281-299.

Cook, T. D., & Campbell, D. T. (1976). The design and conduct of quasi-experiments and true experiments in field setting. In M. D. Dunette (Ed.), *Handbook of industrial and orgnizational psychology* (pp.223-326). Chicago: Rand McNally.

Cozby, P. C. (1989). *Methods in behavioral research* (4th ed.). Mountain View, CA: Mayfield.

Cronbach, L. (1951). Coefficient alpha and the internal structure of tests. *Psychometrika, 16*, 297-334.

Cronbach, L. J. (1990). *Essentials of psychological testing* (5th ed.). New York: Happer Collins.

Dane, F. C. (1990). *Research methods*. Pacific Grove, CA: Brooks/Cole.

de Vaus, D. (2001). *Research design in social research*. London: SAGE.

Fielding, J. (2001). Coding and managing data. In N. Gilbert (Ed.), *Researching social life* (2nd ed.)(pp. 227-251). London: SAGE.

Fink, J. C. (1983). CATI's first decade: The Chilton experience. *Sociological Methods and Research, 12*, 153-168.

Flanders, N. A. (1970). Interaction analysis: A technique for quantifying teacher influence. In H. F. Clarizior et al. (Eds.), *Contemporary issues in educational psychology*. Boston: Allyn & Bacon.

Frey, J. H. (1983). *Survey research by telephone*. Bevery Hills, CA: Sage.

Gregory, R. J. (2000). *Psychological testing: History, principles, and applications* (3rd ed.). Boston: Allyn & Bacon.

Gronlund, N. E., & Linn, R. L. (1990). *Measurement and evaluation in teaching* (6th ed.). New York: Macmillan.

Gulliksen, H. (1950). *Theory of mental tests*. New York: Wiley.

Hopkins, K. D. (1998). *Educational and psychological measurement and evaluation* (8th ed.). Boston: Allyn & Bacon.

Ingenta (2004a). *About ingenta*. Retrieved May 29, 2004, from http://www.ingenta.com

Ingenta (2004b). *Site Map*. Retrieved May 29, 2004, from http://www.ingenta.com

Jenni, D. A., & Jenni, M. A. (1976). Carrying behavior in hummans: Analysis of sex differences. *Science, 194*, 859-860.

Judd, C. M., Smith, E. R., & Kidder, L. H. (1991). *Research methods in social relations*. Fort Worth, TX: Halt, Rinehart and Winston.

Kaplan, R. M., & Saccuzzo, D. P. (1993). *Psychological testing: Principles, applications, and issues* (3rd ed.). Pacific Grove, CA: Brooks/Cole.

Kelly, T. L. (1939). The selection of upper and lower groups for the validation of test items. *Jounal of Educational Psychology, 30*, 17-24.

Kerlinger, F. N. (1973). *Foundations of behavioral sciences research*. New York: Holt, Rinehart and Winston.

Kerlinger, F. N., & Lee, H. B. (2000). *Foundations of behavioral research* (4th ed.). Belmont, CA: Wadsworth/Thomson Learning.

Kirk, R. E. (1968). *Experimental design: Procedures for the behavioral sciences*. Belmont, CA: Brook/Cole.

Lansing, J. B., & Morgan, J. N. (1971). *Economic survey methods*. Ann Arbor, MI: University of Michigan Institute for Social Research.

Lofland, J. (1971). *Analyzing social setting*. Belmont, CA:Wadsworth.

Mason, E. J., & Bramble, W. J. (1989). *Understanding and conducting research: Application in education and the behavioral sciences* (2nd ed.). New York: McGraw-Hill.

McBurney, D. H. (1998). *Research methods* (4th ed.). Pacific Grove, CA: Brooks/Cole.

McMillan, J. H., & Schumacher, S. (1989). *Research in education: A conceptual introduction* (2nd ed.). Glenview, IL: Scott, Foresman and Company.

McNemar, Q. (1969). *Psychological statistics* (4th ed.). New York: John Wiley & Sons.

Mehrens, W. A., & Lehmann, I. J. (1975). *Measurement and evaluation in education and psychology* (2nd ed.). New York: Holt, Rinehart and Winston.

Moser, C. A. (1965). *Survery methods in social investigation*. London: Heineman.

Murphy, K. R., & Davidshofer, C. O. (1994). *Psychological testing:Principles and applications* (3rd ed.). Englewood Cliffs, NJ: Prentice-Hall.

Neuman, W. L. (1991). *Social research methods: Qualitative and quantitative approaches*. Boston: Allyn & Bacon.

Nunnally, J. (1967). *Psychometric theory*. New York: McGraw-Hill.

Popham, W. T. (1981). *Modern educational measurement*. Englewood Cliffs, NJ: Prentice-Hall.

Rosenthal, R., & Rosno, R. L. (1991). *Essentials of behavioral research: Methods and data analysis* (2nd ed.). New York: McGraw-Hill.

Rubin, A., & Babbie, E. (1993). *Research methods for social work* (2nd ed.). Pacific Grove, CA: Brooks/Cole.

Rust, J., & Golombok, S. (1989). *Modern psychometrics: The science of psychological assessment*. London: Routledge.

Salvia, J., & Ysseldyke, J. E. (1995). *Assessment* (6th ed.). Boston: Houghton Mifflin.

Santrock, J. W. (1996). *Adolescence*. Madison, WI: Brown & Benchmark Publishers.

Selltiz, C., Jahoda, M., Deutsch, M., & Cook, S. W. (1959). *Research methods in social relations* (Rev. ed.). New York: Holt, Rinehart &Winston.

Selltiz, C., Wrightsman, L. J., & Cook, S. W. (1976). *Research methods in social relations* (3rd ed.). New York: Holt, Rinehart & Winston.

Shaughnessy, J. J., & Zechmeister, E. B. (1994). *Research methods in psychology* (3rd ed.). New York: McGraw-Hill.

Shaughnessy, J. J., & Zechmeister, E. B. (1997). *Research methods in psychology* (4rd ed.). New York: McGraw-Hill.

SPSS® 6.1 syntax reference guide. (1994). Chicago: SPSS Inc.

SPSS® 12.0 syntax reference guide. (2003). Chicago: SPSS Inc.

Stevens, S. S. (Ed.). (1951). *Handbook of experimental psychology*. New York: John Wiley & Sons.

Walsh, W. B., & Betz, N. E. (1990). *Tests and assessment* (2nd ed.). Englewood Cliffs, NJ: Prentice-Hall.

Woolfolk, A. E. (1995). *Educational psychology* (6th ed.). Boston: Allyn & Bacon.

人名索引

中文人名索引

英文人名索引

主題索引

英漢對照

C

G

M

P

漢英對照

五畫

六畫

九畫

十一畫

十二畫

十三畫

十四畫

十五畫

十六畫

十七畫

國家圖書館出版品預行編目資料

研究方法：實徵性研究取向／周文欽著. --
再版. -- 臺北市：心理, 2004（民 93）
面； 公分. --（教育研究系列；81014）
參考書目：面
含索引
ISBN 978-957-702-706-1（平裝）

1. 研究方法　　2. 論文寫作法

019　　　　　93014828

教育研究系列 81014

研究方法──實徵性研究取向

作　　者：周文欽
執行編輯：涂志怡
總　編　輯：林敬堯
發　行　人：洪有義
出　版　者：心理出版社股份有限公司
地　　址：台北市大安區和平東路一段 180 號 7 樓
電　　話：(02) 23671490
傳　　真：(02) 23671457
郵撥帳號：19293172　心理出版社股份有限公司
網　　址：http://www.psy.com.tw
電子信箱：psychoco@ms15.hinet.net
駐美代表：Lisa Wu（Tel: 973 546-5845）
排　版　者：辰皓國際出版製作有限公司
印　刷　者：博創印藝文化事業有限公司
初版一刷：2002 年 6 月
二版一刷：2004 年 9 月
二版七刷：2012 年 9 月
Ｉ Ｓ Ｂ Ｎ：978-957-702-706-1
定　　價：新台幣 600 元